Ritter, Franz

Illustrierter Katalog der Ornamentstichsammlung des k. k. österreich. Museums

Ritter, Franz

Illustrierter Katalog der Ornamentstichsammlung des k. k. österreich. Museums

Inktank publishing, 2018

www.inktank-publishing.com

ISBN/EAN: 9783747762172

ILLUSTRIRTER KATALOG

DER

ORNAMENTSTICHSAMMLUNG

DES

Vienna

K. K. ÖSTERREICH. MUSEUMS
FÜR KUNST UND INDUSTRIE

ERWERBUNGEN SEIT DEM JAHRE 1871

IM AUFTRAGE DER MUSEUMSDIRECTION

BEARBEITET VON

FRANZ RITTER

MIT 130 ILLUSTRATIONEN

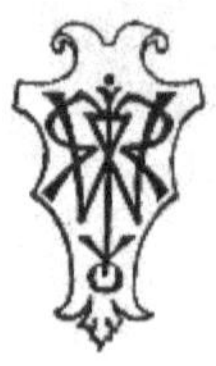

WIEN 1889
DRUCK UND VERLAG VON R. v. WALDHEIM

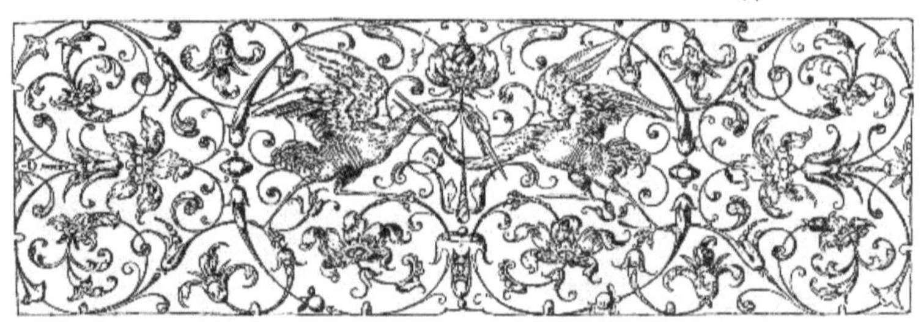

VORWORT.

Die Ornamentstichsammlung des k. k. Oesterreichischen Museums für Kunst und Industrie erhielt vor nun schon mehr als siebzehn Jahren ihren in allen Fachkreisen bekannten, von *Franz Schestag* verfassten, systematisch geordneten Katalog; es war dies der erste seiner Art in der gesammten kunstgewerblichen Literatur und er ist in derselben auch bis heute ohne Nachfolger geblieben. Der hohe Protector des k. k. Oesterreichischen Museums, der durchlauchtigste Herr *Erzherzog Rainer* hatte das mit Initialen, Vignetten und 20 anderen Illustrationen geschmückte Werk durch die gnädigste Annahme der Widmung ausgezeichnet und es erschien im Verlage des Museums zur Feier der Eröffnung des neuen Museumsgebäudes am 4. November 1871.

Seit dieser Zeit wurde die Sammlung durch Ankäufe fast auf das Doppelte ihres damaligen Bestandes gebracht und bei ihrer stetigen Benützung durch Studirende sowohl, als besonders durch Künstler und Kunstgewerbetreibende machte sich das Bedürfniss nach einem auch den reichen Zuwachs beschreibenden Verzeichnisse immer mehr und mehr fühlbar. Da nun von dem im Jahre 1871 ausgegebenen Katalog noch eine grössere Anzahl von verkäuflichen Exemplaren vorhanden und somit ein Neudruck des ersteren für jetzt nicht nothwendig ist, so entschied sich die Museums-Direction im October v. J. dahin, zunächst einen nur die Erwerbungen seit dem Jahre 1871 umfassenden, dafür aber umso reicher illustrirten Katalog zu veröffentlichen. Damit war auch von vorneherein das

Programm festgestellt für die Durchführung der mir übertragenen Aufgabe: das von Schestag Begonnene in pietätvoller und zugleich dem heutigen Stande kunstgeschichtlicher Forschung Rechnung tragender Weise fortzusetzen.

Die in zwölf Hauptgruppen gesonderte systematische Anordnung des im Jahre 1871 erschienenen Kataloges konnte und musste im Allgemeinen auch in dem vorliegenden Buche beibehalten werden; ich habe nur hie und da Vereinfachungen oder auch Erweiterungen in der Untertheilung durchgeführt, wie sie sich eben aus dem zu bearbeitenden Materiale zwanglos ergaben. Dagegen bestrebte ich mich, aus der umfangreichen, beschreibenden Fachliteratur heranzuziehen, was in dem Rahmen dieser Arbeit liegen konnte, und ich habe dabei nicht unterlassen, dort, wo es zweckdienlich schien, auch auf die ältere Zeit, auf die Literatur des vorigen Jahrhunderts zurückzugehen.

Ueber die erwähnten Veränderungen in der systematischen Gruppirung, welche dem neuen Katalog nebenher den Vortheil vollständiger Uebereinstimmung mit der thatsächlichen Aufstellung der Sammlung geben, ertheilt das Inhalts-Verzeichniss genauen Aufschluss. Neu hinzugefügt ist je eine eigene Abtheilung für die eine wichtige Ergänzung der Gruppe Wehr und Waffen bildenden Fecht-, Ring- und Reitbücher, Exercir-Reglements u. dgl., für Buchzeichen, d. h. verzierte Symbole deutscher, französischer, holländischer und italienischer Buchdrucker und Verleger aus dem XV—XVII. Jahrhundert und für Spielkarten (des XVI. Jahrhunderts). Namentlich der Besitz des Museums an Buchzeichen wurde in jüngster Zeit zu einer so reichen und in ihrer Art wohl noch einzigen Specialsammlung ausgestaltet, dass ihre nach Druck- oder Verlagsorten und in diesen chronologisch nach den Firmen durchgeführte Katalogisirung als eine eigene Abtheilung der Gruppe Heraldik zweckmässig schien. In allem Uebrigen, was die Sonderung der einzelnen Abtheilungen nach Schulen und in diesen wieder nach Jahrhunderten u. s. w. betrifft, gilt auch hier das in dem Vorwort zu dem Katalog von 1871 Gesagte.

Die seit dem Jahre 1871 erworbenen, in dem Bücherbestande der Bibliothek inventarisirten, eigentlich aber in das Gebiet der Ornamentstichsammlung gehörenden Illustrationswerke aus dem XV—XVIII. Jahrhundert sind — je nach ihrer Wichtigkeit für die Sammlung — theils in den Text, theils in die Anmerkungen aufgenommen und durch ein vor der Inventarnummer beigefügtes *B* besonders unterschieden.

Dank der freundlichen Bereitwilligkeit des Verlegers *R. v. Waldheim* war es möglich, den neuen Katalog ungleich reicher zu illustriren als seinen Vorläufer und ihm dadurch ohne Zweifel erhöhtes Interesse zu geben. Die Auswahl der Illustrationen war wohl in mehrfacher Beziehung begrenzt, aber dennoch gestalten die Abbildungen, welche nicht mit Rücksicht auf Seltenheit oder Kostbarkeit der Originale — obwohl der Fachmann hier auch manche der Art finden wird — sondern einzig vom Standpunkte ihres lehrhaften oder praktischen Werthes allen Gruppen der Sammlung und den darin vertretenen Kunststilen entnommen sind, den Katalog zu einem kunstgewerblichen Vorbilderschatze im Kleinen; so dürften sie wohl auch Jenen gerne willkommen sein, für welche Sammlung und Katalog nach den Aufgaben und Zielen des Oesterreichischen Museums in erster Reihe bestimmt sind, den Studirenden und Künstlern, vor Allen aber den Angehörigen des mit der Kunst vereinten Handwerks.

Wien, 8. März 1889.

FRANZ RITTER.

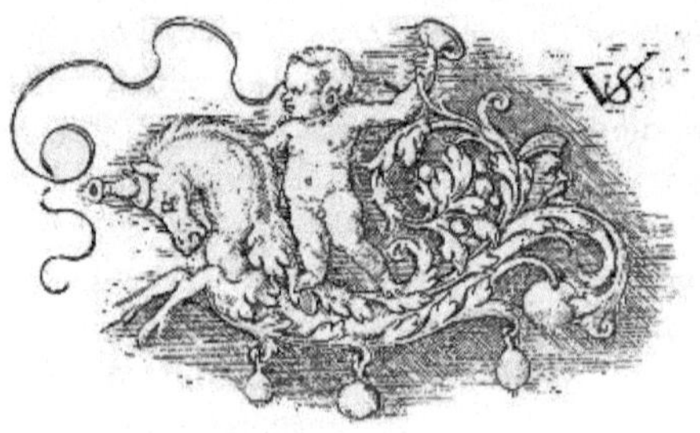

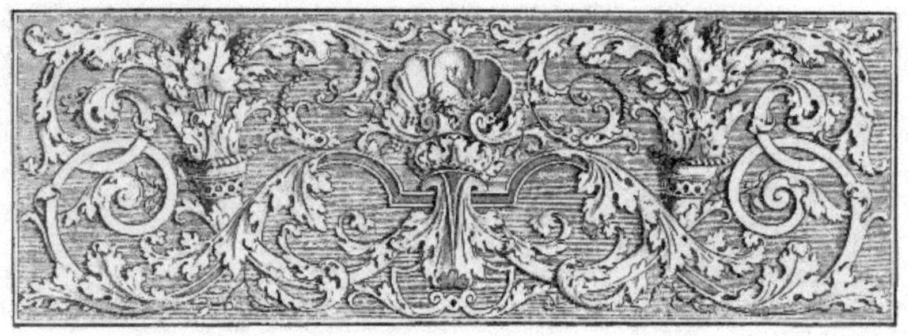

VERZEICHNISS DER ILLUSTRATIONEN.

Die vor der Nummer mit * bezeichneten Illustrationen sind in verkleinertem Massstabe, die übrigen in Originalgrösse durch *Angerer & Göschl* photozinkographisch hergestellt.

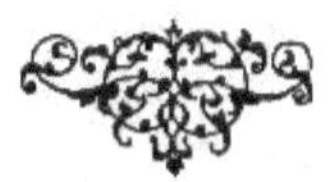

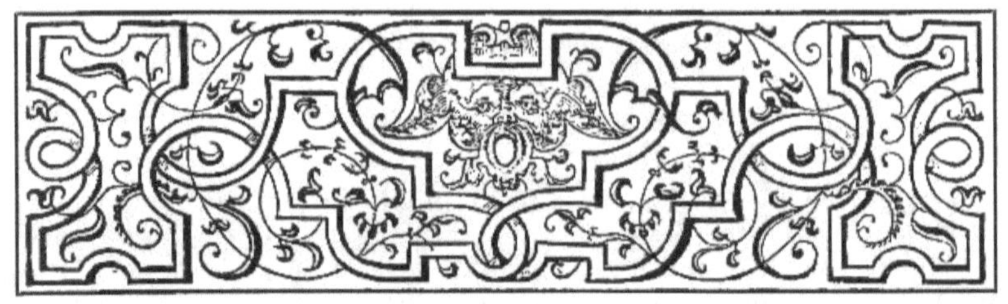

INHALTSVERZEICHNISS.

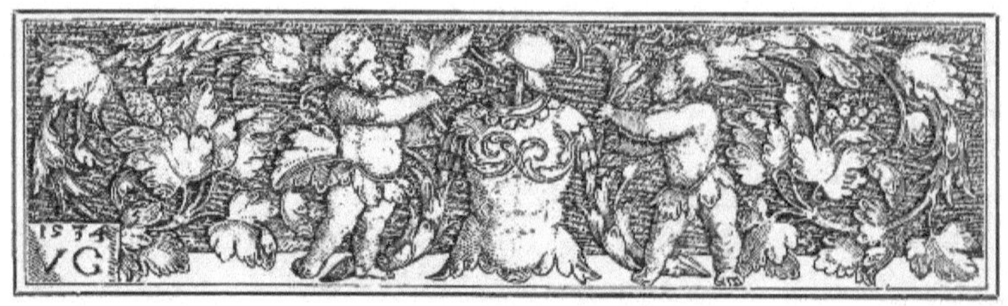

I. ORNAMENTE.

A. ALLGEMEINE ORNAMENTE.

1. DEUTSCHE SCHULE.

XVI. JAHRHUNDERT.

HEINRICH ALDEGREVER

Maler, Kupferstecher und Goldschmied, geb. zu Paderborn 1502, gest. zu Soest 1562 (?). Bartsch VIII. 362. Passavant IV. 102. Schmidt in Meyer's Künstlerlexikon I. 239.

Dolchscheide mit dem nackten Mann, der einen Stab trägt. Unten Laubwerkornament. 8. B. 213. (2755.)

Dolchscheide mit der nackten Frau, die einen Schleier hält. Unten Laubwerkornament. Gegenstück der vorhergehenden. 8. B. 214. (2756.)

Vasenornament von zwei Kindern gehalten. 1529. 8. B. 230. (2761.)

Drei Kinder tragen auf einem Schilde einen Bären. 1529. 8. B. 231. (2616.)

Sitzendes Kind mit Laubwerkranken. 1532. 8. B. 244. (2762.)

2 Bl. Dolchscheiden. 8. B. 247, 248. (3893.)

Dolchscheide. 8. B. 248. Duplicat der vorigen. (3518.)

Ornament mit zwei Knaben, welche Blattwerk und Zweige krümmen. 1538. qu. 8. B. 257. (3962.)

Laubwerkornament. In der Mitte eine Kaiserbüste, gehalten von zwei liegenden Kindern. qu. 8. B. 269. (2764.)

Ornament mit zwei Knaben zwischen reichem Laubwerk. 1549. qu. 8. B. 271. (3964.)

Aufsteigendes Ornament mit zwei Satyrpaaren. 1549. 8. B. 277. (2765.)

ALBRECHT ALTDORFER

Maler, Kupferstecher, Zeichner für den Formschnitt und Baumeister zu Regensburg, geb. um 1480, gest. 14. Februar 1538. Bartsch VIII. 41. Passavant III. 301. Neumann und Schmidt in Meyer's Künsterlexikon I. 536.

Ornament mit dem Candelaber und dem Engelskopf. 8. P. 106. (3005.)

Barthel Beham

Maler und Kupferstecher, geb. zu Nürnberg 1502, gest. zu Rom um 1540. Bartsch VIII. 81. Passavant IV. 68. Rosenberg. Aumüller. Seidlitz in Meyer's Künstlerlexikon III. 311.

Ornament mit zwei Genien in der Mitte. qu. 8. B. 58. (3429.)
Aufsteigendes Ornament mit Satyrtorso und zwei Amoretten. 8. P. 78 a. (3965.)

Hans Sebald Beham

Maler, Kupferstecher und Zeichner für den Holzschnitt, geb. zu Nürnberg 1500, gest. zu Frankfurt a. M. 22. November 1550. Bartsch VIII. 112. Passavant IV. 72. Rosenberg. Aumüller. Seidlitz in Meyer's Künstlerlexikon III. 318. Seibt in Chronik für vervielfältigende Kunst 1888, 4.

Kimon von seiner Tochter genährt. Rund, zu beiden Seiten Tritonen und Blattwerk. Radirt. qu. 8. B. 73. (3404.)
Ornament mit zwei Satyrn und einem Satyrweibchen. qu. 8. B. 232. (2389.)

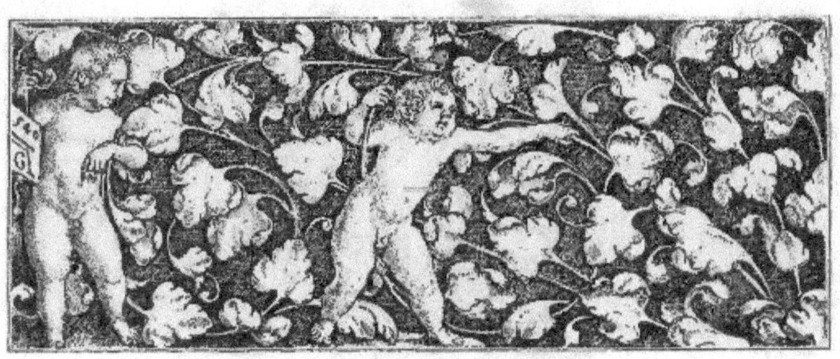

Heinrich Aldegrever (3964)

Vasenornament, unten zwei Genien auf Delphinen reitend. 1526. 8. B. 238. (2220.)

Jacob Bink

Maler, Kupferstecher und Formschneider, geb. zu Köln um 1490 (1504 ?), gest. zu Königsberg 1560. Bartsch VIII. 249. Passavant IV. 86.

Dolchscheide mit dem Krieger. 8. B. 88. (3025.)
Das Kind mit dem Hunde nach H. S. Beham. Rund. 8. P. 120. (2390.)

Georg Herman

Kupferstecher und Goldschmied zu Ansbach, Sohn des Stephan Herman, geb. 1579. Andresen III. 269.

Zwei Landschaften mit Bär und Hund. In Cartouchen. In der Mitte eine Blumenvase. qu. 4. A. 3. (2859.)

Zwei Cartouchen mit Landschaften, in den Ecken vier Löwen. In der Mitte unten ein Bär. qu. 4. A. 5. (2464.)

AUGUSTIN HIRSCHVOGEL

Glasmaler, Töpfer, Ingenieur, Geometer und Radirer, geb. zu Nürnberg 1488, gest. zu Wien 1553. Bartsch IX. 170. Passavant III. 257. Börner in Naumann's Archiv XII. 73.

Ornament. Unten ein prismatisches Gefäss mit Arabeskenfüllungen, aus

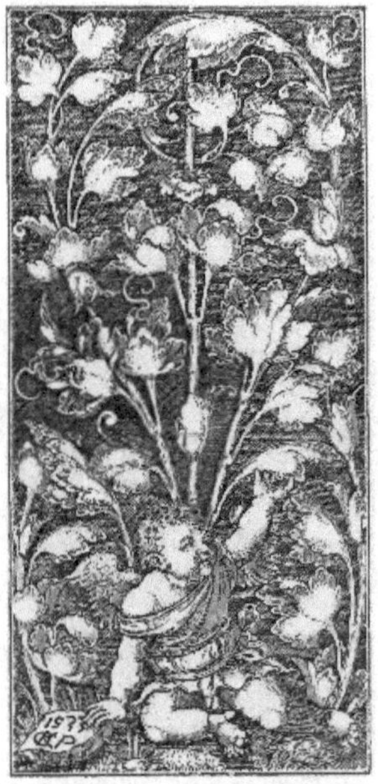

GILICH KILIAN PROGER (3088)

welchem Candelaberornament mit Blattwerk und Masken hervorwächst. Oben eine Schrifttafel mit: 15.I.S.P.43.(Jacob Seisenegger Pictor). Radirt. H. 0·295, Br. 0·093. Fehlt B. Nagler, Monogr. IV. 468, Nr. 2. (2815.)

DANIEL HOPFER

Maler und Radirer zu Augsburg, gest. um 1549. Bartsch VIII. 471. Passavant III. 289.

Maria mit dem Kinde. In ornamentaler Umrahmung. Rund. 4. B. 36. (3866.)

1*

Groteskenornament mit zwei Pfauen. Unten Widderköpfe. 8. B. 89. Vor der Nr. (2366.)

Dasselbe. Mit der Nr. (2304.)

Andreas Luining

Goldschmied, Kupferstecher und -Drucker zu Wien 1579—1598. Bartsch IX. 550. Passavant IV. 224.

15 Bl. Ornamentfriese. qu. 8. (2260.)

Ornamentfries mit Apollo auf dem Sonnenwagen. qu. 8. (2365.)

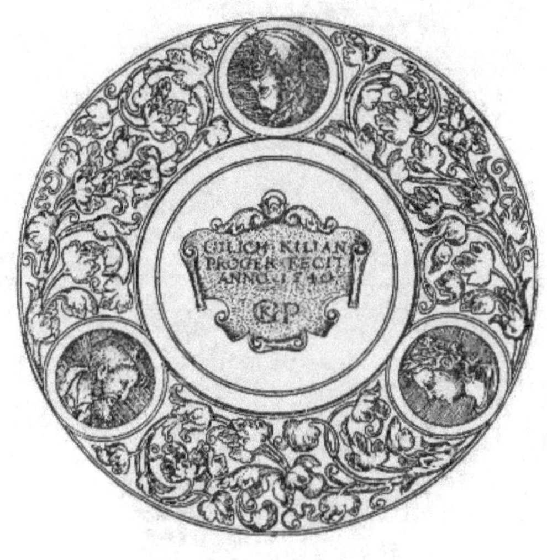

(2685)

Gilich Kilian Proger

Goldschmied und Kupferstecher, arbeitete 1533—1540. Bartsch IX. 33. Passavant IV. 137.

Stehender Knabe mit Blattornament. 8. B. 2. (3090.)

Laubwerkornament mit einer Frau auf einer Vase. Oval. 8. B. 3. (2514.)

Harnischtrophäe mit Blattwerk. 8. B. 4. (3089.)

Ein Knabe mit Blattzweigen in den Händen, zwischen zwei liegenden Kindern stehend. Das Monogramm unten in der Mitte auf einem Täfelchen. Oval. 8. B. 9. (2549.)

Ein sitzender Genius mit Blattwerkornament. 8. P. 10. (3088.)

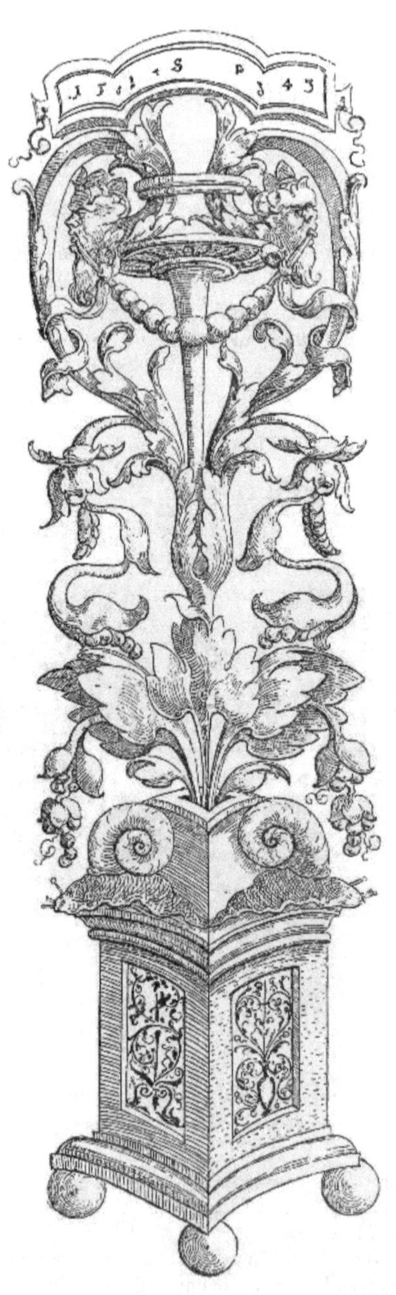

Augustin Hirschvogel (2815)

Schale. Auf dem Rande drei Medaillons, dazwischen Laubornament. In der Mitte ein Zierschild mit der Inschrift: Gilich Kilian | Proger fecit | anno 1540 | darunter das Monogramm. Rund. 8. P. 15. (Die Jahreszahl weicht von der bei Passavant angegebenen ab.) (2685.)

Hans Sibmacher

Wappenmaler und Radirer zu Nürnberg, gest. 1611. Andresen II. 281.

Verzierung, zusammengesetzt aus drei Cartouchen mit Landschaften. 4. A. 46. (2459.)

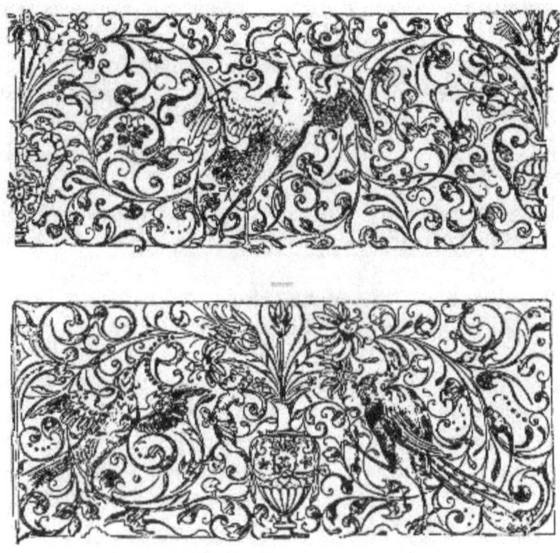

Andreas Luining (2260)

Virgil Solis

Maler, Kupferstecher, Radirer und Formschneider, geb. zu Nürnberg 1514, gest. daselbst 1. August 1562. Bartsch IX. 242. Passavant IV. 115. Andresen in Naumann's Archiv X. 316. Nagler, Monogr. V. 1364.

8 Bl. aus der Folge der berühmtesten Heroen der Geschichte. Stehende Figuren in reicher Umrahmung. 8. B. 54—57, 59—62. (3755.)

24 Bl. Das apostolische Glaubensbekenntniss in zwei numerirten Folgen; auf der ersten die Glaubensartikel, lateinisch und deutsch, auf der zweiten die Gestalten der 12 Apostel. 8. P. 559, 15. (3754.)

12 Bl. Die Folge der Heldinnen. Stehende Figuren in Lederwerkrahmen. 8. B. 63—71. (5702.)

Apollo in Ornamentumrahmung. 4. P. 564. (2426.)

Die Büste Hektor's, umgeben von Ornamenten. Rund. 8. B. 433. (2513.)

Rund, mit Tanzbär, Einhorn und Hirsch in Laubornament. In der Mitte ein Kriegerkopf. 8. B. 434. (2719.)

Rund, mit Zierrahmen, Blumengewinden und vier Schilden; in der Mitte ein Medaillon mit einer Frauenbüste und der Inschrift: Palis. 8. B. 435. (3143.)

Fries mit den Medaillons der drei Könige und der drei Königinnen. qu. 4. B. 436. (5764.)

Fries mit drei Medaillons, einem männlichen behelmten und zwei weiblichen Köpfen. Unbezeichnet. Fehlt B. und P. Verschnitten. (3564.)

Sechs Büsten in Medaillons; Portraits brandenburgischer und sächsischer Fürsten. qu. 4. B. 450. (3777.)

Rund. Ein steigender Löwe in Ornamentumrahmung. 8. B. 463. (2854.)

Rund. In der Mitte drei Hirsche, auf dem Rande Ornamente, oben und unten je zwei Herzen. 8. B. 464. (2906.)

Rund mit drei Büsten, in der Mitte eine Gemse auf einem Felsen. 8. B. 465. (3021.)

Ornament. In der Mitte zwei Satyrn mit verschlungenen Armen in Lederwerk sitzend. Mit den Initialen des Meisters. Fehlt B. und P. H. 0·056, Br. 0·085. (2487.)

Theil eines Tellerrandes mit einem Manne und einer Frau auf Voluten sitzend, in der Mitte ein Satyr in Lederwerk. Unbezeichnet. Ausgeschnitten. Fehlt B. und P. Grösste H. 0·033, Br. 0·085. (2488.)

Theil eines Tellerrandes mit Groteskenornament, Rollwerk, einem Satyr und einem Adler auf dunklem Grunde. Unten in der Mitte das Monogramm. Fehlt B. und P. H. 0·049, Br. 0·088. (2718.)

Theil eines Tellerrandes mit Groteskenornament auf dunklem Grunde. In der Mitte die Gerechtigkeit. Mit dem Monogramm. Fehlt B. und P. H. 0·056, Br. 0·083. (2773.)

Dasselbe. (4014.)

Fries. In der Mitte eine Vase, aus welcher Blätterornamente hervorwachsen. In den Windungen der letzteren Thiere. qu. 4. B. 467. (2683.)

Fries. In der Mitte eine Vase, in den daraus hervorwachsenden Blattranken Thiere. qu. 4. B. 470. (2548.)

1 Bl. mit fünf Laubwerkornamenten. Mit dem Monogramm. qu. 8. Aus der Folge. B. 473—493. (3145.)

Ornament, weiss auf schwarzem Grunde mit Rahmenwerk, dazwischen phantastische Thiere, im unteren Theile ein Adler mit ausgebreiteten Flügeln. Monogramm. Fehlt B. und P. H. 0·085, Br. 0·051. (3144.)

Dolchbeschläge. Vorder- und Rückseite. Auf der Vorderseite ein Fahnenträger. Mit dem Monogramm. Fehlt B. und P. H. 0·090, Br. 0·056. (2778.)

Dolchbeschläge. Vorder- und Rückseite. Auf ersterer Judith. Mit dem Monogramm. Fehlt B. und P. H. 0·087, Br. 0·058. (2779.)

Ornament. In der Mitte eine geflügelte weibliche Halbfigur, unten links ein Satyr, rechts eine Nymphe. Monogramm. Fehlt B. und P. H. 0·060, Br. 0·123. (2781.)

Mars in Ornamentrahmen. 8. Fehlt B. und P. (2278.)

3 Bl. »Aussgetailt spiczen« etc. qu. 8. P. 615. (2277.)

1 Bl. Duplicat der vorigen. (4020.)

Arabesken für Tellerverzierungen. Schwarz und weiss in schwarz. Mit dem Monogramm. Aus der Folge: »Morisken etc.« (Reynard, pl. 214.) Fehlt B. und P. H. 0·055, Br. 0·077. (2770.)

3 Bl. Friese und Schüsselränder; silhouettirte Arabesken. qu. Fol. Ein Bl. monogramm. Fehlt B. und P. (2288.)

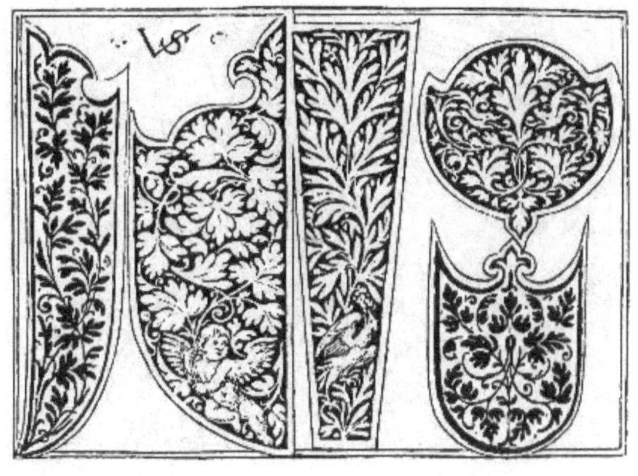

VIRGIL SOLIS (3145)

Fries aus silhouettirten Arabesken, in der Mitte ein Medaillon mit der Büste eines römischen Kaisers. Monogramm. Fehlt B. und P. H. 0·024, Br. 0·154. (3987.)

Duplicat des vorigen. (4018.)

Fries aus silhouettirten Arabesken. Unbezeichnet. H. 0·020, Br. 0·156. Fehlt B. und P. (4019.)

7 Bl. Bandornamente mit Arabesken. Vorlagen für Aetz- und Tauschirarbeiten. Auf einem Bl. Virgili Solis, die übrigen Bl. unbezeichnet. qu. 8. P. 616. (2769.)

Vier ineinander geschobene Ornamente mit Kindern, Vögeln, Grotesken u. dgl. Mit dem Monogramm. 4. P. 617. (2780.)

3 Bl. Ornamente, zwei und drei Arabeskenmotive auf einem Bl. Unbezeichnet. 8. Fehlt B. und P. (Reynard, pl. 48*.) (3655.)

Ornament. Zwei Arabeskenmotive auf einem Bl. Unbezeichnet. Fehlt B. und P. (Reynard, pl. 75*.) H. 0·051, Br. 0·090. (2287.)

Knopf und Griff eines Dolches und Beschläge einer Dolchscheide verziert mit Arabesken. Mit dem Monogramm. Fehlt B. und P. H. 0·062, Br. 0·085. (2771.)

Ornamentfries mit Arabesken in zwei Reihen übereinander. Monogramm. Fehlt B. und P. H. 0·040, Br. 0·131. (3146.)

Arabeskenornament mit sieben Motiven. Monogramm. Fehlt B. und P. H. 0·037, Br. 0·130. (3989.)

Ornamentfries, zusammengesetzt aus fünf Dreiecken. In dem mittleren Dreieck das Monogramm. Fehlt B. und P. H. 0·031, Br. 0·160. (3757.)

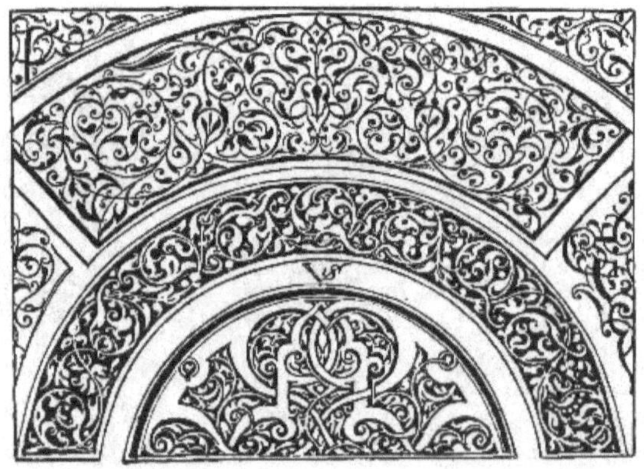

VIRGIL SOLIS (2770)

2 Bl. Beschläge von Degenscheiden. Monogramm. 8. Fehlt B. und P. (2848.)

Theil eines Tellerrandes. In der Mitte eine Satyrherme, oben zwei musicirende Satyrn, unten zwei Hasen. Contourstich mit leichten Schraffirungen. Ohne Monogramm. Ausgeschnitten. H. 0·051, Br. 0·084. In der Weise des Virgil Solis, wie die folgenden Bl. (2489.)

Theil eines Tellerrandes mit Groteskenornament auf weissem Grunde. Unten zwei lagernde Figuren. Unbezeichnet. H. 0·053, Br. 0·130. (4157.)

Theil eines Tellerrandes mit Bandwerk und Arabesken auf weissem Grunde, in der Mitte eine weibliche Figur. Unbezeichnet. H. 0·068, Br. 0·098. (4158.)

Ornament mit Füllhörnern, Vögeln, Schlangen, Draperien, Fruchtfestons, Schmuckgehängen u. dgl. In der Mitte ein Fruchtkorb zwischen zwei Kaninchen. Auf schwarzem Grunde. Vorlage für Buntpapier oder Lederpressung. Holzschnitt. qu. Fol. (2784.)

Ornament, ähnlich dem vorhergehenden. Der Grund nur theilweise schwarz. Vorlage für Buntpapier oder Lederpressung. Holzschnitt. qu. Fol. (2785.)

Virgil und Nicolaus Solis.

Nicolaus Solis, Kupferstecher und Formschneider, Bruder des Virgil Solis, arbeitete 1567—1571 in München. Andresen II. 83. Nagler, Monogr. IV. 2540.

Ornament, in der Mitte ein Mascaron. Rund, die Ecken mit Arabesken

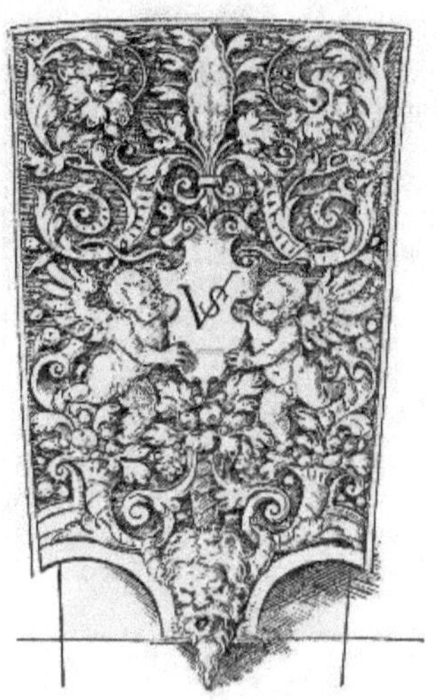

Virgil Solis (2848)

ausgefüllt. Unten etwas gegen links das gemeinsame Zeichen von Nic. und Virg. Solis. H. 0·082, B. 0·060 ohne Plattenrand. Unbeschrieben. (2836).

Georg Wechter

Maler und Radirer, arbeitete zwischen 1570 und 1630, zuerst in Nürnberg, später in Bamberg. Bartsch IX. 164. Passavant IV. 207. Andresen V. 1.

Groteskenfüllung. In der Mitte ein Medaillon mit einem Musiker. Radirt. 4. Aus der Folge. P. 8. (2879.)

Ornament mit Venus und Amor. Radirt. Unbeschrieben. H. 0·153, Br. 0·130. (2272.)

NICOLAUS WILBORN

Kupferstecher, arbeitete 1531—1537. Bartsch VIII. 543. Passavant IV. 139.

2 Bl. Dolchscheiden mit Adam und Eva. 1534. Fol. B. 15, 16. (3731.)

Candelaber mit Widderköpfen. Daneben der obere Theil eines Aufsatzes mit Amor und Akanthusornament mit Masken. Unten etwas nach links das Monogramm mit der Jahreszahl 1534. Fehlt B. und P. H. 0·127, Br. 0·165. (2686.)

MONOGRAMMISTEN

[Monogramm]

Kupferstecher in der Mitte des 16. Jahrhunderts. Bartsch IX. 589, Monogr. Nr. 13.

Reichornamentirte Dolchscheide mit Pyramus. Rechts oben ein Täfelchen mit dem Monogramm und darüber: Piramus. Unbeschrieben. H. 0·21, Br. oben 0·045, unten 0·021. (2619.)

Reichornamentirte Dolchscheide mit Thisbe. Links oben in der Ecke ein Täfelchen mit: Tispes und der Jahreszahl 1533. Gegenstück der vorhergehenden. Unbeschrieben. (2620.)

1534 F D

Kupferstecher im zweiten Drittel des 16. Jahrhunderts. Bartsch IX. 24. Passavant IV. 107. Nagler, Monogr. II. 2115.

Laubwerkornament mit zwei Amoretten. qu. 8. B. 14. (2947.)

Dolchscheide. Im oberen Theile ein Fahnenträger, darunter das Täfelchen mit dem Monogramm und Laubwerkornament. 8. P. 24. (3894.)

I B

Kupferstecher in der ersten Hälfte des 16. Jahrhunderts. Bartsch VIII. 299, Monogr. Nr. 170a. Passavant IV. 97. Nagler, Monogr. III. 1950.

Ornament mit einem Triton zwischen zwei Delphinen. qu. 8. B. 46. (5828.)

Dolchscheide mit einem geflügelten nackten Weibe. 4. B. 51. (2462.)

Aufsteigendes Ornament; über grotesker Figur drei Vasen mit Blattwerk, zu oberst ein leeres Täfelchen. Fehlt B. und P. H. 0·133, Br. 0·023. (3729.)

[Monogramm]

Kupferstecher in der Mitte des 16. Jahrhunderts. Bartsch IX. 53. Passavant IV. 173.

Weibliche Halbfigur, aus welcher unten Ornamentranken hervorwachsen. qu. 8. B. 5. (2766.)

Dolchscheide. Oben ein Krieger, unten Groteskenornament mit einem Ziertäfelchen, auf diesem das Monogramm. Fol. Fehlt B. P. 14. (2721.)

·ML· (MZ) Mathias Zündt (?)

(Nach Nagler, Monogr. IV. 1971, Leonh. Magerl.) Mathias Zündt, Bildschnitzer, Goldschmied und Kupferstecher zu Nürnberg in der zweiten Hälfte des 16. Jahrhunderts. Andresen I. 1. Nagler, Monogr. IV. 2280.

Der obere Theil eines Degenbeschlages. In der Mitte eine Cartouche mit dem Monogramm, oben auf der Cartouche ein nackter Mann und eine

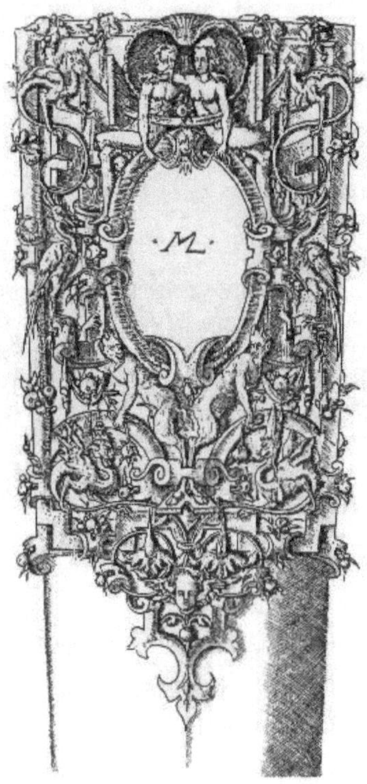

ML (MZ) Zündt (2482)

Frau, unten zwei Satyrn in reichen Groteskenornamenten. Radirung und Stichelarbeit. Br. oben 0·062, unten 0·048, H. 0·108. (2482.)

Oberes und unteres Beschläge einer Degenscheide. Auf ersterem oben zwei Kinder, deren einander zugekehrte Arme in Blattwerk ausgehen. Ohne Monogramm und Plattenrand. H. 0·076, Br. 0·090. (2483.)

Unteres Beschläge einer Degenscheide, mit einer nackten Frau in einer Cartouche. Ohne Monogramm und Plattenrand. H. 0·114, Br. 0·047. (2485.)

Schnalle mit abgebrochenem Dorn und mit einem Kinde in einer Cartouche. Ohne Monogramm und Plattenrand. H. 0·097, Br. 0·045. (2484.)

R B

Kupferstecher, arbeitete zwischen 1530 und 1550. Bartsch IX. 5, Monogr. Nr. 281, Passavant IV. 134. Nagler, Monogr. IV. 3566.

Vasenornament mit einem Kentaurenpaar. 8. B. 6. (2663.)
Vasenornament von drei Kindern getragen. 8. B. 7. (2664.)

V G

Kupferstecher in der ersten Hälfte des 16. Jahrhunderts. Bartsch IX. 22, Monogr. Nr. 318. Passavant IV. 157.

Ornamentfries. 1534. qu. 8. P. 4. (3642.)

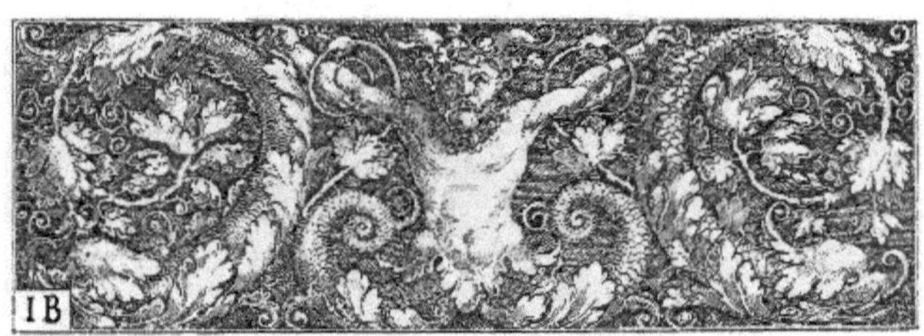

I B (5828)

W. F.

Kupferstecher in der Mitte des 16. Jahrhunderts. Nagler, Monogr. V. 1723.

2 Bl. Ornamentfüllungen. Arabesken, weiss auf schwarzem Grunde. 8. (4156.)
1 Bl. desgleichen. Ohne Monogramm. 8. (3655.)

Unbekannt

Symmetrisches Laubwerkornament. Unten zwei weibliche geflügelte Halbfiguren. 8. B. X. 157, 27. (2261.)

Aufsteigendes Laubwerkornament, oben zwei Sirenen mit ihren Laubwerkarmen eine Vase haltend. H. 0·147, Br. oben 0·020, unten 0·011. (2391.)

Aufsteigendes Pflanzenornament mit Grotesken, aus einer weiblichen Halbfigur hervorwachsend. Oben ein nackter Mann. Als Hälfte gedacht. H. 0·136, Br. 0·035. (2835.)

UNBEKANNT

Reiches Laubwerkornament mit zwei nackten Frauen, auf deren Schultern zwei sich bekämpfende Knaben. 8. B. X. 159, 35. (3520.)

Symmetrisches Blätterornament für eine Dolchscheide. H. 0·146, Br. oben 0·021, unten 0·012. (3984.)

Ornamentfüllung. Oben zwei blasende Genien. H. 0·040, Br. 0·030. (4153.)

Rundes Blattornament mit zwei Genien an einer Vase. Durchm. 0·042. (3087.)

Ornamentfüllung. 8. B. X. 159, 34. (3641.)

Aufsteigendes Ornament von Blätterranken. 4. B. X. 160, 38. (5823.)

Aufsteigendes Pflanzenornament. H. 0·023, Br. 0·036. (2834.)

Ornament mit fünf nackten Knaben und einem Ziegenbock. 1538. qu. 8. P. IV. 283, 96c. (5827.)

2 Bl. Arabeskenfüllungen, weiss auf kreuzweise schraffirtem Grunde. Rund und qu. Fol. (2292.)

2 Bl. Ornamentbänder, weiss auf schraffirtem Grunde. Ein Bl. trägt die Nr. 21. qu. Fol. (2293.)

Zwei verschlungene Bandornamente, weiss auf schraffirtem Grunde. Fol. (2262.)

3 Bl. Ornamentfüllungen. Für Einlagen in Holz, Metall u. dgl. Schwarz auf weiss. qu. Fol. (2290.)

Drei aufsteigende Ornamente, nach oben zu sich etwas verjüngend und jedes einzelne halbkreisförmig abgeschlossen. Mit Figuren, Büsten, Masken, Trophäen u. dgl. Unten verschnitten. Verzierung der drei oberen Flächen eines Pistolenlaufes. 8. (2877.)

Groteskenornament, in der Mitte Pandora, zu oberst ein Adler. Abdruck einer geätzten Platte. 8. (3898.)

Arabeskenornament. Abdruck von einer gravirten Platte. Unregelmässig. 8. (2679.)

Ornament mit einem Vogel in Pflanzenarabesken. Abdruck von einer gravirten Platte. Unregelmässig. 8. (2680.)

2 Bl. Zierleiste und Schlussornament in der Weise des Peter Flötner. Holzschnitt. 8. und qu. 4. (4183.)

Unbekannt

3 Bl. Zierleisten, Kinderreigen, Cartouche mit Medusenhaupt und Orpheus zwischen Hirsch und Einhorn. Holzschnitte. qu. 4. (3917.)

28 Bl. Zierleisten aus Baseler Druckwerken. Holzschnitte. qu. 8. und 4. (5062.)

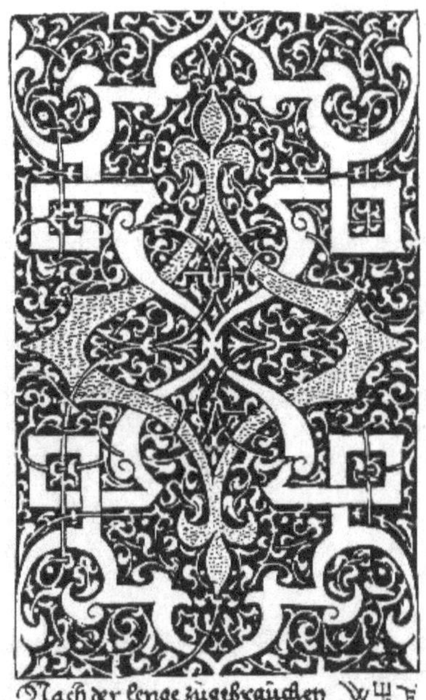

Monogrammist (4156)

XVII. JAHRHUNDERT.

Hieronymus Bang

Goldschmied, Kupferstecher und Kunsthändler zu Nürnberg, geb. 1553, gest. 1630. Rosenberg in Meyer's Künstler-Lexikon II. 677.

8 Bl. Numer. Folge von Friesen mit Vögeln auf stilisirten Pflanzenwindungen, in der Mitte Vogelfänger, Jäger, ein Pfau u. dgl. Die Figuren der Jäger wurden ausgeschliffen und an deren Stelle andere im Costüme der Zeit (der Ueberarbeitung der Platte), jedoch ganz in der Stellung der ursprünglichen eingestochen. qu. Fol. Rosenberg 44—52. (2547.)

3 Bl. Friese aus Laub- und Blumenornament, mit Papageien, Eule und Pfauen. Unbezeichnet. Fehlt Rosenberg. H. 0·060, Br. 0·230. (3903.)

1 Bl., achteckig, mit Laubwerkornament, in Masken und phantastisches Gethier endigend. Links oben *d.* In der Weise des H. Bang. H. 0·160, Br. 0·125. (3732.)

THEODOR (DIETRICH) BANG

Goldschmied und Kupferstecher zu Nürnberg, lebte am Ende des 16. und am Anfange des 17. Jahrhunderts. Rosenberg in Meyer's Künstler-Lexikon II. 678.

10 Bl. aus der Folge der Friese aus Laub- und Blumenornament, dazwischen Vögel. Theodor Bang fec. Baltasar Caimox excud. qu. Fol. Rosenberg 112. (2525, 3667, 3901.)

10 Bl. Ornamentfriese mit Blumen, Früchten und Jagdfiguren; auf dem Titel: T. Bang fecit, B. Caimox excud. Die übrigen Bl. numerirt 1—9. qu. Fol. Fehlt Rosenberg. (3902.)

Bl. 4 der obigen Folge. qu. Fol. (2397.)

8 Bl. Darstellungen verschiedener Handwerke in Ornamentrahmen. Auf einem Bl. In Augspurg bey Moritz Mittnacht. In der Weise des Th. Bang. H. 0·078, Br. 0·095. (4161.)

AEGIDIUS BICHEL

Zeichner und Kupferstecher, arbeitete in Augsburg am Ende des 17. Jahrhunderts.

2 Bl. Allerhand Inventiones von Französischem Laubwerckh. Jos. Friedr. Leopold excud. Titel und Bl. 3 der Folge. Fol. (4663.)

ALBRECHT BILLER

Goldschmied zu Augsburg, geb. 1663, gest. 1730.

5 Bl. einer Folge von Ornamenten mit Laubwerk, friesförmige Füllungen, mythologische Darstellungen in ornamentaler Umrahmung u. s. w. Jos. Friedr. Leopold excud. Fol. (4664.)

PAUL BIRCKENHULTZ

Goldschmied und Kupferstecher, arbeitete in der zweiten Hälfte des 17. Jahrhunderts (zu Frankfurt a. M?). Nagler, Monogr. IV. 2841.

Hängeornament mit Blumen, Früchten und Vögeln. Das Monogramm unten in der Mitte. qu. 8. (2864.)

JOHANN ALEX. BOENER

Kupferstecher, geb. zu Nürnberg 1647, gest. daselbst 1720.

6 Bl. Vor Vnterschiedliche Professionen dienliches Laubwerck. Joh. Christ. Weigel exc. qu. Fol. (2914.)

FRANCIS CLEYN

Zeichner und Radirer, geb. zu Rostock um 1590, arbeitete zu Rom, London und Kopenhagen, gest. zu London 1658. Nagler, Monogr. II. 5.

3 Bl. Friese. Akanthuswindungen mit Satyrn, Kindern und Thieren, Blumen- und Früchtenfeston mit Kindern; Schilfblattfeston mit Nereiden und Tritonen. Radirt. qu. Fol. (2542.)

2 Bl. groteske Pfeilerornamente mit Thieren. Radirt. Fol. (5752.)

PAUL DECKER

Architekt und Kupferstecher, geb. zu Nürnberg 1677, gest. zu Baireuth 1713.

3 Bl. Ornamentfüllungen und Friese. Hier. Bölmann ex. Nr. 1, 2 und 4 einer Folge. qu. Fol. (2368.)

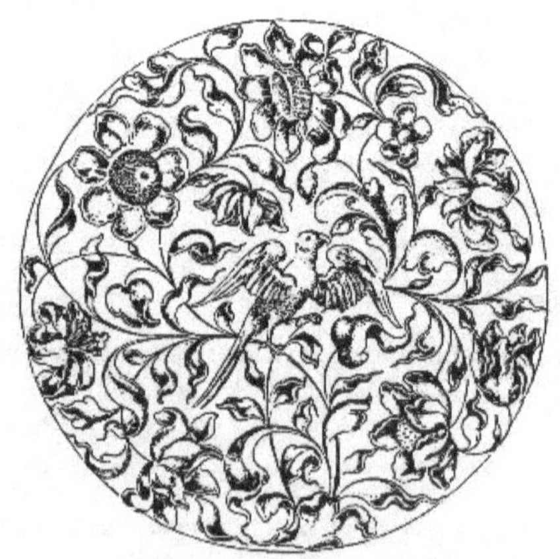

CHRISTOPH SCHMIDT (3849)

Groteschgenwerk vor Mahler, Goldschmidte etc. Bl. 1—3, 5. Zweydes Werklein von Groteschgen Bl. 1—5. Joh. Christ. Weigel ex. qu. Fol. (3327.)

Sammelband, enthaltend 4 Bl. Allerhand Arten von Schilden, Gefässen, Schalen. 1—4. — 6 Bl. Neu inventirtes Laub-, Bandl- und Groteschgen-Werk. 1—6. — 4 Bl. Panneaux. Ohne Nummern. Joh. Christ. Weigel exc. Fol. und qu. Fol. (3326.)

MATHIAS ECHTER

Maler und Kupferstecher zu Graz, geb. in Weiz vor 1642, lebte noch 1689.

6 Bl. Raccolta di Varij Cappricij et Noue Inventionij di fogilami Romane

2

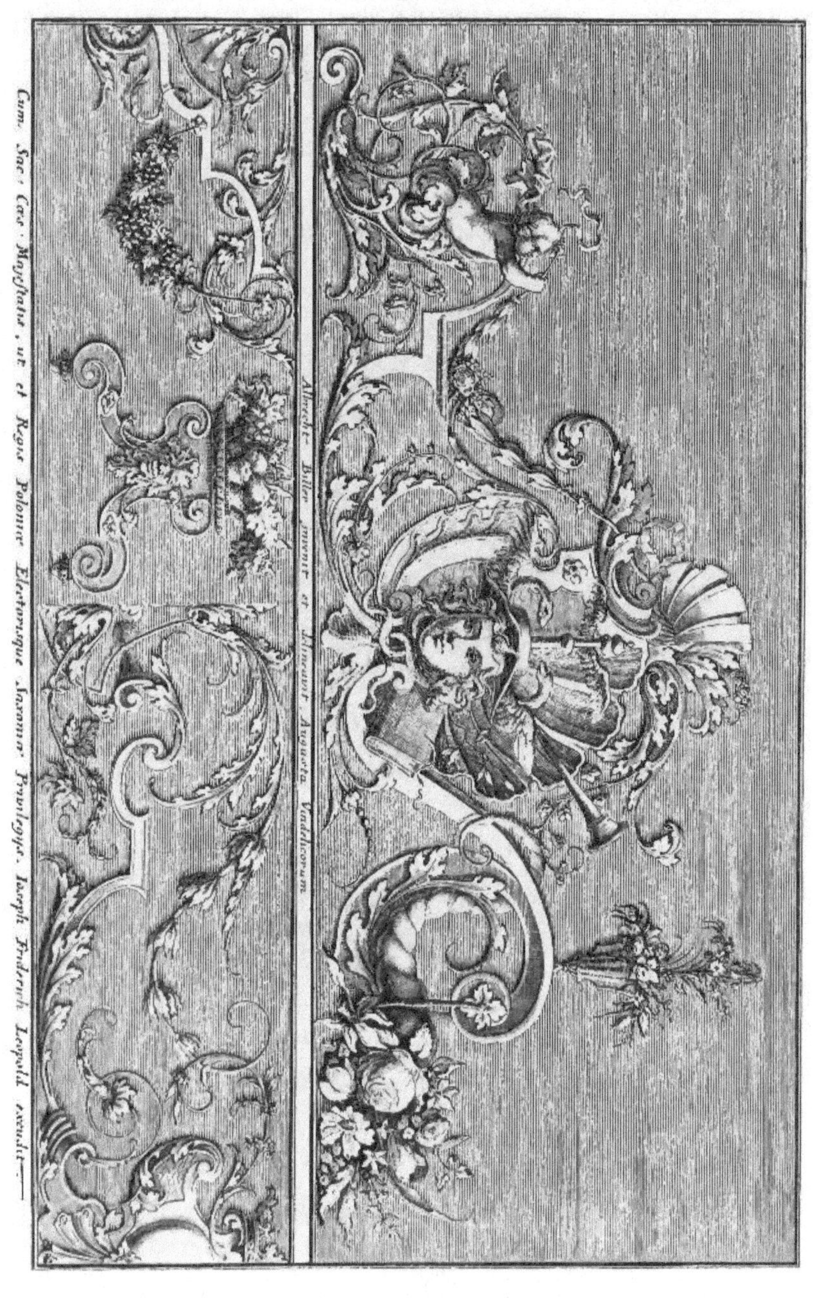

Albrecht Biller (4664)

Posti in Luce dall Signor Matias Echter Pitor. et da lui dissegnate et intagliate in Graz M. D. C. LXXIX. Rahmen, Wagentheile u. dgl. Verschiedene Formate. (2458.)

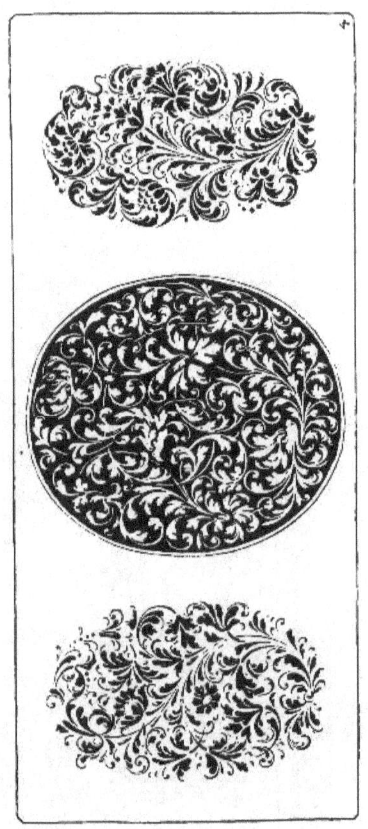

J. C. Reutimann (5826)

Johann Heel

Goldschmied und Kupferstecher, geb. zu Augsburg 15. October 1637, gest. zu Nürnberg 17. März 1709.

6 Bl. Schneid-Büchlein. David Funck exc. Numerirte Folge von Blumen- und Blätterornamenten, weiss auf schwarzem Grunde. 8. (6108.)

2*

JOHANN CONRAD REUTIMANN

Zeichner und Kupferstecher zu Augsburg um 1677.

9 Bl. Ornamente von Blumen- und Blätterranken, Masken u. s. f. Jeremias Wolff exc. Aug. Vind. Auf 4 Bogen gedruckt. 8. (5826.)

CHRISTOPH SCHMIDT

Goldschmied und Kupferstecher zu Augsburg um 1648—1674.

6 Bl. einer numerirten Folge von Blumenornamenten. Auf Blatt 8: Christoff Schmidt fecit et excud. Nr. 2—6, 8 der Folge. Rund. 8. (3849.)

JOHANN ULRICH STAPFF

Kupferstecher und Verleger zu Augsburg um 1670—1695.

Titel einer Folge von Blumenornamenten, ein Blumenkranz mit der Inschrift: Joh. Vlric. Stapff Excud. In den Ecken des Blattes einzelne Blumen. 4. (3850.)

JOHANNES UNSELT

Bildhauer zu Augsburg, arbeitete 1695.

10 Bl. aus dem lauber Büchlein, verlegt durch Joh. Ulr. Stapff in Augsburg. Nr. 2—5, 6, 7, 9—12 der Folge. Fol. (5750.)

2 Bl. Titel u. Bl. D, aus: Newes Zierathen Buch. . . Verlegt bey Johann Vlrich Stapff, Kupferstecher und Kunsthändler in Augsburg 1695. Fol. (3396, 5751.)

UNBEKANNT

2 Bl. Runde mit Ornamenten auf schwarzem Grunde, eingefasst von ornamentirten Rändern. 8. (2728.)

Dosendeckel. In der Mitte ein Rund mit einer figuralen Darstellung, umgeben von sechs Zierrahmen mit Büsten und Trophäen, dazwischen Ornamente. In den Ecken Ornamente auf schwarzem Grunde. 8. (2731.)

Oval mit stilisirtem Laubornament auf schwarzem Grunde. 8. (2729.)

Stilisirtes Laubornament auf schwarzem Grunde. Rund. 8. (2284.)

9 Bl. Ornamente und Figuren. Abdrücke von Zierplättchen. 8. (5061.)

Ornament mit Vögeln und Fruchtfeston. Theil eines Tellerrandes. Abdruck von einem gravirten Teller. Unregelmässig. qu. 8. (2678.)

Meyer, D. Architectvra oder Verzeichniss allerhand Einfassungen. Nürnberg 1659. 50 Bl. Fol. (B. Nr. 8308.)

Unselt, J. Neues Romanisches Laubwerck-Büchlein. Nürnberg, o. J. Fol. (B. Nr. 8071.)

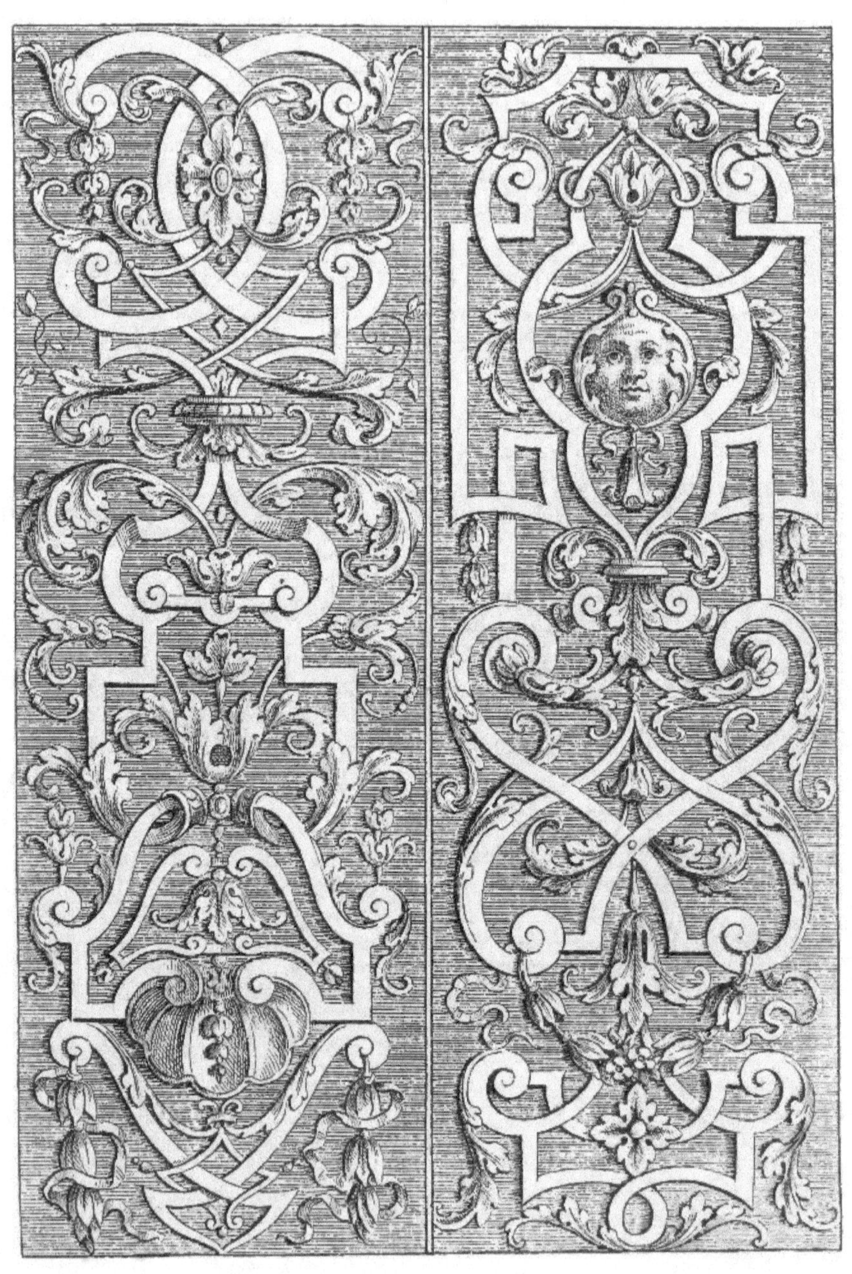

Johann Leonhard Eysler (2316)

XVIII. JAHRHUNDERT.

JOHANN JACOB BAUMGARTNER

Zeichner, Kupferstecher und Verleger zu Augsburg in der ersten Hälfte des 18. Jahrhunderts.

2 Bl. aus: Gantz Neu Invendirtes Laub und Bändl-Werck. Joh. Jac. Baumgartner fecit et excudit. qu. Fol. (4705.)
9 Bl. Gantz Neu Invendirtes Laub und Bändl Werck. Anderte theil. Ipse sc. et exc. A. V. qu. Fol. (2682.)
6 Bl. Gantz neues Reiss-Büchel von Laub und Bandelwerck anterer Theil. Nr. 7—12. qu. Fol. (5743.)

ABRAHAM DRENTWETT

Goldschmied zu Augsburg, geb. 1696, gest. 1735.

1 Bl. aus: Neue Inventiones etc. J. A. Corvinus sc. Apollo und die Musen, in ornamentaler Umrahmung, unten zwei Wandleuchter. Bl. 3 der Folge. Fol. (4661.)

BALTHASAR ANTON DUNKER

Landschaftsmaler, Zeichner und Radirer, geb. zu Saal bei Stralsund 17. Jänner 1746, gest. zu Bern 23. April 1807.

35 Bl. Vignetten zu den Erzählungen der Königin von Navarra. (Bern 1792.) 8. (5063.)

JOHANN LEONHARD EYSLER

Goldschmied zu Nürnberg in der ersten Hälfte des 18. Jahrhunderts.

9 Bl. Neu Inventirtes Laub- und Bandel-Werk. Erster Theil. qu. Fol. (2314.)
6 Bl. Neu Inventirtes Laub und Bandel-Werk. 4. Theil. Fol. (2315.)
5 Bl. Neu Inventirtes Laub und Bandel-Werk. 5. Theil. Joh. Christ. Weigel exc. qu. Fol. (2313.)
6 Bl. Neu Inventirtes Laub und Bandel-Werk. 6. Theil. Fol. (2316.)

JOHANN FRIEDRICH LAUCH

Goldschmied (zu Nürnberg?) um 1700.

Neu Inventirte Schnup Toback Dosen. Joh. Christ. Weigel exc. Titel. qu. Fol. (2370.)

Schwartz, H. Raccolta di vari ornati. Leipzig 1743. Fol. (B. 6413.)
Gessner, Sal. Oeuvre. Zürich, o. J. 2 Bände mit 344 Rad. Fol. (B. 4559.)

Joseph Friedrich Leopold exc.

Kupferstecher und Verleger zu Augsburg, geb. 1668, gest. 1726.

6 Bl. Numer. Folge: Noveaux Desseins Pour Tabatieres. Anno 1710. qu. Fol. (2320.)

Johann Conrad Reiff

Kupferstecher zu Nürnberg in der ersten Hälfte des 18. Jahrhunderts.

12 Bl. Zierathen Büchel vor Glasschneider und Künstler. 1. und 2. Theil. Zwei und mehrere Ornamentfriese auf einem Blatt. J. C. Reiff del. et sc. Joh. Christ. Weigel exc. qu. Fol. (5868.)

6 Bl. Dasselbe. 1. Theil. Spätcolorirt. (2546.)

Johann Leonhard Wüst

Kupferstecher und Goldschmied zu Augsburg um 1730.

3 Bl. Ornamente für Dosen etc. Nr. 4—6. J. Wolff exc. qu. Fol. (2324.)

6 Bl. Ornamente für Dosendeckel. Zerschnitten. Aus obiger Folge. (2371.)

Unbekannt

34 Bl. Abdrücke von Gravirungen auf Waffen etc. 8. (3910.)

2 Bl. Schlussstücke aus: Missae propriae Sanctorum Metrop. eccles. Salzburgensis. Salzburg, Joh. Jos. Mayr 1783. Holzschnitte. 8. (4182.)

2. FRANZÖSISCHE SCHULE.

XV. JAHRHUNDERT.

Unbekannt

3 Bl. Zierleisten aus einem französischen Druckwerk des 15. Jahrhunderts. Holzschnitte. Auf Pergament, colorirt. Fol. (2923.)

XVI. JAHRHUNDERT.

René Boyvin

Zeichner und Kupferstecher, geb. zu Angers 1530, gest. zu Rom 1598.
Robert-Dumesnil VIII. 11.

4 Bl. aus der Folge der Wandfüllungen mit Göttern. 4. R-D. 123, 125, 129, 130. (2945, 3661.)

Jacques Androuet Du Cerceau

Architekt, Zeichner und Radirer, geb. zu Paris um 1515, arbeitete in Orleans und Paris und starb gegen 1585. Geymüller, Les Ducerceau 1887.

12 Bl. Arabesken. Runde, Frieschen, Schlussverzierungen u. dgl., oft mehrere auf einem Blatt. Schraffirt auf weissem Grunde. Vorlagen für Graveure oder Damascirer. Darunter eine Wiederholung. Radirt. 8. und qu. 8. (2238, 2367, 2498.)

1 Bl. aus der Folge der kleinen Grotesken. 8. (2300.)

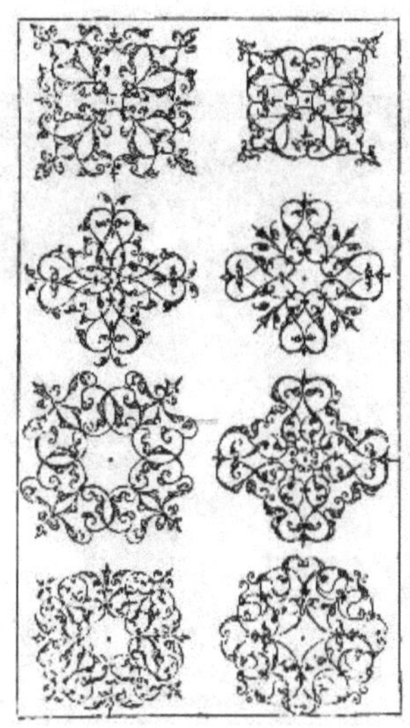

Jacques Androuet Du Cerceau (2367)

Marc Duval

Maler und Kupferstecher, geb. zu Mans, gest. zu Paris 13. September 1581. Robert-Dumesnil V. 56.

2 Bl. Groteskenfüllungen. Fol. R-D. 6, 9. (2249.)

Jean de Gourmont

Maler und Kupferstecher zu Lyon, seit 1570 in Paris. Robert-Dumesnil VII. 18. Passavant VI. 266. Nagler. Monogr. III. 5.

2 Bl. Dolchgriff und Klingenverzierung. Schraffirte Arabesken. Monogr. 8. Fehlt R-D. u. P. H. 0·034, Br. 0·098 und H. 0·133, grösste Br. 0·026. (2495.)

Arabeskenfries. qu. 8. Fehlt R-D. u. P. H. 0·034, Br. 0·098. (2289.)

CHARLES-ETIENNE DE LAUNE, GEN. STEPHANUS

Zeichner, Kupferstecher und Goldschmied, geb. 1519, arbeitete in Paris, Augsburg und Strassburg und starb zu Paris 1583. Robert-Dumesnil IX. 16.

6 Bl. Die Wissenschaften in Grotesken auf weissem Grunde. 8. R-D. 340—345. (2411.)

Eine geflügelte Frau in Groteskenornament auf schwarzem Grunde. 8. R-D. 387. (3730.)

Groteskenornament auf schwarzem Grunde, in der Mitte Diana. 8. R-D. 388. (5028.)

Groteskenornament auf schwarzem Grunde, in der Mitte Neptun. 8. R-D. 398. (5029.)

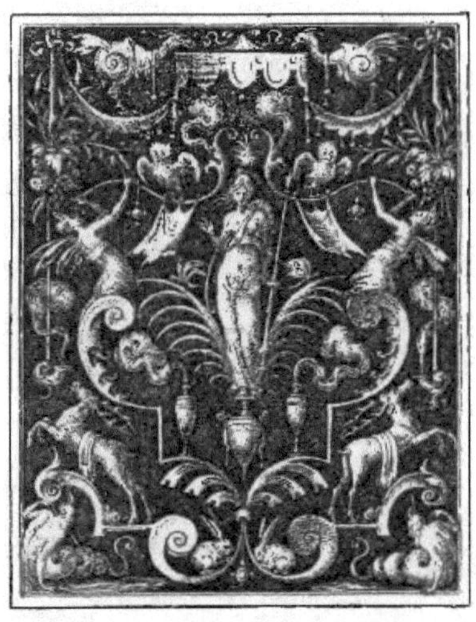

CHARLES-ETIENNE DE LAUNE (2255)

6 Bl. Folge der Wissenschaften. 8. R-D. 404—409. (2254.)

6 Bl. Folge der heidnischen Gottheiten. 8. R-D. 416—421. (2255.)

Ornament. Zwei geflügelte Männer einen Halbmond emporhaltend, in Groteskenornament. Der Hintergrund kreuzweise schraffirt. Oval. 0·068 : 0·052. Fehlt R-D. (2803.)

3 Bl. Groteskenornamente auf schwarzem Grunde. Birnenförmig. Auf einem Blatte in der Mitte Marcus Curtius, auf den beiden anderen Mars. 8. Fehlt R-D. (5027.)

Groteskenornament auf schwarzem Grunde. In der Mitte Susanna und die Aeltesten. H. 0·044. Br. 0·031. Fehlt R-D. (5030.)

Ornamentfüllung mit Minerva. 8. Oval. Unvollendet. Zweifelhaft. (2237.)

Unbekannt

Groteske Füllung von Lederwerk mit Blumenvasen und Thieren. Unten zwei blasende Satyrn. Holzschnitt. 4. (4160.)

3 Bl. Zierleisten und 5 Bl. Schlussvignetten aus einem französischen Druckwerk des 16. Jahrhunderts. Angewendet zu Horaz, Orleans, P. de la Roviere 1605. Holzschnitte. qu. 8. (2941, 2942.)

3 Bl. Degenknopf und zwei Scheidenverzierungen. Grotesken- und Pflanzenornament. 8. (2494.)

4 Bl. Ornamente, schwarz auf weissem Grunde. Vorbilder für Einlegearbeiten. Um 1600. Fol. (2263, 2510.)

XVII. JAHRHUNDERT.

Georges Charmeton

Maler und Kupferstecher, geb. zu Lyon 1619, gest. zu Paris 18. September 1674.

5 Bl. Ornements Servants de Montans propres pour beaucoup de Sortes d'Ouvrages. Gravés par N. Robert. Je zwei Pfeilerornamente auf einem Bl. Audran exc. Nr. I—IV und VI der Folge. Fol. (2742.)

Paul Androuet Du Cerceau

Zeichner und Kupferstecher zu Paris 1660—1710.

Wandfüllung. De Poilly exc. Nr. 5 einer Folge. Fol. (2962.)

Simon Gribelin d. J.

Goldschmied, Kupferstecher und Verleger, geb. zu Paris 1662, gest. in London um 1733.

Ornament aus zwei Füllhörnern mit Rankenwerk, in der Mitte ein Genius. 4. (3085.)

Alexis Loir

Goldschmied und Kupferstecher, geb. zu Paris 1640, gest. daselbst 1713.

Titel einer Folge von Groteskenornamenten: Panaux Dornements Inventé et Granés Nouuellement par A. Loir A Paris Chez P. Mariette..... Fol. (3928.)

Philippe Millot

Kupferstecher und Goldschmied, arbeitete um 1600—1610.

5 Bl. Blumenornamente auf schwarzem Grunde, auf einem Bl. in der Mitte der Tod der Maria. 8. (3141.)

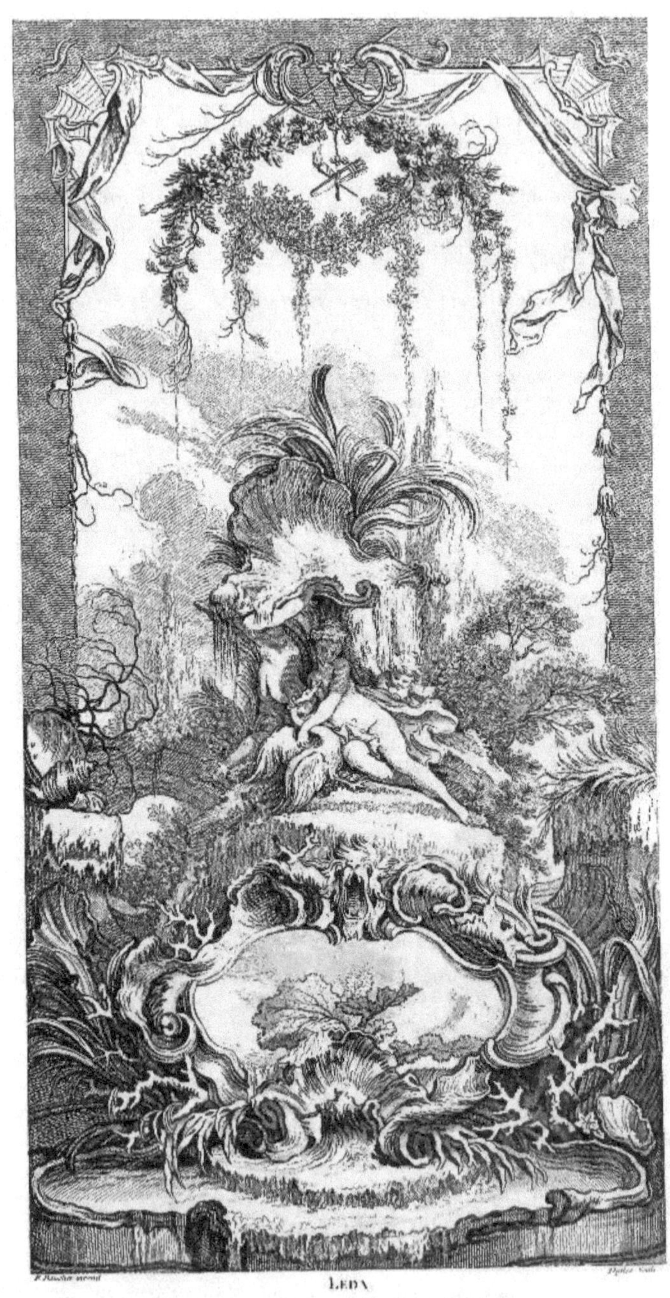

LEDA

FRANÇOIS BOUCHER (3883)

Jean Vauquer

Zeichner und Kupferstecher von Blois, gest. zu Paris 1670.

Rund. Blumen-Bouquet, umgeben von einem Reif mit Blumen, Früchten und Ornamenten. 8. (2730.)

2 Bl. aus der Folge von Runden mit biblischen Darstellungen. Nr. 7 und 9 der Folge. Bezeichnet V. qu. 4. (4609.)

Unbekannt

5 Bl. Ornamente im Stil Louis XIV. qu. 4. (2475.)

Portrait eines Cardinals, umgeben von kirchlichen und kriegerischen Emblemen. Rund. 4. (2398.)

11 Bl. Supraporten. Blumenvasen mit Kindern, Vögeln u. dgl. Radirt. 8. und qu. 4. (2501.)

XVIII. JAHRHUNDERT.

François Boucher

Maler und Radirer, geb. zu Paris 29. September 1703, gest. daselbst 30. Mai 1770. Baudicour II. 37. Goncourt.

3 Bl. Wandfüllungen: Hommage champêtre, Triomphe de Priape, Leda. C. L. Duflos sculps. gr. Fol. (3883.)

16 Bl. Decorative Entwürfe in chinesischem Stil, radirt von P. Aveline und J. Houet. Aus drei verschiedenen Folgen. Fol. (4102.)

Briceau

Goldschmied und Kupferstecher zu Paris um 1709.

7 Bl. Ornamente weiss auf schwarzem und schwarz auf weissem Grunde. Auf Bl. 2 ein vollständiges Alphabet. Nr. 2—8 der Folge (von 1709). Mit dem Künstlernamen. qu. 8. (3986.)

Claude Gillot

Maler und Kupferstecher, geb. zu Langres 1673, gest. zu Paris 1722.

6 Bl. Diverses Ornements. Unterschidliche Verzierungen. Joh. Georg Merz exc. Aug. Vindel. Vignetten, Schlussverzierungen u. dgl. Fol. (2522.)

Beauvallet, P. N. Fragments d'architecture. Paris 1804. Fol. (B. Nr. 7116.)

Cauvet, G. P. Recueil d'ornements. Paris 1777. Dabei: 3 Bl. aus Boucher's Ve cahier d'arabesques. Fol. (B. Nr. 7158.)

Cuvilliés fils, Fr. de. Ecole de l'architecture Bavaroise. O. O. u. J. Fol. (B. Nr. 5348.)

La Fosse, J. C. de. Zwei Sammelbände mit Trophäen, Friesen, Vasen u. dgl. Dabei Aehnliches von Beauvais, Legay, Clermont u. A. Paris. Fol. (B. Nr. 6043, 8318.)

Neufforge. Recueil élémentaire d'architecture. 6 vol. Paris 1757—1780. Fol. (B. Nr. 5625.)

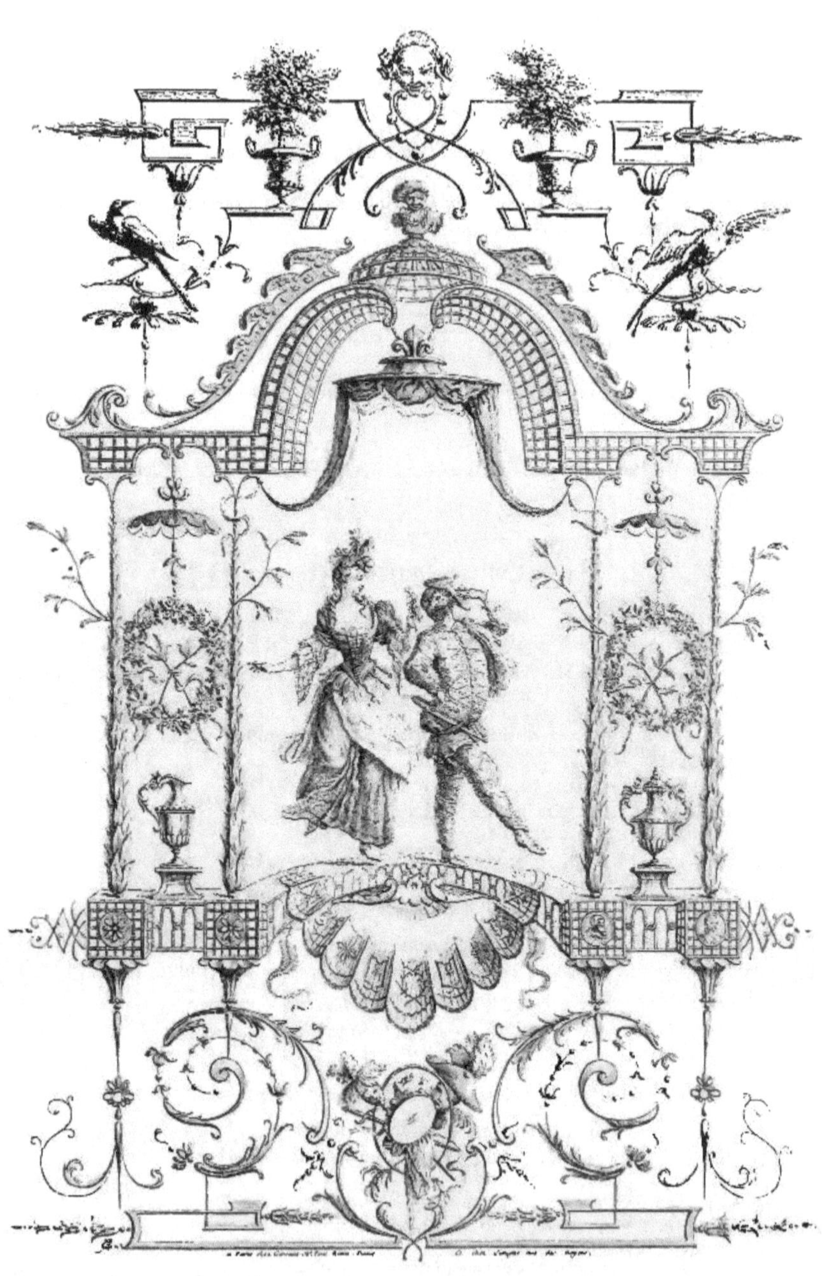

Antoine Watteau (2652)

Bernard Picart

Zeichner und Kupferstecher, geb. zu Paris 1673, gest. zu Amsterdam 1733.

2 Bl. Culs de lampe. B. Picart del. 1728. qu. 4. (5744.)
20 Bl. Vignetten, Panneaux und Culs de lampe. Ausschnitte aus einem Buche. Radirungen, zumeist bezeichnet. qu. 4. (3696.)

Jean Pillement

Maler und Radirer, geb. zu Lyon 1727, gest. 1808.

23 Bl. Chinoiserien. Figuren und Blumen. Aus drei verschiedenen Folgen. Radirt von J. J. Avril, P. C. Canot u. A. 1759, 1760. Fol. (4101.)

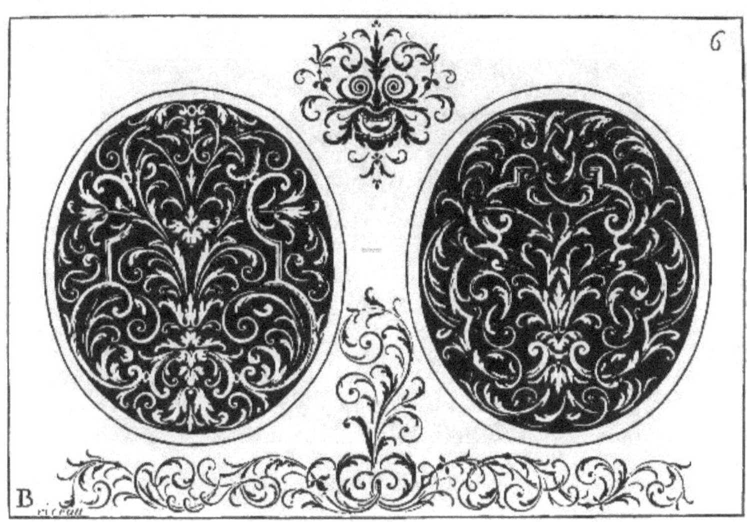

Briceau (3986)

L. Prieur

Zeichner und Ciseleur zu Paris in der zweiten Hälfte des 18. Jahrhunderts.

6 Bl. Cinquieme Cahier de Sujets Arabesques. Joubert exc. Ornamentfüllungen. 4. (2805.)

George Smith

Zeichner und Architekt zu London am Ende des 18. und Anfang des 19. Jahrhunderts.

6 Bl. New Ornements, the 1. Book. Titel und 5 Bl. Cartouchen, Dosendeckel etc. 4. (4614.)

Antoine Watteau

Maler und Radirer zu Paris, geb. zu Valenciennes 10. October 1684, gest. zu Nogent-sur-Marne 18. Juli 1721. Robert-Dumesnil II. 181. XI. 323. Goncourt.

Les enfans de Momus. Wandverzierung mit Kinderstaffage. J. Moyreau sculp. Nr. 2 einer Folge. Gersaint et Surugue exc. gr. qu. Fol. (2651.)
Colombine et Arlequin. Wanddecoration. J. Moyreau sc. Gersaint et Surugue exc. gr. Fol. (2652.)

3. NIEDERLÄNDISCHE SCHULE.

XVI. JAHRHUNDERT.

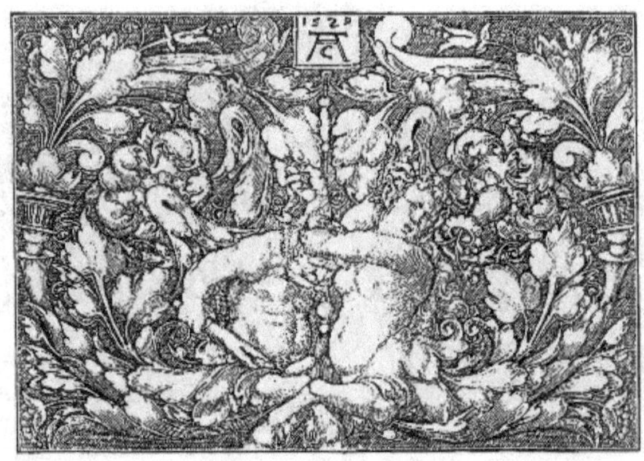

Alart Claessen (3846)

Cornelis Bos

Zeichner, Kupferstecher und Verleger, geb. zu Herzogenbusch um 1510, gest. zu Rom um 1570. Nagler, Monogr. I. 2315, 2316.

3 Bl. aus der Folge der Grotesken mit Satyrn und Thieren. 2 Bl. bezeichnet C-B 1554. Fol. (3726.)

Abraham de Bruyn

Maler und Kupferstecher, geb. zu Antwerpen 1538, lebte seit 1577 in Köln.

3 Bl. Ornamente mit Figuren auf dunklem Grunde. Nach E. de Laune. Oval. 8. (2286.)
Ornament mit Meergöttern. Bezeichnet. qu. 8. (3142.)

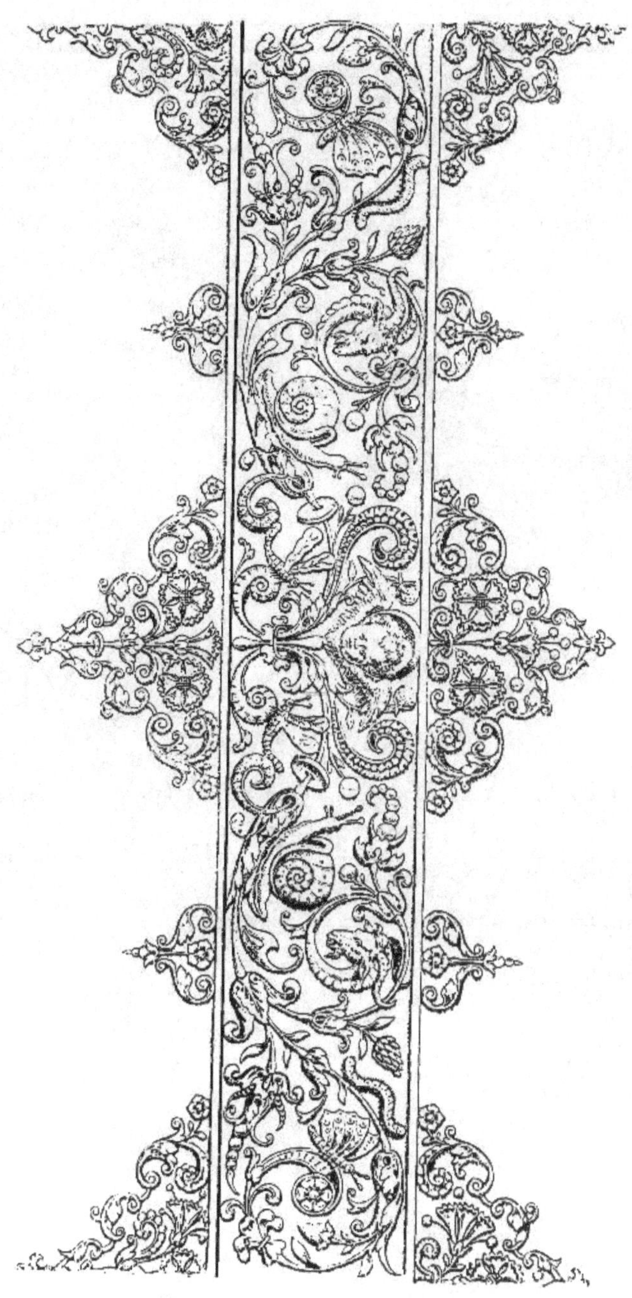

Theodor de Bry (3664)

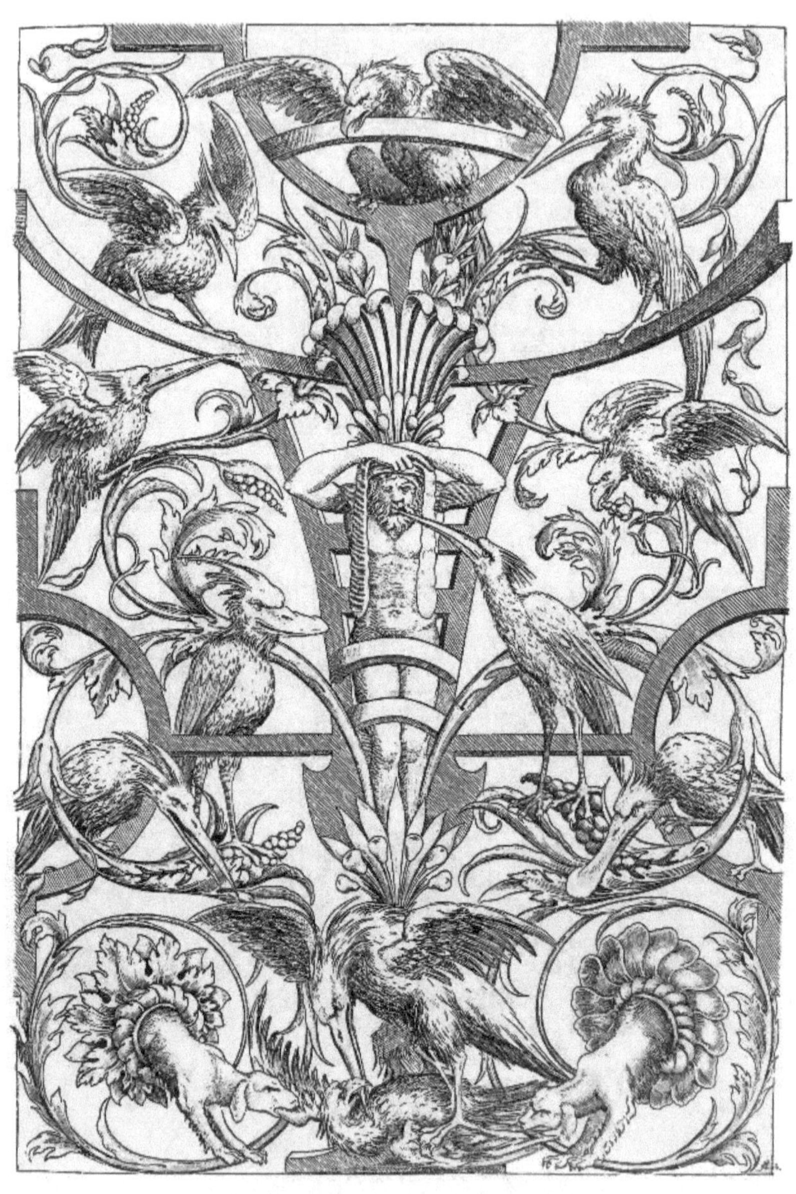

CORNELIS BOS (3726)

3

Theodor de Bry

Goldschmied, Zeichner und Kupferstecher, geb. zu Lüttich 1528, lebte seit 1570 in Frankfurt a. M., wo er 1598 starb. Nagler, Monogr. V. 534.

3 Bl. Ornamente aus Blumen und Blättern mit dem Titel: Spitzen vnd Lavbwerk for die Goltschmit. 1589. Theodore de Bry fec. et exc. qu. Fol. (3664.)

Das Bad. Rund mit reichem Ornamentrahmen. 4. (3669.)

Alart Claessen

Kupferstecher zu Amsterdam, arbeitete zwischen 1520 und 1555. Bartsch IX. 117. Passavant III. 34. Nagler, Monogr. I. 259.

Ornament mit einer Sphinx und einem Satyr, welche ein Wappenschild halten. qu. 8. B. 49. (2794.)

Ornament mit zwei Amoretten in einer Brunnenschale. 8. B. 57. (3148.)

Ornament mit dem Tritonenkampf. 1529. 4. P. 134. (3846.)

Groteskenornament auf schraffirtem Grunde, unten eine Sirene, darüber auf einem Täfelchen das Monogramm, oben eine geflügelte Chimäre. 8. P. 135. (3457.)

Hieronymus Cock

Maler, Kupferstecher und Verleger, geb. zu Antwerpen um 1510, gest. zu Rom 1570. Szwykowski in Naumann's Archiv II. 13. Nagler, Monogr. III. 759.

Wagengroteske mit Figuren und Thieren, Blumen und Früchten. Bezeichnet. qu. Fol. (2418.)

Adrian Muntinck

Goldschmied und Kupferstecher von Gröningen, arbeitete 1597—1616.

4 Bl. Kantenverzierungen mit Grotesken, Vögeln, Früchtenfestons u. dgl. Unten die Initialen des Meisters und (15)97. 4. (2724.)

Aufsteigendes Ornament aus silhouettirten Arabesken mit zwei Papageien. Bezeichnet A M (15)97. 8. (5825.)

Ornament mit Fruchtgehängen. Unbezeichnet. 8. (3791.)

Balthasar Sylvius

Zeichner und Kupferstecher, arbeitete um 1550—1570 in Antwerpen. Nagler, Monogr. I. 1691. 2070.

4 Bl. mit je drei Ornamentstreifen, zur Hälfte dunkel auf weissem Grunde, zur Hälfte weiss auf dunklem Grunde ausgeführt. Ohne Bezeichnung. Aus: Variarum protractionum . . . libellus, 1554. qu. Fol. (2908, 3670.)

15 Bl. Silhouettirte Arabesken und Bandverschlingungen. 8. und qu. 8. (2291, 2497, 3670.)

11 Bl. Nr. 1—9 und 11, 12. Vne Livre contenant passements de moresques. Schraffirte Arabesken, zumeist auf weissem Grunde. qu. 4. (2270.)

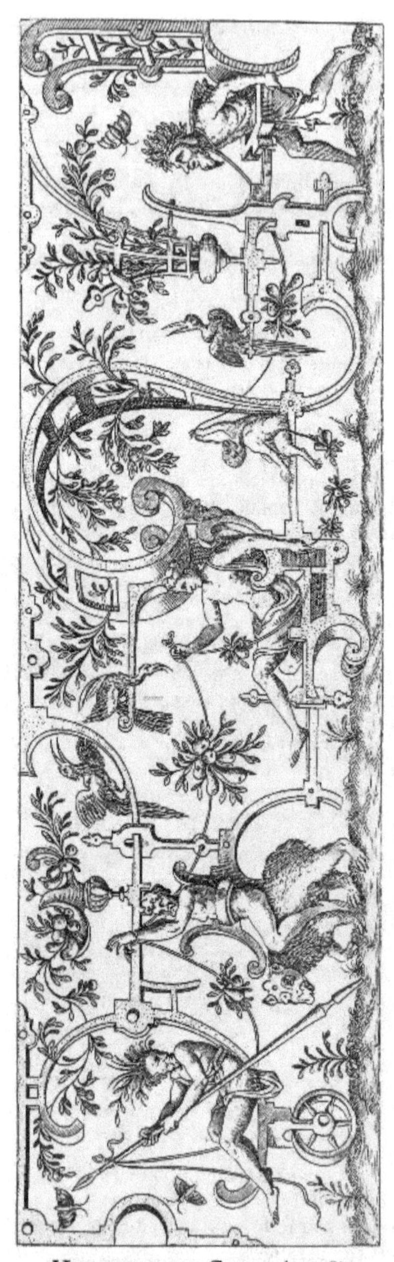

HIERONYMUS COCK (2418)

3*

MONOGRAMMIST

I R

Goldschmied in der zweiten Hälfte des 16. Jahrhunderts. Nagler, Monogr. IV. 340.

17 Bl. Bandornamente mit Arabesken, weiss in schwarz. Vorlagen für Aetz- oder Damascirarbeiten. Schilde, Dreipässe und andere mannigfaltige Figuren. Holzschnitte. 8. (2491, 2493, 3671.)

2 Bl. Ein griechisches und ein lateinisches Versalalphabet in Band- und Arabeskenumrahmung, weiss in schwarz. Ohne Zeichen. Holzschnitte. qu. 8. (2492.)

Bandornament, schwarz auf weissem Grunde. Verschnitten. Zweifelhaft. 8. (3672.)

UNBEKANNT

Bandverschlingungen, weiss auf schwarzem Grunde. Oval. 8. (3673.)

Groteskenornament. In der Mitte eine weibliche Figur mit Bockfüssen, einen Fruchtkorb auf dem Kopfe. qu. 8. (2506.)

2 Bl. Groteskenornamente, auf dem einen Bl. in der Mitte unter einem Mascaron zwei Männer, auf dem zweiten Bl. unten ein Weib, in der oberen Hälfte ein Satyr. 8. (3758.)

XVII. JAHRHUNDERT.

JACQUES COLLAN

Kupferstecher zu Rotterdam um 1650.

4 Bl. Nouveau Livre dornemens. Dosendeckel mit Ornamenten auf schwarzem Grunde. In der Mitte Cartouchen oder figurale Darstellungen. Rund, vier- und achteckig. Auf zwei Bl.: J. Collan inv: et: fec. 8. (2727.)

JOHANN JACOB FOLKEMA

arbeitete am Ende des 17. Jahrhunderts.

2 Bl. Ornamente. Laubwerk mit Figuren und Masken. Nach Le Juge, Livre de Feuillages et d'ouvrages d'orfeurerie. 4. (4600.)

ABRAHAM HEECK

Goldschmied und Kupferstecher zu Amsterdam in der ersten Hälfte des 17. Jahrhunderts.

4 Bl. Hängeornamente. Figuren, Vögel, Blumen u. dgl. Auf einem Bl.: Ab. (verschlungen) Heeck sculps. 4. (2509.)

Heinrich Janssen

Goldschmied, Zeichner und Kupferstecher, arbeitete um 1630 zu Amsterdam.

2 Bl. Groteskenornamente auf schraffirtem Grunde. Auf einem Bl.: H. Janssen fecit. Oval. 8. (3084.)

2 Bl. Ornamente. Friese, Blattranken mit Thieren. qu. 8. (4021.)

Michael Le Blon, auch Le Blond

Goldschmied und Kupferstecher, geb. zu Frankfurt a. M. 1587, gest. zu Amsterdam 1656.

Runde Ornamentfüllung mit Mascarons. Unbezeichnet. 8. (5697.)

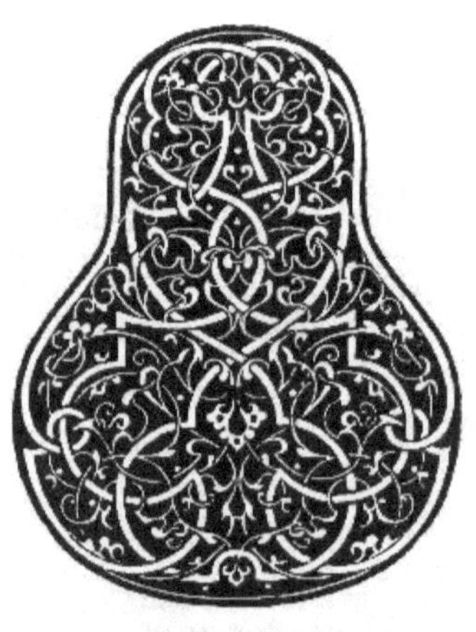

I R (3671)

Laurenz Janss. Micker

Goldschmied und Kupferstecher am Anfange des 17. Jahrhunderts.
Nagler, Monogr. IV. 1150.

2 Bl. Hängeornamente. Bezeichnet La J. M. sc. Anno 1613. 8. (5824.)

Nicasius Roussel

Graveur und Kupferstecher, arbeitete in der ersten Hälfte des 17. Jahrhunderts.

5 Bl. Groteskenornamente. De Grotesco Perutilis. . . Liber. Joh. Barrà sculp. Londinj 1623. 8. (2269.)

Christoph van Sichem d. J.

Formschneider und Verleger zu Leyden und Amsterdam in der ersten Hälfte des 17. Jahrhunderts. Nagler, Monogr. II. 803.

8 Bl. Hängeornamente, Schlussstücke. Holzschnitte. 8. (3379.)

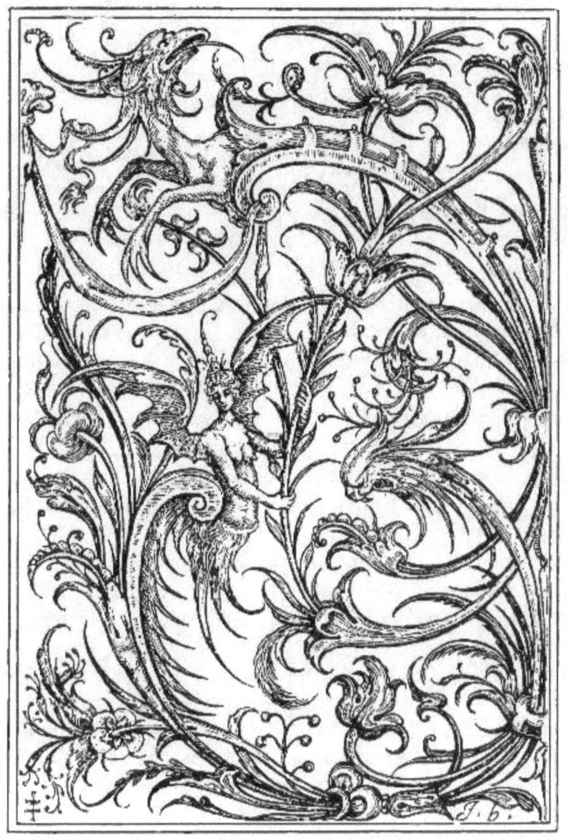

Nicasius Roussel. (2269)

Adrian de Winter

Zeichner, Kupferstecher und Verleger um 1675—1700.

3 Bl. aus einer Folge von Blatt- und Rankenornamenten. Bezeichnet mit Nr. 15, 17, 18. qu. 4. (3990.)

Unbekannt

Hängeornament. Kantenverzierung in Le Blond's Manier. In der Mitte ein leeres Wappenschild. An den Seiten Fruchtgehänge mit Vögeln. Unbezeichnet. qu. 8. (2294.)

4. ITALIENISCHE SCHULE.

XVI. JAHRHUNDERT.

Zoan Andrea

Zeichner und Kupferstecher zu Venedig am Ende des 15. und Anfang des 16. Jahrhunderts. Bartsch XIII. 293. Passavant V. 79. Kolloff in Meyer's Künstlerlexikon I. 698.

Aufsteigendes Ornament. Unten eine musicirende Sirene, oben zwei Amoretten und eine leere Schrifttafel. Ohne Zeichen. gr. Fol. B. 22. (2672.)

Aufsteigendes Ornament. Unten zwei kämpfende Knaben, darüber Trophäen zwischen Laubwerk. gr. Fol. B. 23. (3498.)

Aufsteigendes Ornament. Unten eine Sirene mit zwei Kindern. gr. Fol. B. 26. (2767.)

Aufsteigendes Ornament. Unten vier spielende Knaben. gr. Fol. B. 27. (3499.)

Aufsteigendes Ornament. Unten zwei Knaben und zwei Hunde, oben zwei Knaben auf Blattornamenten stehend. gr. Fol. B. 29. (2673.)

Aufsteigendes Ornament. Zu unterst zwei Sphinxe. gr. Fol. B. 31. (3500.)

Aufsteigendes Ornament von zwei Sphinxen getragen, oben zwei Kinder, mit einem Arme sich auf eine Vase stützend, in der freien Hand einen Palmzweig haltend. gr. Fol. B. 32. (2768.)

Aufsteigendes Ornament. Unten drei Köpfe. Das Monogramm unten in der Mitte. Fol. B. 33. (2904.)

Aufsteigendes Ornament. Grotesken, Trophäen u. dgl. Unten ein Schrifttäfelchen mit »D v. For.« zwischen Drachen. Auf dunklem Hintergrunde. In der Mitte unten die Initialen des Meisters. Fol. Fehlt B. P. 52. (2905.)

Aufsteigendes Ornament. Etwas mehr als die rechte Hälfte. Der Untersatz wird von einer Krabbe und einem Delphin getragen. Oben ein Knabe, in den Händen Akanthusranken haltend. Fol. Fehlt B. P. 57. (2717.)

Agostino Musi, gen. Veneziano

Kupferstecher, geb. zu Venedig um 1490, gest. zu Rom 1540. Bartsch XIV. Passavant VI. 49.

Akanthusblätter. 4. Gegenseitige Copie von B. 553. (2737.)

Battista Pittoni

Maler und Kupferstecher, geb. zu Vicenza 1520, lebte noch 1581. Passavant VI. 169.

2 Bl. Laubornamente mit Kindern. Fol. und qu. Fol. P. 2. (2302.)

Nicola Rosex, gen. Nicoletto da Modena

Goldschmied und Kupferstecher, geb. zu Modena um 1460, lebte noch 1512. Bartsch XIII. 252. Passavant V. 92.

2 Bl. Ornamentfüllungen mit dem Urtheil des Paris und Apollo und Pan. Fol. B. 54, 57. (3483.)

Andrea Schiavone, gen. Meldolla

Maler und Kupferstecher, geb. zu Sebenico 1522, gest. zu Venedig 1582 Bartsch XVI. 75. Passavant VI. 175.

Ornamentfüllung. qu. 4. B. 22. (4603.)

Enea Vico

Kupferstecher, geb. zu Parma um 1520, gest. zu Ferrara 1570. Bartsch XV. 273. Passavant VI. 121.

Laubwerkornament mit einem Mascaron. qu. Fol. B. 456. (2301.)
2 Bl. Groteskenfüllungen. Fol. Copien von B. 483, 488. (2403.)

Unbekannt

Akanthusornament mit einem Adler, darüber ein Mascaron. In der Weise des Ag. Veneziano. Fol. (2541.)

XVII. Jahrhundert.

Stefano della Bella

Maler, Zeichner und Kupferstecher, geb. zu Florenz 17. Mai 1610, gest. daselbst im Juli 1664. Jombert. Meaume, Callot II. 587. Meyer's Künstlerlexikon III. 352.

2 Bl. aus der Folge der Friese und Grotesken. Nr. 1 und 3, ohne Adresse. Radirt. qu. 8. J. 73. (4611.)
7 Bl. Groteskenornamente. Radirt. 4. J. 179. (5088.)

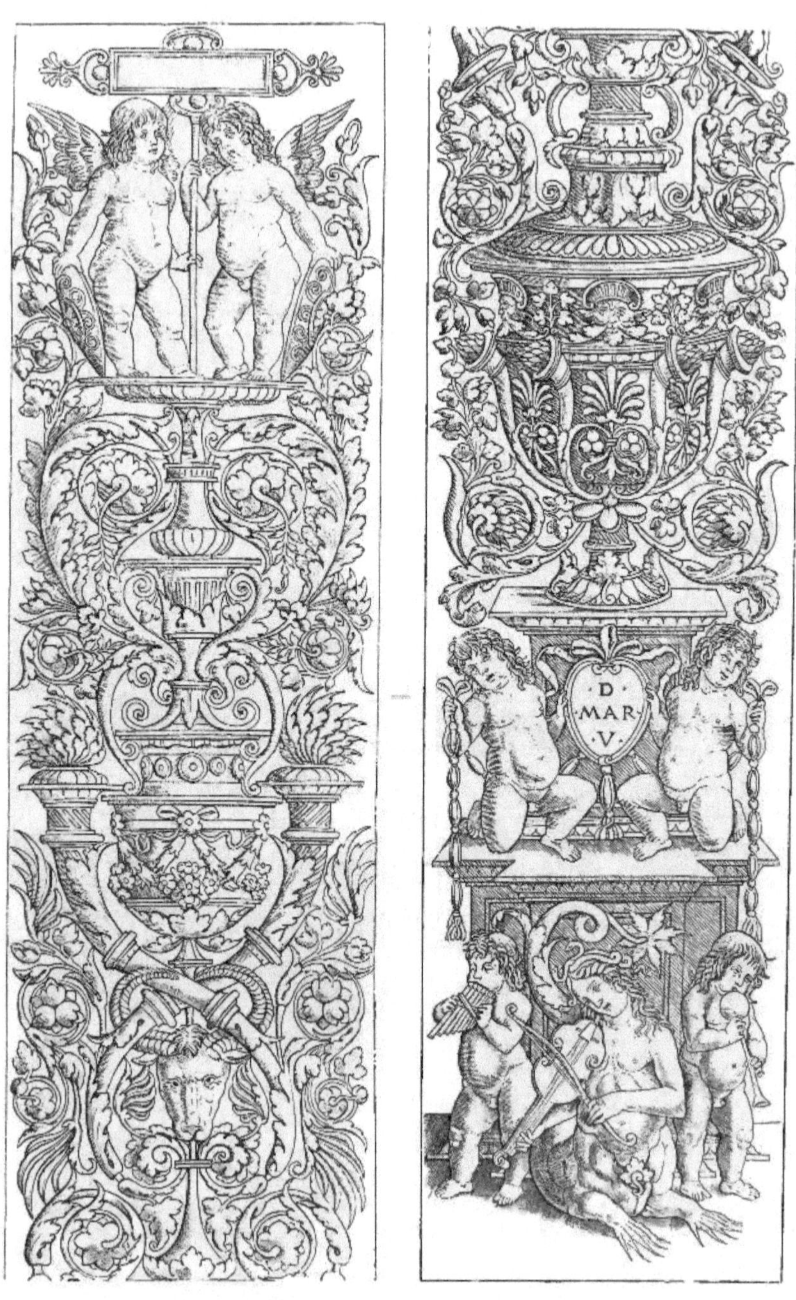

ZOAN ANDREA (2672)

Polifilo Giancarli

Zeichner, Zeitgenosse des Odoardo Fialetti, der 1638 starb.

Ornament mit der Nymphe auf dem Rücken des Kentauren. Od. Fialetti sc. B. 56. qu. Fol. (2716.)

4 Bl. Groteskenfüllungen. Akanthusornament mit Satyrn, Kindern, phantastischen Thieren u. dgl. Grabstichelarbeiten ohne alle Bezeichnung. Gegenseitig zu Fialetti's Radirungen derselben Ornamente. Fol. (2738.)

Agostino Mitelli

Maler und Kupferstecher zu Bologna, geb. 1609, gest. 1660.

38 Bl. Pfeilerornamente, von denen je zwei einen completen Pilaster bilden. Nr. 1—12, 15, 16, 19, 20, 25—34, 37—48 und zwei Bl. ohne Nummer. gr. Fol. (2401.)

10 Bl. Duplicate der Vorigen. gr. Fol. (2402.)

Valerio Spada

Maler und Radirer, arbeitete zu Florenz und Innsbruck in der zweiten Hälfte des 17. Jahrhunderts.

5 Bl. Zierleisten und Schlussstücke. V. Spada fec. Radirt. qu. 8. (3724.)

Antonio Tempesta

Maler und Kupferstecher, geb. zu Florenz 1555, gest. 1630. Bartsch XVII. 123.

10 Bl. Folge der Grotesken. 1609. Fol. B. 1378—1387. (2373.)

Unbekannt

Blumenornament. Theilweise unvollendet. Fol. (2395.)

XVIII. Jahrhundert.

Pietro Cerrini

Zeichner zu Rom in der ersten Hälfte des 18. Jahrhunderts.

6 Bl. Ornamente. Akanthusverschlingungen etc. Auf dem Titelblatte: Dedigato all Molto Illo Sig. e Pron. mio Collmo il Sig. Samuelle Jacomini Pie. Cerrini F. qu. 4. (3023.)

12 Bl. Numer. Folge von Friesen und Cartouchen aus Akanthusranken. Nicolo Billy sculp. Romae. qu. Fol. (5866.)

CIRO SANTI

Maler und Kupferstecher aus Bologna in der zweiten Hälfte des 18. Jahrhunderts.

28 Bl. aus: Raccolta di ornati di ogni genere. Vol. II. Riquadrature. Roma 1800. 8. (4880.)

B. SPECIELLE ORNAMENTE.

a) NIELLIRTE GOLDSCHMIEDVERZIERUNGEN.

(Ornamente für Ausführung in Email und Niello.)

XVI. und XVII. JAHRHUNDERT.

1. DEUTSCHE SCHULE.

JÖRG ARNOLD

Goldschmied und Kupferstecher zu Augsburg um 1586—1596. W. Schmidt in Meyer's Künstlerlexikon II. 280. Nagler, Monogr. III. 1779, 1852.

4 Bl. Niellirte Goldschmiedverzierungen. Voluten und Details für Ringe. Auf einem Bl.: Jerg Arnoldt fecit 1586, auf den übrigen Blättern die Initialen des Meisters I A F und ausserdem auf einem Bl. die Jahreszahl 1586. Die Ecken der Platte abgeschrägt. 8. (2622.)

2 Bl. Niellirte Goldschmiedornamente. Details für Ringe in einer ovalen Einfassungslinie. Ohne Bezeichnung. 8. (2623.)

MATHIAS BEITLER

Goldschmied und Kupferstecher zu Ansbach, arbeitete zwischen 1582 und 1614. Bartsch IX. 586. Passavant IV. 243. Nagler, Monogr. IV. 1655. Andresen IV. 36. G. Voss in Meyer's Künstlerlexikon III. 773.

2 Bl. Niellirte Goldschmiedarbeiten. 1. Titel mit dem Namen des Künstlers Mathias | Beitler | 1612 in einem Oval, umgeben von Waffentrophäen und Grotesken. Unten in den Ecken ein Fischer und ein Harpunier. 5. Amor als Vogelfänger auf einem Aste sitzend, umgeben von Vögeln und Insekten. In einer ovalen Einfassungslinie. Ausserhalb dieser Linie unten links und rechts die Anfangsbuchstaben des Künstlernamens. 8. Fehlt Andr. und Voss. (2722.)

Brunetti, Gaet. Sixty different sorts of ornaments. H. Fletcher sc. London 1736. 4. (B. Nr. 7441.)
Jones, Wm. The Gentlemen's or Builders Companion. 60 Bl. London 1739. 4. (B. Nr. 7443.)
Lock, M. A new drawing book of ornaments. 24 Bl. London, o. J. Fol. (B. Nr. 7437.)
Rosis, Ang. A new book of ornaments. Ant. Visentini sc. London 1753. Fol. (B. Nr. 7291.)

3 Bl. Vorlagen für Emails. Auf jedem Bl. Jagden, Jagdthiere oder ländliche Beschäftigungen in drei Reihen übereinander. Unten in der Mitte das Monogramm. A. 33 und zwei unbeschriebene Bl. 8. (2723.)

CORNELIUS VON BRECHT

Goldschmied. arbeitete (zu Nürnberg?) um 1649.

2 Bl. Blumenornamente. Für Ausführung in Email. Auf einem Bl. Cornelius von Brecht inventor, Johannes Hanias fecit et excudit 1649. Das zweite Bl. monogr. qu. 8. (3792.)

NICOLAUS DRUSSE

Goldschmied in Augsburg, arbeitete um 1607—1625.

Niellirte Goldschmiedverzierungen. Bl. 4 einer Folge. Zweifelhaft. 8. (2283.)

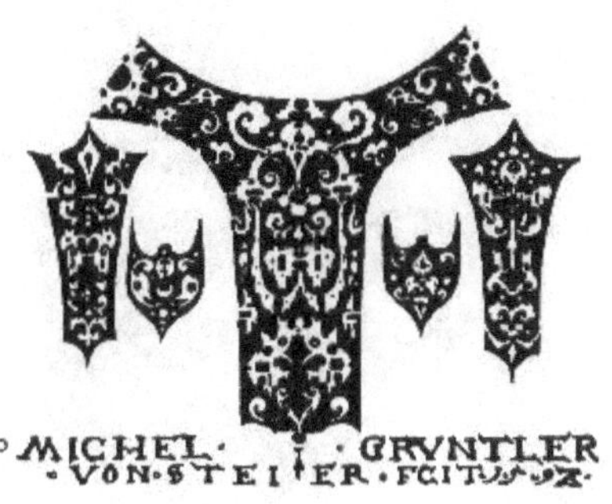

(2253)

MICHAEL GRUNTLER VON STEIER

Goldschmied und Kupferstecher am Ende des 16. Jahrhunderts. Nagler, Monogr. IV. 1860. Die Lesung dort unbekannt.

8 Bl. Niellirte Goldschmiedverzierungen. Auf dem Titel: Michel Grvntler von Steier fecit 1592. Die übrigen Bl. mit M G bezeichnet. qu. 8. (2253.)

ESAIAS VAN HULSEN

Zeichner und Kupferstecher, geb. zu Middelburg um 1570, arbeitete um 1609—1617 in Stuttgart. Nagler, Monogr. II. 1800.

Niellirte Goldschmiedverzierungen. Thiere, Trophäen, Festons etc. Esaias van Hulsen fecit 1617 in Studtgardt. qu. Fol. (2948.)

Peter Nolin

Kupferstecher zu Strassburg um 1620.

Niellirte Goldschmiedverzierung. Gehänge mit einem Täfelchen, auf demselben sämmtliche Buchstaben des lateinischen Alphabetes mit dem vollen Namen des Künstlers. Bl. 1 einer Folge. 8. (3793.)

Heinrich Renbage

Goldschmied und Kupferstecher zu Köln am Ende des 16. Jahrhunderts.

6 Bl. Niellirte Goldschmiedverzierungen für Ringe, Beschläge, Broschen etc. Weiss in schwarz. Der Titel ein Zierrahmen mit der Inschrift: Hinrich Renbage F. Crispi v. pass. ex., auf den übrigen Blättern die Initialen des Meisters, nur auf einem Bl. das Monogramm I-R. qu. 8. (2268.)

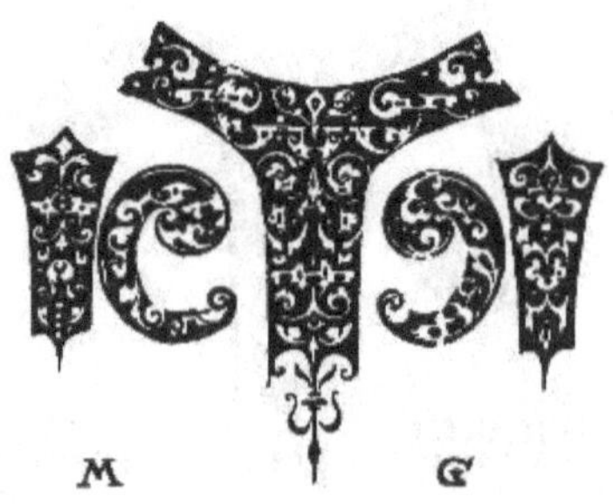

Michael Gruntler (2253)

6 Bl. Vorlagen für Emailarbeiten. Die fünf Sinne, mit dem Titel: Quinqve sensvvm typi in vsum aurifabroū exarati. Colon. Agr. apud Crispinum Passaeum. (cf. Franken, L'oeuvre des van de Passe, 1103—1108.) Ohne den Namen des Renbage. qu. 8. (3496.)

Christoph Schmidt

(Siehe Seite 20.)

4 Bl. Niellirte Goldschmiedornamente. Medaillons, Riechfläschchen u. dgl. Auf einem Bl.: Anno 1648 C. S. Zwei Bl. verschnitten. 8. (5701.)

MONOGRAMMISTEN

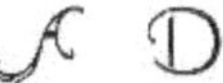

Goldschmied (und Kupferstecher zu Augsburg?) am Ende des 16. Jahrhunderts.

3 Bl. Niellirte Goldschmiedverzierungen. Ornamente weiss in schwarz. Schweifgrotesken für Medaillons, Ringe u. dgl. Nr. 3, 4 und 8 einer Folge. 8. (2285, 2900.)

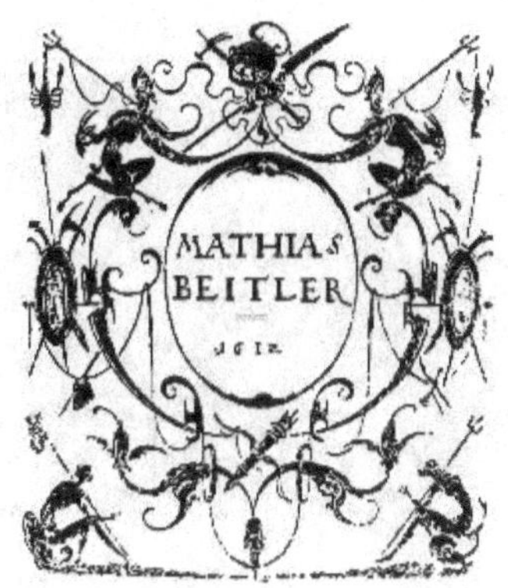

MATHIAS BEITLER (2722)

F E 59 S E F (Verkehrt.)

Niellirte Goldschmiedverzierung. Drei Edelsteinfassungen für Ringe. qu. 8. (2477.)

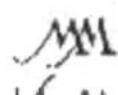

Goldschmied und Kupferstecher, arbeitete um 1621—1647.
Nagler, Monogr. IV, 1996.

Venus auf einer Muschel in einem Oval. In den Ecken Figuren, unten in der Mitte das Monogramm und die Jahreszahl 1621. Zur Ausführung in Niello bestimmt. 8. (2874.)

Unbekannt

6 Bl. Niellirte Goldschmiedverzierungen. Ohne Zeichen. c. 1590. qu. 8. (2264.)

Niellirtes Goldschmiedornament. Unten eine Landschaft mit einem Hirten. 8. (2876.)

Niellirtes Goldschmiedornament. Ein Papagei in einem Rund. Die Ecken oben mit Ornamenten, unten mit Waffentrophäen ausgefüllt. 8. (2892.)

Niellirtes Goldschmiedornament mit Vögeln und anderen Thieren. 4. Neuer Druck. (2515.)

Sechs Vögel auf Zweigen und zwei Insekten. Nr. 1 einer Folge. qu. 8. (2463.)

Vase mit Blumen. Oval. 8. (3022.)

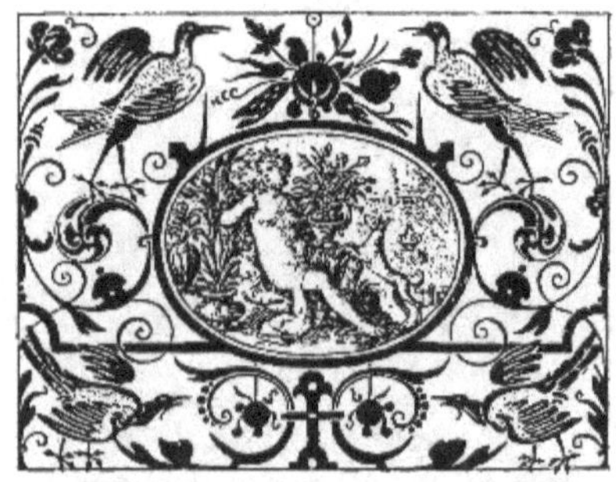

Heinrich Renbage (3496)

2. FRANZÖSISCHE SCHULE.

M. Christollien

Goldschmied, arbeitete um die Mitte des 17. Jahrhunderts.

2 Bl. Messergriffe. Vögel in Blumenranken. Ein Bl. mit Nr. 6 bezeichnet. Zweifelhaft. 8. (2247.)

Pierre Gandin

Goldschmied und Kupferstecher am Anfang des 17. Jahrhunderts.

6 Bl. Nuner. Folge. Niellirte Goldschmiedverzierungen. Mit dem Künstlernamen. qu. 8. (2250.)

5 Bl. aus einer ähnlichen Folge. Nr. 2—6. Ohne Bezeichnung. qu. 8. (2251.)

Claude Rivard

Goldschmied und Kupferstecher um 1650—1658.

2 Bl. Phantastische Goldschmiedornamente mit Blumen, spielenden Thieren etc. Bezeichnet mit dem Namen und Nrn. 19, 1650, 38, 1658. 4. (3665.)

Jean Toutin

Goldschmied, Emailleur und Kupferstecher zu Chateaudun um 1618—1640.

10 Bl. Verschiedene figürliche Darstellungen, darüber niellirte Goldschmiedverzierungen. 1619. Nr. I, V, 1—7 und 1 unnum. Bl. 8. (2271, 2676.)

Jean Vovert

Goldschmied und Kupferstecher, arbeitete um 1599—1602.

Juwelengehänge in Rautenform. Ausgeschnitten. 8. (2245.)
Aehnliches Gehänge. Ausgeschnitten. 8. (2246.)

3. NIEDERLÄNDISCHE SCHULE.

Guillaume de la Quevellerie

Goldschmied und Kupferstecher zu Amsterdam in der ersten Hälfte des 17. Jahrhunderts. Nagler, Monogr. II. 2864.

6 Bl. Niellirte Goldschmiedverzierungen. Kreuze, Broschen, Steinfassungen, Details für Ringe u. dgl. Weiss auf schwarzem Grunde. Bezeichnet: G D L Q. Der Titel ein Zierschild mit der Inschrift: Ni capis, non carpis. Guilhelmus de la Quewellerie fecit Aō Dn̄i clɔ. Iɔ. CXI (1611), umgeben von niellirten Ornamenten. Unten Wilh. Janss. ex. Amster. 8. (2735.)

Monogrammist

H ·1625· VR

Kupferstecher in der ersten Hälfte des 17. Jahrhunderts. Nagler, Monogr. III. 1658.

Vase mit einem Goldschmiedbouquet. 1625. 8. (2518.)

4. ITALIENISCHE SCHULE.

Giovanni Battista Constantini

Goldschmied und Kupferstecher zu Rom, arbeitete 1615—1625.

Drei Schilde mit niellirten Goldschmiedornamenten, weiss in schwarz, von zwei Männern gehalten. Rechts unten das Monogramm. qu. 8. (2531.)

b) PUNZENARBEITEN.

(Ornamentale und figurale Darstellungen für Ausführung in getriebener Arbeit.)

XVI. und XVII. JAHRHUNDERT.

1. DEUTSCHE SCHULE.

PAUL FLYNT

Flind, Flint, Flindt und Vlindt von Nürnberg, Goldschmied, Punzenarbeiter und Radirer, arbeitete 1592 zu Wien, später zu Nürnberg bis gegen 1620. Nagler, Monogr. IV. 2950, 2951, 3399.

Kanne, gepunzt. Ohne Bezeichnung. Fol. (2235.)
Pokal mit Deckel, gepunzt. Ohne Bezeichnung. Fol. (2236.)
Reiche Becherverzierung. In der Mitte ein Kameel in Landschaft. Punzenarbeit. Ohne Zeichen. 4. (2860.)
Reiche Becherverzierung. In der Mitte ein Tiger in Landschaft. Punzenarbeit. Ohne Zeichen. 4. (2861.)
Pokal mit Deckel. Punzenarbeit. Fol. (2234.)
Kelch, Punzenarbeit. Fol. (2867.)
19 Bl. Gepunzte Gefässe, Gefässtheile und Ornamente. Mit Titelcartouche. Numer. Folge 1—16, 18—20. Unbezeichnet. Fol. (2967.)
2 Bl. Reichverzierte Pokale, gepunzt. Fol. (3102.)
6 Bl. Eine, zwei und drei Cartouchen, mit Landschaften, Thieren u. dgl. zur Verzierung von Bechern, gepunzt. qu. 4. (2858.)
2 Bl. Becherverzierungen, Fruchtkörbe, gepunzt. Unbezeichnet. Bl. 5 und 6 einer Folge. 8. (3675.)

JOHANN WECHTER

Goldschmied in der ersten Hälfte des 17. Jahrhunderts.

Alter Mann mit einer jungen Frau. Gepunzt. Bezeichnet: J. W. fc. 1640 (verkehrt). 8. (3017.)

BERNHARD ZAN

Goldschmied und Punzenarbeiter zu Nürnberg um 1580. Andresen III. 256.

Becher, Punzenarbeit. Ausgeschnitten. 4. A. 2. (2233.)
5 Bl. Reichverzierte Becher mit Blumen, Früchten und Masken, gepunzt. Fol. A. 5, 6, 7, 8, 9. (3401.)

4

MONOGRAMMISTEN

A B

Goldschmied und Punzenarbeiter um 1610. Vergl. Nagler, Monogr. I. 169.

Untertasse, in der Mitte das Goldschmiedwappen, gepunzt. Rund. 4. (3012.)

I. S.

Goldschmied und Punzenarbeiter um 1582. Vergl. Nagler, Monogr. IV. 405.

Reicher Deckelpokal, an der Leibung vier allegorische Figuren, auf dem Deckel ein pfeilschiessender Amor. Punzenarbeit. Ohne Zeichen. Fol. (3006.)

Unbekannter Goldschmied

um 1570—1580.

Vergleiche: Gefässe der deutschen Renaissance, herausgegeben vom k. k. Oesterreichischen Museum 1876. Desgleichen, herausgegeben vom Bayerischen Gewerbemuseum in Nürnberg 1878. Boerner's Katalog der Liphart'schen Sammlung Nr. 98 ff. Meder (Amsler & Ruthardt) Katalog der Kupferstichsammlung Oppermann Nr. 1243—1269 und Bloch, Gamle Kobberstik, übersetzt von Bucher in Mittheilungen des Oesterreichischen Museums N. F. I. 107.

15 Bl. Gefässe und Gefässtheile. Punzenarbeiten. Ein Bl. auf Vorder- und Rückseite bedruckt. Fol. (2857.)

Unbekannt

Allegorische Frauengestalt in Ornamentumrahmung. Punzenarbeit in Contourmanier. 4. (2862.)

Deckelkrug, an der Leibung ein weiblicher Kopf, der Henkel nach links mit einem Engelskopfe. Gepunzt. Ausgeschnitten. 4. (3007.)

5 Bl. Schalenzeichnungen mit figuralen Darstellungen: Joseph deutet Pharao's Traum. Die drei Jünglinge im Feuerofen. Daniel in der Löwengrube. Ein Gastmahl. Ein wilder Mann unter Thieren. Gepunzt. Rund. 4. (2759.)

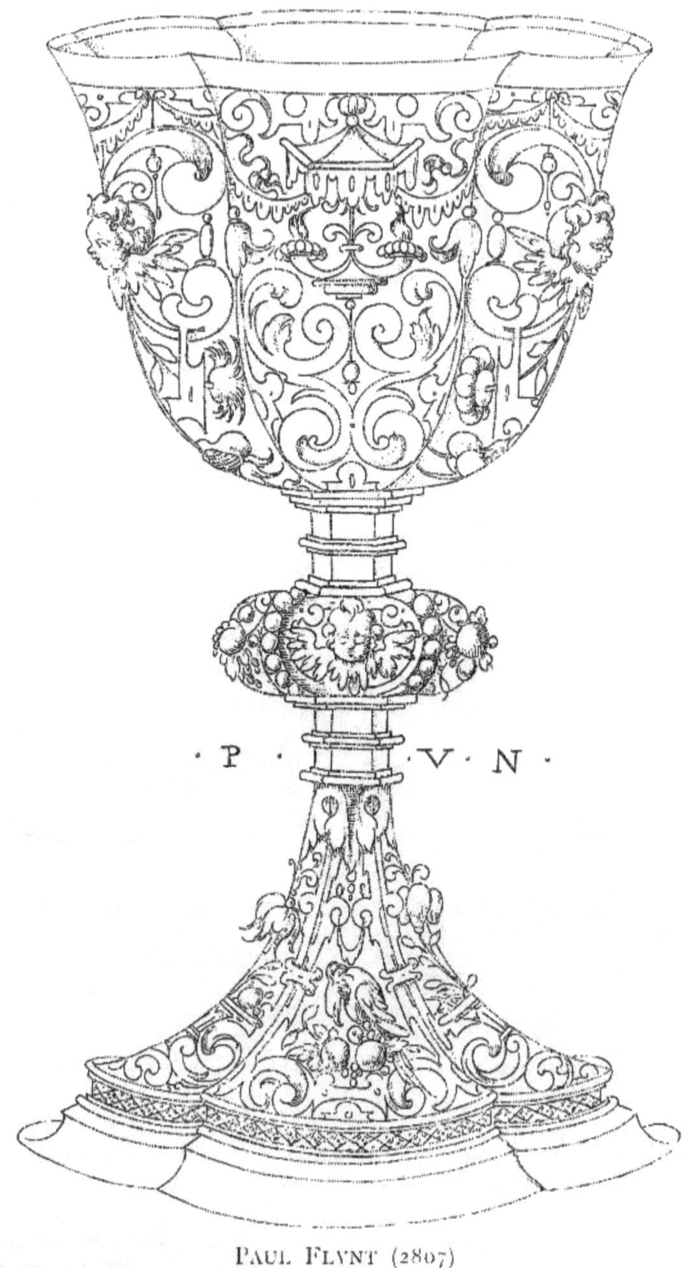

PAUL FLVNT (2807)

4*

2. NIEDERLÄNDISCHE SCHULE.

Jan Lutma d. J.

Goldschmied, Radirer und Arbeiter in Schwarzkunst und mit der Goldschmiedspunze, geb. zu Amsterdam 1609, gest. daselbst 1689.

Portraitbüste des älteren Jan Lutma. OPUS MALLEI PER JANUM F(ILIUM). Punzenarbeit. 1. ét. Vor der Inschrift: OBIIT. MDCLXIX. ÆTATIS. LXXXV. Fol. (2353.)

Portraitbüste des J. Vondelius in einer Nische. Oben: OMNIBUS; vorne am Sockel ein Schwan mit der Umschrift: OLOR BATAVUS, links: OPUS MALLEI PER J. LUTMA. Punzenarbeit. Fol. (2808.)

c) FIGURALE DARSTELLUNGEN

(soweit sie nicht in die Abtheilung: Costüme etc. gehören).

1. DEUTSCHE SCHULE.

XV. JAHRHUNDERT.

Michael Wolgemut

Maler und Zeichner für den Formschnitt, geb. zu Nürnberg 1434, gest. daselbst 1519.

14 Bl. Der Papst und der Kaiser, Apostel und Heilige. Aus Hartman Schedel's Chronik, lateinische Ausgabe, Nürnberg 1493. Holzschnitte. 4. und Fol. (4082.)

Unbekannt

60 Bl. aus der »Geistlichen Auslegung des Lebens Jesu Christi«, s. l. e. a. (Ulm um 1470.) Holzschnitte. 4. Muther, Die deutsche Bücher-Illustration, Nr. 102, Taf. 49—62. (2363.)

XVI. JAHRHUNDERT.

Heinrich Aldegrever

Siehe Seite 1.

2 Bl. Der barmherzige Samariter. 8. B. 42, 43. (3819.)

Der reiche Prasser. 8. B. 44. (3817.)

Diana als Mondgöttin. 8. B. 81. (2386.)

Wolgemut, Mich. Schatzbehalter. Nürnberg, Koberger, 1491. Fol. Mit vielen Holzschnitten (B. Nr. 5229.)

13 Bl. Die Thaten des Hercules. 8. B. 83—95. (5811.)
Der Glaube. Allegorische weibliche Figur. 1528. 8. B. 131. (2387.)
Kinder, einen Rundtanz tanzend. Links zwei musicirende Kinder zu Pferde, rechts ein Kind mit einer Fahne. qu. 8. B. 205. (2760.)
Der Kinderreigen. Links zwei musicirende Kinder. 1535. qu. 8. B. 252. (2763.)

ALBRECHT ALTDORFER

Siehe Seite 1.

Ruhe auf der Flucht nach Aegypten. 8. B. 5. (3823.)
Maria mit dem Kinde in einer Landschaft. Fol. B. 17. (3519.)

JOST AMMAN

Maler, Radirer und Zeichner für den Formschnitt, geb. zu Zürich 1539, gest. zu Nürnberg 1591. Becker. Andresen I. 99. Wessely in Meyer's Künstlerlexikon I. 639.

12 Bl. Numer. Folge der Monate, durch einzelne männliche Figuren in Landschaften vorgestellt. Der December führt ausser dem Monogramm noch die Jahreszahl 1588. Ovale. St. Herman exc. April fehlt, Mai doppelt. 8. A. 159—160, 162—169. (2624.)
9 Bl. aus der Folge der Monate, auf Kreissegmente radirt. Verzierungen von Schüsselrändern. qu. Fol. A. 182—193. (2695.)
1 Bl. aus der gestochenen Folge der Monate mit Amman's Zeichen. Gegenseitig. Nach Andresen Copie. qu. Fol. A. 182—193. (2696.)

BARTHEL BEHAM

Siehe Seite 2.

Kampf nackter Männer. qu. Fol. B. 18. (2339.)
Amor auf der Weltkugel. 1520. 8. B. 32. (3523.)

HANS SEBALD BEHAM

Siehe Seite 2.

Vertreibung von Adam und Eva aus dem Paradiese. 8. B. 7. (3538.)
Madonna mit dem Papagei. 8. B. 19. (3528.)
Christus und die Samaritanerin. 8. B. 24, I. (4119.)
Christus in der Glorie. 8. B. 30. (3529.)
4 Bl. Die vier Evangelisten. 8. B. 55—58. (3094.)
Trajan, einer armen Frau Recht schaffend. 8. B. 82. (3775.)
Der Kentaurenkampf. 8. B. 94. (3526.)
12 Bl. Die Thaten des Hercules. 8. B. 96—107. (3531.)
Die Lyra spielender Satyr. 8. B. 109. (4121.)
Das Satyrweibchen mit dem Dudelsack. 8. B. 110. (4122.)
Das Horn blasender Satyr. 8. B. 111. (4123.)
8 Bl. Die sieben Planeten sammt Titel. 8. B. 113—120. (3534.)
7 Bl. Die freien Künste. 8. B. 121—127. (3537.)
Geschichte des verlorenen Sohnes. Holzschnitt. gr. Fol. B. 128. (3133.)

3 Bl. aus der Folge der christlichen Tugenden. 8. B. 129, 130, 136. (3530.)
2 Bl. Fortuna und Infortunium. 8. B. 140, 141. (3532.)
Die Melancholie. 8. B. 144, II. Vor der Jahrzahl 1539. (4155.)
Der Tod und die drei Hexen. 8. B. 151. (3533.)
Luna in Gestalt der Diana. 8. B. App. 7. Beham zugeschrieben. (3403.)

Hans Burgkmair d. Aelt.

Maler und Zeichner für den Formschnitt, geb. zu Augsburg 1473, gest. daselbst 1531. Bartsch VII. 197. Passavant III. 264. Wiechmann-Kadow in Naumann's Archiv II. 152. Muther in Repertorium für Kunstwissenschaft IX. 410.

Venus und Mercur. Radirt. Fol. B. 1. (3880.)
Der Tod überrascht ein Liebespaar. Clairobscur von drei Stöcken. Fol. B. 40. (2342.)
Der Glaube, aus der Folge der Cardinaltugenden. Holzschnitt. 4. B. 48. Ohne die Umrahmung. (5711.)
7 Bl. Die sieben Todsünden. Holzschnitte. 4. B. 55—61. Ohne die Umrahmungen. (5712.)

Lucas Cranach d. Aelt.

Maler, Kupferstecher und Formschneider, geb. zu Kronach in Franken 1472, gest. zu Weimar 16. October 1553. Bartsch VII. 273. Passavant IV. 1. Schuchardt. Lindau.

12 Bl. Das Symbolum der heiligen Aposteln.... durch Mart. Luther. 1548. Holzschnitte. 4. B. 37—48. (2309.)
Der Erzengel Michael. Holzschnitt. Fol. B. 75. (3486.)

Lucas Cranach d. J.

Maler und Formschneider, geb. zu Wittenberg 4. October 1515, gest. zu Weimar 25. Jänner 1586. Passavant IV. 24.

Der heilige Paulus die Briefe schreibend. Holzschnitt. Fol. B. 53. P. 42,°°. (2305.)

Albrecht Dürer

Maler, Kupferstecher, Radirer und Zeichner für den Formschnitt, geb. zu Nürnberg 21. Mai 1471, gest. daselbst 6. April 1528. Bartsch VII. 1. Passavant III. 144. Thausing. Amand-Durand-Duplessis. C. v. Lützow. Dürer's Holzschnittwerk.

Samson mit dem Löwen. Holzschnitt. Fol. B. 2. (2626.)
Die Anbetung der heiligen drei Könige. 1511. Holzschnitt. Fol. B. 3. (2627.)
12 Bl. Die grosse Passion. Holzschnitte. Fol. B. 4—15. (2909.)
Die Madonna mit dem Affen. Fol. B. 42. (3809.)
Das letzte Abendmahl. 1523. Holzschnitt. qu. Fol. B. 53. (2628.)
Christus am Kreuze. Holzschnitt. gr. Fol. B. 58. Neuer Abdruck. (2274.)

Biblia Altes vnd Newen Testament. Frankfurt a. M., Chr. Egenolph, 1534. Fol. Mit Holzschnitten von H. S. Beham. Fehlt Rosenberg. (B. Nr. 5002.)

Geiler v. Kaisersberg, J. Das buch granatapfel. Augsburg 1510. Fol. Mit Holzschnitten von H. Burgkmair. B. 28. (B. Nr. 5684.)

Biblia. Deutsch. Nürnberg, J. v. Berg und Ulr. Neuber, 1560. Fol. Mit Holzschnitten von Luc. Cranach d. J. (P. 42) u. A. (B. Nr. 8315.)

20 Bl. Das Leben der heiligen Jungfrau. Holzschnitte. Fol. B. 76—95. Mit Text und nach dem Text. (2910.)
Maria das Christkind stillend. Holzschnitt. Fol. B. 99. (2629.)
Die heilige Familie in einem Zimmer. Holzschnitt. Fol. B. 100. (2630.)
Maria von zwei Engeln gekrönt. 1518. Holzschnitt. Fol. B. 101. (2631.)
Die heilige Familie. Im Vordergrunde drei Hasen. Holzschnitt. Fol. B. 102. (2632.)
Die Heiligen: Stephan, Gregor und Laurentius. Holzschnitt. Fol. B. 108. (2633.)
Der heilige Hieronymus in der Zelle. 1511. Holzschnitt. Fol. B. 114. (2634.)
Herodias empfängt das Haupt des heiligen Johannes aus den Händen ihrer Dienerin. 1511. Holzschnitt. Fol. B. 126. (2635.)
Der heilige Sebaldus in einer Nische. Oben vier Wappen. 1518. Holzschnitt. Fol. B. App. 21. Ohne Monogramm. (2637.)
Die heilige Barbara. Holzschnitt. Fol. B. App. 24, II. Mit dem Monogramm. (2638.)

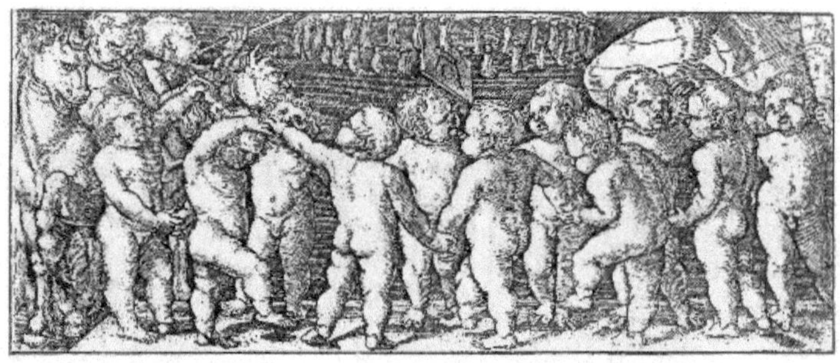

HEINRICH ALDEGREVER (2760)

Die heilige Katharina. Holzschnitt. Fol. B. App. 25, II. Mit dem Monogramm. Gegenstück des vorhergehenden Blattes. (2639.)
Christuskopf. gr. Fol. B. App. 26. (2348.)

PETER FLÖTNER

Bildhauer und Formschneider zu Nürnberg, gest. daselbst den 23. October 1546. Bartsch IX. 162. Passavant III. 253. Nagler, Monogr. IV. 2935.

Der Triumph des Bacchus. Fries. Holzschnitt. qu. 8. P. 6. (2880.)

URS GRAF

Goldschmied, Kupferstecher und Formschneider von Solothurn, arbeitete zu Basel um 1509—1529. Bartsch VII. 456. Passavant III. 425. His in Naumann's Archiv XI. 81 und in Jahrbücher für Kunstwissenschaft V. 257, VI. 145.

25 Bl. Die Passion Christi. Holzschnitte. Fol. B. 2. (2552.)

Hans Hersbach

Herspach und Hertzbach, Maler und Zeichner für den Formschnitt zu Köln um 1560—1580. Nagler, Monogr. III. 1064.

48 Bl. Illustrationen aus: Postilla Catholica Euangeliorum de Sanctis totius Anni.. Durch Jacobum Feuchthium. Köln 1580. Holzschnitte qu. 4. (4086.)

Hans Holbein d. J.

Maler und Zeichner für den Formschnitt, geb. zu Augsburg 1497, lebte zu Basel und London, wo er 1543 starb. Passavant III. 353. Woltmann.

Salomo und die Königin von Saba. Radirt von W. Hollar. Fol. P. 74. (3590.)

Daniel Hopfer

Siehe Seite 3.

Maria mit dem Kinde. In ornamentaler Umrahmung. 8. B. 35. (5693.)
Maria mit dem Kinde. Fol. B. 38. (5694.)

Hans Ladenspelder

Zeichner und Kupferstecher, geb. zu Essen 1511, arbeitete noch 1554. Bartsch IX. 57. Passavant IV. 142. Nagler, Monogr. III. 1520.

2 Bl. Venus und Ceres. 8. P. 28, 31. (3542.)

Balthasar Menz

arbeitete in der ersten Hälfte des 16. Jahrhunderts. Nagler, Monogr. I. 1969.

2 Bl. Die allegorischen Figuren der Gerechtigkeit und der christlichen Religion. In reicher architektonischer Umrahmung. Holzschnitte. Fol. (5065.)

Theodor Meyer

Maler und Kupferstecher, geb. zu Eglisau 1572, gest. 1658.

11 Bl. Monate. Friese mit figuralen Darstellungen. In der Mitte die Zeichen des Thierkreises. Nr. 2—12. Auf Bl. 2: Theodoricus Meyer fecit. qu. Fol. (2799.)
Die sieben Planeten. Fries. qu. Fol. (2959.)
Die sieben freien Künste. Fries. qu. Fol. (2960.)

Gödig, H. Historien.. der Sachsen. Dresden 1597—98. Fol. Mit vielen Radirungen. A. 1. (B. Nr. 3903.)

Historiarum veteris instrumenti Icones ad vivum expressae. Antverpiae, apud Joan. Steelsium, 1540. 4. Mit 94 Holzschnitten nach H. Holbein. (B. Nr. 5132.)

Imagines de morte. Lyon, J. & Fr. Frellon, 1542. 8. Mit Holzschnitten nach H. Holbein. Woltmann, 2. Auflage, II. Bd. 177. III. c. (B. Nr. 3159.)

Legende des heyligen vatters Francisci. Nürnberg, H. Hölzel, 1512. 4. Mit vielen Holzschnitten. Muther 1164. (B. Nr. 6983.)

Georg Pencz

Maler und Kupferstecher, geb. zu Nürnberg 1500, gest. zu Königsberg 1550.
Bartsch VIII. 319. Passavant IV. 101.

6 Bl. aus: Die sieben Werke der Barmherzigkeit. Figurale Darstellungen in Runden. 8. B. 58—60, 62—64. (2791.)
Procris Tödtung durch Kephalos. 8. B. 73. (3551.)
Artemisia. Fol. B. 83. (3041.)
Thetis empfiehlt den jungen Achilles dem Chiron. qu. Fol. B. 90. (3552.)
7 Bl. Die freien Künste. 8. B. 110—116. (3966.)

Hans Leonhard Schäuffelein

Maler und Formschneider, geb. zu Nürnberg um 1476, zog 1515 nach Nördlingen, wo er 1540 starb. Bartsch VII. 244. Passavant III. 227.

Christus in Emaus; im Hintergrund der grossen Halle die Fusswaschung und das letzte Abendmahl. Holzschnitt. gr. qu. Fol. B. 26. (3415.)

Virgil Solis

Siehe Seite 6.

Aurora. 8. B. 105. (3778.)
Die acht Tugenden. Allegorische Frauengestalten. qu. Fol. B. 198. (2907.)
Der Triumph der Musik. qu. Fol. Links scharf beschnitten. B. 223. (5703.)

Hans Springinklee

Maler und Zeichner für den Formschnitt, gest. zu Nürnberg 1540.
Bartsch VII. 322. Passavant III. 239.

62 Bl. aus einem Gebetbuche. Auf zwei Bl. das Monogramm. In einigen Randleisten die Jahreszahl 1515. Holzschnitte. 8. (2943.)
4 Bl. aus dem Hortulus animae. B. 1—50. Der Evangelist Johannes. Die Verehrung des Jesukindes. Christus am Kreuz. Der heilige Stephanus. Holzschnitte. 8. 3 Bl. späte Abdrücke. 1 Bl. verschnitten. (2953, 3544.)

Nicolaus Wilborn

Siehe Seite 11.

7 Bl. Die Folge der Planeten. Mit dem Zeichen und der Jahreszahl 1563. qu. 8. (2421.)

Plenarium oder Ewägely bnoch. Basel, Ad. Petri, 1514. Fol. Mit Holzschnitten von H. Schäuffelein, Urs Graf u. A. P. 139. (B. Nr. 4366.)

Biblia cum concordantijs veteris et noui testamenti. Lyon, M. Jac. Sacon, 1522. Fol. Mit drei grossen Holzschnitten von Hans Springinklee. Vergl. P. 62, B. 51, 57. (B. Nr. 4380.)

Stimmer, Tob. Neue künstliche Figuren Biblischer Historien. Basel. Th. Quarinus. 1576. 4. A. 148. (B. Nr. 2924.)

JACOB ZIBERLE

Züberlein, Maler und Zeichner für den Formschnitt zu Tübingen am Ende des 16. Jahrhunderts. Nagler, Monogr. V. 2088.

Kaiser Heinrich und Kunigunde ein Hausaltärchen haltend. IA. ZIBERLE. Pict. 1596. Holzschnitt von Jacob Lederlein. 8. Nagler, Monogr. IV. 180. (3381.)

MONOGRAMMISTEN

I B

Siehe Seite 11.

Mars als Planetengott. 1558. 8. B. 13. (4003.)
Kampf zweier Tritonen. 8. B. 20. (3547.)
Fries mit dem Kampf der zwölf Gladiatoren. qu. Fol. B. 22. (5812.)
Der Genius der Geschichte. Rund. 8. B. 31. (3548.)

RR (gegeneinander gestellt)

Kupferstecher in der ersten Hälfte des 16. Jahrhunderts. Bartsch VIII. 551. Passavant IV. 130. Nagler, Monogr. IV. 3766.

Esther vor Ahasverus. 4. B. 2. (3040.)

S G

Formschneider um 1550—1570. Bartsch IX. 438. Nagler, Monogr. IV. 4104.

85 Bl. Illustrationen aus Spangenberg's Postilla. Holzschnitte. qu. 8. (2937.)

V G 1534

Siehe Seite 13.

Triumphzug des Bacchus. Fries. 1534. qu. Fol. B. 3. (2400.)

W

Unbekannter Kupferstecher am Ende des 15. und zu Anfang des 16. Jahrhunderts. Nach Bartsch: Wenzel von Olmütz, nach Thausing: Michael Wolgemut. Vergleiche hiezu: Bartsch VI. 317; Passavant II. 132; Nagler, Monogr. V. 1462; Lehrs, Katalog der im Germanischen Museum befindlichen Kupferstiche des 15. Jahrhunderts 34; A. Springer, Zeitschrift für bildende Kunst XII. 1; Schmidt, Kunst-Chronik XXII. 193; Thausing, Dürer. 2. Auflage I. 214; R. Vischer, Studien 316; C. v. Lützow in Geschichte des deutschen Kupferstiches 46.

Der Traum. Fol. Bartsch VI. p. 337. 49. Gegenseitige Copie nach A. Dürer. (3822.)

UNBEKANNT

Papst Julius II. thronend. Titelblatt zu Stella's Vite ducentorum . . . pontificum. Basel 1507. Holzschnitt. 4. (3349.)

Unbekannt

Linksseitiger unterer Theil eines Aderlass-Kalenders. Holzschnitt. qu. Fol. (4913.)

Allegorie auf die Vertheidigung des Glaubens durch die katholischen Fürsten. Holzschnitt. qu. 4. (4796.)

Die heilige Katharina in einer Nische stehend. Holzschnitt. 8. (3421.)

Fries mit sieben Kindern. qu. 8. B. X. p. 142, 8. (2405.)

Drei Frauenbüsten mit phantastischem Kopfputz. qu. 8. (2734.)

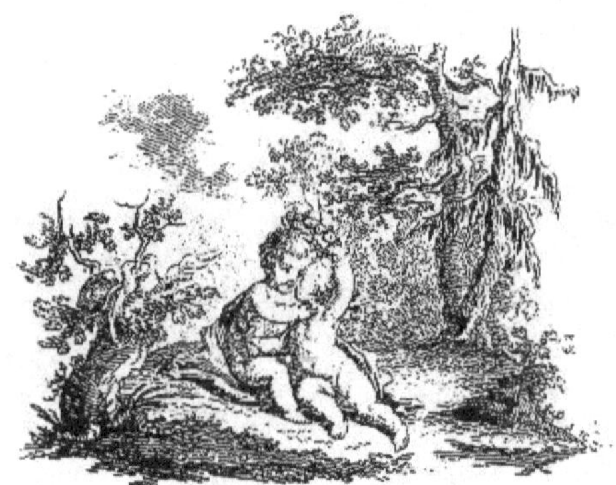

Gottlieb Lebrecht Crusius (2715)

Ein schlafendes Kind; im Vordergrunde vier Todtenköpfe. Copie nach B. Beham, B. 28. qu. 8. Vergl. B. IX. p. 84, Monogr. 235. (2472.)

Vier musicirende Knaben. Holzschnitt. 4. (3382.)

XVII. JAHRHUNDERT.

Paul Flynt

Siehe Seite 49.

12 Bl. Die Monate. 1611. Titel fehlt. Runde. Radirt. 4. (5760.)

Valvassor, J. W. Theatrum mortis humanae. Laibach 1682. 4. Mit vielen Radirungen von Joh. Koch. (B. Nr. 6382.)
Kraus, Joh. Ulr. Biblisches Engel- und Kunst Werck. Augsburg 1694. Fol. (B. Nr. 6070.)
Küssel, Melch. Icones biblicae veteris et novi testamenti. Nürnberg, J. L. Brüggel. o. J. 4. (B. Nr. 6064.)

ADAM FUCHS

Kupferstecher zu Nürnberg um 1605—1620. Andresen V. 43.

Ein jugendlicher Flussgott mit Füllhorn und Ruder an einer Quelle sitzend. 1605. qu. 4. Aus der Folge. A. 21—32. (2275.)

XVIII. JAHRHUNDERT.

JOHANN WOLFGANG BAUMGARTNER

Zeichner und Glasmaler, geb. zu Kufstein 1712, gest. zu Augsburg 1761. Meyer's Künstlerlexikon III. 151.

6 Bl. einer Folge von allegorischen Darstellungen der Künste und Wissenschaften. In üppiger Rococo-Architektur. Jerem. Wachsmuth sculps. Mart. Engelbrecht exc. Fol. Nr. 1, 3—7. (3923.)

DANIEL NICOLAUS CHODOWIECKI

Maler, Zeichner und Radirer, geb. zu Danzig 16. October 1726, gest. zu Berlin 7. Februar 1801. Engelmann. Derselbe in Naumann's Archiv V. 233.

39 Bl. Illustrationen zu Richardson's Werk: Clarissen's Schicksale, E. 797—820, und zu Bürger's Gedichten, E. 232—239. 8. (3938.)

GOTTLIEB LEBRECHT CRUSIUS

Zeichner und Kupferstecher, geb. 1730, gest. zu Leipzig 1804.

60 Bl. Vignetten. Allegorien, Kinderspiele u. dgl.; zum Theil in Verbindung mit Ornamenten. 8. und qu. 8. (2715.)

MARTIN FERDINAND QUADAL

Maler und Radirer, geb. 28. October 1736 zu Niemtschitz in Mähren, arbeitete in London, St. Petersburg und Wien; gest. zu St. Petersburg 11. Jänner 1811.

Der Modellsaal der k. k. Akademie der bildenden Künste zu Wien. Schabkunstblatt von Joh. Jacobé 1790. gr. qu. Fol. (3643.)

GEORG FRIEDRICH SCHMIDT

Zeichner. Kupferstecher und Radirer. geb. in Schönerlinde bei Berlin 24. Jänner 1712, arbeitete zu Paris, St. Petersburg und Berlin; gest. zu Berlin 25. Jänner 1775. Jacobi. Wessely. Apell.

Vignette mit drei Genien auf Wolken. Radirt. 8. J. 183. (3618.)

JOSEPH UND ANDREAS SCHMUTZER

Kupferstecher, geb. zu Wien um 1700, gest. 1740, 1741.

Die Madonna im Stifte Altbrünn. Neuer Abdruck. gr. Fol. (5786.)

Kraus, Joh. Sibylla. Uebung in der Gottseeligkeit. O. O. u. J. 4. (B. Nr. 8713.)
Rentz, Mich. und Jos. Montalegre. Das christliche Jahr. Fol. 246 Bl. Titel fehlt. (B. Nr. 8304.)

2. FRANZÖSISCHE SCHULE.

XVI. JAHRHUNDERT.

Jean de Gourmont

Siehe Seite 24.

Die Vermälung der heiligen Katharina. qu. 8. B. 7. (3425.)

Charles-Etienne de Laune, gen. Stephanus

Siehe Seite 25.

Elias in der Wüste. qu. 8. R-D. 13. (2414.)
Die Erschaffung des ersten Menschen. qu. 8. R-D. 25. Copie ohne Künstlernamen mit der Bezeichnung: Genese 2, unten in der Mitte unter der Beischrift. (2733.)
Isaak segnet Jacob. Aus der Bibel. qu. 8. R-D. 57. (2404.)
Apollo tödtet den Drachen Python. qu. 8. R-D. 134. (2415.)
Die Theologie. 8. R-D. 174. (3452.)
2 Bl. Hunger und Krieg. Allegorische Frauengestalten in Landschaften. Queroval. 8. R-D. 183, 184. (2550.)
15 Bl. Moralische Allegorien. qu. 8. R-D. 205, 207—212, 215—217, 220II, 221II, 222—224. (2732.)
Die Grossmuth des Scipio. 8. R-D. 246. (3451.)
Die Siegesgöttin mit Palmzweig und Lorbeerkrone inmitten von Trophäen. An den äussersten Enden je zwei Gefangene. Fries. qu. Fol. R-D. 283. (2503.)
Kampf zwischen Menschen und Thieren; in der Mitte ein Elephant im Kampfe mit einem Drachen. Fries. qu. Fol. R-D. 286. (2504.)

Unbekannt

Kaiser Justinian in einer Versammlung von geistlichen und weltlichen Fürsten. Holzschnitt aus: Institutiones imperiales, Lugduni 1513. Fol. (3127.)

XVII. JAHRHUNDERT.

Pierre Brebiette

Maler, Zeichner und Radirer, geb. zu Mantes-sur-Seine 1598, arbeitete zu Rom und Paris; gest. um 1650. Meaume, Callot II. 502.

2 Bl. mit je drei Friesen; Triumph von Meergöttern. Numer. 1—6. Radirt. qu. Fol. (3572.)

4 Bl. Mythologische Darstellungen. Friese. Le Blond exc. Radirt. qu. Fol. (3573.)
10 Bl. Friese mit Opfern und Bacchanalien. F. L. D. Ciartres exc. c. priv. Radirt. qu. Fol. (3574.)

Jacques Callot

Zeichner und Kupferstecher, geb. zu Nancy 1592, gest. daselbst 24. März 1635. Meaume.

Supplicium Scelerie Froenum. qu. Fol. M. 665, V. (3820.)

François Chauveau

Maler, Zeichner und Radirer, geb. zu Paris 10. Mai 1613, gest. daselbst 3. Februar 1676. Meaume, Callot II. 565.

Amor, von Nereiden und Tritonen auf einer Muschel über das Meer getragen, hält ein Band mit J. van Merlen's Dedication an Seigneur Messire Nicolas Lumague. Radirt. qu. Fol. (3925.)

Laurent de la Hyre

Hire, Historienmaler und Radirer, geb. zu Paris 27. Februar 1606, gest. daselbst 29. December 1656. Robert-Dumesnil I. 75.

Joseph und Maria mit dem Christkind von Engeln bedient. 1640. Radirt. gr. qu. Fol. R-D. 5, I. (3876.)

XVIII. JAHRHUNDERT.

François Boucher

Siehe Seite 28.

3 Bl. Spielende Amoretten: Luft, Wasser, Feuer. Aus der Folge der Elemente. Gestochen von Jean Daullé. Fol. (5761.)
2 Bl. L'amour und Culture des lauriers. Nach Cameen von Jacques Guay radirt von der Marquise Pompadour. 4. (3878.)
Le Panier mystérieux. Gestochen von Robert Gaillard. gr. Fol. (5809.)
Les deux Confidentes. Gestochen von Jean Ouvrier. gr. Fol. (5822.)

Antoine Coypel

Maler und Radirer, geb. zu Paris 11. April 1661, gest. daselbst 7. Jänner 1722. Robert-Dumesnil II. 160.

Zephir und Flora. Gestochen von Bernard Picart. 1701. gr. Fol. (3615.)

Noel-Nicolas Coypel

Maler und Radirer, geb. zu Paris 1692, gest. daselbst 14. December 1734. Robert-Dumesnil II. 221.

4 Bl. Die Jahreszeiten, durch Kindergruppen dargestellt. Radirt von A. R. Tronchon. qu. Fol. (3617.)

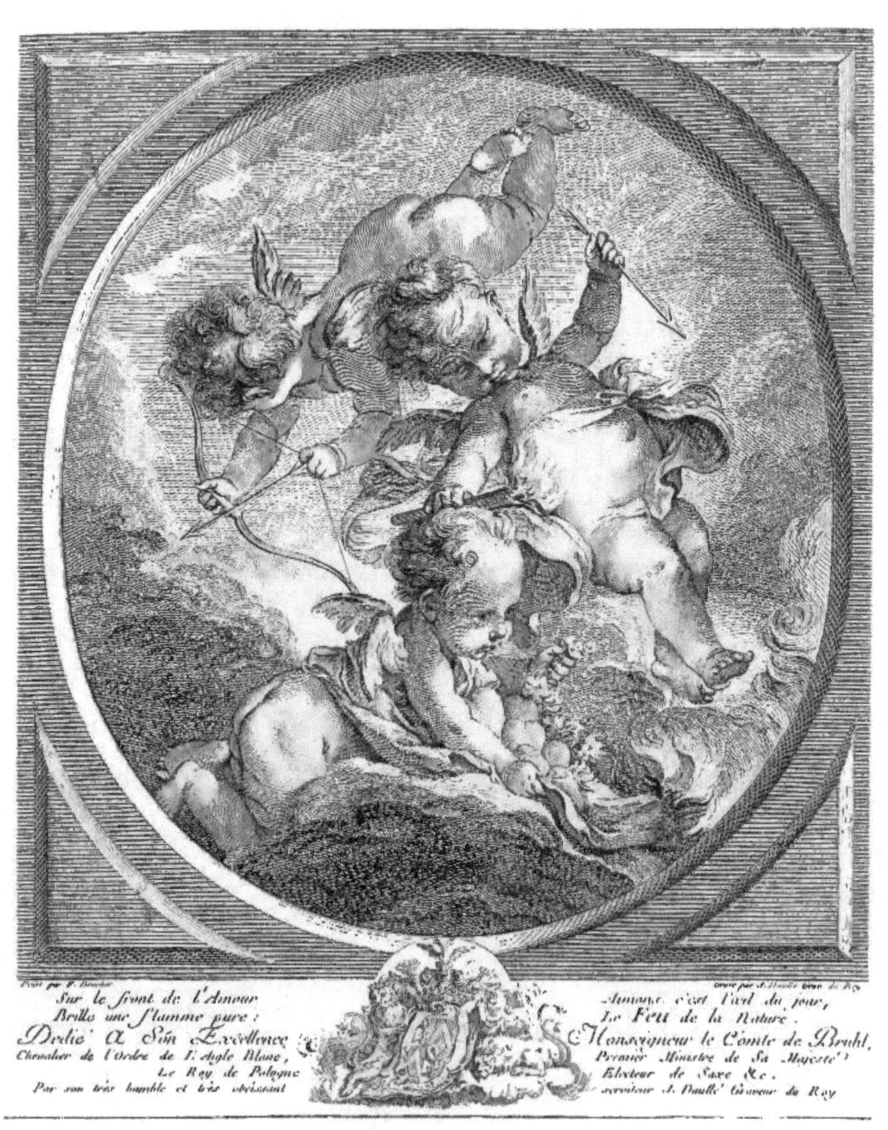

FRANÇOIS BOUCHER (5761)

Edouard Gautier Dagoty

Zeichner und Kupferstecher, geb. zu Paris 1745, gest. zu Florenz 1784.

Die Verschwörung des Catilina. Farbendruck in Le Blond's Manier. gr. Fol. (3859.)

Jean Baptiste Huet

Maler und Kupferstecher zu Paris, geb. 1745, gest. 1811.

Ruhe nach der Jagd. (G.) Demarteau sc. Nachahmung einer in rother und schwarzer Kreide ausgeführten Zeichnung. Von zwei in französischer Kreidezeichnungs-Manier ausgeführten Kupferplatten abgedruckt. qu. Fol. (2360.)

Louis Félix de la Rue

Maler, Zeichner und Kupferstecher zu Paris, geb. 1718, gest. 1763.

Kinderbacchanale. B. Bossi sculp. 1765. Fol. (3577.)

Charles-François Natoire

Maler und Radirer, geb. zu Nîmes 1700, gest. zu Castel-Gandolfo 1777.
Robert-Dumesnil III. 315.

4 Bl. Die Elemente. Mythologische Darstellungen. Gestochen von P. Aveline. gr. qu. Fol. (3885.)

Jean Marc Nattier

Maler, geb. zu Paris 1685, gest. daselbst 1776.

Madame de Pompadour als Flora. Voyez le Jeune sculp. Se vend à Paris chez Basan. gr. Fol. Didot 2409. (6201.)

François-Marie-Isidore Québerdo

Zeichner und Radirer zu Paris, geb. 1740, gest. 24. December 1797.

4 Bl. Die Jahreszeiten. Gestochen von Jean Dambrun. Fol. (5815.)

François-André Vincent

Maler, geb. zu Paris 30. December 1746, gest. 3. August 1816.

2 Bl. Weibliche Bildnisse. Farbendruck von in französischer Kreidemanier ausgeführten Kupferplatten. Demarteau sc. 1786. gr. Fol. (3411.)

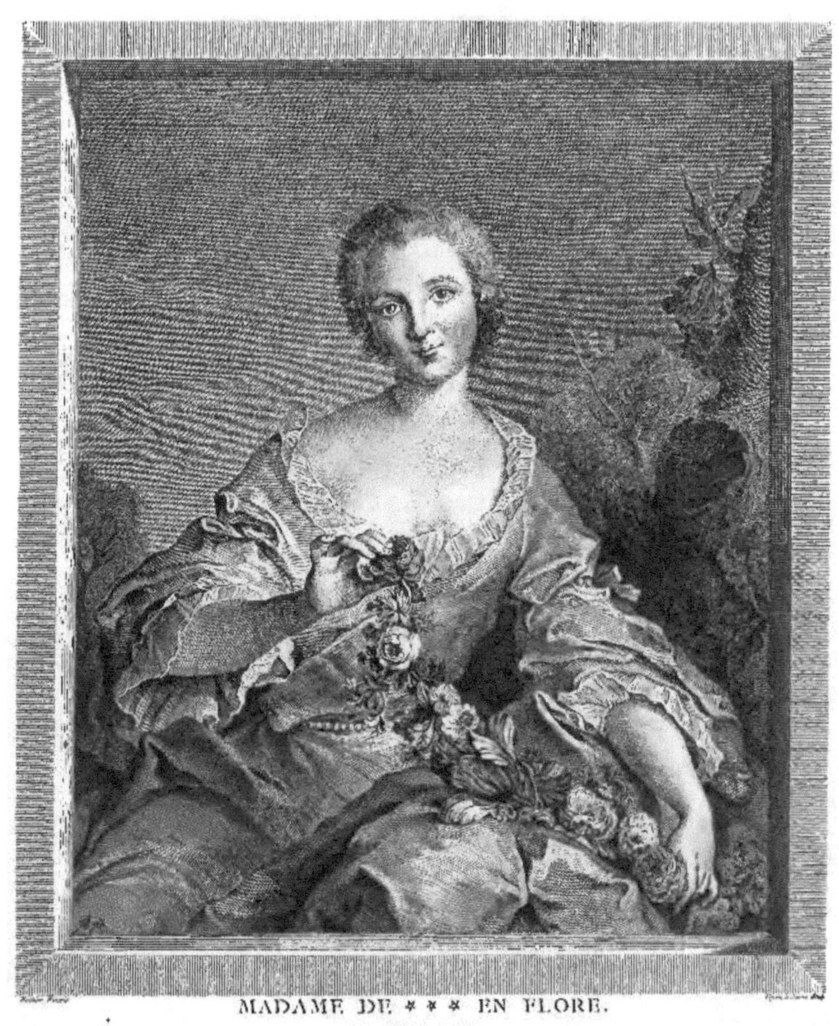

JEAN MARC NATTIER (6201)

5

3. NIEDERLÄNDISCHE SCHULE.

XVI. JAHRHUNDERT.

JACOB CORNELISZ

Cornelissen, Maler und Formschneider, geb. zu Oostzaan in der zweiten Hälfte des 15. Jahrhunderts, arbeitete zu Anfang des 16. Jahrhunderts in Amsterdam. Bartsch VII. 444. Passavant III. 24.

Die Auferstehung Christi. 1514. Monogr. Rund. Holzschnitt. Fol. P. 12. (3153.)

FRANS FLORIS

de Vriendt, Maler, geb. zu Antwerpen um 1520, gest. daselbst 1. October 1570.

Das Concert. Cock exc. qu. Fol. (3746.)

PHILIPP GALLE

Zeichner und Kupferstecher, geb. zu Haarlem 1537, gest. zu Antwerpen 1612.

7 Bl. Die Todsünden. Weibliche Brustbilder in reichen Rahmen. Hieron. Wierx sculp. Alvin 1296—1300, 1302—1303. 4. (3539.)

MARCUS GEERARTS D. AELT.

Maler und Kupferstecher, geb. zu Brügge um 1530, gest. in England 1590.

11 Bl. Die Thaten des Hercules. Oval. Verschnitten. 8. (2307.)
3 Bl. Erde, Luft und Feuer. Aus der Folge der Elemente. Allegorische Figuren in Groteskenfüllungen. Ph. Galle exc. Fol. (2537.)

HEINRICH GOLTZIUS

Maler, Kupferstecher und Formschneider, geb. zu Mühlbrecht 1558, gest. zu Haarlem 29. December 1616. Bartsch III. 1. Passavant III. 122. Weigel, Suppl. 92.

6 Bl. Die Meisterwerke des Goltzius. gr. Fol. B. 15—20. (3541.)
4 Bl. Numer. Folge. Die Jahreszeiten. Joh. Saenredam sc. J. C. Visscher exc. 1601. Fol. B. 87—90. (2707.)
Allegorie des Ruhmes. Zweiter Titel zu B. 94—103. Fol. (3907.)
Mars. Clairobscur von drei Stöcken. Fol. B. 230. (2349.)
Hercules tödtet den Cacus. Clairobscur von drei Stöcken. gr. Fol. B. 231. (3413.)
Ein Bacchant mit einem jungen Faun. Gestochen von Joh. Gotth. Müller 1771. Andresen in Naumann's Archiv XI. 19, 24. Fol. (3412.)

Gerhard van Groeningen

Maler und Radirer zu Antwerpen um 1570—1590. Nagler, Monogr. II. 2908.

10 Bl. Die Lebensalter in reich verzierten Ovalen. Phil. Galle exc. qu. Fol. (2712.)

Jan Müller

Zeichner und Kupferstecher, geb. zu Amsterdam um 1570, arbeitete von 1589—1625. Bartsch III. 261. Weigel, Suppl. 138.

Chilon. Herman Müller exc. 1596. gr. Fol. B. 13. (2354.)

Crispin de Passe

de Pas, d. Aelt., Zeichner und Kupferstecher, geb. zwischen 1565—1570 zu Arnemuiden in der Provinz Zeeland, hielt sich längere Zeit in Frankreich, Holland, England und in Köln auf, gest. zu Utrecht 1637. Franken. Laschitzer in Repertorium für Kunstwissenschaft VIII. 439.

4 Bl. Die vier Evangelisten. Nach L. v. Leyden. Sämmtlich monogramm. Fol. Fehlen F. L. 75—78. (3816.)

Dirk van Star

Staren, Glasmaler, Kupferstecher und Radirer um 1520—1550. Bartsch VIII. 26. Passavant III. 23. Nagler, Monogr. II. 1408.

Christus wird vom Teufel versucht. 1525. 8. B. 5. (3656.)
St. Bernhard das Christkind anbetend. 3. October 1524. 4. B. 8. (2356.)
Der heilige Lucas malt das Bildniss der Madonna. 28. Juli 1526. 4. B. 9. (3657.)
Venus auf der Muschel. 20. October 1524. 8. B. 11. (4154.)

Johannes Stradanus

Zeichner und Maler, geb. zu Brügge 1523, gest. zu Florenz 1605.

4 Bl. Christus und die Mater dolorosa. Der Engel der Verkündigung und Maria. Brustbilder in reichem Rahmen. Hieron. Wierx sculp. Phil. Galle exc. 4. Alvin 21, 36, 138, 139. (3557.)
5 Bl. Historische Scenen und ein Interieur. Gestochen von P. J. Furnius. Numer. 2—6. Auf Bl. 2: Anverpiae Apud Viduam Hieronymi Cock 1573. qu. Fol. (3558.)

Martin de Vos

Maler, geb. zu Antwerpen 1532, gest. daselbst 4. December 1603.

6 Bl. Die Werke der Barmherzigkeit. In reichem Rahmen mit allegorischem Beiwerk. Cr. de Passe sc. Franken 1047—1054. qu. Fol. (3559.)
7 Bl. Die freien Künste, allegorische Frauengestalten. Crisp. de Passe sc. et exc. 8. Fehlt F. L. 174—180. (2713.)
7 Bl. einer ähnlichen Folge. Gestochen von Joh. Sadeler. 4. (3562.)

5*

3 Bl. Glaube, Hoffnung und Liebe. Gestochen von Raphael Sadeler 1590. Fol. (3560.)

Maria mit dem Kinde auf dem Throne, von zwei musicirenden Engeln verehrt. Gestochen von Ant. Wierx 1584. Fol. Alvin 483. (3561.)

11 Bl. aus der Folge der Monate. Figuren-Gruppen in Landschaften, von Zierrahmen umgeben. Späte Drucke. Paulus Fürst exc. qu. Fol. Zweifelhaft. (4972.)

XVII. JAHRHUNDERT.

Pieter van Avont

Maler, Radirer und Kupferstichverleger zu Antwerpen, geb. zu Mecheln 1600, gest. 1. November 1652. W. Schmidt in Meyer's Künstlerlexikon II. 479.

3 Bl. aus der Folge der Kinderspiele. W. Hollar fec. qu. Fol. P. 492, 496, 505. (3868.)

4 Bl. Die vier Elemente. W. Hollar fec. 1647. qu. Fol. P. 522 – 525. (3867.)

2 Bl. Luft und Erde. Aus der Folge der vier Elemente. W. Hollar fec. 1647. qu. 4. P. 522, 525. (3584, 3637.)

20 Bl. Numer. Folge von Kindern und Genien in verschiedenen Stellungen. F. de Widt exc. 8. Bl. 1 doppelt mit der Adresse J. Ottens. (3154.)

Ant. van Dyck

Maler und Radirer, geb. zu Antwerpen 22. März 1599, gest. zu Blackfriars bei London 9. December 1641. Szwykowski in Naumann's Archiv IV. 97, V. 33. Weber; mit Nachträgen von Wolff in Naumann's Archiv X. 289. Wibiral. Guiffrey.

Die heilige Familie mit dem Engeltanz. Schelte à Bolswert sculp. Martinus van den Enden exc. gr. qu. Fol. (3020.)

Der Leichnam Christi. Schelte à Bolswert sc. gr. qu. Fol. 1. ét. mit der Adresse des Martinus van den Enden. (2341.)

Cornelis Holsteyn

Maler und Kupferstecher, geb. zu Haarlem um 1620, arbeitete zu Amsterdam und Delft um 1647—1662.

6 Bl. Kinderspiele. Verscheyde aerdig Kinderspel vyt gebeelt door Cornelis Holsteyn. Pleusieurs Jeus d'Enfants, A Amsterdam. Michel Mosyn sculpsit. Clement de Jonghe excudit. Numer. Folge. qu. Fol. (2786.)

Veen, Otto van. Amorum emblemata, figuris aeneis incisa studio Othonis Vaeni Batavo-Lugdunensis. Antverpiae, ap. auctorem, 1608. qu. 8. Mit deutschen, italienischen und französischen Versen. Die Embleme gestochen von C. Boel. (B. Nr. 4365.)

La perpetua cruz. Antwerpen, C. Woons, 1650. 8. Mit 40 Holzschnitten von J. C. Jegher nach Anton Sallaert. Nagler, Monogr. I. 1239. (B. Nr. 5738.)

Hugo, H. Pia desideria Emblematis, Elegiis et affectibus ss. Patrum illustrata. Antwerpen 1628. 8. Mit Holzschnitten von Christ. van Sichem d. J. (B. Nr. 4645.)

Ponte. Ludovico de. Der Zielen Lust-Hof. Löwen 1629. 4. Mit Holzschnitten von Christ. van Sichem d. J. (B. Nr. 3889.)

Luiken. Jan. Histoire les plus remarquables de l'ancien et du nouveau testament. Amsterdam 1732. Fol. Mit vielen Kupferstichen. (B. Nr. 8690.)

Michael le Blon, auch le Blond

Siehe Seite 37.

Allegorie auf die einem Krieger zum Siege nöthigen Tugenden. Blond fecit. 8. (2259.)

Peter Paul Rubens

Maler und Radirer, geb. zu Siegen 28. Juni 1577, gest. zu Antwerpen 30. Mai 1640. Schneevogt.

Die heilige Familie. Schelte à Bolswert sc. Fol. Vor G. Hendricx' Adresse. Schneevogt 140. (2340.)

Die Ruhe auf der Flucht nach Aegypten. C. Jegher sc. Holzschnitt. gr. qu. Fol. Schneevogt 114. (2352.)

Dasselbe. Clairobscur von zwei Stöcken. gr. qu. Fol. Schneevogt 114. (2352a.)

Die Kreuzerhöhung. H. Withouc sculps. 1638. gr. Fol. Schneevogt 273. (3639.)

15 Bl. SS. apostolorum icones a P. P. Rubenio delineatae, a Cornelio Galle evulgatae Antverpiae. Titelblatt, Christus, Maria, der Schmerzensmann und eilf Apostel, gestochen von Schelte à Bolswert. Fol. Schneevogt 1. (3019.)

Der Triumph der Kirche durch die Eucharistie. Schelte à Bolswert sculps. Nic. Lauwers excud. Antwerpiae. gr. Fol. (3638.)

Die Rückkehr von der Jagd. Schelte à Bolswert sculps. Gillis Hendricx excud. Antverpiae. gr. qu. Fol. (3018.)

4. ITALIENISCHE SCHULE.

XV. JAHRHUNDERT.

Andrea Mantegna

Maler und Kupferstecher, geb. bei Padua um 1431, gest. zu Mantua 13. September 1506. Bartsch XIII. 222. Passavant V. 73. Amand-Durand-Duplessis. Portheim in Repertorium für Kunstwissenschaft IX. und in Jahrbuch der königlich preussischen Kunstsammlungen VII.

Der Tanz der vier Frauen. Studie zu dem tanzenden Musenchor auf Mantegna's Gemälde: Der »Parnass«. Der Stich Zoan Andrea zugeschrieben. qu. Fol. B. 18. (2336.)

Unbekannt

Sibylla Europa aus der Folge der Sibyllen. Fol. B. XIII. p. 95, 19. (2337.)

Bergomensis, Jac. Phil. De plurimis claris sceletisq(ue) Mulieribus. Ferrara 1497. Fol. Mit vielen Holzschnitten. (B. Nr. 5000.)

Poliphilus. Hypnerotomachia Poliphili. Venedig, Aldus Manutius, 1499. Fol. Mit vielen Holzschnitten. (B. Nr. 4120.)

Unbekannt

Maria mit dem Kinde und Johannes von zwei Engeln gekrönt. Holzschnitt. Fol. Vergleiche: Lippmann, »Der italienische Holzschnitt im 15. Jahrhundert« in Jahrbuch der königlich preussischen Kunstsammlungen III. 179. (3521.)

Maria mit dem Kinde von Engeln gekrönt, neben ihr die Evangelisten mit ihren Symbolen. Oben in Medaillons Maria mit der Taube und der Engel der Verkündigung. Holzschnitt. qu. Fol. Später Abdruck. (3884.)

XVI. JAHRHUNDERT.

Cherubino Alberti

Maler und Kupferstecher, geb. zu San Sepolcro 24. Februar 1553, gest. zu Rom 18. October 1615. Bartsch XVII. 43. W. Schmidt in Meyer's Künstlerlexikon I. 204.

7 Bl. mit Genien und Sinnsprüchen. Fol. B. 130, 135, 137, 138, 139, 141, 142. (3741.)

Jacopo de Barbari

der »Meister mit dem Schlangenstabe«, Maler, Kupferstecher und Formschneider (?), geb. zu Venedig um 1450, arbeitete im ersten Jahrzehnt des 16. Jahrhunderts in den Niederlanden, gest. zwischen 1511—1515. Bartsch VII. 516. Passavant III. 134. Kolloff in Meyer's Künstlerlexikon II. 706.

2 Bl. Die Spinnerin und der Mann mit der Wiege. 8. B. 10, 11. (3522.)

Nicolo Boldrini

Formschneider von Vicenza, geb. zu Anfang des 16. Jahrhunderts, arbeitete noch um 1566 zu Venedig. Baseggio. Passavant VI. 217. Nagler, Monogr. IV. 2321, 2434.

Johannes in der Wüste. Holzschnitt. qu. Fol. Fehlt B. (XII) und P. Nagler, Monogr. IV. 2434, 2. (2347.)

Giovanni da Bologna

Bildhauer, geb. zu Douai 1524, gest. zu Florenz 1608.

Der Raub einer Sabinerin. Clairobscur von A. Andreani. Fol. B. XII. 94, 3. (2344.)

Polidoro Caldara, gen. da Caravaggio

Maler, geb. um 1495, gest. zu Messina 1543.

8 Bl. Göttergestalten. H. Goltzius sculps. Fol. B. 249—256. (3150.)

Agostino Carracci

Maler und Kupferstecher, geb. zu Bologna 1557, gest. zu Parma 22. März 1602. Bartsch XVIII. 35.

Venus mit Amoretten auf einer Muschel von Delphinen gezogen. 4. B. 129. (3745.)

Annibale Carracci

Maler und Radirer, geb. zu Bologna 1560, gest. zu Rom 15. Juli 1609. Bartsch XVIII. 175.

Faun und Satyr tränken den Bacchus aus einem Weinschlauche. gr. Fol. B. 18. (3882.)
Clytia von der Sonne verlassen. Gestochen von F. Bartolozzi 1772. gr. Fol. (3152.)

Lionardo da Vinci

Maler, Bildhauer, Architekt, Ingenieur, geb. zu Vinci 1452, gest. zu Cloux bei Amboise 2. Mai 1519.

Der Kampf der vier Reiter. G. Edelinck sc. gr. qu. Fol. R-D. 44, III. (5031.)

Francesco Mazzuoli, gen. Parmigianino

Maler und Radirer, geb. zu Parma 11. Jänner 1504, gest. zu Casalmaggiore 24. August 1540. Bartsch XVI. 1. Passavant VI. 174.

Eine sitzende männliche Figur von rückwärts gesehen. Clairobscur von zwei Stöcken von Antonio da Trento. Fol. B. XII. 148, 13. (2346.)

Raffaello Motta da Reggio

Maler, geb. 1550, gest. 1578.

Die Grablegung. Clairobscur von vier Stöcken von A. Andreani 1585. gr. Fol. B. XII. 44, 24. (2343.)

Giroloma Porro

Formschneider und Radirer, geb. zu Padua um 1520, arbeitete zu Venedig 1548—1591.

Allegorie auf den Feldbau. Bezeichnet: Porro 1591. qu. 8. (2551.)

Jacopo Robusti, gen. Tintoretto

Maler (und Radirer?) geb. zu Venedig 16. September 1518, gest. daselbst 31. Mai 1594. Bartsch XVI. 104.

Portrait des Sebastiano del Piombo. Corn. van Dalen. sc. gr. Fol. (3568.)

Raffael Santi da Urbino

Maler und Architekt, geb. zu Urbino 28. März (6. April?) 1483, gest. 6. April 1520. Springer. Crowe und Cavalcaselle.

Sibylle. Clairobscur von Hugo da Carpi. Fol. B. XII. 89, 6. (2258.)
Der Sieg des Apollon über Marsyas. Gestochen von dem Meister mit dem Würfel. qu. Fol. B. 31. (3546.)

32 Bl. Die Fabel der Psyche. Gestochen von dem Meister mit dem Würfel. qu. Fol. B. 39—70. Abdrücke der von Franc. Villamena retouchirten Platten. (3968.)

Der heilige Georg im Kampfe mit dem Drachen. Luc. Vorsterman sc. 1627. Fol. (3554.)

Francesco Eugenio Vanni

Maler und Radirer, geb. zu Siena 1565, gest. daselbst 25. October 1609. Bartsch XVII. 195.

Maria das Christkind anbetend. Clairobscur von zwei Stöcken. Fol. B. XII. 56, 11. (3864.)

Tizian Vecellio da Cadore

Maler und Zeichner für den Formschnitt, geb. zu Cadore 1477, gest. zu Venedig 22. August 1576. Bartsch XVI. 95. Crowe und Cavalcaselle.

Samson wird bei Delila von den Philistern gefesselt. Holzschnitt von Nicolo Boldrini (?). gr. qu. Fol. P. 5. (3826.)

3 Bl. Die Portraits von Pietro Aretino, Boccaccio und Giorgio Barbarello. Gestochen von Cornelis van Dalen. gr. Fol. (3569.)

Die Madonna in den Wolken, unten sechs Heilige. Clairobscur von zwei Stöcken von J. B. Jackson 1742. gr. Fol. (2351.)

Unbekannt

32 Bl. Illustrationen aus des Phil. Beroaldus Commentar zu Apulejus. Venedig 1503. Holzschnitte. 8. (4171.)

Der Tod, die Himmelfahrt und die Krönung der Maria. Aus einem Missale. Holzschnitt. Fol. (5831.)

Christus am Kreuze. In reicher architektonischer Umrahmung. In den Ecken die vier Evangelisten. Aus: Missale cisterc. Venedig, Giunta 1503. Holzschnitt. Fol. (4177.)

Maria Verkündigung. Geburt Christi. Anbetung der Könige. Flucht nach Aegypten. Aus obigem Missale. Vier Holzschnitte mit Zierleisten auf einem Bl. Fol. (4178.)

Maria Verkündigung. Aus obigem Missale, ohne Zierleisten. Holzschnitt. 8. (4179.)

Evangelium sanctum Domini nostri Jesu Christi. Arabischer und lateinischer Text. 3. Ausgabe. Vorwort datirt Florenz 1774. Fol. Mit Holzschnitten von Leonardo Norsini, gen. Parasole, nach Antonio Tempesta. Nagler, Monogr. IV. 1256. (B. Nr. 10024.)

XVII. JAHRHUNDERT.

Stefano della Bella

Siehe Seite 40.

Jacob's Reise nach Aegypten. Mit einer Zeile Text. Radirt. qu. Fol. J. 108. (3861.)

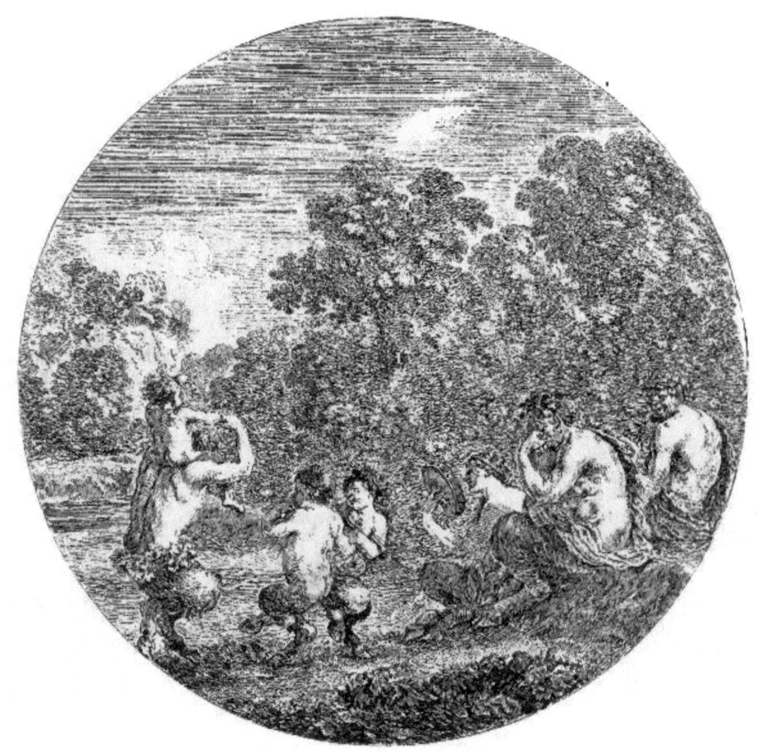

Stefano della Bella (5686)

3 Bl. Satyrfamilie. J. 128, 6; Satyrweibchen mit zwei Kindern. J. 188, 3; badender Satyr. J. 188, 4. Radirt. Runde. 4. (5686.)

Maria mit dem Kinde. Mariette excudit. 4. J. 151. (3860.)

2 Bl. Satyrfamilie und spielende Satyrkinder. Rad. Runde. Fol. J. 191. (3595.)

Spielende Satyrkinder. Gegenseitige Copie des obigen Blattes. Radirt. Rund. Fol. (3824.)

Die Portraits Cosmos III. und seiner Gemalin in einem Medaillon von Genien getragen. Radirt. 4. J. 200, 4. (3596.)
Das Kind mit dem Mops. Radirt. 4. J. 211. (3597.)
Flucht nach Aegypten. Radirt. Rund. Fol. J. 213. (3824.)
2 Bl. mit sechs und acht Studienköpfchen. Radirt. H. 0·045, Br. 0·068. Fehlt J. (3862.)

Simone Cantarini, gen. il Pesarese

Maler und Radirer, geb. zu Oropezza bei Pesaro 1612, gest. zu Verona 15. October 1648. Bartsch XIX. 119.

3 Bl. Darstellungen der heiligen Familie. Radirt. 8. B. 12, 13, 14. (3592.)

Giovanni Benedetto Castiglione, gen. il Grecchetto

Maler und Radirer, geb. zu Genua 1616, gest. zu Mantua 1670. Bartsch XXI. 7.

2 Bl. Pan vor einer Vase sitzend und ein Satyr bei einer Herme. Radirt. qu. Fol. B. 17, 18. (3575.)
Die Melancholie. Radirt. qu. Fol. B. 22. (3576.)

Geronimo Imperiale

Maler und Radirer von Genua, gest. um 1630 im Neapolitanischen. Bartsch XX. 119.

Maria mit den beiden Kindern Christus und Johannes. Radirt. Fol. B. 1. (3863.)

Lorenzo Loli

Maler und Radirer, geb. zu Bologna 1612, gest. 5. April 1691. Bartsch XIX. 163.

2 Bl. Kinderbacchanale. Radirt. Fol. B. 27, 28. (5699.)
2 Bl. Amor zerbricht den Bogen. Hercules Schlangentödter. Radirt. Fol. B. 23, 24. (5698.)

Carlo Maratta

Maler und Radirer, geb. zu Comorano in der Mark Ancona 13. Mai 1625, gest. zu Rom 15. December 1713. Bartsch XXI. 89.

Galathea auf einem Muschelwagen von Delphinen gezogen, umgeben von Nereiden und Tritonen. Gestochen von Jean Audran. gr. qu. Fol. (3886.)

Giuseppe Ribera, gen. Spagnoletto

Maler und Radirer, geb. zu Xativa bei Valencia 12. Jänner 1588, gest. zu Neapel 1656. Bartsch XX. 77.

Der mit Lorbeer bekränzte Dichter. Fol. B. 10. (3601.)

Giovanni Andrea Sirani

Maler und Radirer, geb. zu Bologna 1610, gest. daselbst 1670. Bartsch XIX. 147.

Der Genius des Studiums. Radirt von Lor. Loli. Fol. B. 30. (5700.)

Pietro Testa, gen. Lucchesino

Maler und Radirer, geb. zu Lucca 1617, gest. zu Rom 1650. Bartsch XX. 211.

Venus bringt Aeneas die Waffen. Unbezeichnet. Radirt. qu. Fol. B. 24. (5704.)
Venus und Adonis. Unbezeichnet. Radirt. qu. Fol. B. 25. (5705.)
Venus unter Liebesgöttern. Bezeichnet. Radirt. qu. Fol. B. 26. (5706.)

Unbekannt

Beweinung des Leichnams Christi. 4. (3598.)

Zwei Genien einen Fruchtkorb tragend. Radirt. qu. Fol. (5685.)

XVIII. Jahrhundert.

Jacopo Amigoni

Amiconi, Maler und Radirer, geb. zu Venedig 1675, gest. zu Madrid 1752. Bartsch XXI. 309. Meyer's Künstlerlexikon I. 631.

2 Bl. Zeichnende und musicirende Kinder. Wagner sculps. gr. qu. Fol. (3612.)

Francesco Bartolozzi

Zeichner, Kupferstecher und Radirer, Miniatur- und Pastellmaler, geb. zu Florenz 21. September 1728, arbeitete in Rom und London, gest. zu Lissabon 1815. Meyer's Künstlerlexikon III. 74.

Venus auf dem Muschelwagen. J. Clarke sculps. Rund. gr. Fol. (3881.)

Marcantonio Franceschini

Maler, geb. zu Bologna 5. April 1648, gest. daselbst 24. December 1729.

2 Bl. Spielende Bacchantenkinder. Allegorien auf Frühling und Herbst. Gestochen von Franc. Pedro. gr. qu. Fol. (3602.)

Antonio Dominico Gabbiani

Maler und Radirer, geb. zu Florenz 1652, gest. daselbst 1726. Bartsch XXI. 260.

Die Jagd der Diana. F. Bartolozzi sc. 1743. Radirt. Oval. gr. qu. Fol. (3877.)

Francesco Maggiotto

Maler, geb. zu Venedig um 1750, gest. daselbst 1805.

4 Bl. Die Jahreszeiten. Scenen aus dem italienischen Volksleben. Jo. Volpato sculp. Venetiis. gr. qu. Fol. (3616.)

d) JAGDEN.

MATTHÄUS MERIAN D. AELT.

Maler, Kupferstecher und Radirer, geb. zu Basel 25. September 1593, lebte zu Frankfurt a. M., gest. zu Schwalbach 19. Juni 1650.

Die Hirschjagd. Aus der Folge der sechs Jagden. Vor der Nummer 4. Radirt. qu. Fol. (3333.)

HANS SIBMACHER

Siehe Seite 6.

Die Stierjagd. 1596. Fries. Hier. Bang exc. qu. Fol. A. 17. (2428.)

VIRGIL SOLIS

Siehe Seite 6.

Hasenjagd. Fries. Bezeichnet und datirt 1541. Fehlt B. und P. H. 0·035, Br. 0·173. (2424.)
Bärenjagd. Fries. Bezeichnet. Fehlt B. und P. H. 0·034, Br. 0·145. (2425.)
Hirschjagd. Bezeichnet. Fehlt B. und P. H. 0·033, Br. 0·170. (5765.)

JOHANNES STRADANUS

Siehe Seite 67.

Löwenjagd in Ornamentrahmen. A. Coll(aert) excude. gr. qu. Fol. (2711.)

UNBEKANNT

Hirsch- und Eberjagd. In reicher Randeinfassung. Radirt. qu. Fol. (3334.)

e) THIERE.

1. DEUTSCHE SCHULE.

XV. JAHRHUNDERT.

ISRAHEL VAN MECKENEM

Kupferstecher und Goldschmied in Bocholt, starb am 15. März 1503. Bartsch VI. 184. Passavant II. 190.

Ornament mit sechs verschiedenen Vögeln. Fol. B. 198. (0235.)

XVI. JAHRHUNDERT.

Jost Amman

Siehe Seite 53.

4 Bl. aus der Folge der Thiere. A. 195—197 und von A. 196 eine gegenseitige Copie. Radirt. qu. 8. (2163, 2519.)

Virgil Solis

Siehe Seite 6.

6 Bl. Vierfüssige Thiere, Vögel, Insekten u. dgl. aus dem Thierbüchlein. qu. 8. B. 394—400. (2520.)

Fries mit eilf Vögeln, in der Mitte ein Papagei auf dem Baume. Bezeichnet und datirt 1541. Fehlt B. und P. H. 0·34, Br. 0·175. (5829.)

Fries mit Vögeln. Unbezeichnet. qu. Fol. Zweifelhaft. (2394.)

XVII. JAHRHUNDERT.

Francis Barlow

Maler und Radirer, geb. zu Lincolnshire um 1630, gest. zu London 1702.

7 Bl. Darstellungen von Vögeln. W. Hollar sculps. qu. Fol. P. 2127, 2128, 2131, 2133, 2134, 2141, 2143. (3579.)

Wenzel Hollar

Zeichner und Radirer, geb. zu Prag 13. Juli 1607, gest. zu London 28. Mai 1677. Parthey. Derselbe in Naumann's Archiv XII. 189.

3 Bl. Jagdhunde, zum Theil nach P. von Avont. qu. Fol. P. 2044, 2046, 2049. (2468.)

4 Bl. Der todte Hirsch; ein Perlhuhn und anderes Wildpret; drei Rebhühner und anderes Wildpret; drei Wildschweine und ein Reh. Zweifelhaft. qu. 4. P. 2059—2062. (2467.)

4 Bl. Dupl. der vorigen. (3580.)

Andreas Kohl

Kupferstecher, geb. zu Nürnberg 31. December 1624, gest. daselbst 20. October 1656.

8 Bl. Neues Thier Büchlein Von stehenden, fliegenden vnd kriechenden Thierlein. Friese. A. Khol sculp. qu. Fol. Nr. 1—3, 6, 9—12. (2524.)

XVIII. JAHRHUNDERT.

Johann Heinrich Lips

Maler, Kupferstecher, Radirer und Arbeiter in Aquatinta, geb. zu Kloten bei Zürich 29. April 1758, gest. zu Zürich 5. Mai 1817.

3 Bl. Thierköpfe. Radirt. Fol. (3636.)

2. NIEDERLÄNDISCHE SCHULE.

XVI. JAHRHUNDERT.

Abraham de Bruyn

Siehe Seite 31.

12 Bl. Numer. Folge von Säugethieren und Insekten. C. J. Visscher exc. qu. Fol. (2529.)

Nicolaus de Bruyn

Zeichner und Kupferstecher, Sohn des Abraham de Bruyn, geb. zu Antwerpen um 1570, gest. zu Amsterdam um 1652.

4 Bl. Wappenschild von zwei Kindern gehalten; Wappenschild von zwei Füchsen gehalten und Nr. 4 und 11 der Folge von Thieren. 1594. Visscher exc. qu. 8. (2474.)

Adrian Collaert

Zeichner und Kupferstecher, geb. zu Antwerpen um 1520, gest. um 1570. Nagler, Monogr. I. 294.

20 Bl. Darstellungen verschiedener Seethiere. Adr. Collaert fecit et excud. qu. Fol. Nr. 3—4, 7—24 der Folge. (3600.)

Hans Collaert

Zeichner und Kupferstecher, geb. zu Antwerpen 1545; arbeitete noch 1622. Nagler, Monogr. III. 750.

Eilf verschiedene Vögel. Fries. Das Zeichen links unten. qu. Fol. (2423.)

Heinrich Goltzius

Siehe Seite 66.

Das galoppirende Pferd. Nach Joh. Stradanus. qu. Fol. B. 292. (4970.)

Ridinger, Joh. Elias. 32 Bl. Nationalpferde. Gestochen von J. E. Ridinger, seinem Sohne M. Elias Ridinger und Seuter. Dabei: 4 Bl. Türkischer Pferdsaufbuz 1752. Gestochen von M. El. Ridinger. qu. Fol. (B. Nr. 4077.)

MARTIN DE VOS

Siehe Seite 67.

Der Wildprethändler. Schabkunstblatt. R. Earlom sculps. 1775. gr. qu. Fol. Wessely 113. (3422.)

XVII. JAHRHUNDERT.

PIETER VAN AVONT

Siehe Seite 68.

9 Bl. Verschiedene Thiere. W. Hollar fecit 1646. qu. Fol. P. 2041, 2043, 2046—2050. (3581.)

JAN FYT

Maler und Radirer, geb. zu Antwerpen März 1611, gest. daselbst 1661. Bartsch IV. 205. Weigel, Suppl. 185.

8 Bl. Folge der Hunde. 1642. Radirt. qu. Fol. B. 9—16. (3587.)

JAN VAN DEN HECKE

Maler und Radirer zu Antwerpen, geb. zu Quarmonde bei Oudenaerde um 1625, gest. zu Antwerpen um 1670. Bartsch I. 100. Weigel, Suppl. 13.

12 Bl. Verschiedene Thiere. 1656. Radirt. qu. 4. B. 1—12. (3588.)

FRANS SNYDERS UND REM. LONG JOHN (LANGJAN)

Maler zu Antwerpen in der ersten Hälfte des 17. Jahrhunderts.

2 Bl. Der Fischmarkt. Der Geflügelmarkt. Schabkunstblätter. Rich. Earlom sculpsit 1782. gr. qu. Fol. Wessely 109, 112. (3423.)

MONOGRAMMIST

P. S. 1607.

12 Bl. Viel vnd mancherley Geföge1, den Malern vnd Goltsmiden dienlich. N. Visscher excudit. Frederick de Widt excudit. Auf Bl. 2 ist den Initialen des Meisters noch die Jahreszahl 1607 beigegeben. Numer. Folge. qu. Fol. (2528.)

UNBEKANNT

2 Friese mit verschiedenen Vögeln. Nr. 8 und 9 einer Folge. qu. Fol. (2811.)

Pfau und Reiher. Abdruck von einer bemalten Platte. qu. Fol. (3502.)

Alkmar, Heinrich von. Reineke der Fuchs. Leipzig und Amsterdam, Peter Schenk, 1752. Fol. Mit Radirungen von A. v. Everdingen. Drug. p. 78. (B. Nr. 5675.)

3. ITALIENISCHE SCHULE.

XVII. JAHRHUNDERT.

MARIO NUZZI, GEN. MARIO DEI FIORI

Maler, geb. 1603, gest. zu Rom 1673.

Vogelconcert. Schabkunstblatt. Rich. Earlom sculpsit. 1778. gr. qu. Fol. Wessely 139. (3078.)

f) BLUMEN UND FRÜCHTE.

1. DEUTSCHE SCHULE.

XVII. JAHRHUNDERT.

MATTHÄUS MERIAN D. AELT.

Siehe Seite 76.

Blumenbouquet in einer reich verzierten Vase. Auf jeder Seite ein kleines Gefäss. 8. (2875.)

MARIA SIBYLLA MERIAN

Tochter Matthäus Merian's d. Aelt., Malerin, geb. zu Frankfurt a. M. 2. April 1647, gest. zu Amsterdam 13. Jänner 1717.

Reicher Kranz von Blumen, umgeben von Insekten. Bezeichnet. Fol. (5754.)
10 Bl. Blumen. Unbezeichnet. Nr. 3—12 der Folge. Fol. (5755.)

XVIII. JAHRHUNDERT.

FRIEDRICH KIRSCHNER

Miniaturmaler und Radirer, geb. zu Bayreuth 1748, gest. zu Augsburg 1789.

Blumenkranz. Titel zu: V Cahier de Fleurs F. Kirschner fec. Fol. (3920.)

Bock, Hieron. Kräuterbuch, lateinische Ausgabe. Vorrede vom Jahre 1522. 4. Mit dem Bildnisse des Autors und vielen Pflanzenabbildungen in Holzschnitt. (B. Nr. 5081.)

Matthioli, P. A. Kräuterbuch, lateinische Ausgabe. Venedig, Valgrisius. 1569. Fol. Mit vielen Holzschnitten. (B. Nr. 6019.)

Tabernaemontanus, J. Th. New vollkommen Kräuter-Buch. Vormahls Durch D. Casparum Bauhinum ... gebessert. Jetzt ... vermehret Durch Hieronymum Bauhinum. Basel, Johann König, 1664. Fol. (B. Nr. 4162.)

Volkamer, J. Chr. Nürnbergische Hesperides, oder gründliche Beschreibung der edlen Citronat, Citronen und Pomerantzen Früchte. ... Nürnberg, J. A. Endter's Sohn & E., 1708. Fol. Mit Stichen von Glotsch nach Zeichnungen von P. Decker. (B. Nr. 5207.)

2. FRANZÖSISCHE SCHULE.

XVII. JAHRHUNDERT.

JEAN BAPTISTE MONNOYER

Blumenmaler und Radirer, geb. zu Lille 1635, gest. zu London 1699.
Robert-Dumesnil III. 229.

4 Bl. Liures de Plusieurs Vaze de Fleurs. R-D. 13, 19—21. — 8. Bl. Liure de Plusieurs Paniers de Fleurs. De Poilly exc. R-D. 22—25, 29—32. gr. Fol. und gr. qu. Fol. (2974.)

25 Bl. Blumen. Mit der Adresse des N. de Poilly. Aus verschiedenen Folgen. Fol. und gr. Fol. (5757.)

JEAN PICQUET

Kupferstecher in der ersten Hälfte des 17. Jahrhunderts.

Blumenbouquet in einer Vase. Nr. 1 einer Folge. J. Messager exc. Fol. (2539.)

JEAN VAUQUER

Siehe Seite 28.

17 Bl. Blumenbouquets. De Poilly exc. Nr. 1—2, 4—9, 11 und 1, 3, 4, 6—7, 9—10, 12 aus zwei Folgen. Fol. (5753.)

Zwei Blumenbouquets zu beiden Seiten eines Medaillons mit der Anbetung der Könige. Bl. 6 aus einer Folge. qu. Fol. (3605.)

3. NIEDERLÄNDISCHE SCHULE.

XVI. JAHRHUNDERT.

GEORG HOEFNAGEL

Hufnagel, Miniaturmaler, geb. zu Antwerpen 1545, arbeitete in Innsbruck und Wien, lebte noch 1618.

2 Bl. aus Archetypa etc. Ornamentfüllungen mit Blumen, Früchten und Thieren. qu. Fol. (2526.)

Blumenvase mit Fruchtgehängen und Vögeln. qu. Fol. (2527.)

JOHANN SADELER

Zeichner und Kupferstecher, geb. zu Brüssel um 1550, gest. zu Venedig 1610.

12 Bl. Naturalistische Blumen. Sadler excud. qu. 4. (3603.)

Hoefnagel, G. Archetypa studiaque patris Georgii Hoefnagelii Jacobus F. genio duce ab ipso scalpta omnibus philomusis amice D. ac perbenigne communicat. Ann. sal. XCII (1592) Aetat. XVII. Francofurti ad Moenum. 4 Theile, jeder mit Titel und 12 Bl. Insekten und Blumen. qu. Fol. (B. Nr. 5084.)

XVII. JAHRHUNDERT.

JACOB KEMPENER

Blumenmaler zu Anfang des 17. Jahrhunderts.

Blumenbouquet in einer Vase. Jo. Theodor de Bry scalps. Nr. 5 der Folge. Fol. (2540.)

FRANS SNYDERS UND REM. LONG JOHN (LANGJAN)

Siehe Seite 79.

2 Bl. Der Obstmarkt. Der Gemüsemarkt. Schabkunstblätter. Rich. Earlom sculpsit. 1775, 1779. gr. qu. Fol. Wessely 110, 111. (3423.)

UNBEKANNT

5 Bl. Vasen mit Blumen. Copien nach Vauquer. Abdrücke von bemalten Platten. Fol. (3501.)

XVIII. JAHRHUNDERT.

JAN VAN HUYSUM

Blumenmaler, geb. zu Amsterdam 15. April 1682, gest. daselbst 8. Februar 1749.

Blumenstück. Schabkunstblatt. Rich. Earlom sculpsit 1778. gr. Fol. Wessely 146. (2361.)

Fruchtstück. Schabkunstblatt. Rich. Earlom sculpsit 1781. gr. Fol. Wessely 147. (2362.)

4. ITALIENISCHE SCHULE.

XVII. JAHRHUNDERT.

GIOVANNI JACOPO DE ROSSI

Rubeis, Kupferstecher und Verleger zu Rom in der zweiten Hälfte des 17. Jahrhunderts.

Reicher Kranz von Blumen. Titel zu Robert's Variae ac multiformes florum species. Rom 1665. Fol. (5756.)

g) TROPHÄEN.

JACOB BEITLER

Goldschmied zu Ravensburg am Ende des 16. und zu Anfang des 17. Jahrhunderts. Andresen IV. 42. Meyer's Künstlerlexikon III. 792.

6 Bl. Waffentrophäen. qu. 8. Fehlt Andresen. Meyer 14. (2240.)

STEFÀNO DELLA BELLA

Siehe Seite 40.

4 Bl. Jagdtrophäen. Radirt. Fol. J. 179. (5687.)

WENZEL HOLLAR

Siehe Seite 77.

3 Bl. Jagdtrophäen. qu. Fol. P. 2053, 2055, 2056. (3582.)

UNBEKANNT

Drei Hängetrophäen auf einem Bl. Ohne Bezeichnung. Italienisch. qu. Fol. (2807.)

h) FESTONS.

JOHANN LEONHARD EYSLER

Siehe Seite 22.

4 Bl. aus der Folge: Neu inventirte Festonen von Früchten und Blumen. Bezeichnet. qu. Fol. (5746.)

FRIEDRICH JACOB MORISON

Juwelier und Zeichner um 1693—1697.

3 Bl. Underschidliche neue Feston von Blumen und Früchten ersuñen gezeichnet und verlegt durch Fridrich Jacob Morison, ins Kupffer gestochen von Johañ Andreas Pfeffel, in Wien A° 1697. Oben Festons, unten Goldschmiedornamente. Nr. 1, 8 und 10 der Folge. qu. Fol. (2804.)

i) MASKEN.

1. DEUTSCHE SCHULE.

JOHANN LEONHARD EYSLER

Siehe Seite 22.

6 Bl. Inventiones von Mascam. Joh. Christoph Weigel excudit. Fol. (3072.)
2 Bl. Titel und 1 Bl. Masken. Dupl. der vorigen. Fol. (2317, 4877.)

Vredeman de Vries, Joh. Panoplia seu armamentarium ac ornamenta cum artium ac opificiorum tum etiam Exuuiarum Martialium, qua Spolia quoque alijs appellari consueuére. Gerar de Jode excudebat 1572. qu. Fol. (B. Nr. 5046.)

6*

2. NIEDERLÄNDISCHE SCHULE.

Pieter van Avont

Siehe Seite 68.

3 Bl. Livre de satyres, et grotesses, inventé et delinié par Pierre vanden Avont. Franciscus vanden Wyngaerde excudit Antverpiae. Titel und 2 Bl. mit je vier Mascarons. Auf dem Titel links unten das Monogramm des Stechers ÆP. fec. (Andreas Pauli?). Radirt. 4. (2499.)

Franz Huys

Zeichner und Kupferstecher zu Antwerpen um 1550—1570.

12 Bl. Masken. Copien der Folge: Pourtraicture ingenieuse de plusieurs façons de Masques, etc. Radirt. 8. (2999.)

3. ITALIENISCHE SCHULE.

Giovanni Aloisio

Maler und Kupferstecher zu Rom am Ende des 16. und zu Anfang des 17. Jahrhunderts. Nagler, Monogr. I. 872.

4 Bl. Mascarons. Fol. (2252.)

Meister mit dem Monogramm Christi

Kupferstecher um die Mitte des 16. Jahrhunderts. Bartsch XV. 511. Passavant VI. 155.

Mascaron. Unbezeichnet. 4. P. VI. 157, 26—28. (2951.)

Unbekannt

Satyrmaske. Radirt in der Art des Stefano della Bella. 8. (3710.)

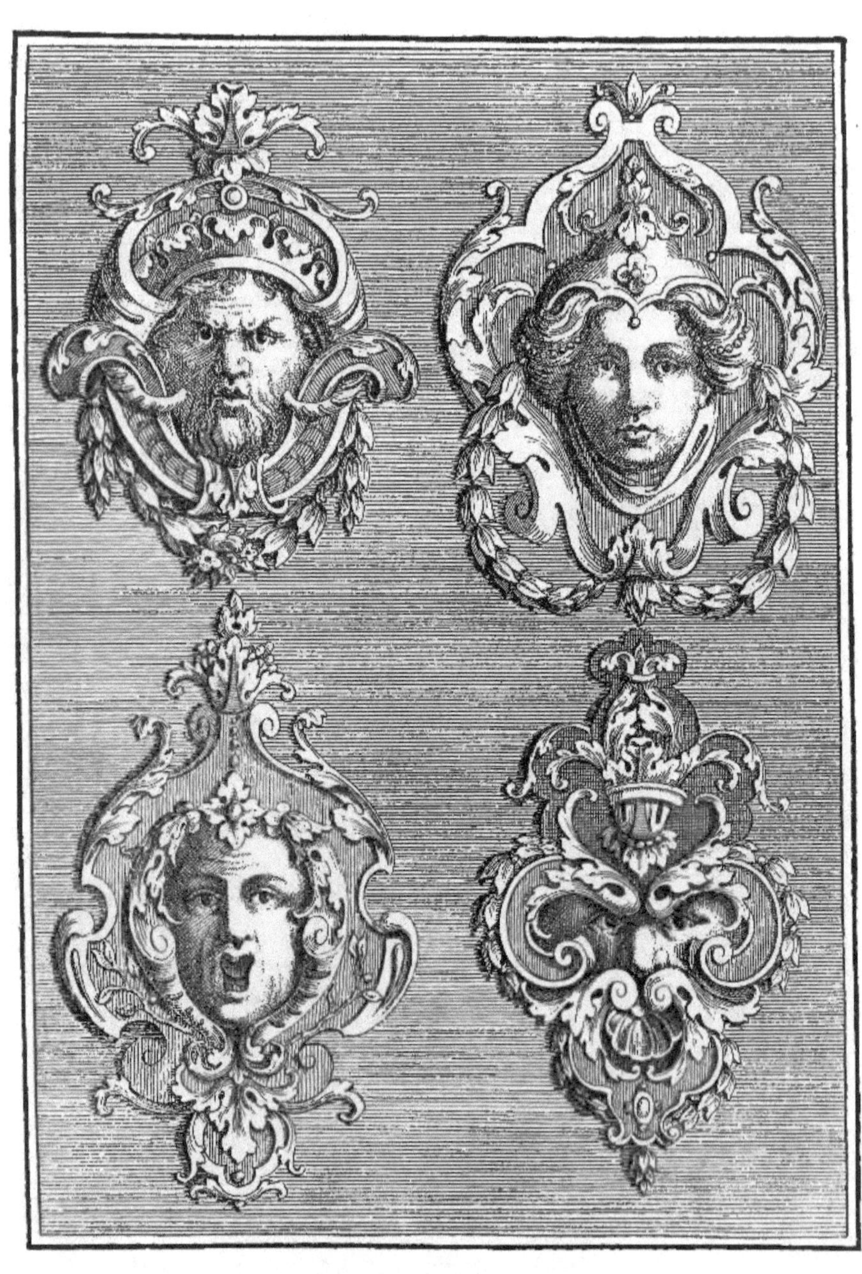

Johann Leonhard Eysler (3072)

k) RANDEINFASSUNGEN, ZIERTITEL, ZIERRAHMEN UND ZIERSCHILDER (CARTOUCHEN).

(Siehe auch Buchzeichen.)

1. DEUTSCHE SCHULE.

XV. JAHRHUNDERT.

UNBEKANNT

Titelverzierung. Pflanzenwindungen mit Vögeln und Insekten. Incipit opusculu(m) trip(ar)titum de p(re)ceptis decalogi. Holzschnitt in Contourmanier. Fol. Hain 7652. (2833.)

Christus am Kreuz mit Maria und Johannes, in reicher gothisirender Umrahmung. Um 1500. Holzschnitt. Altcolorirt. 8. (3380.)

XVI. JAHRHUNDERT.

JOST AMMAN

Siehe Seite 53.

Herzog Christoph von Württemberg. In reichem Zierrahmen. Holzschnitt. Fol. A. 4. (5708.)

Brustbild des Bischofs Friedrich von Würzburg. In reich ornamentirtem Rahmen. 1572. Radirt. Fol. A. 5. (2642.)

Brustbild des Würzburgers Adam Khal. In reichem Zierrahmen. 1572. Radirt. Fol. A. 7. (3780.)

Brandt Sebastian. Das Narrenschiff. Gedruckt zu Basel, Jo. B. von Olpe. 1494. 4. Mit Holzschnitt-Illustrationen. (B. Nr. 3181.)

Eyzinger, Michael. Iconographia regum Francorum Dass ist Ein Eigentliche Abconterfeyung, Aller Könige in Franckreich, deren in die 62 von Pharamundo biss auf Henricum den 3 dises namens regiert haben. Köln, Joh. Buchssmacher, 1587. 4. Mit Radirungen von Jost Amman und Virgil Solis. Seite 54, 55 und das letzte Bl. fehlen. A. 14. (B. Nr. 3657.)

Emblemata Nicolai Revsneri IC. partim ethica, et physica: partim verò Historica, et Hieroglyphica .... in quatuor libros digesta ..... Francoforti, Feyerabendt, 1581. 8. Mit 122 Holzschnitten von Jost Amman und Virgil Solis. A. 192. (B. Nr. 4261.)

Apian, Phil. Bayrische Land-Taflen. Getruckt in München. (Erste Ausgabe von 1566.) Die Holzschnitte zum Theil von Jost Amman. Taf. 14, 16 fehlen. Fol. A. 208. (B. Nr. 5206.)

Heldenbuch, darinn viel seltzamer Geschichten vnd kurtzweilige Historien, von den grossen Helden vnd Rysen. Franckfort am Mayn, Sigmund Feyrabendt, 1590. 4. Mit vielen Holzschnitt-Illustrationen in Ornamentrahmen von Jost Amman und Virgil Solis. Andresen in Naumann's Archiv X. 353, 18. (B. Nr. 4143.)

Brustbild des Nürnberger Schreib- und Rechenmeisters Johann Neudörffer. In reich verziertem Rahmen. Radirt. Fol. A. 10. (2643.)

Titelverzierung mit dem Urtheil Salomo's. Holzschnitt. Fol. A. 107. (4167.)

Zierleiste mit Curtius und Clelia. Holzschnitt. qu. Fol. A. 133. (4168.)

Ziertitel zu Simon Pauli's Postilla. 1582. Links Luther, rechts der Churfürst von Sachsen, unten das Buchdruckerzeichen des »Peter Schmid von Franckfort«. Holzschnitt. Fol. A. 191. (2579.)

Leonhard Beck

Maler zu Augsburg, gest. daselbst 1542. Nagler, Monogr. IV. 942. Laschitzer in Jahrbuch der kunsthistorischen Sammlungen des Allerhöchsten Kaiserhauses. V.

Randeinfassung. Rechts ein Liebesgarten, unten die Darstellung der Beichte und Communion, links das Schiff des Heils und oben Gott Vater thronend, umgeben von Heiligen. Angewandt zu: Christenliche Ausslegung der Evangelienn, I. Theil. Ingolstadt 1530. Holzschnitt. Fol. (2788.)

Mathias Beitler

Siehe Seite 43.

Titel zum Bosenbuechlein 1582. Cartouche, von zwei Genien gehalten. qu. 8. A. 15. (3086.)

Hans Burgkmair d. Aelt.

Siehe Seite 54.

Titeleinfassung mit dem segnenden Gott Vater. Rechts unten das Zeichen. Holzschnitt. Fol. Fehlt B. und P. (2584.)

Titeleinfassung mit den musicirenden Kindern. Holzschnitt. Fol. Fehlt B. und P. (3337.)

Randverzierung mit einem blasenden und zwei gefesselten Satyrn, Säulen und Laubwerk. Holzschnitt. Fol. Fehlt B. und P. (3446.)

Titeleinfassung. An ornamentirten Pfeilern lagern je ein Genius mit einer Kugel. 1518. Holzschnitt. Fol. Fehlt B. und P. (3454.)

Wendelin Dietterlin

Architekt, Maler und Radirer, geb. zu Strassburg 1550, gest. daselbst 1599. Andresen II. 244.

Portrait des W. Dietterlin in Zierrahmen. Radirt. Fol. A. 1. (2248.)

Albrecht Dürer

Siehe Seite 54.

Titeleinfassung aus Knotenwerk. Angewendet Nürnberg, Fr. Peypus, 1523. Holzschnitt. Fol. Butsch, Bücherornamentik Taf. 35. (3445.)

Randeinfassung mit zwei musicirenden Kindern. Dürer zugeschrieben. Angewendet zu Melanchthon's Schrift: »Von der Messe«. 1525. Holzschnitt. 4. (3345.)

Wiederholung der vorigen. Holzschnitt. 4. (2384.)

Tobias Fendt

Maler und Kupferstecher zu Breslau um 1566—1576. Andresen. II. 32.

Titel zu: Monumenta sepulcrorum 1574. Radirt. Fol. A. II. 49, I. (2276.)

Urs Graf

Siehe Seite 55.

Randverzierung mit dem Triumph der Humanitas. Holzschnitt. Fol. P. 144. His 314. (2975.)

Titeleinfassung mit einem schwertumgürteten nackten Mann und einem nackten Weib. Holzschnitt. Fol. His 315. (3077.)

Ziertitel mit fünf nackten Knaben. Holzschnitt. 8. His 322. (3344.)

Randeinfassung. In der oberen Leiste zwei Medaillons und das Monogramm. Holzschnitt. Fol. P. 138. His 324. (5735.)

Randeinfassung aus vier Leisten gebildet. Unten ein leeres Wappenschild und vier Kinder. Holzschnitt. Fol. His 325 a—d. (2383.)

Herman

Formschneider zu Basel oder Strassburg in der ersten Hälfte des 16. Jahrhunderts. Nagler, Monogr. III. 883.

Ziertitel, bestehend aus vier Leisten. Oben in Brustbildern David, Esaias, Paulus und Johannes, links Hieronymus und Ambrosius, rechts Augustinus und Gregorius. Unten ein von zwei Genien gehaltener Schild, umgeben von einem Spruchbande mit dem Namen des Meisters. Holzschnitt. Fol. Nagler 3. (2580.)

Ambrosius Holbein

Maler, Bruder des Hans Holbein, arbeitete 1517 zu Basel. Passavant III. 421. Woltmann.

Randeinfassung mit dem Hercules gallicus. Holzschnitt von .HF 1518. Fol. P. 2. (2454.)

Randverzierung mit kämpfenden und scherzenden Knaben, unten das Symbol des Joh. Froben. Holzschnitt. Fol. P. 104. W. 11. (3389.)

Hans Holbein d. J.

Siehe Seite 56.

Die Schutzpatrone von Freiburg im Breisgau. Auf der Rückseite das Stadtwappen. Holzschnitt. Fol. P. 26. (6182.)

Randeinfassung, aus vier Leisten bestehend. Auf der unteren Venus und Cupido; die Leiste rechts von I F. Holzschnitt. Fol. P. 77. (2575.)

Randverzierung mit dem betrunkenen Silen. Holzschnitt von I F. Fol. P. 86. (4702.)

Randverzierung mit den sieben Todsünden. Unten das Symbol des Froben. Holzschnitt von I F. Fol. Vergl. P. 77. (4701.)

Randverzierung mit Diana und Aktäon. Holzschnitt. 4. Copie. P. 119. Vergl. P. 159. (2376.)

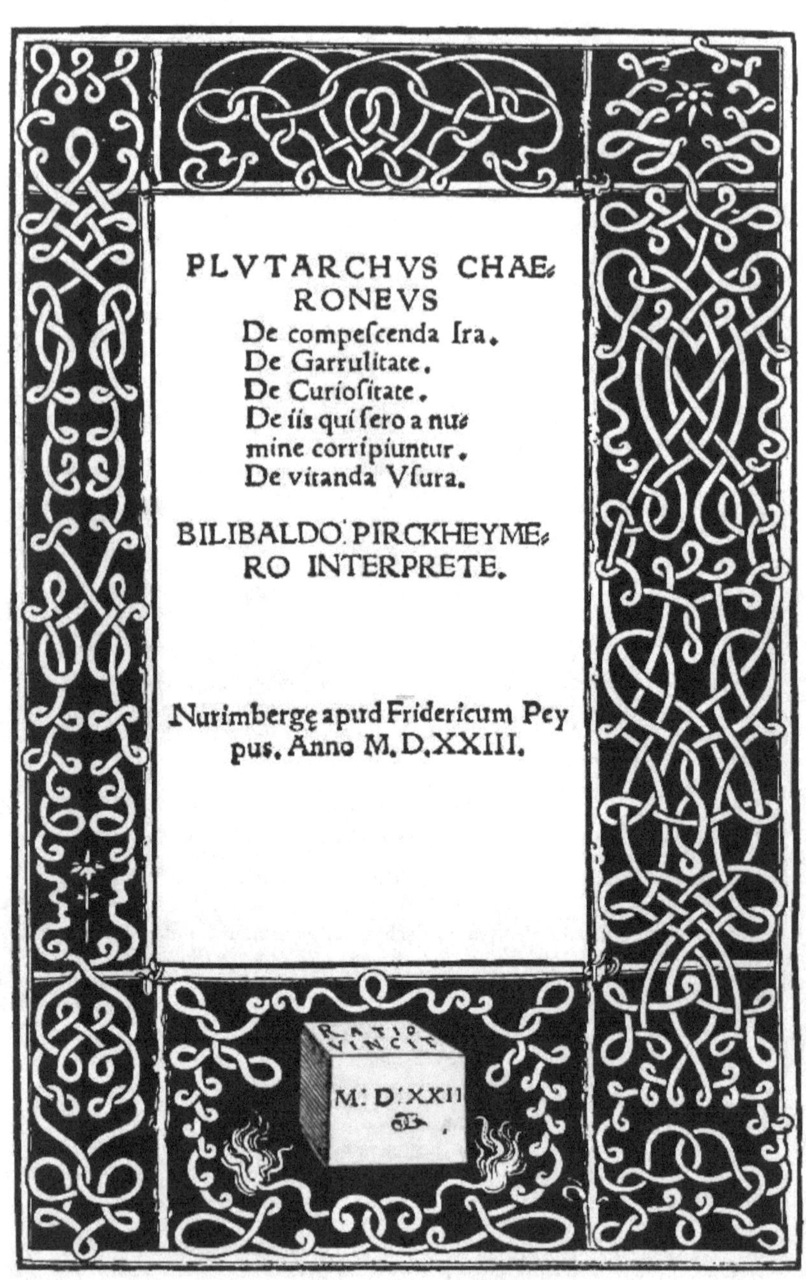

PLVTARCHVS CHAE-
RONEVS
De compeſcenda Ira.
De Garrulitate.
De Curioſitate.
De iis qui ſero a nu-
mine corripiuntur.
De vitanda Vſura.

BILIBALDO PIRCKHEYME-
RO INTERPRETE.

Nurimbergę apud Fridericum Pey
pus. Anno M.D.XXIII.

ALBRECHT DÜRER (3445)

Randverzierung, aus vier Leisten gebildet. Links sechs Männerpaare, rechts die sieben Todsünden. Aus der Cosmographie. Holzschnitt von I F. Fol. (3346.)

DANIEL HOPFER

Siehe Seite 3.

Randeinfassung, angewendet zu: Bibel teutsch der ander tail. Holzschnitt. Altcolorirt. Fol. P. 1. (2452.)

Titeleinfassung mit Jacob und Esau, über ihnen Gott Vater, von Engeln umgeben. In den Ecken oben je ein Genius mit dem Reichsadler und dem Augsburger Stadtwappen. Aus Eck's »Chrysopassus«. Augsburg 1514. Holzschnitt. Altcolorirt. Fol. Butsch, Bücherornamentik, Taf. 20. (3130.)

Ziertitel mit dem Rennspiel. Angewendet zu: Summa summarum etc. Hopfer zugeschrieben. Holzschnitt. Fol. (5763.)

WENZEL JAMNITZER

Goldschmied, geb. zu Wien 1508, wurde 1543 Meister zu Nürnberg, wo er am 15. December 1588 starb.

Die Apotheose Kaiser Maximilian II. 1571. Radirt von Jost Amman. Die Ueberschrift und die Inschriften der drei grossen Cartouchen in Typentext. Von zwei Platten gedruckt. gr. Fol. A. 30. (2644.)

MICHAEL KIRMER

Zeichner und Radirer um 1565—1567. Passavant IV. 188. Nagler, Monogr. IV. 1945.

Ein Monarch in Waffenrock und Krone in Ornamentrahmen. Unten links zu den Füssen des Königs die Jahreszahl 1567, rechts das Monogramm. Radirt. 4. P. 2. (2736.)

HANS RUDOLF MANUEL, GEN. DEUTSCH

Maler, Zeichner und Dichter, geb. zu Erlach 1525, gest. zu Morsee 1571. Bartsch IX. 324. Passavant III. 437. Nagler, Monogr. III. 1438.

Titeleinfassung zu: Imperatorum Romanorum omnium....Imagines. Tiguri ex Officina Andreae Gesneri. Anno 1559. Holzschnitt. gr. Fol. Nagler 2. (3458.)

LUCAS MAYER

Formschneider zu Nürnberg in der zweiten Hälfte des 16. Jahrhunderts. Nagler, Monogr. IV. 1197, 1777.

Titeleinfassung mit verschiedenen Gerichtsscenen. Angewendet zu: Lexicon juris canonici et civilis. Franc. 1576. Rechts unten das Zeichen mit dem Schneidemesser. Holzschnitt. Fol. Nagler 1777, 15. Von Andresen Tobias Stimmer (Nr. 110) zugeschrieben. (2601.)

Hans Sibmacher

Siehe Seite 6.

Titel zum zweiten Theil des Neuen Wappenbuchs. Nürnberg 1609. Radirt. Altcolorirt. qu. 4. A. 61. (2954 a.)

2 Bl. Titel zur ersten und zur vierten Centurie der Embleme des Camerarius. 1590. 1604. Radirt. 4. A. 139. (2543, 3897.)

Virgil Solis

Siehe Seite 6.

Titeleinfassung zu: Das Newe Testament Teutsch. D. Mart. Luth. Frankfurt 1563. Sechs Felder mit neutestamentarischen Darstellungen, unten eine allegorische Darstellung, sämmtlich in Lederwerkrahmen. Holzschnitt. Fol. B. 3. (2578.)

Titeleinfassung zu: Die Propheten all Teutsch. D. Mart. Luth. Frankfurt 1563. Sechs Felder mit biblischen Darstellungen, umgeben von Lederwerkrahmen. Rechts unten das Zeichen des Formschneiders S F und das Schneidemesser. Holzschnitt. Fol. B. 3. (2577.)

Brustbild des Pfalzgrafen Otto Heinrich in einer Randeinfassung mit Wappen. Aus der Bibel Luther's von 1561. Holzschnitt. Fol. A. 2, II. (6210.)

Titel zu Spangenberg's Postilla. Nürnberg 1582. Oben der Erlöser, zu Seiten die vier Evangelisten, unten die Schaffung des Weibes, Adam und Eva, der Sündenfall. Unbeschrieben. Holzschnitt. Fol. (2937.)

Tobias Stimmer

Maler und Zeichner für den Formschnitt, geb. zu Schaffhausen 7. April 1539, gest. zu Strassburg 1582. Andresen III. 7.

Brustbild des Züricher Professors Joh. Frisius (Fries) in Zierrahmen. Holzschnitt. 4. A. 6. (3774.)

Heinrich Ulrich

Maler und Kupferstecher, geb. zu Nürnberg 1572, gest. daselbst 1621.

Bildniss Martin Luther's in reichem Rahmen mit allegorischen Figuren und Portraitmedaillons. Heinrich Ulrich sculp. et exc. Fol. (3599.)

Camerarius, Joach. Embleme. Vier Theile mit je 100 Taf. Radirt von H. Sibmacher. 4. 2 Taf. fehlen. Nürnberg 1590—1604. A. 139. (B. Nr. 10138.)

Beuther von Carlstatt, Michael. Bildnisse vieler zum theyle von uralten, zum theyle von Newlichern zeiten her, Kriegs und anderer Weltlicher Händel halben, bej Christen unnd Unchristen gewesenen berühmter Keyser, Könige, Fürsten, Grauen und Edeln, inmassen dieselbige Paulus Jovius vorweilen Bischof von Nocera durch allerley gelegenheyt zusammengebracht, ... Mit Kurtzverfassten Beschreibungen jhres jedes geführten Lebens etc. Basel, Peter Perna, 1582. Fol. Mit Bildnissen und Randverzierungen von T. Stimmer. A. 143, IV. (B. Nr. 10141.)

Accuratae effigies pontificum ..... Eygenwissenliche vnnd wolgedenckwürdige Contrafeytungen oder Antlitzgestaltungen der Römischen Baepst ... Strassburg, Bernhard Jobin, 1573. Fol. Mit Holzschnitten von T. Stimmer. A. 145. (B. Nr. 5864.)

Titus Livius und Lucius Florus. Von Ankunfft vnnd Vrsprung des Römischen Reichs. Strassburg, Theodosius Rihel, 1581. Fol. Mit Holzschnitten nach T. Stimmer'schen Zeichnungen ausgeführt von Chr. Stimmer, B. Jobin, C. van Sichem u. A. Vergl. A. 156. (B. Nr. 4335.)

Johann Wechtlin

Maler und Formschneider, arbeitete am Anfange des 16. Jahrhunderts zu Strassburg. Bartsch VII. 449. Passavant III. 327. Nagler, Monogr. IV. 219.

Randeinfassung. Die Seitenleisten von Urs Graf. Holzschnitt. Fol. P. 61. (2450.)
Randeinfassung. Unten der kaiserliche Adler und ein leeres Spruchband. Angewendet 1513. Holzschnitt. Fol. P. 62. (2787.)
Titeleinfassung. Unten ein Wappenschild mit dem kaiserlichen Adler und einer Bandrolle, auf jeder Seite ein Baum mit einem wilden Manne, oben zwei Kinder mit Fangschnur und Bogen. Clairobscur von zwei Stöcken. Angewendet 1515. Ohne Zeichen. 4. Fehlt B. und P. (2726.)
Dasselbe. Schwarzdruck. (3449.)

Hans Weyditz

Zeichner und Maler zu Strassburg, arbeitete um 1529.

Titeleinfassung. Unten die castalische Quelle, oben und auf den Seiten die Brustbilder musicirender Männer in Ast- und Blätterwerk. Unbezeichnet. Holzschnitt. 4. (2586.)
Titeleinfassung zu: Dioskorides Pharm. libri VIII. Strassburg, Schott, 1529. Unbezeichnet. Holzschnitt. Fol. (2969.)

Anton Woensam von Worms

Maler und Formschneider zu Köln, geb. um 1500, gest. 1541. Bartsch VII. 488. Passavant IV. 149. Merlo in Naumann's Archiv X. 129; Nachträge von 1884.

Titeleinfassung mit Christus, den Evangelisten, den Aposteln Petrus und Paulus und den vier Kirchenvätern. Angewendet 1529. Holzschnitt. Fol. M. 420. (2456.)
Ziertitel mit der Anbetung der Könige. Angewendet 1524. Holzschnitt. 8. M. 423. (3335.)
Titeleinfassung mit dem Evangelisten Johannes und der Taufe. Angewendet 1521. Holzschnitt. Fol. M. 426. (2455.)
Randeinfassung aus vier Leisten gebildet. Oben der heilige Johannes, unten das Portraitmedaillon Virgil's. Holzschnitt. 8. M. 427. (2379.)
Randeinfassung mit den Grazien. Angewendet 1527. Holzschnitt. 8. M. 435. (2451.)
Titeleinfassung mit kletternden Genien. Unten das Symbol des Joh. Soter in Köln von zwei Genien gehalten. Angewendet 1530. Holzschnitt. 8. M. 438. (2582.)
Randeinfassung mit dem Symbol des Gymnich. Angewendet 1534. Holzschnitt. 8. M. 446. (2940.)
Titeleinfassung mit allegorischen Figuren der Tugenden und Laster. Angewendet 1532. Holzschnitt. 8. M. 454. (4174.)

Mathias Zündt

Siehe Seite 12.

Graf Nicol. Zrinyi in Zierrahmen mit kriegerischen Emblemen. Fol. A. 2. (6195.)

MONOGRAMMISTEN

1528

Zeichner zu Prag (?) in der ersten Hälfte des 16. Jahrhunderts. Nagler, Monogr. II. 1756.

Randeinfassung mit dem Stammbaum Christi. 1528. Aus einer böhmischen Bibel. Holzschnitt. Fol. (5740.)

Formschneider zu Basel um 1520. Nagler, Monogr. II. 2913.

Randeinfassung, aus vier Leisten zusammengesetzt. Unten drei Kinder im Kampfe mit zwei See-Ungeheuern, auf den Seiten Vasenornamente mit der Glücksgöttin, dem Symbole Cratanders. In der Mitte des Blattes das Buchdruckerzeichen Cratanders mit dem Monogramm. Holzschnitt. Fol. (2576.)

G Z

Gabriel Zehender (?), Maler und Formschneider zu Basel am Anfang des 16. Jahrhunderts. Passavant IV. 301. Nagler, Monogr. III. 493.

Ziertitel mit acht tanzenden Kindern. 1511. Holzschnitt. Fol. P. 4. (3748.)

Zeichner und Formschneider zu Köln in der zweiten Hälfte des 16. Jahrhunderts. Bartsch IX. 565. Passavant IV. 322. Nagler, Monogr. III. 853.

Titelverzierung aus der Dietenberger Bibel. Köln 1564. Holzschnitt. Fol. P. 3. (3342.)

I F

Formschneider zu Strassburg in der ersten Hälfte des 16. Jahrhunderts.

Randeinfassung. Unten zwei Kinder auf Delphinen reitend und ein Wappenschild haltend. Das Monogramm unten auf dem Wappen. Angewendet Strassburg 1540. Holzschnitt. 8. (2677.)

·M·H·A·V·

Titeleinfassung, aus vier Leisten zusammengesetzt. Unten ein von zwei Genien gehaltener leerer Schild, oben eine Eule und ein Spruchband mit den Initialen ·M H·A·V· auf schwarzem Grunde. Angewendet zu: Vonn Christlichē satzungen . . . durch Gasparn Schatzger (München, H. Schobser) 1524. Holzschnitt. 4. (2592.)

M S 1560

Formschneider zu Nürnberg. Nagler, Monogr. IV. 2163.

Ziertitel aus Spangenberg's Postilla. Nürnberg 1582. Holzschnitt. Fol. (2937.)

NI

Johann Nell (?), Medailleur und Formschneider zu Augsburg (?). Passavant IV. 163. Nagler, Monogr. IV. 2430.

Brustbild des Herzogs Wilhelm V. von Bayern in allegorischer Einfassung. 1573. Aus Orlando di Lasso, Cantionum opus. München, Berg, 1573. Holzschnitt. gr. Fol. Nagler 1. (2820.)

TW

Thüring Walther, Glasmaler von Bern (?). Nagler, Monogr. V. 705. Brulliot III. 525.

Der Himmelsglobus. Ziertitel zu: Primum mobile Eras. Osw. Schreckenfuchsii. Basel, Henricpeter, 1567. Holzschnitt. Fol. (2970.)

VF

Formschneider zu Strassburg in der ersten Hälfte des 16. Jahrhunderts.

Titeleinfassung mit Brustbildern berühmter Aerzte. Unten Hippocrates und Galenus lehrend. Angewendet zu: Catalogus illustrium Medicorum. Argentorati ap. Joan. Schottū 1530. Holzschnitt. 4. (2585.)

V. tm fec.

Kupferstecher am Ende des 16. und zu Anfang des 17. Jahrhunderts. Nagler, Monogr. V. 1402.

Brustbild des Michael Saxo ecclesiastes Wechmariensis aetatis 59 in reichem Ornamentrahmen. Unten das Monogramm und auf einer Volute die Jahreszahl 1604 (?). Fol. (2692.)

Unbekannt

Titeleinfassung. Wilde und zahme vierfüssige Thiere in einem eingehegten Raume, über welchem sich eine Laube emporbaut. Unten in der Mitte ein von zwei Kindern gehaltener Schild mit dem Symbol des Renatus Beck in Strassburg. Holzschnitt. 4. (2588.)

Randeinfassung. Unten zwei auf einem Feston sitzende Genien. Angewendet zu: Von dem babstenthum. . . . wyder doctor Martinū Luther. Holzschnitt. 4. (2790.)

Randeinfassung, aus vier Ornamentleisten, weiss auf schwarz. Angewendet zu: Melanchthon's De Rhetorica libri tres. 1519. Holzschnitt. 4. (3388.)

Unbekannt

Titeleinfassung zu: Compendiaria dialectices ratio von Melanchthon. Wittenberg, M. Lotter, 1520. Holzschnitt. 4. (3387.)

Titeleinfassung mit dem Engelconcert. P. III. 411, Nr. 17 Holbein zugeschrieben. Holzschnitt. Fol. (3916.)

Randverzierung. Unten spielende Kinder, in der Mitte das Symbol des Joh. Froben zu Basel. Holzschnitt. Fol. (4703.)

Randverzierung, aus vier Ornamentleisten gebildet. In der unteren das Symbol des Joh. Froben. Holzschnitt. Fol. (3339.)

Ziertitel, aus vier Ornamentleisten gebildet. Darin das Symbol des Joh. Froben. Holzschnitt. Fol. (3350.)

Randeinfassung mit Groteskenornament. Unten ein Wappenschild mit einem Kaninchen zwischen zwei auf Delphinen reitenden Genien, welche auf stilisirten Hörnern blasen. Auf schwarzem Grunde. Holzschnitt. 4. Vergl. Butsch, Bücherornamentik, Taf. 42. (2789.)

Titeleinfassung. Unten spielende Kinder. Holzschnitt. 4. (3347.)

Titeleinfassung zu den Annalen des Regino. Mainz 1521. Holzschnitt. Fol. (5394.)

Titeleinfassung mit Genien in Blumen- und Blätterranken. Oben das sächsische, unten das Wittenberger Wappen. Angewendet 1521. Auf der Rückseite eine Madonna auf dem Halbmonde stehend. Holzschnitt. 4. (2589.)

Randeinfassung, angewendet zu: Caspar Guethels Schutz rede. Wittenberg 1522. Clairobscur von zwei Stöcken. 4. (2453.)

Titeleinfassung. Die Seitenleisten schwarze Pilasterornamente. Angewendet 1524. Holzschnitt. 4. (3443.)

Titeleinfassung. Oben schildtragende Genien, unten zwei ruhende Hirsche. Angewendet Wittenberg 1524. Holzschnitt 4. (3336.)

Titeleinfassung mit dem Wappen von Dresden. Angewendet 1524. Holzschnitt. 4. (2590.)

Titeleinfassung mit kämpfenden Kindern. Holzschnitt. 8. (3338.)

Titeleinfassung mit spielenden Kindern, unten ruhende Hirten und das Symbol des Joh. Schöffer zu Mainz 1527. Holzschnitt. 4. (3341.)

4 Bl. Ziertitel aus einer böhmischen Bibel vom Jahre 1528. Auf einem Bl.: M·E·M·D·XXVII. Holzschnitt. Fol. Ein Bl. Duplicat. (5741.)

Unbekannt

Titeleinfassung. Unten ein von zwei Kindern gehaltener Schild mit einem Januskopfe, darunter die Jahreszahl 1529. Auf schwarzem Grunde. Holzschnitt. 8. (2516.)

Titeleinfassung mit Blumen sammelnden Kindern. Angewendet Wittenberg 1530. Holzschnitt. 4. (3343.)

Titeleinfassung mit Genien auf Pflanzenornamenten. Unten in der Mitte ein Wappen. Auf schwarzem Grunde. Angewendet 1532. Holzschnitt. 4. (2591.)

Titeleinfassung aus zwei reich ornamentirten Säulen gebildet. Angewendet 1532. Holzschnitt. 4. (3352.)
Dieselbe. Angewendet 1533. (3351.)

Randeinfassung. Unten das Agnus Dei. Angewendet Wittenberg 1536. Holzschnitt. 8. (4967.)

Titeleinfassung. Unten Pyramus und Thisbe, auf den Seiten Hercules mit dem nemäischen Löwen und Hercules und Antäus. Angewendet 1537. Holzschnitt. 4. (2457.)

Randeinfassung mit dem Wappen des Churfürsten Albrecht von Brandenburg. Angewendet zu: Sechsisch Weychbild etc. Leipzig 1537. Holzschnitt. Fol. (4601.)

Titeleinfassung zu: Canones ad interpretandum s. Bibliorum scripturas, J. Hoffmeystero collectore. 1545. Auf der Rückseite das Druckerzeichen des Franz Beham in Mainz von dem Monogr. FB Holzschnitt. 4. Nagler, Monogr. III. 1458. (2587.)

Randeinfassung. In der Mitte die allegorische Figur des Glückes. 1553. Holzschnitt. 8. (5734.)

Titeleinfassung mit Mutius Scaevola. Angewendet 1577. Auf der Rückseite eine Randeinfassung mit der liegenden Cleopatra. Holzschnitte. 4. (2583.)

Titeleinfassung. Unten das Wappen von Polen, oben ein Reiterkampf. Auf der Rückseite das Wappen des königlich polnischen Kanzlers Joh. Zamoyski. Angewendet Lemberg 1581. Holzschnitt. Fol. (3969.)

Titeleinfassung. Oben das kaiserliche Wappen, unten das der Stadt Nürnberg, in den Ecken die vier Evangelisten. Angewendet Nürnberg 1599. Radirt. Fol. (2797.)

XVII. JAHRHUNDERT.

FRIEDRICH BRENTEL

Maler und Radirer, geb. zu Laugingen 1580, gest. zu Strassburg 1651. Andresen IV. 185.

7 Bl. Ziertitel zu den einzelnen Abtheilungen von Esaias van Hulsen's Werk über die Hoffeste bei der Taufe des Prinzen Ulrich von Württemberg zu Stuttgart. 1617. Radirt. qu. Fol. A. 11. Nr. 14, 32, 39, 44, 60, 78, 86. (3789.)

WOLFGANG KILIAN

Kupferstecher und Radirer, geb. zu Augsburg 1581, gest. 1662.

Titeleinfassung zu: Geschlecht Register der Hertzogen in Bayren. 1623. Fol. (3383.)

MARTIN WINTERSTAIN

Kupferstecher um 1652.

12 Bl. Schüldtbüchlain. In verlegung Andreae Reich in Wienn. M. Winterstain sculpsit 1652. Cartouchen. Radirt. qu. Fol. (3743.)

UNBEKANNT

Zierrahmen. Oben ein thronender Kaiser. Angewendet 1626. Holzschnitt. Altcolorirt. Fol. (2891.)

3 Bl. Zierrahmen mit Figuren und phantastischem Ornament. qu. Fol. (3899.)

Zierrahmen mit Thieren zwischen Ornamentranken. In der Mitte die Tödtung des Argus. Fol. (3444).

Randeinfassung, schwarz auf weissem Grunde. qu. Fol. (3083.)

Ziertitel zu: Florilegium renovatum et auctum. Frankfurt a. M. 1641. Fol. (2929.)

XVIII. JAHRHUNDERT.

ELIAS BAECK, GEN. HELDENMUTH

Maler und Kupferstecher, geb. 1679, lebte in Rom und Laibach, später in Augsburg, wo er 1747 starb. Engelmann in Meyer's Künstlerlexikon II. 354.

4 Bl. Randeinfassungen mit komischen Scenen und Karikaturen. Albrecht Schmidt exc. Nr. 3—6 einer Folge. Unbeschrieben. qu. 8. (5832.)

5 Bl. Randeinfassungen mit galanten Scenen. Albrecht Schmidt exc. Nr. 1—2, 3, 5, 6. Unbeschrieben. qu. 8. (5934.)
4 Bl. aus der Folge der Monatsbilder in Randeinfassungen. Albrecht Schmidt exc. Ohne Nummern. Unbeschrieben. qu. 8. (5935.)

Joseph Feichtmayer

Bildhauer zu Augsburg.

Zierschild. Jos. Feichtmayer statuarius Salem: invenit. G. B. Göz exc. A. V. Fol. (3927.)

Johann Esaias Nilson

Maler, Zeichner und Kupferstecher, geb. zu Augsburg 1721, gest. daselbst 1788.

2 Bl. Vier Cartouchen mit allegorischen Figuren und Symbolen der vier Stände. qu. Fol. (4028.)
16 Bl. Portraits von Regenten, fürstlichen Personen und Feldherrn, sämmtlich in reichen Cartouchen mit symbolischem Beiwerk und Figuren. Mit lateinischen Unterschriften. Fol. (4029.)

Carl Schütz

Zeichner, Kupferstecher und Architekt, geb. zu Wien 1746, gest. daselbst 14. März 1800.

7 Bl. Zierrahmen. Mehrere bezeichnet und datirt 1780. 8. und Fol. (4666.)

2. FRANZÖSISCHE SCHULE.

XVI. JAHRHUNDERT.

Jean Cousin

Maler, Radirer und Zeichner für den Formschnitt, geb. zu Soucy bei Sens um 1501, gest. zu Paris um 1589. Robert-Dumesnil IX. 4. Passavant VI. 260. Didot.

Cartouche mit der Devise Karl's IX.: Pietate et justitia. Text ausgeschnitten. Holzschnitt. 8. Didot, Oeuvres, Taf. 41, Fig. 119. (3330.)
Cartouche mit zwei Satyrn. Unbezeichnet. Holzschnitt. 8. (3329.)

Hagenauer, Johann. Differentes bordures. O. O. u. J. 4. (B. Nr. 8710.)
Rogg, Gottfried. Encyclopaedia, Oder: Schau-Bühne Curieuser Vorstellungen Von vielerley Art aussgebildeter Kupffer-Figuren. 3 Theile. Augsburg, Maschenbauer. 1726. qu. 4. (B. Nr. 3886.)
Alciati. Los Emblemas de Alciato Traducidos en rhimas Españolas. Dirigidos al Illustre. S. Juã Vazquez de Molina. En Lyon por Guilielmo Rovillio. 1549. 4. Mit vielen Emblemen. Jede Seite mit einer Randeinfassung in Holzschnitt verziert. (B. Nr. 4479.)
Diverse imprese accommodate à diuerse moralità con versi che i loro significati dichiarono. Tratte da gli Emblemi dell'Alciato. In Lione da Mathias Bonhomme. 1551. 8. Mit vielen Holzschnitten. (B. Nr. 6987.)

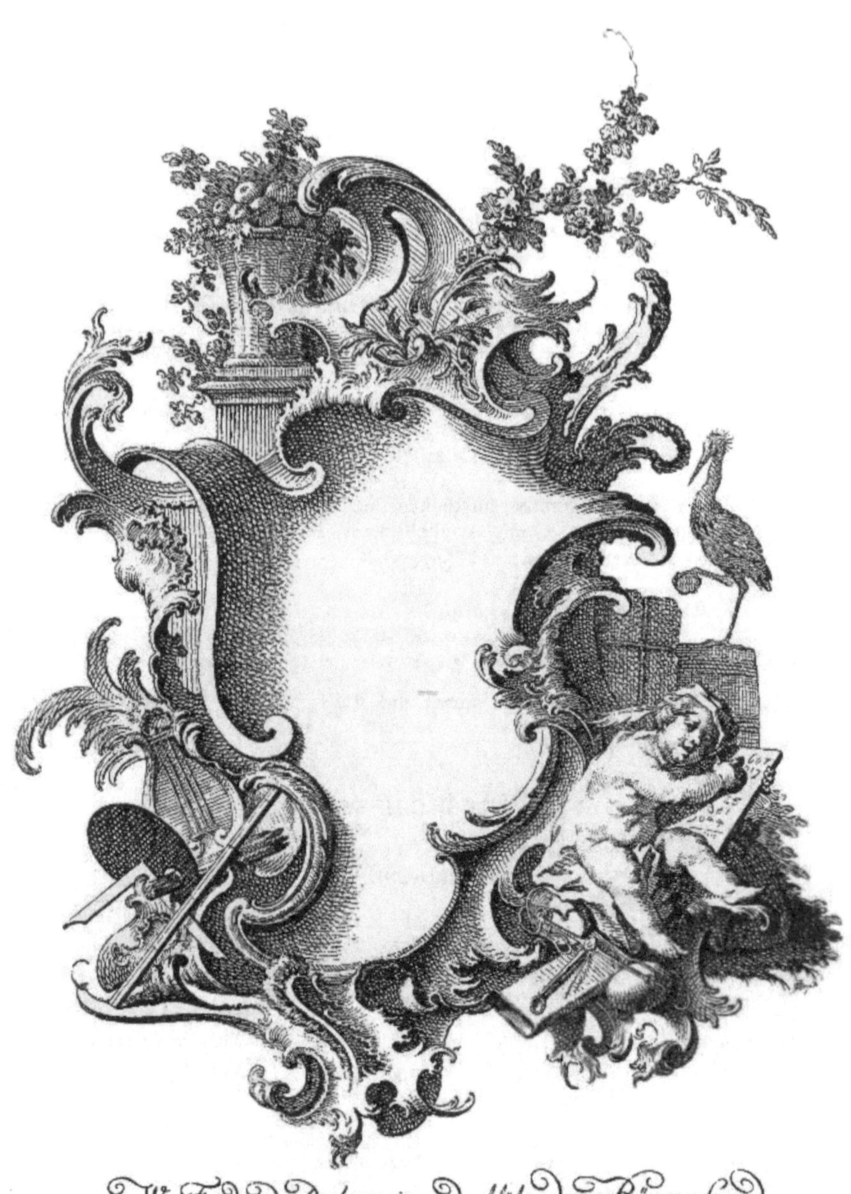

JOHANN ESAIAS NILSON (4028)

Bernard Salomon, gen. le petit Bernard

Maler und Zeichner für den Formschnitt, geb. zu Lyon um 1512, arbeitete daselbst um 1550—1580.

4 Bl. Randverzierungen aus der holländischen Ausgabe der Verwandlungen Ovid's. Auf beiden Seiten bedruckt. Holzschnitte. 8. (5739.)

Monogrammist

Formschneider zu Lyon in der zweiten Hälfte des 16. Jahrhunderts. Nagler, Monogr. III. 115.

Titeleinfassung zu den Pandekten. Lyon 1593. Holzschnitt. Fol. (2544.)

Unbekannt

Titeleinfassung zu: Calepini Dictionarium. Venundatur ab Jodoco Badio, et Joanne Parvo. In der Mitte die Presse des Ascensius. Holzschnitt. Fol. (2725.)

9 Bl. Titeleinfassungen aus Lyoner Drucken von 1532—1556. Auf einem Bl. das grosse Symbol des François Fradin. Holzschnitte. Fol. (3759.)

Titeleinfassung. Oben die Gerechtigkeit, unten das Portraitmedaillon Kaiser Justinian's. Angewendet zu: Bartoli Saxoferratei in secundam codicis partem praelectiones. Lugduni. 1546. In der Mitte das Buchdruckerzeichen, ein gekrönter Salamander im Feuer. Die Flammen von einem zweiten Stocke mit rother Farbe abgedruckt. Holzschnitt. Fol. (2545.)

Titeleinfassung zu: De philologia libri II Gulielmi Budaei Parisiensis ... Exc. M. Vascosanus in aedibus Ascensianis...Parisiis, 1536. In der Mitte der Einfassung die Presse des Ascensius. Holzschnitt. Fol. Von Butsch, Bücherornamentik II., Taf. 8 dem Oronce Fine zugeschrieben. (2338.)

2 Bl. Titeleinfassung und Cartouche; letztere mit den Initialen des Fred. Morel. Holzschnitt. Fol. (3957.)

Dialogo dell' imprese militari et amorose di Monsignor Giovio vescouo di Nocera; con vn Ragionamento di Messer Lodouico Domenichi, nel medesimo soggetto. In Lione, appresso Guglielmo Roviglio 1559. 4. Mit Randverzierungen in Holzschnitt. (B. Nr. 7954.)

Heures a lusaige de Rome. Auf der letzten Seite ..., Imprimees a Paris par Guillaume anabat Imprimeur. (Vor 1509.) S. Pergamentdruck. 116 signirte Bl.; 18 grosse Holzschnitte und viele Randeinfassungen. (B. Nr. 7015.)

Hore deipare virginis Marie secundum vsum Romanum, plerisque biblie figuris atque chorea lethi circummunite ..... Exarate quidem Parisiis industria bibliographi Thielmanni keruer. 1519. S. Pergamentdruck. Mit vielen Holzschnitten. (B. Nr. 5764.)

Unbekannt

Reicher Zierrahmen. Oben die allegorische Figur der Gerechtigkeit, in der Mitte ein nach links schreitender Löwe, das Wappen von Lyon. Lyon 1562. Holzschnitt. 4. (5064.)

Ziertitel zu: Ephemerides octavae spherae. Lyon, J. de Tournes, 1562. Holzschnitt. Fol. (2973.)

XVII. JAHRHUNDERT.

Abraham Bosse

Architekt, Maler und Kupferstecher, geb. zu Tours 1602, gest. zu Paris 1676. Duplessis.

Brustbild des Ingenieurs Alexander Francini in architektonischer Umrahmung. 1631. Fol. D. 1237. (3408.)

L. A. de la Marne

Architekt und Kupferstecher, geb. 1675, arbeitete noch 1730.

Landschaft in Zierrahmen. Zweifelhaft. Radirt. qu. Fol. (2964.)

3. NIEDERLÄNDISCHE SCHULE.

XVI. JAHRHUNDERT.

Theodor de Bry

Siehe Seite 34.

Raphael Maffeus, Brustbild in ornamentaler Umrahmung. Unbez. 4. (3772.)
Brustbild des kurpfälzischen Leibarztes J. Posth in reicher Umrahmung. Unbezeichnet. 4. (3781.)

Jacob Floris

de Vriendt, Bruder des Frans Floris, Zeichner und Glasmaler zu Antwerpen, gest. daselbst 8. October 1581.

2 Bl. Cartouchen mit Waffentrophäen und musicirendem Triton. qu. Fol. (2500.)

Boissard, J. Jac. Vitae et icones Sultanorum. Francf. ad. moen. A° 1596. 4. Mit vielen Portraits in Ornamentrahmen von Theod. de Bry. (B. Nr. 3671.)

Annaeus, Thenorius. Historia Chronologica Pannoniae: Ungarische vnd Siebenbürgische Historia. Franckfurt, Anno 1596. 4. Mit Portraits in Ornamentrahmen von Theod. de Bry. (B. Nr. 3672.)

Philipp Galle

Siehe Seite 66.

Brustbild des Abr. Ortelius in reichem Zierrahmen. Fol. (3776.)
Dasselbe. (3919.)
23 Bl. Münzköpfe in reichen Cartouchen aus: Ortelius, Deorum dearumque capita. 8. (5066.)

Franz Hogenberg

Zeichner und Kupferstecher von Mecheln, arbeitete in London und zuletzt in Köln, wo er 1590 starb. Merlo.

Titel und 159 Bl. Cartouchen. Ausschnitte aus: Ortelius, Theatrum orbis terrarum, gestochen von Franz Hogenberg u. A. 8., 4. und Fol. (2208.)

Crispin de Passe d. Aelt.

Siehe Seite 67.

Titel zu: Sanctarum...foeminarum imagines. Ipse sc. et exc. 8. L. 69. (2538.)

Wolter Sweersz Drollich Inventor

6 Bl. Verscheyden Nvwe Compartamenten... Cartouchen aus Lederwerk mit Früchten und Thieren. Jaques goltzius exc. Fol. und qu. Fol. (2911.)

Unbekannt

Titeleinfassung aus Lederwerkrahmen mit Blumen- und Fruchtkörben. Holzschnitt. qu. Fol. (2950.)

3 Bl. Cartouchen in Lederornamentik mit Blumen, Früchten und Vögeln auf querschraffirtem Grunde. qu. 4. (2399.)

5 Bl. Die fünf Sinne, allegorische Figuren in reichen Zierrahmen. qu. Fol. (3740.)

Titeleinfassung aus schraffirten Arabesken, in der Mitte das Symbol des Joh. Steelsius zu Antwerpen. 1561. Holzschnitt. Fol. (2823.)

Ortelius, Abr. Deorum dearumque capita. Antverpiae, Philippus Gallaeus excudebat 1573. 4. 54 Bl. mit Münzköpfen in reichen Cartouchen. (B. Nr. 7953.)

Hadriani Junii medici. Emblemata Eiusdem aenigmatum libellus. Antverpiae, ex officina Christophori Plantini, 1565. 8. Von Seite 7—64 auf jeder Seite ein Holzschnitt. Zwei davon sind mit G bezeichnet. Von Rud. Weigel und Nagler dem Jobst Gietlenghen aus Courtrai, genannt van Gulleghem, zugeschrieben. (B. Nr. 4308.)

Ortelius, Abr. Theatrum orbis terrarum. (Antwerpen) 1598. Fol. Mit Kupferstichen von Franz Hogenberg u. A. (B. Nr. 8753.)

Sichem, Christoph van. Die dryzehen Ort der Loblichen Eydgenosschaft des alten Bundts....getruckt zu Basel bei Christoffel von Sichem (d. Aelt.), Formschneider. 1573. Mit Randeinfassung in Holzschnitt. Fol. (3074.)

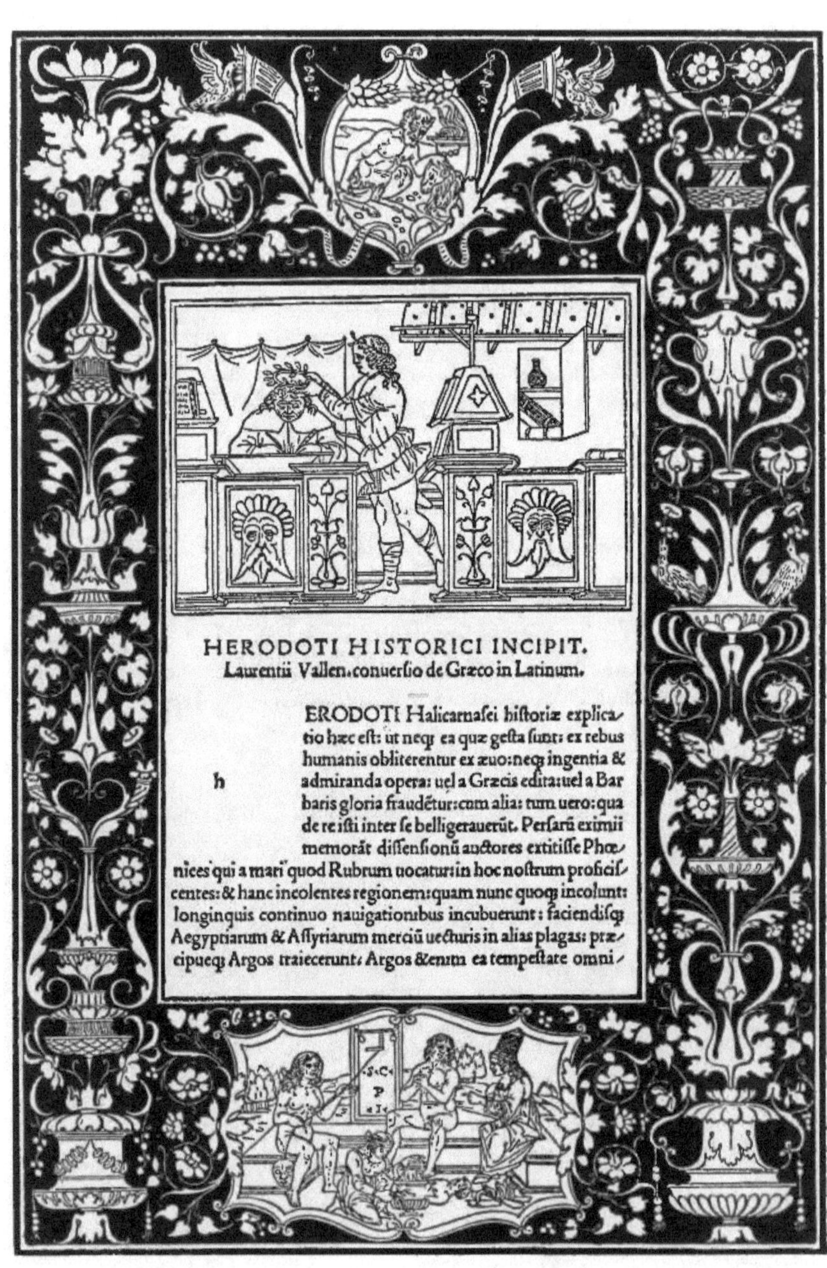

HERODOTI HISTORICI INCIPIT.
Laurentii Vallen. conuersio de Græco in Latinum.

h ERODOTI Halicarnasei historiæ explicatio hæc est: ut neq; ea quæ gesta sunt: ex rebus humanis obliterentur ex æuo: neq; ingentia & admiranda opera: uel a Græcis edita: uel a Barbaris gloria fraudētur: cum alia: tum uero: qua de re isti inter se belligerauerūt. Persarū eximii memorāt dissensionū auctores extitisse Phœnices qui a mari quod Rubrum uocatur: in hoc nostrum proficiscentes: & hanc incolentes regionem: quam nunc quoq; incolunt: longinquis continuo nauigationibus incubuerunt: faciendisq; Aegyptiarum & Assyriarum merciū uecturis in alias plagas: præcipueq; Argos traiecerunt. Argos &enim ea tempestate omni-

VENEZIANISCH 1494 (3749)

XVII. JAHRHUNDERT.

Christoph van Sichem d. J.

Siehe Seite 38.

Randeinfassung aus vier Leisten gebildet. Links Christus mit dem Kreuze, rechts Maria mit dem Kinde. Aus: Bibel's Tresoor etc. Holzschnitt. 4. (4162.)

David Vinckboons

Maler und Radirer, geb. zu Mecheln 1578, gest. zu Amsterdam 1629. Nagler, Monogr. II. 1416.

Ziertitel zu Nic. Vallottus' Ausgabe der Psalmen David's. Bezeichnet mit dem Monogramm des Malers, der Jahreszahl 1619 und dem Monogramm des Stechers Pieter Serwouter. qu. Fol. Fehlt Nagler. (4054.)

4. ITALIENISCHE SCHULE.

XV. JAHRHUNDERT.

Unbekannt

Randverzierung aus Laur. Valla's Ausgabe des Herodot. Reiche Pilasterornamente, weiss auf schwarzem Grunde. Holzschnitt. Fol. Venedig 1494 und 1498. Vergl. Lippmann in Jahrbuch der königlich preussischen Kunstsammlungen V. 185. (3749.)

Ziertitel. In der Mitte Maria mit dem Kinde und vier Heilige, in den Ecken die vier Evangelisten. Venezianisch, um 1500. Holzschnitt. Fol. (2420.)

XVI. JAHRHUNDERT.

Luca Antonio da Giunta

Zeichner, Kupferstecher, Formschneider und Drucker von Florenz, arbeitete zu Venedig 1506—1522. Bartsch. XIII. 388. Passavant V. 62. Nagler, Monogr. IV. 894.

Randverzierung mit der von allen Ständen umgebenen Gerechtigkeit. Unten Nerutius lehrend und das Symbol des Battista de Tortis zu Venedig. In den Seitenleisten die Brustbilder gelehrter Römer. Ohne Zeichen. Holzschnitt. Fol. (3340.)

Martin Rota

Zeichner und Kupferstecher, geb. zu Sebenico um 1536, arbeitete in Rom und Venedig und lebte noch 1586. Bartsch XVI. 243. Passavant VI. 184.

Brustbild des Wolf Christoph von Enzestorff in reich verziertem Rahmen. 1575. 8. B. 65. (3426.)

Florio Vavassore

Formschneider zu Venedig am Anfang des 16. Jahrhunderts, Bruder des Zoan Andrea Vavassore detto Quadagnino. Passavant V. 88. Nagler, Monogr. II. 2536.

2 Bl. Randverzierungen aus vier Ornamentleisten gebildet. Weiss auf schwarzem Grunde. Angewendet 1518. Ein Bl. bezeichnet F V. Holzschnitte. Fol. (3442.)

Unbekannt

7 Bl. Portraitmedaillons mit reich verzierten Ornamentrahmen. Ohne Bezeichnung. Fol. (2795.)

Titelverzierung zu: Platinae hystoria de Vitis pontif. Venedig 1504. Holzschnitt. Fol. (2972.)

Titeleinfassung mit zwei auf Löwen ruhenden, von Weinlaub umrankten Säulen. Holzschnitt. Fol. (3453.)

2 Bl. Titeleinfassungen zu: Philonium etc. c. 1510 und zu: Joannis Menardi Ferrariens. Medici Epistol. Medicinal. Tomus sec. Holzschnitte. 4. (3915.)

Titeleinfassung zu: L'amoroso convivio di Dante. Unten das Symbol des M. Sessa. Venedig 1531. Holzschnitt. 8. (3416.)

2 Bl. Titeleinfassung mit Mars und Minerva, unten in der Mitte Roma. — Die allegorische Figur des Friedens in reicher Cartouche. Venedig 1581. Holzschnitte. Fol. (3957.)

Titeleinfassung aus Eichen- und Lorbeerzweigen. Angewendet Bologna 1525. Holzschnitt. 4. (3440.)

Imprese illustri di diversi, coi discorsi di Camillo Camilli, et con le figure intagliate in Rame di Girolamo Porro. In Venezia, Appresso Francesco Ziletti, 1586. 4. Drei Theile, jeder mit gestochenem Titel und vielen Emblemen. (B. Nr. 4224.)

Vico, Enea. Le imagini con tutti riversi trovati et le vite de gli imperatori tratte dalle medaglie et dalle historie de gli antichi. Libro primo. Enea Vico Parm. f. l'anno 1548. 4. Titel, 12 Zierschilder und 72 Bl. mit Abbildungen von Medaillen. Sämmtlich gestochen. 1. Ausgabe. B. 322—406. (B. Nr. 4363.)

Rosario de la gliosa v̄gine Maria (del venerabile padre frate Alberto da Castello). Venedig 1521. 8. Mit Holzschnitt-Illustrationen und Randverzierungen. (B. Nr. 5234.)

Unbekannt

Titeleinfassung zu: Commentarioli Stephani Nigri, Milano 1521. Holzschnitt. 4. (3441.)

Randverzierung aus vier Ornamentleisten, weiss auf schwarzem Grunde. Angewendet Rom 1518. Holzschnitt. 8. (3073.)

Duplicat der vorigen. (5863.)

Titeleinfassung, weiss auf schwarzem Grunde, oben ein Medaillon mit der Büste Homer's. Angewendet Rom 1518. Holzschnitt. Fol. (3128.)

2 Bl. Titeleinfassungen. In der Mitte das Wappen Karl's V. Angewendet zu Granada 1545. Holzschnitte. Fol. (3750.)

XVII. JAHRHUNDERT.

Stefano della Bella

Siehe Seite 40.

Bl. 4 aus der Folge von Zierschildern. Mit der Adresse des Mariette. Radirt. qu. 8. J. 125. (4610.)

Bernardo Castello

Maler, geb. zu Genua 1557, arbeitete zu Rom, gest. 1629.

16 Bl. Cartouchen. Camillus Congius sculpsit et excud. Fol. (5749.)

Agostino Mitelli

Siehe Seite 42.

24 Bl. Numer. Folge von reichen Cartouchen und Panneaux. 1636. Mariette excud. Radirt. Fol. (3666.)

Domenico Santi, gen. Mingaccino

Maler und Radirer, geb. zu Bologna 1621, gest. daselbst 1697. Bartsch XIX. 218.

13 Bl. Titelblatt und 12 Bl. Cartouchen. Ohne Nummern. Radirt. Fol. Fehlt B. (3739.)

6 Bl. aus einer ähnlichen Folge. Unbezeichnet. Fol. Fehlt B. (3737.)

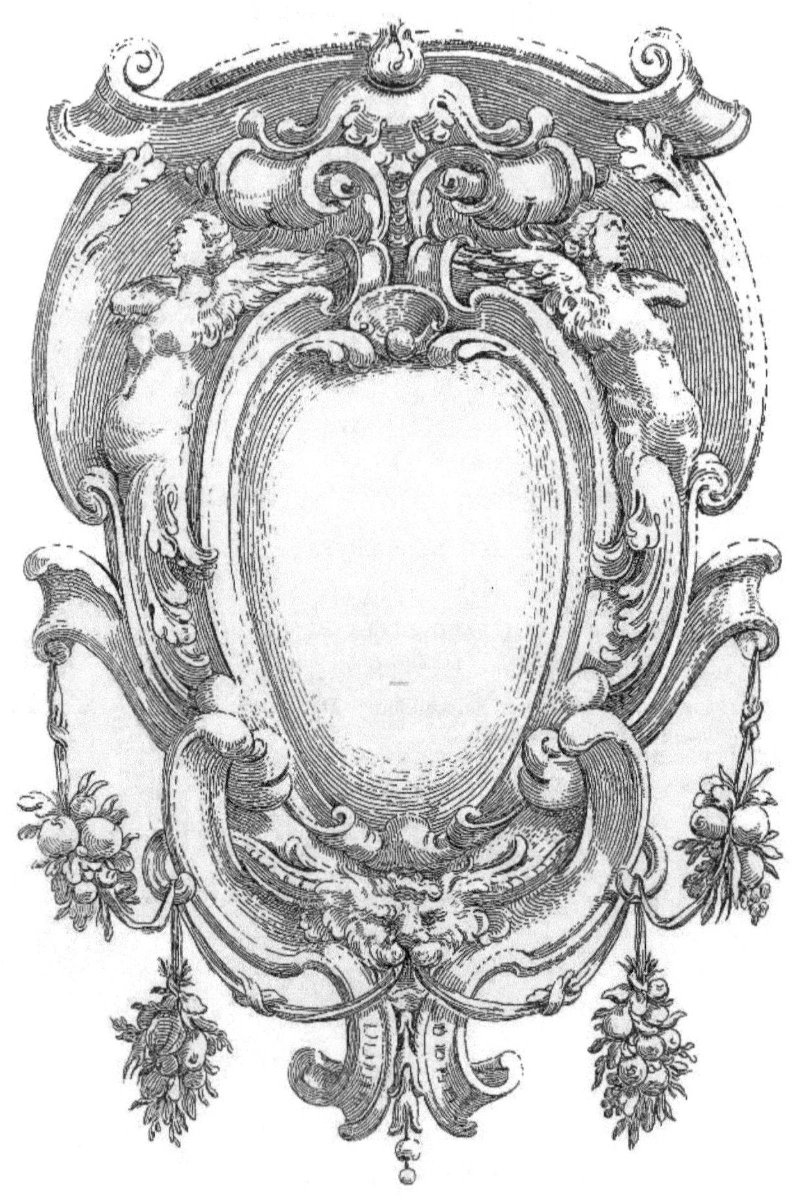

AGOSTINO MITELLI (3666)

XVIII. JAHRHUNDERT.

Gaetano Ottanni

Maler zu Bologna um die Mitte des 18. Jahrhunderts.

Zierschild mit Fischerei-Emblemen. Cajet. Ottanni Bon. inv. et del. Dion. Valesi inc. Nr. VI einer Folge von 16 Bl. Cartouchen, umgeben von den Attributen der Wissenschaften, Künste etc. qu. Fol. (2741.)

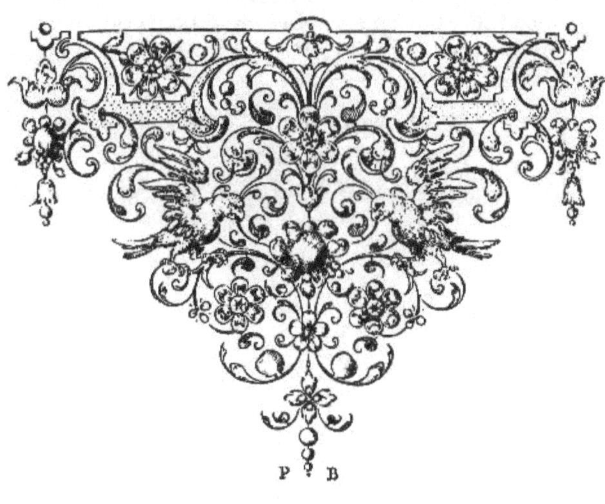

II. TEXTILE KUNST.

A. STICK- UND SPITZENMUSTER, TAPETEN.

a) EINZELNE BLÄTTER.

XVII. JAHRHUNDERT.

Charles Le Brun

Maler und Radirer, geb. zu Paris 24. Februar 1619, gest. daselbst 12. Februar 1690. Robert-Dumesnil I. 161. Genevay.

34 Bl. Tapisseries du Roi. Die vier Elemente, die vier Jahreszeiten mit den Devisen und die Eroberungen Ludwig XIV. Gest. von Seb. Le Clerc und E. Jeaurat. Fol. u. gr. Fol. (4912.)

Pietro Paolo Tozzi

arbeitete zu Padua 1604.

11 Bl. gestochene Spitzenmuster aus: Ghirlanda di sei uaghi fiori. Padua 1604. qu. 4. (3149.)

b) STICK- UND SPITZENMUSTERBÜCHER, WEBERBÜCHER.

1. DEUTSCHE SCHULE.

XVII. JAHRHUNDERT.

Wilhelm Hoffmann

Formschneider zu Frankfurt a. M.

Gantz new Modelbuch, Künstlicher vnd lustiger Visirung vnd Muster von allerhand schöner, artiger Zügen vnd Blumwerck, zu jetzt gebräuchlichen, zierlichen Italiänischen Frantzösischen, Teutschen vnd Engelländischen Uberschlägen: So wol Seydenstickern, Sammetschneidern vnd Nätherinnen, als auch Schreinern, Bilthawern vnd dergleichen, so zu solcher Künstlicher Arbeit lust vnd gefallen tragen, fürgerissen vnd für Augen gestellt Durch Wilhelm Hoffmann Formenschneidern. Getruckt zu Franckfurt am Mayn, in Verlegung gemeltes Wilhelm Hoffmanns. M.DC.VII. qu. Fol. Holzschnitt-Titel, ein leeres Bl. und 18 Bl. mit Mustern in Holzschnitt. (B. Nr. 4920.) (Herausgegeben vom k. k. Oesterreichischen Museum 1876.)

Schön newes Modelbuch, Von 600. ausserwehlten künstlichen, sowol Italiänischen, Frantzösischen, Niderländischen, Engelländischen als Teutschen Modeln, allen Seydenstickern, Nähterin vnd solcher Arbeit gefliessenen Weibspersohnen zu Nutz zugerichtet. Un beau et nouveau livre a patrons... Getruckt zu Franckfurt am Mayn, durch Sigismundum Latomum M.DC.VII. qu. Fol. 34 Bl. sign. A—R. Bl. 1 enthält obigen Titel in Holzschnittumrahmung. In letzterer sieht man unten ein Zimmer mit arbeitenden Frauen und einem Manne, der drei anderen Frauen eine Zeichnung zu erklären scheint. Links und rechts allegorische Figuren. (B. Nr. 4921.)

Hans Sibmacher

Siehe Seite 6.

Newes Modelbuch In Kupffer gemacht, Darinen allerhand Arth Newer Mödel, von Dün Mitteln vnd Dick aussgeschnidener Arbeit auch andern Künstlichen Nehwerck zu gebrauchen, mit vleiss Inn Druck verfertigt Mit Röm. Kay. May. Freyheit. Nürnberg M.D.CIIII. Gestochener Titel, 2 Bl. Widmung (von 1601) in Typentext, weiters ein Ziertitel zu dem Gesprech dreyer Personen, 6 Bl. Typendruck und 58 Bl. mit gestochenen Stick- und Spitzenmustern. qu. 4. A. 140. (B. Nr. 2363.)

XVIII. JAHRHUNDERT.

Rosina Helena Fürst

Kupferstecherin, Tochter des Verlegers Paul Fürst zu Nürnberg.

Neues Modelbuch. Von unterschiedlicher Art der Blumen und anderer genehten Mödel nach jetziger Manier allen Liebhaberinnen dieser Kunst zum besten vorgestellt. Nürnberg, P. Fürst. qu. 4. 4 Theile. 1. Thl. Bl. 12—50. 2. Thl. Bl. 1—28. 3. Thl. Bl. 1—9, 11—41. 4. Thl. Bl. 2—41. (B. Nr. 6805.)

Margaretha Helm

Gattin des Cantors bei St. Egidien in Nürnberg, Adam Rudolf Helm.

Wol-anständige und Nutzen-bringende Frauen Zimer-Ergözung, in sich enthaltend Ein Nach der allerneuesten Façon eingerichtetes Neh- und Stickbuch....Zu finden in Nürnberg bey Joh. Christoph Weigel. 51 Bl. gestochene Muster, numer. 1—45, 47—52 und 2 Bl. Text. (Dieser I. Theil ist eine spätere Titelausgabe unter dem Namen der Amalia Beer.)

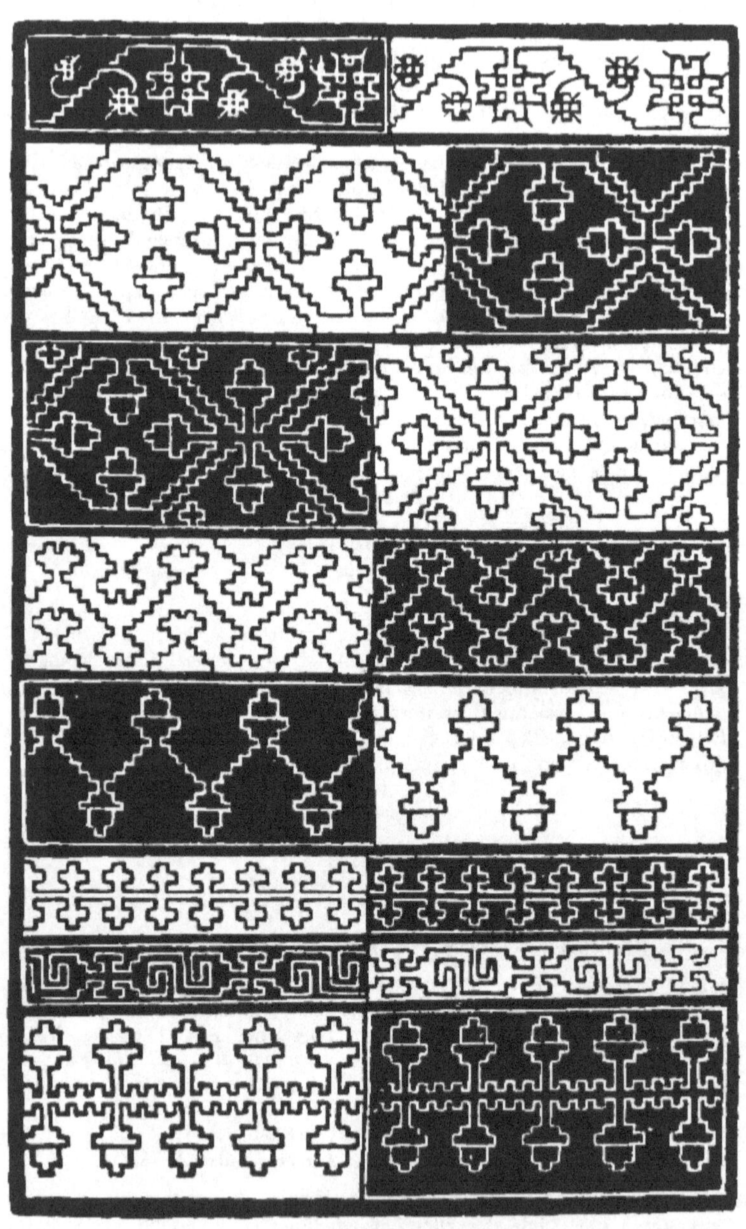

Mattio Pagano (B. Nr. 3739)

II. Theil: Neu Eröfnetes Stick-Buch und Zierliche Ordoñance von Laub- und Schwung-Werck...Inventirt und Gezeichnet M. M. H. Titel und 44 Bl. Muster, numer. von 1—5, 7—12, 14—46. III. Theil: Continuatio der Kunst- und Fleiss-übenden Nadel-Ergötzung oder des new-ersonnenen besondern Nehe-Buchs Dritter Theil. 2 Bl. Text, Titel und 51 Bl. Muster, numer. 2—5, 7—20, 22—53 und ein Bl. ohne Nummer. Radirt und gestochen. qu. Fol. (B. Nr. 7421.)

Marx Abraham Rupprecht

Verleger zu Augsburg in der zweiten Hälfte des 18. Jahrhunderts.

Verschiedene Modell zum Stricken und Nähen verlegt und zu finden bey Marx Abraham Rupprecht, Johann Christoph Haffner, seel. Erben, Kunstverleger, In Augspurg. qu. Fol. Titel und 58 numer. Bl. mit gestochenen Mustern. (Nr. 1—22, 24—57, 59—60.) (B. Nr. 3741.)

Christoph Weigel jun.

Kupferstecher und Verleger zu Nürnberg, gest. daselbst um 1746.

Strickbüchlein. 1. Theil. 10 Bl. gestochene Stickmuster. Rechts unten bezeichnet A—K. Hierauf 1 Bl. bezeichnet Nürnberg bey Weigel und Schneider. — 11 Bl. Des Neuen Strick-Büchlein Zweyter Theil worinnen nicht nur viele neue Zwickel, sondern nebst den Alphabet und Zahlen, auch viele Zierathen befindlich. Rechts unten bezeichnet (I) II—XI. — 12 Bl. Des Neuen Strick-Büchlein Dritter Theil worinnen nicht nur viele neue Zwickel, sondern auch allerhand Muster zur auszierung des Strickens befindlich. Rechts unten bezeichnet (a) b—m. qu. Fol. (B. Nr. 4364.)

Unbekannt

Weber Kunst und Bild-Buch. 1. Theil: Titel und einige Bl. des Textes fehlen. Taf. 1—28 gestochen. Taf. 29—40 Holzschnitt, hierauf 6 Bl. gestochene Tafeln mit je sechs Mustern, bezeichnet A—Z, a—m. 2. Theil: Des Neu - erfundenen Weber Kunst und Bild-Buchs Anderer Theil, Worinnen gründliche Anweissung geschicht, Wie man künstlich Würcken und schöne Arbeit verfertigen, auch allerhand gesteinte, gebrochene, und hin wieder Arbeit von allerhand Zügen und Bildern ... machen soll... (Der Druckort [Culmbach 1720—27] weggeschnitten.) Titel, 1 Bl. Vorrede, 11 Bl. Text, 1 Bl. Abbildung des Webstuhls in Holzschnitt, unten rechts F. W. Müller sc., hierauf 38 Bl. Muster in Holzschnitt, endlich 6 Bl. Text. qu. 4. (B. Nr. 4374.)

Strickbüchlein. Ohne Titel. 8 Bl. gestochene Muster, und zwar: 5 Bl. Zwickel in Strümpff zu stricken, 2 Bl. Leisten in Camesol, und Handschuch zu stricken und 1 Bl. mit einem Alphabet, mit arabischen und römischen Ziffern und als letzte Zeile: Anno 1734. Ohne jede Bezeichnung. qu. Fol. (4476.)

Unbekannt

Allerhand Mödel zum Stricken und Nähen. 11 Theile mit je vier numer. gestochenen Musterbl. Zum VII. Theile fehlt Bl. 4, zum X. Theile Bl. 1. Ohne Ort. Auf dem ersten Bl. des I. Theiles: Anno 1748. qu. Fol. (B. Nr. 5621.)

2. ITALIENISCHE SCHULE.

XVI. JAHRHUNDERT.

Giovanni Antonio Bindoni

Formschneider zu Venedig um 1559.

Il monte, libro secondo. Opera nuova di recami di punto tagliato, a fogliami intitolata il monte, libro secondo. Nellaquale si ritruoua varie, & diverse sorte di mostre, di punto tagliato, à fogliami, Dove ogni bella, & virtuosa donna potrà fare ogni sorte di lavoro, cioè colari, fazoletti, maneghetti, avertadure da camise, merli, & altre infinite. Come portrai vedere, ne mai piu per l'adietro da alcuno poste in luce. In Venetia, M.D.LX. 4. Titel mit dem Buchdruckerzeichen, auf der Rückseite die Dedication an Vittoria da Cordova, datirt 25. Jänner 1559, hierauf 15 A bis D signirte, auf beiden Seiten bedruckte Bl. mit Mustern in Holzschnitt. (B. Nr. 3737.)

Jeronimo Calepino

Formschneider zu Venedig um 1563—1567.

Splendore delle virtuose giovani Doue si contengono molte, & varie mostre à fogliami. Cio è pvnti in aere, et punti tagliati, bellissimi, & con tale artificio, che li punti tagliati seruono alli punti in aere. In Venetia Appresso Jeronimo Calepino. 1563. 4. Holzschnitt-Titel, auf der Rückseite die Widmung, hierauf 15 auf beiden Seiten bedruckte Bl. mit Mustern in Holzschnitt. Bezeichnet AII—AVIII. Auf der letzten Seite das Buchdruckerzeichen. (B. Nr. 3738.)

Mattio Pagano

Formschneider zu Venedig um 1556—1569.

Fede. Opera nova intitolata la fede dei recami, nella quale si contiene uarie & diuerse sorte di mostre di punto scritto, punto tagliato, punto in stuora, punti in Rede, punti a filo, & alcuni in aiere di Riporto, Grotesche, & altri bellissimi dissegni. Am Schlusse: In Venetia, Appresso Domenico de Franceschi, in frezzaria, all' insegna della Regina. M D.L.XIIII. 4. 16 Bl. Titel mit dem Monogramm MP (Mattio Pagano?). 1 Bl. bezeichnet AII. Vorwort mit einem Muster rückwärts und 14 Bl. mit 27 Mustern. Bezeichnet A 3—A 8. (B. Nr. 3739.)

8

Federigo da Vinciolo

Zeichner von Venedig, arbeitete um 1585—1589.

Les singuliers et nouveaux pourtraicts, du seigneur Federic de Vinciolo Venitien, pour toutes sortes d'ouvrages de Lingerie. De rechef et pour la quatrieme fois augmentez, outre le rescau premier & le point couppé & lacis, de plusieurs beaux & differens portrais de reseau, de point compté, avec le nombre de mailles, choses non encore veue ni inventée. A Thurin, Par Eleazaro Thomysi. 1589. 4. 2 Theile in einem Bande mit fortlaufenden Custoden. 71 Bl. mit Mustern in Holzschnitt. (Bl. Ci, Ciiii, Iii, Iiii, Qi, Qiiii und das Schlussbl. fehlen.) (B. Nr. 4372.)

XVII. JAHRHUNDERT.

Gasparo di Crivellari

Kupferstecher zu Padua.

Spitzenmusterbuch. Ohne Titel. 10 Bl. gestochene Spitzenmuster. In der Mitte figurale Darstellungen, unten Verse. Gasparo di Criuelari ex. in Padoua. 4. (B. Nr. 5072.)

Bartolomeo Danieli

Sticker und Zeichner zu Bologna in der ersten Hälfte des 17. Jahrhunderts.

Libro di diversi disegni per Colari, Punti per fazzoletti, & Reticelle di varie sorti. Fatto da Bartolomeo Danieli Recamatore. Agost° Parisini forma in Bologna. O. J. qu. Fol. Titel und 21 nicht numer. gestochene Musterbl. (B. Nr. 4373.)

8 Bl. eines ähnlichen grösseren Werkes. Ohne Titel. Bartolomeo Danieli f. qu. Fol. (B. Nr. 5067.)

Elisabetta Catanea Parasole

Formschneiderin zu Rom am Anfange des 17. Jahrhunderts.

Teatro delle nobili et virtuose donne dove si rappresentano varij Disegni di Lauori nouamente Inuentati, et disegnati da Elisabetta Catanea Parasole Romana. 46 Bl. qu. Fol. Gestochener Titel mit der Bezeichnung: In Roma Lanno 1616. 1 Bl. Dedication und 44 Bl. Spitzenmuster in Holzschnitt, numer. von 3—46. (Schlussblatt fehlt.) (B. Nr. 3740.)

Pietro Paolo Tozzi

Siehe Seite 109.

Ghirlanda di sei uaghi fiori scielti da piu famosi Giardini d'Italia raccolti. In Padoua, alla libraria del Giesv. (1604.) qu. 4. Titel facsim. Copie. 5 Bl. Typentext, 42 numer. Bl. mit gestochenen Spitzenmustern, in der Mitte Schriftproben von Ant. Bertozzi und Seb. Zanella. (5866.)

(B. Nr. 4373)

B. COSTÜME, AUFZÜGE UND FESTE, RITTERSPIELE.

1. DEUTSCHE SCHULE.

XV. JAHRHUNDERT.

ISRAHEL VAN MECKENEM

Siehe Seite 76.

Der Alte und das junge Mädchen. Fol. B. 170. (3047.)
Der Orgelspieler. Fol. B. 175. (3545.)
Das Liebespaar. Fol. B. 181, I. (2667.)

MICHAEL WOLGEMUT

Siehe Seite 52.

2 Bl. Tanzende und musicirende Paare. Aus Hartman Schedel's Chronik, lat. Ausgabe. Nürnberg 1493. Holzschnitte. qu. 4. (4083.)

MONOGRAMMIST

MZ (MATTHÄUS ZASINGER?)

Kupferstecher um 1500. Bartsch VI. 371. Passavant II. 169. Nagler, Monogr. IV. 2278.

Die Enthauptung der heil. Katharina. Fol. B. 8. (5762.)
Der grosse Ball 1500. qu. Fol. B. 13. Vergl. Lehr's Katalog der im germanischen Museum befindlichen deutschen Kupferstiche des XV. Jahrhunderts. Nr. 175. (6109.)

XVI. JAHRHUNDERT.

HEINRICH ALDEGREVER

Siehe Seite 1.

8 Bl. Folge der kleinen Hochzeitstänzer. 1538. 8. B. 144—151. (2693.)
12 Bl. Folge der grossen Hochzeitstänzer. 1538. 4. B. 160—171. (3674.)
Ein Paar aus obiger Folge. 4. B. 162. (2640.)

ALBRECHT ALTDORFER

Siehe Seite 1.

Der Violinspieler. 8. B. 54. (3825.)

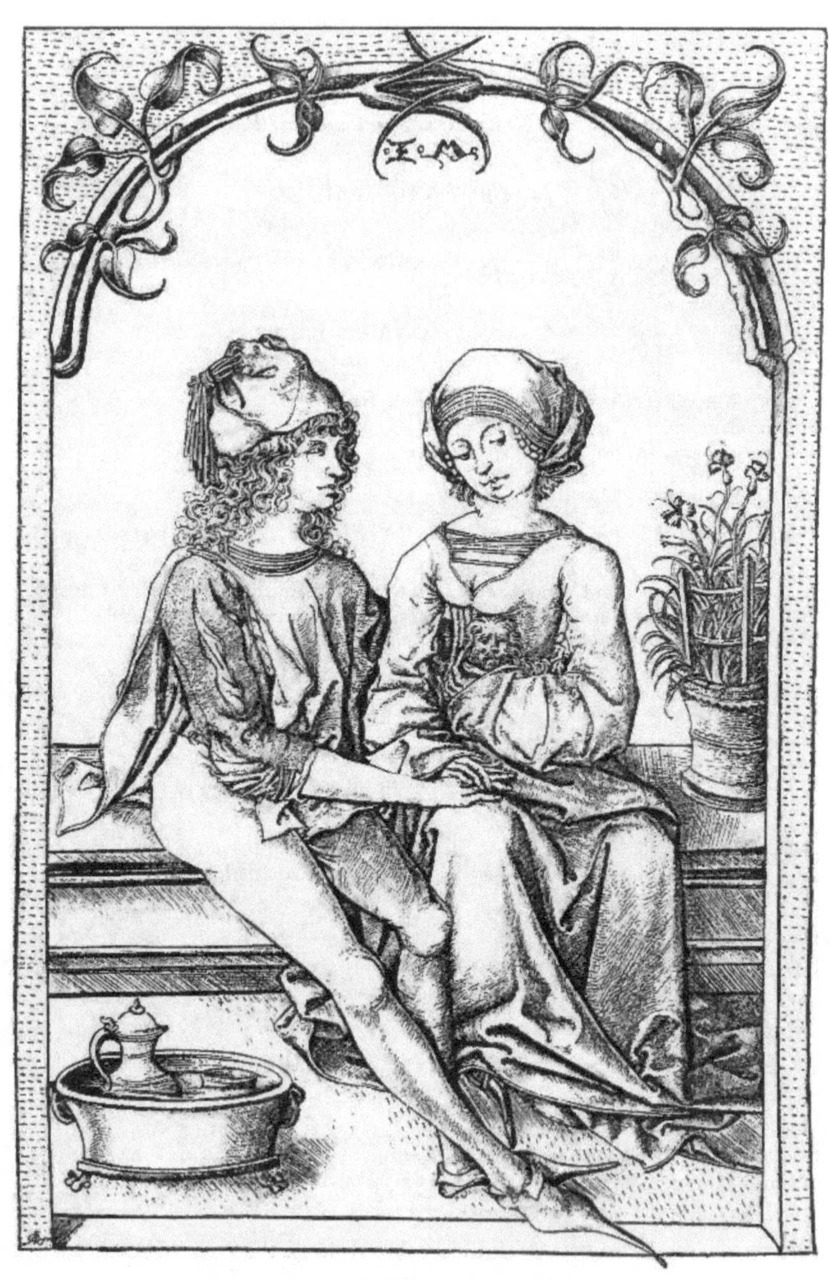

Israhel van Meckenem (2667)

Jost Amman

S. Seite 53.

34 Bl. Die bayerischen Fürsten. Abdrücke von den in der Chalkographie zu Paris befindlichen Platten. Radirt. Fol. A. 15. (2957.)
6 Bl. Die Versammlung unter dem Vorsitze des Königs, die unter dem Vorsitze des Kaisers, der Papst und die Geistlichkeit, die verschiedenen militärischen Grade, der Adel und die Gerichtssitzung. Radirungen aus Chassanaei's Catalogus gloriae mundi. qu. Fol. A. 32—37. (2413.)
Turnier zu Wien 1565. Holzschnitt. qu. Fol. A. 69, I. (2308.)
2 Bl. Die Büchsenmacher und Bäcker aus den Zweikämpfen der Handwerker. Radirt. Oval. qu. 8. A. 126, 129. (2407.)
Der Soldatenzug. Aus 5 Bl. zusammengesetzt. Ohne die Verse. Holzschnitt. gr. qu. Fol. A. 71. (5758.)

Barthel Beham

Siehe Seite 2.

Der Hellebardier zu Pferde. 8. B. 49. (2757.)
Portrait des Kaisers Karl V. 1531. Fol. B. 60. (2303.)
Portrait des römischen Königs Ferdinand I. 1531. I. ab Heyden excudit. Fol. B. 61, II. (2388.)

Hans Sebald Beham

Siehe Seite 2.

Job und seine Freunde. 1547. qu. 8. B. 16, I. (4111.)
Der Abschied des verlorenen Sohnes. 8. B. 31, I. (4120.)
Eine junge Frau vom Tode im Narrencostüm begleitet. 1541. 8. B. 149. (3428.)
6 Bl. aus der Folge der Bauerntänze (Monate). 1546, 1547. qu. 8. B. 154, 155, 157, 159, 160, 162. (3527, 4112, 4117, 4118.)
Die raufenden Bauern. 8. B. 165. (3525.)
3 Bl. aus der Folge der Hochzeitstänze. 8. B. 166, 168, 172. (3524, 3535.)
Der Bauer auf dem Markte. 8. B. 186. (3099.)
Die Bäuerin auf dem Markte. 8. B. 187. (4124.)
Der Bauer mit der Heugabel. 1542. 8. B. 188. (3818.)
Der Wetterbauer. 8. B. 189. (3536.)
Die drei Soldaten und der Hund. 8. B. 196, I. (2699.)
Fahnenträger, Tambour und Pfeifer. 1543. 8. B. 198, II. (2694.)
Der Fahnenträger. 1526. 8. B. 200, II. (4210.)
Geschichte des verlorenen Sohnes. Holzschnitt aus vier Stöcken bestehend. gr. qu. Fol. B. 128. (3133.)

Amman. Jost. Gynaeceum, Sive Theatrum mulierum. 1586. Francofurti, Imp. Sigismundi Feyerabendii. 4. Mit 122 Trachtenabbildungen in Holzschnitt. A. 233. (B. Nr. 3613.)
Burgkmair. Hans. Triumphzug Kaiser Maximilian I Titel und Vorwort fehlen. Wien. Schmidt. 1796. qu. Fol. 135 Holzschnitte. B. 81. (B. Nr. 3619.)

Der grosse Soldatenzug mit dem Tod zu Pferde. In vier Theilen. Holzschnitte. qu. Fol. B. 170. (5710.)

Jacob Bink

S. Seite 2.

Der Landsknecht, nach H. S. Beham (B. 203). 8. B. 77. (5810.)
Brustbild des Königs Christian II. von Dänemark, vor einem mit neun Wappen geschmückten Bogen. Ohne Zeichen. Fol. P. 137. (2647.)

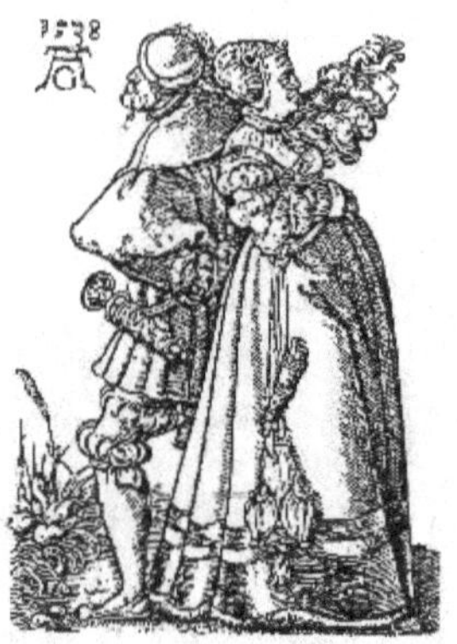

Heinrich Aldegrever (2693)

Franz Brun

Kupferstecher um die Mitte des 16. Jahrhunderts. Bartsch IX. 443. Passavant IV. 176., Nagler, Monogr. II. 1910, 1926.

15 Bl. Soldaten. 1559. 8. B. 37—43, 45—52. (2465.)
8 Bl. Soldaten. 8. Gegenseitige Copien von B. 37—40, 46, 48, 50, 51. (2521.)
Trompeter zu Pferde. 1559. 8. B. 54. (2460.)
Schalksnarr. 8. B. 84. (2466.)
Ein Narr mit einem Dudelsack. 8. B. 86. (3096.)
Türkische Männer und Weiber. 1559. qu. 8. B. 89. (2617.)

Lucas Cranach d. Aelt.

Siehe Seite 54.

Turnier mit Lanzen. 1509. Holzschnitt. qu. Fol. B. 125. (2641.)
Brustbild des Kurfürsten Friedrich von Sachsen. Holzschnitt. Altcolorirt. 4. B. 135. (2382.)

Anton Eisenhoit

Eisenhoidt, Eisenhout, Eisenhuth, Goldschmied und Kupferstecher, geb. zu Warburg in Westphalen 1554, arbeitete daselbst noch 1603. Lessing, Die Silberarbeiten des Anton Eisenhoit. Nordhoff in Jahrbuch des Vereines von Alterthumsfreunden im Rheinlande, LXVII, LXX, LXXVII, LXXXII, LXXXIV. Drach in Kunstgewerbeblatt III. 123.

Brustbild des Caspar schuhsper genandt Milchling Aetatis 58 in Zierrahmen. 1585. Antoni Eisenhoit fecit. Fol. L. 3. (3405.)

Daniel Hopfer

Siehe Seite 3.

Drei Landsknechte. qu. 4. B. 61. (2469.)
Das Liebespaar. Fol. B. 70. (5695.)

Paul Mayr

Maler (zu Augsburg?) um 1599.

11 Bl. Soldaten verschiedenen Ranges in Ovalen. Numer. 1—3, 5—12. Auf Bl. 10: Paulus Mayr inuentor, H. Vllrich Schulp & excudit 1599. 8. (2818.)

Michael Ostendorfer

Maler, Zeichner (und Formschneider?) zu Regensburg um 1519—1559. Bartsch IX. 154, Monogr. Nr. 241. Passavant III. 310. Nagler, Monogr. IV. 2024.

Der Herzog von Baiern (?) in einer von Pferden getragenen Sänfte, begleitet von Landsknechten. 1556. Holzschnitt, aus 2 Bl. zusammengesetzt. gr. qu. Fol. B. 4. (3082.)

Georg Pencz

Siehe Seite 57.

Brustbild Friedrich's des Grossmüthigen, Kurfürsten von Sachsen. Von einem Rahmen mit Wappenschildern umgeben. gr. Fol. B. 126. (3553.)

Hans Leonhard Schäuffelein

Siehe Seite 57.

Das Abendmahl des Herrn. gr. qu. Fol. B. 26. Neuer Druck. (3415.)
Vornehme Gesellschaft, rechts Musiker. Holzschnitt. qu. Fol. B. 96. Neuer Druck. (2949.)

Francolin. Hans von. Thurnier Buech Warhafftiger Ritterlicher Thatñ, so in dem Monat Junii des vergangenen LX. Jars in vnd ausserhalb der Statt Wienn. . . gehalten worden. mit schönen Figuren contrafeet. Schlussblatt: Gedruckt zu Wienn in Osterreich durch Raphael Hofhalter. Fol. Titel, auf der Rückseite das Portrait Francolin's als Herold in ganzer Figur von D. Hübschmann, 5 Bl. Vorstücke, LXXXII numer. Bl. Text (2 Bl. fehlen) und Schlussblatt mit Hofhalter's Symbol. Ausserdem sind sechs grosse Radirungen von Lautensack, Terzi, Guerra und einem unbekannten Meister beigebunden. Andresen II. p. 229. A. 7 fehlt. (B. Nr. 3714.)

Die Belagerung von Bethulien. Holzschnitt, aus 4 Bl. bestehend. gr. qu. Fol. P. 137. Derschau'scher Druck. (2295.)

Virgil Solis

Siehe Seite 6.

Die Enthauptung Johannes des Täufers. qu. Fol. B. 26. (3751.)
Die drei Königssöhne, die auf den Leichnam ihres Vaters schiessen. qu. 8. B. 84. (2392.)
Bl. 5 aus der Folge der Hochzeitstänzer. 8. B. 224—233. (3970.)

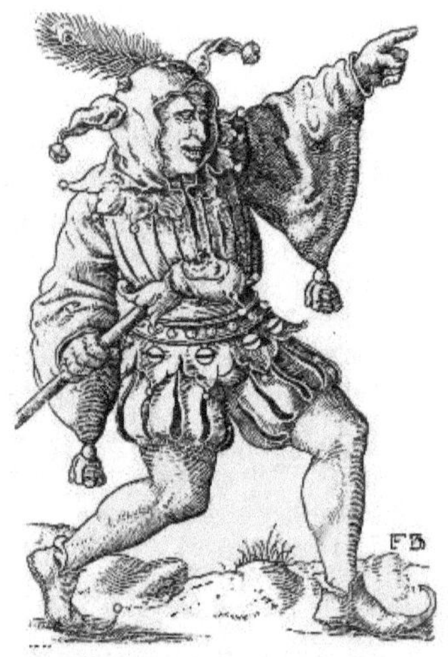

Franz Brun (2466)

Der Fahnenträger. 8. B. 237. (2406.)
Der Artillerist. 8. B. 238. (2416.)
Der Officier mit der Hellebarde. 8. B. 240. (2700.)
Der Hellebardier. 8. B. 242. (2417.)
Ein anderer Hellebardier. Ich bin ein Trabant, zu Wasser und Landt. 8. B. 243. (6196.)
10 Bl. Landsknechte. 8. B. 246—250, 252—255. P. 576. (3556.)
4 Bl. mit Darstellungen von Gelagen. qu. 8. B. 256—259. (3756.)
1 Bl. Duplicat der vorigen. B. 256. (3555.)
2 Bl. Franckreich und Italia aus der Folge der klugen Jungfrauen. 8. B. 275, 276. (2427.)
5 Bl. Schweizer Soldaten mit den Namen der Cantone auf den Fahnen. In Ornamentrahmen. 8. B. 284—297. (2701.)

Fähnrich in Ornamenten. Unterer Theil einer Dolchscheide. Linksseitige Hälfte von Nr. 2778. (Siehe Seite 7.) 8. (2393.)

MONOGRAMMISTEN

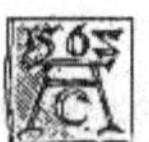

Kupferstecher um 1562. Bartsch IX. 482, Monogr. Nr. 12. Passavant III. 46. Nagler, Monogr. I. 260.

6 Bl. Todtentänze. 1562. 8. B. 2—7. (2702.)

HR

Formschneider in der zweiten Hälfte des 16. Jahrhunderts. Bartsch IX. 436, Monogr. Nr. 274. Nagler, Monogr. IV. 3238.

Portrait des Wilhelm von Grumbach. 1567. Holzschnitt. Fol. B. 1. (3331.)

UNBEKANNT

Stehender Landsknecht aus: Vegetius, Bücher der Ritterschaft. Holzschnitt. Fol. (2306.)

3 Bl. mit Landsknechten und Kriegsscenen. Holzschnitte. 4. (3563.)

Dame zu Pferde, neben ihr ein Soldat. Rund. 8. (2473.)

XVII. JAHRHUNDERT.

JOHANN DÜRR

Zeichner und Kupferstecher, arbeitete von 1625–1670.

Brustbild des kaiserlichen Feldmarschalls Joh. Christoph Graf von Puchaim, in reichem Spitzenkragen. Fol. (3431.)

WENZEL HOLLAR

Siehe Seite 77.

4 Bl. Die Jahreszeiten. Frauenbilder, Kniestücke. 1641. Fol. P. 610—613. (3767.)

4 Bl. Die Jahreszeiten. Frauenbilder, halbe Figuren. 1644. 4. P. 614—617. (3768.)

Brustbild der Katharina von Aragonien. 1647. 4. P. 1549. (3869.)

Die Frau mit dem Eichenkranz. 1646. 4. P. 1641. (3870.)

Die Frau mit dem Turban. 1646. 8. P. 1642. (3871.)
Der Mann mit dem Filzhut. Nach M. Zimmermann. 1646. 8. P. 1644. (3769.)
9 Bl. Frauenbrustbilder. Aus dem Reisbüchlein. 8. P. 1653—1658, 1660, 1662, 1667. (3770, 3771.)
Fünf weibliche Brustbilder nebeneinander. qu. 4. P. 1724. (3873.)
Weibliches Brustbild mit einer Schnebbenhaube. 1648. 4. P. 1730. (3872.)
Die Dame am Clavier. Gegenseitige Wiederholung von P. 1735. W. Hollar inu. 1635. 8. (3583.)
44 Bl. aus der Folge der Frauentrachten in ganzen Figuren. (Theatrum mulierum oder Aula Veneris.) 8. P. 1805—1806, 1810—1811, 1815—1816, 1827—1828, 1831—1832, 1852, 1854—1856, 1858—1859, 1860—1862, 1864—1865, 1867, 1871, 1872, 1874, 1877—1878, 1880—1883, 1885—1887, 1889, 1891, 1892, 1894—1896, 1898, 1900. (3874, 5692.)

Melchior Küssel

Zeichner, Kupferstecher und Radirer, geb. zu Augsburg 1621, gest. daselbst 1683.

Einzug Ferdinand III. in Augsburg am 20. Mai 1653. Mart. Zimmermann exc. gr. Fol. (3610.)

Johann Ulrich Mayr

Maler, geb. zu Augsburg 1630, gest. daselbst 1704.

Anna Maria Peller zu Nürnberg. Hüftbild. B. Kilian sc. Fol. (6194.)

Rudolph Meyer

Maler und Radirer, geb. zu Zürich 1605, gest. daselbst 1638.

Der Bauerntanz. Im Vordergrunde ein vornehmes Paar. Radirt. qu. 8. (2704.)

Daniel Preisler

Preissler, Maler, geb. zu Prag 8. März 1627, gest. zu Nürnberg 19. Juni 1665.

Portrait der Clara Hönn † 1655. Phil. Kilian sculp. Fol. (3510.)

Repraesentatio der fvrstlichen Avfzvg vnd Ritterspil. So der... Herr Johan Friderich Hertzog zu Württemberg.....bey Ihr. F. G. Neüwgebornen Sohn. Friderich..... Kindtauffen, denn 10. biss auff denn 17. Martij, Anno 1616. Inn....Stuetgarten... gehalten. Alles...in truck verfertiget, Durch Esaiam van Hulsen. Georgius Thonauwer Inuentor. Matthaeus Merian Basiliensis fecit. qu. Fol. 75 Bl. (incl. 4 Titel) Ritterspiele und Aufzüge. (B. Nr. 4262.)

Ttzschimmer, Gabriel. Die Durchlauchtigste Zusammenkunfft, oder: Historische Erzehlung was Herr Johann George der Ander, Herzog zu Sachsen, etc., bey Anwesenheit Seiner Herren Gebrüdere, Dero Gemahlinnen etc. zu sonderbahren Ehren, und Belustigung, in Dero Residenz und Haubt-Vestung Dresden im Monat Februario des MDCLXXVIII. Jahres in allerhand Aufzügen, Ritterlichen Exercitien, Schau-Spielen, etc. aufführen und vorstellen lassen. Nürnberg, Joh. Hoffmann, 1680. Fol. Mit vielen Kupferstichen von Ph. Kilian, J. O. Harms u. A. (B. Nr. 10142.)

Küssel, Melch. und Matth. Cenotaphium piis manibus Ferdinandi III. Viennae...., A. D. 1657. 4. 49 Kupfertafeln. (B. Nr. 7246.)

Sandrart, Jacob und Georg Christoff Eimmart. Beschreibung und Vorstellung Des Stück-Schiessen zu Nürnberg 1671. Nürnberg, Gedr. bey Chr. Gerhard. O. J. Fol. Mit 4 Kupfertafeln in gr. qu. Fol. (B. Nr. 4243.)

Gabriel Weyer

Maler, Zeichner und Radirer, geb. zu Nürnberg um 1580, gest. zu Coburg um 1640.

Gesellschaft bei Tafel, Tanz und Musik. Pet. Iselburgh sculp. 1613. B. Caymox exc. Aus der Folge: Geschichte des verlorenen Sohnes. qu. Fol. (3875.)

Die Bildnisse des Kaisers Mathias und seiner Gemalin Anna in allegorischer Umrahmung. 1613. Pet. Isselburg Coloniens. sculpsit. Balth. Caymox Excudit. qu. Fol. (3151.)

9 Bl. Newes Soldaten-Büchlein durch Gabriel Weyer, Inventor, anno 1615. Numer. Folge. Isaac Brunn fe. Petter Onnerradt Excudit. Mit je zwei Zeilen Text. 4. (3848.)

XVIII. JAHRHUNDERT.

Johann Balzer

Kupferstecher, geb. zu Kukus 1738, gest. zu Prag 14. December 1799.

Brustbild der Erzherzogin Marie Antoinette, Königin von Frankreich, in einem Zierrahmen. 4. (3406.)

Johann Christian Brand

Maler und Radirer, geb. zu Wien 15. November 1723, gest. daselbst 11. Juni 1795.

41 Bl. Zeichnungen nach dem gemeinen Volke, besonders der Kaufruf in Wien. 1775. Nach dem Leben gezeichnet von C. Brand, Professor der bildenden Künste. Gestochen von Conti, Feigel, Mansfeld, Schytz, Mark, Fr. Brand, Cathar. Brandinn, Mössmer und Assner. Aus mehreren Ausgaben zusammengestellt. 2 Bl. tragen die Jahreszahl 1780, 1 Bl. 1781. Fol. (2509.)

Franz Anton Danne

Architekturzeichner zu Wien um 1720—1770.

Ehrenpforte zur Feier der Vermälung des Erzherzogs Joseph und der Infantin Isabella von Bourbon am 6. October 1760 in Wien errichtet. Georg Nicolai sculp. gr. Fol. (3022.)

J. P. Forster

Radirer zu Regensburg um 1792.

Die Modenwelt oder die Maskerade auf Schlitten, aufgeführt von den Herren Studenten des Hochfürstl. Bischöfl. Schulhauses bey St. Paul zu Regensburg, den 23. Jänner 1792. J. P. Forster sc. à Ratisb. Radirt. gr. qu. Fol. (2927.)

David Herrliberger

Kupferstecher und Verleger, geb. zu Zürich 1697, gest. daselbst 1777.

53 Bl. Zürcherische Kleider-Trachten oder Eigentliche Vorstellung der dieser Zeit in der Statt und Landschaft Zürich üblicher vornehmster Kleidungen. Zürich bey David Herrliberger MDCCXLIX. Altcolorirt 8. (2801.)

Johann Ferdinand von Hohenberg

Architekt, Zeichner und Maler, geb. zu Wien 1732, gest. daselbst 1790.

Ehrentempel, aus Anlass der Heiligsprechung des Joseph von Calesanz in Wien errichtet. Gestochen von C. Schütz. gr. Fol. (3624.)

Carl Urban Keller

Zeichner und Kupferstecher zu Stuttgart um 1802—1806.

12 Bl. Schweizer Trachten. Aquatinta. Colorirt. 8. (4667.)

Philipp Andreas Kilian

Zeichner und Kupferstecher, geb. zu Augsburg 1714, gest. daselbst 1759.

Friedrich II. König von Preussen, in Zierrahmen mit dem preussischen Wappen. Fol. (3511.)

Salomon Kleiner

Architekt und Kupferstecher, geb. zu Augsburg 1703, gest. zu Wien 1762.

Triumph- und Ehrentempel zur Geburtsfeier des Erzherzogs Joseph, errichtet von der Stadt Wien 1741. gr. Fol. (3623.)

Joseph Lange

Maler und Schauspieler, geb. zu Würzburg 1. April 1751, gest. zu Wien 18. September 1831.

Madame Weiss als Lehne in: »Die schöne Schusterin«. Mansfeld sc. Radirt. Fol. (4050.)

Johann Georg Mansfeld

Zeichner und Kupferstecher, geb. zu Wien 1763, gest. daselbst 21. December 1817.

Scene aus »Trofonio«, II. Act. Trofonio ladet zwei Frauen zum Eintritt in seine Grotte ein. qu. Fol. (4051.)

Beschreibung und Vorstellung des Stück-Schiessens zu Nürnberg 1733. Nürnberg, G. D. Heumann, J. G. Hofmann, beyde Kupferstecher. Gedr. bey Lorenz Bieling 1734. Fol. Mit 14 Kupfertafeln. (B. Nr. 4244.)

Johann Matthäus von Merian

Maler und Kunsthändler zu Frankfurt a. M., geb. daselbst December 1659, gest. 4. Mai 1716.

Bildniss des Diplomaten Friedr. Binder. Merian pinxit 1701. J. A. Seupel sc. gr. Fol. Abdruck auf Atlas. (4929.)

Martin de Meytens

Maler, geb. zu Stockholm 24. Juli 1695, gest. zu Wien 23. März 1770.

Bildniss des Kaisers Franz I. Gestochen von Phil. Andr. Kilian. gr. Fol. (3433.)

Brustbild der Kaiserin Maria Theresia als Königin von Ungarn. Gestochen von Phil. Andr. Kilian. gr. Fol. (3434.)

Bildniss des Fürsten Kaunitz im Toisonornat. J. G. Haid sculps. 1755. Schabkunstblatt. gr. Fol. (3620.)

Johann Esaias Nilson

Siehe Seite 98.

4 Bl. Gesellschaftsgruppen im Freien: Militärischer Aufenthalt. Freude in Friedenszeit. Das Tanzen. Atalanta, zu Gottsched's deutscher Schaubühne, III. Theil. Fol. (3607.)

Ernst Ludwig Riepenhausen

Zeichner und Kupferstecher, geb. zu Göttingen 1765, gest. 28. Jänner 1840.

Habillemens a la mode. 3 Folgen, jede aus 12 numer. Bl. auf 2 Bogen bestehend, mit radirten Costümbildern. 8. (2800.)

Johann Rudolph Schellenberg

Maler und Radirer, geb. zu Knonau 1740, gest. zu Töss bei Winterthur 1806.

12 Bl. Schweizer-Trachten Zürichgebiets von J. Rod. Schellenberg inWinterthur 1784. Radirt. 8. (2802.)

Georg Christian Schule

Zeichner und Kupferstecher, geb. zu Kopenhagen 1764, gest. zu Leipzig 1816.

Premiere Promenade dans le Jardin de Rosenbourg à Copenhague 1785. gr. qu. Fol. (5808.)

Vollständiges Diarium...der Wahl und Krönung Karl's VII.....in Franckfurt am Mayn. Franckfurt a M, J. D. Jung, 1742. Fol. Mit 7 grossen Kupfern, gestochen von A. Reinhardt und M. Rössler. (B. Nr. 4453.)

Beschreibung des Kaiserl. Gnaden u. Freischiessen, welches von Ihro Kais. u. Königl. Kathol. Maj. Carolo VI der Wienerischen Burgerschaft durch 14 Taeg gegeben worden in dem Jahr 1739. Wien, Gedruckt bei Joh. Pet. v. Ghelen, o. J. Fol. Mit Stichen von A. u. J. Schmutzer und E. Schaffhausser. (B. Nr. 5688.)

Johann Gottfried Benedict Theill

Decorationsmaler, geb. zu Dresden 1745, gest. daselbst 1797.

Coupe et Perspective de la Grande Sale du Souper . . . . . à la Cour de Turin, ornée et decorée pour les fêtes données à l'Occasion du Mariage du Prince Antoine Clement de Saxe, avec la Princesse Caroline de Savoye 1783. Geyser sculps. Aquarellirt. gr. qu. Fol. (3976.)

Joseph Carl v. Walter

Major im k. k. Ingenieur-Corps und Fortifications-Director in Tirol um 1765—1771.

Die Triumphpforte zu Innsbruck 1765. Errichtet zur Feier der Vermälung des Erzherzogs Leopold mit der Infantin Ludovica von Spanien. J. C. Winkler Sc. et Excudit. gr. Fol. (3621.)

Franz Joseph Wiedon

Architekturzeichner zu Wien um 1741.

Decoration des vormaligen Eugen'schen Palastes in der Himmelpfortgasse zur Feier der Geburt des Erzherzogs Joseph am 23. und 24. April 1741. Gest. von Franz Leop. Schmittner, Wien 1742. gr. qu. Fol. Vergl. Ilg in Mittheilungen des Oesterreichischen Museums N. F. I. 489, 23. (3625.)

Unbekannt

23 Bl. Schau Plaz hoher Ritter Orden I Fortsetzung. Figuren in den verschiedenen Ordenstrachten, in den Zierrahmen das Ordenszeichen und die Devise. 8. (3608.)

6 Bl. Kopftrachten. 1790. 8. (3332.)

6 Bl. Frauencostüme. Radirt. Colorirt. 8. (4056.)

2. FRANZÖSISCHE SCHULE.

XVII. JAHRHUNDERT.

Jacques Bellange

Maler und Radirer zu Nancy um 1602—1617. Robert-Dumesnil V. 81. XI. 9. Meyer's Künstlerlexikon III. 359.

Der Hirt und die Bäuerin. Unter dem Bilde je vier Zeilen deutscher und französischer Text. Deutsche Copie. qu. 4. (4052.)

Abraham Bosse

Siehe Seite 101.

Das Mahl des Reichen. Aus dem Gleichnisse vom reichen Prasser und armen Lazarus. qu. Fol. D. 40. (2668.)

2 Bl. aus den Werken der Barmherzigkeit: Die Durstigen tränken, die Gefangenen besuchen. qu. Fol. D. 51, I, 53, I. (2669.)

2 Bl. Herbst und Winter aus der Folge der vier Jahreszeiten. Le Blond excud. qu. Fol. D. 1084, 1085. (6198.)

La joye de la France. Präsentation des jungen Ludwig XIV. durch die Königin. Mit französischen Versen. Datirt 5. September 1638. qu. Fol. D. 1226. (3858.)

Die Edelleute im Modesalon. (»La Galerie du Palais.«) qu. Fol. D. 1267, II. (5813.)

6 Bl. aus der Folge: Le Jardin de la noblesse françaisc. 1629. 4. D. 1302, 1303, 1305—1307, 1310. (3097.)

9 Bl. Les gardes françaises. F. L. D. Ciartres excu. 6 Bl. mit der Umrahmung. Fol. D. 1332—1340. (3857.)

Die Hochzeit auf dem Lande. qu. Fol. D. 1382, I. (2670.)

2 Bl. Das Atelier eines Bildhauers und das eines Kupferdruckers. 1642. qu. Fol. D. 1386, 1388. (2671.)

Der Schulmeister. qu. Fol. D. 1389. (3092.)

Die Schulmeisterin. Le Blond excud. qu. Fol. D. 1390. (6197.)

Le Clystère. Aus der Folge: Les Mètiers. qu. Fol. D. 1392. (5684.)

La Bénédiction de la table. qu. Fol. D. 1398. (3856.)

4 Bl. Gesicht, Geruch, Gehör und Geschmack aus der Folge der fünf Sinne. (D. 1071—1075.) Figurale Compositionen. Unten lateinische und französische Verse. A. Aubry fe. Hermanus Esser excudit Colloniae. qu. Fol. (2661.)

3 Bl. Duplicate der vorigen. (4030.)

Jacques Callot

Siehe Seite 62.

6 Bl. aus der Folge: Combat à la barrière. Allegorien, festliche Aufzüge. qu. Fol. M. 493, 497, 498, 499. (493, 497 Duplicate.) (5689.)

4 Bl. Les Bohémiens. qu. Fol. M. 667—670, II. (3821.)

12 Bl. La Noblesse. 8. M. 673, 674, 676—684, I. Die letzte Nummer Duplicat. (3779.)

24 Bl. Die Bettler. Gleichseitige Copien von M. 685—709. P. Mariette exc. 8. M. II. 636, 4. (3075.)

Israel Henriet

Maler, Zeichner, Kupferstecher und Kunsthändler, geb. zu Nancy 1608, gest. zu Paris 1661. Meaume, Callot II. 519.

7 Bl. Die Bürgersfrauen. Complete Folge. Radirt. 4. M. 1213—1219. (2705.)

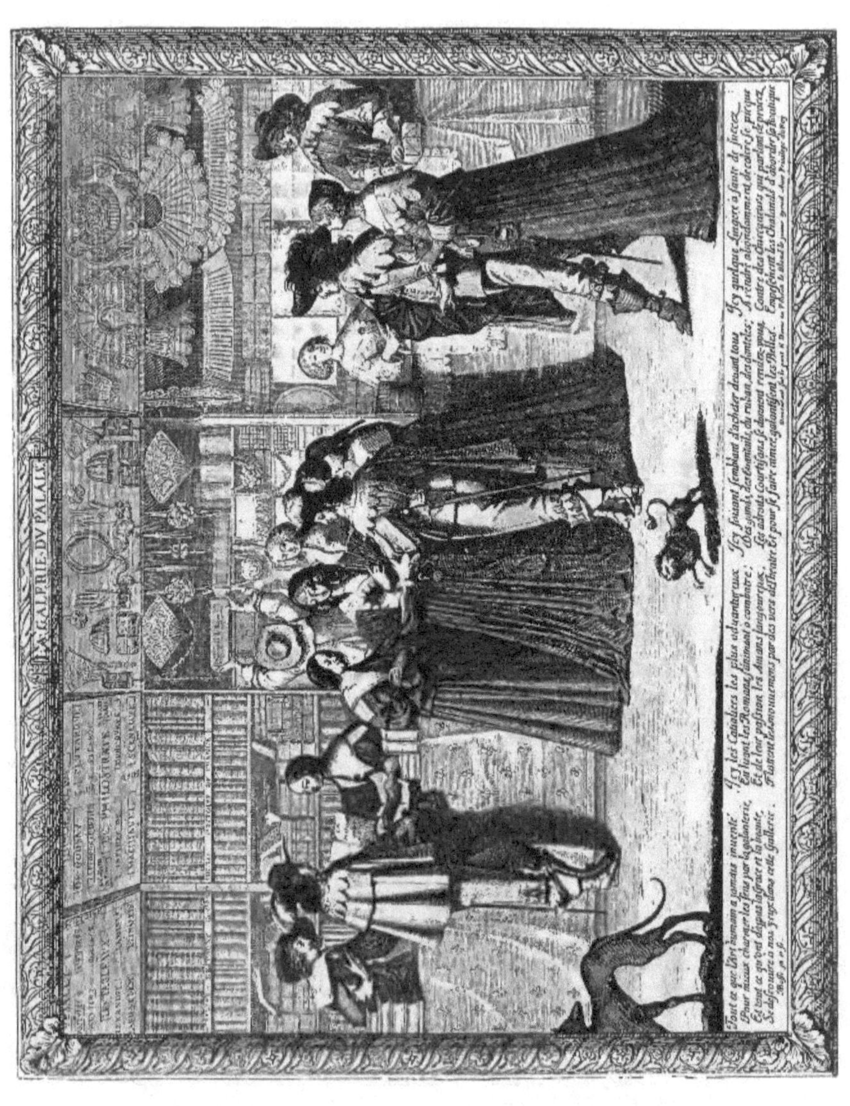

ABRAHAM BOSSE (5813)

9

Pierre Landry

Zeichner und Kupferstecher, geb. zu Paris um 1630, gest. daselbst um 1698.

Le Cercle royal de la cour de France. Almanach royal pour l'an de grace MDCLXVII. A Paris chez P. Mariette & P. Landry. gr. Fol. (6192.)

Jean Le Blond

Maler und Kupferstecher, geb. 1635, lebte in Antwerpen und Paris, gest. daselbst 1709.

Brustbild der Catherine de Boulainuilliers de Courtenai, Dame de Vic, in reichem Costüm. Fol. (3854.)
Dasselbe. (5818.)

Balthasar Moncornet

Maler, Kupferstecher und Verleger, geb. zu Rouen um 1630, gest. zu Paris nach 1670.

Brustbild der Katharina von Oesterreich, Infantin von Spanien, Herzogin von Savoyen. Moncornet excudit. 4. (3409.)
Maria Magdalena in reichem Costüm des XVII. Jahrhunderts. Moncornet excu. 4. (3609.)

Robert Nanteuil

Maler und Kupferstecher, geb. zu Reims 1630, gest. zu Paris 1678.
Robert-Dumesnil IV. 35.

Michel Le Masle, Prieur des Roches etc. 1658. gr. Fol. R-D. 126, I. (3585.)

Claude de la Ruelle

Zeichner und Maler zu Nancy in der ersten Hälfte des 17. Jahrhunderts.

Herzog Karl III. von Lothringen auf dem Paradebette. Claudius de la Ruelle Inv. Fridericus Brentel fecit. (A. 10, I. 3.) Herman de Loye excud. Radirt. qu. Fol. (3591.)

Unbekannt

Allegorie auf Ludwig XIII. und dessen Vermälung mit Anna von Oesterreich. Der König und die Königin auf phantastisch gebautem Wagen, gezogen von vier Pferden, die von allegorischen Figuren der Cardinaltugenden geleitet werden. qu. Fol. (4004.)

XVIII. Jahrhundert.

Jean-Baptiste Benard

Maler in der zweiten Hälfte des 18. Jahrhunderts. Regnet in Meyer's Künstlerlexikon III. 496.

Des Hirten Dank. Gestochen von E. Danzel. gr. qu. Fol. (5820.)

Antoine-François Callet

Maler, geb. zu Paris 1741, gest. daselbst 1823.

Ludwig XVI. in ganzer Figur im Krönungsornat. Gestochen von J. G. Bervic 1790. gr. Fol. Mit der Signatur des Stechers. (6212.)

Jean Duplessi-Bertaux

Zeichner und Radirer, geb. zu Paris 1747, gest. daselbst um 1818—1819.
Portalis-Beraldi II. 76.

3 Bl. Der deutsche, der französische und der ungarische Charlatan. Volksscenen. Gestochen von Helman und Gleich. Paris 1776 und 1777. Fol. (2690, 6193.)

Joseph-Sifrède Duplessis

Maler, geb. zu Carpentras bei Avignon 6. April 1725, gest. zu Versailles 1. April 1802.

Ludwig XVI. in ganzer Figur im Krönungsornat. Gestochen von J. G. v. Müller. gr. Fol. Andresen 8, I. (3435.)

Girault & Boquet

Serment de Louis XVI à son sacre. Décoration du Sacre de Louis XVI. . . . à Rheims le XI Juin 1775. Girault & Boquet inv. Dessiné d'après nature et gravé par J. M. Moreau le jeune 1779. gr. qu. Fol. Bocher 254, III. (3517.)

William Hogarth

Maler, Kupferstecher, Radirer und Kunstschriftsteller, geb. zu London 10. November 1697, gest. zu Chiswick bei London 26. October 1764. Nichols.

6 Bl. Die Heirat nach der Mode. Gestochen von Scotin, Baron und Ravenet. Mit Hogarth's Adresse. 1745. gr. qu. Fol. N. 66. (4322.)

Etienne Jeaurat

Maler, geb. zu Paris 1699, gest. zu Versailles 1789.

2 Bl. L'amour petit maître und l'amour coquet. Gestochen von Edme Jeaurat 1732. Fol. (3763.)

Nicolas Lancret

Maler, geb. zu Paris 22. Jänner 1690, gest. daselbst 14. September 1743. Bocher.

3 Bl. Gesellschaftsscenen: Les Agréments de la Campagne. Joullain sculp. — La Jeunesse. N. de Larmessin sc. — Le concert pastoral. F. Joullain sculp. gr. qu. Fol. B. 3, III. 45, 19. (4080.)

4 Bl. Die vier Tageszeiten. Gesellschaftsscenen. N. de Larmessin sculpsit. gr. qu. Fol. B. 10, II. 49, 50, 74, I. (3427.)

9*

Les deux Amis. Zwei Herren und ein junges Mädchen in einer Landschaft. De Larmessin sculp. gr. qu. Fol. B. 25. I. (3079.)
Le Glorieux. Zwei Herren und zwei Damen in einem Gartenpavillon. N. Dupuis sculpsit. gr. qu. Fol. B. 37, II. (3766.)
Le Philosophe marié. C. Dupuis sculpsit. gr. qu. Fol. B. 61, I. (3765.)

Nicolas de Largillière

Maler, geb. zu Paris 20. October 1656, gest. daselbst 20. März 1746.

Bildniss der Helene Lambert, Frau v. Motteville. Kniestück. P. Drevet sculpsit. gr. Fol. Didot 98, II. (3081.)

Elisabeth-Louise-Vigée Le Brun

Malerin, geb. zu Paris 16. April 1755, gest. daselbst 30. März 1842.

Selbstportrait der Künstlerin. Gestochen von J. G. v. Müller in Stuttgart. gr. Fol. Andresen 5. (3093.)

P. L. Moreau

Architekt und Baumeister zu Paris um 1782.

2 Bl. Le Bal Masqué und Le festin Royal. Fêtes données au Roi et à la Reine, par la ville de Paris 1782 à l'occasion de la naissance de Monseigneur le Dauphin. Dessiné d'après nature et gravé par J. M Moreau le j^e gr. Fol. Bocher 200, IV; 201, V. (3515.)

Jean-Baptist Pater

Paterre, Maler, geb. zu Valenciennes 1694, gest. zu Paris 25. Juli 1736.

Les Plaisirs de la Jeunesse. I. Colin-Maillard. Das Blindekuhspiel. P. Filloeul sculp. 1738. A Paris chez Surugue, Graveur du Roi. gr. Fol. (4081.)

Antoine Pesne

Maler, geb. zu Paris 1684, gest. zu Berlin 1757.

Bildniss des Goldschmiedes Joh. Melch. Dinglinger von Biberach. Ant. Pesne pict. Reg. Pinxit. Joh. Georg. Wolffgang sculpt. Regius Berolini 1722. Fol. (3437.)

Bernard Picart

Siehe Seite 30.

Das Concert im Freien. Ipse sc. 1709. gr. qu. Fol. (2650.)
5 Bl. Die fünf Sinne durch Liebespaare dargestellt. qu. 8. (3450.)

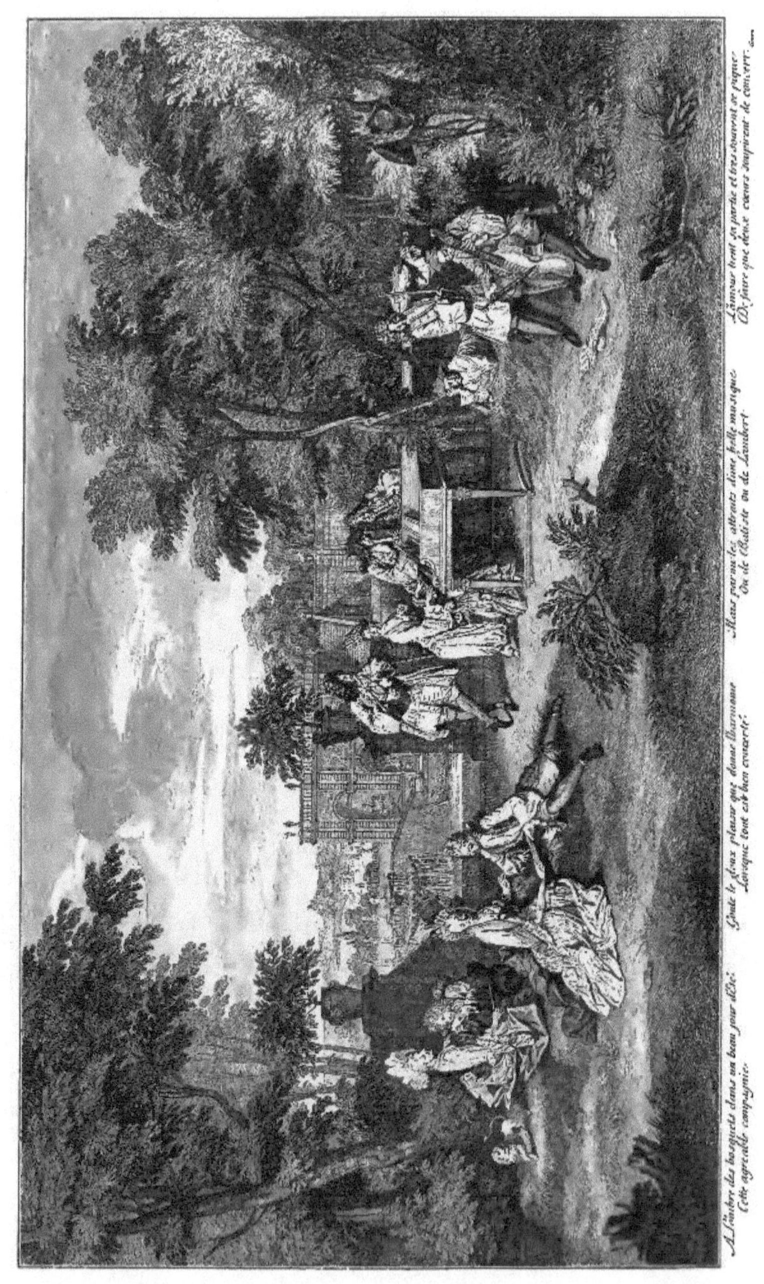

Bernard Picart (2650)

Hyacinthe Rigaud

Maler, geb. zu Perpignan 20. Juli 1659, gest. zu Paris 27. December 1743.

Portrait des Architekten Robert de Cotte. Gestochen von Pierre Drevet. gr. Fol. Didot 34, III. (5814.)
Ludwig XIV., auf dem Throne stehend. Gestochen von Pierre Drevet. gr. Fol. D. 55. III. (6213.)
Portrait des Jacobus Benignus Bossuet, Bischofs von Meaux. Gestochen von Pierre-Imbert Drevet 1723. gr. Fol. D. 12, IV. (5834.)
Portrait des Cardinals Dubois. Gestochen von Pierre-Imbert Drevet 1724. gr. Fol. D. 15, II. (6214.)
Portrait des Erzbischofs von Vienne, Henry Oswald Cardinal d'Auvergne. Gestochen von Claude Drevet 1749. gr. Fol. D. 12. (5835.)
Portrait des Grafen Philipp Ludw. von Zinzendorf. Gestochen von Claude Drevet. gr. Fol. D. 15, III. (3956.)
Portrait des Cardinals von Polignac, Erzbischofs von Auch. Gestochen von François Chereau l'ainé 1729. gr. Fol. (3955.)
Portrait der Cath. Marie Le Gendre, Frau von Pecoil, als Flora. S. Vallée sculp. gr. Fol. (3762.)

Augustin de Saint-Aubin

Zeichner, Radirer und Kupferstecher, geb. zu Paris 3. Jänner 1736, gest. daselbst 9. November 1807. Bocher.

2 Bl. Le Concert und Le Bal paré. L. Provost. sc. J. Lemonnyer, Editeur, Paris. Neudrucke. gr. qu. Fol. Vergl. B. 402—403. (5605.)

Louis de Silvestre

Maler, geb. zu Paris 1675, gest. daselbst 12. April 1760.

Marie Josepha, Königin von Polen, ganze Figur im Ornat. 1737. Gestochen von J. Daullé 1750. gr. Fol. (6211.)

René-Michel Slodtz, gen. Michel Angelo

Zeichner und Bildhauer, geb. zu Paris 27. September 1705, gest. daselbst 26. October 1764.

Bal du May donné à Versailles pendant le carnaval de l'année 1763. F. N. Martinet sc. gr. Fol. (3516.)
4 Bl. Festlichkeiten in Versailles bei Gelegenheit der Vermälung des Dauphin Louis mit Maria Theresia, Infantin von Spanien, 1745. C. N. Cochin filius delin. C. N. Cochin (pater) sculps. gr. Fol. (3514.)

Jean-Louis Tocqué

Maler, geb. zu Paris 1695, gest. daselbst 10. Februar 1772.

Portrait des Louis Phelypeaux, comte de Saint-Florentin, 1749. Gestochen von J. G. Wille 1751. gr. Fol. Blanc 124. (6199.)

Charles-André Vanloo

Maler, geb. zu Nizza 1705, gest. zu Paris 1765.

La Lecture espagnole. Gestochen von Jacques-Firmin Beauvarlet. gr. Fol. (5819.)

Louis-Michel Vanloo

Maler, geb. zu Toulon 1707, gest. zu Paris 1771.

François Joachim Potier Duc de Gesvres. Ganze Figur. Gestochen von Petit 1735. gr. Fol. (2656.)

George Vertue

Zeichner, Radirer und Kupferstecher, geb. zu London 1684, gest. daselbst 24. Juli 1752.

Elisabeth von England in Hemdson. Nach einem Gemälde von 1580 gestochen 1742. gr. qu. Fol. (4321.)

Eduard VI. von England schenkt Londoner Bürgern den Palast Bridewell. 1750. gr. qu. Fol. (3432)

Antoine Watteau

Siehe Seite 31.

Retour de Chasse. Madame de Verthamon im Jagdkleide. B. Audran sculp. gr. Fol. Goncourt 18. (6200.)

Le Concert champêtre. B. Audran sculp. gr. Fol. Goncourt 119. (3764.)

Rendez-vous de chasse. (Michel) Aubert sculp. gr. qu. Fol. Goncourt 164. (5836.)

Unbekannt

8 Bl. Je vier oder fünf Frauenköpfe mit reichen Coiffuren. Darunter 2 Bl. nach Chodowiecki. E. 398. Von der zerschnittenen Platte. 8. (2372.)

3. NIEDERLÄNDISCHE SCHULE.

XV. JAHRHUNDERT.

Unbekannt

Der heilige Martin von Tours. Teigdruck. Burgundisch. H. 0·100, Br. 0·078. (2335.)

Watteau, A. Pièces choisies, gravées par W. Marks, tirées de la collection de A. Dinaux. Paris, Croude, 1850. Fol. 45 Taf. (B. Nr. 4972.)

XVI. JAHRHUNDERT.

JOHANN THEODOR DE BRY

Kupferstecher, Sohn des Theodor de Bry, geb. zu Lüttich 1561, gest. zu Frankfurt a. M. 1623. Nagler, Monogr. III. 1618.

Der Tanz der Patrizier. de Bry fe. et excud. qu. Fol. (3091.)

Der Soldatenzug mit dem Tod zu Pferde. Joan Theodore de Bry fe. qu. Fol. (3847.)

ALART CLAESSEN

Siehe Seite 34.

Der Reiter und der Fussgänger. 8. B. 36. (3095.)

HEINRICH GOLTZIUS

Siehe Seite 66.

Officier nach links schreitend, in der Linken eine Hellebarde horizontal haltend. 1587. Fol. B. 126. (2688.)

Heinrich IV., König von Frankreich und Navarra. Brustbild. Harman Adolfz excudit Haerlemensis. Fol. B. 173. Später Druck. (3410.)

Officier mit der Linken auf die Hellebarde gestützt. 1583. Harman Adolfz exc. Fol. B. 215. (2754.)

Officier mit der Hellebarde in der Rechten. 1582. Fol. B. 216. (2698.)

Officier mit der Fahne auf der rechten Schulter. Fol. B. 217. (3540.)

Officier in reich gesticktem Kleide mit der Linken eine Fahne emporhaltend. (15)83. Fol. B. 218. (2689.)

Die Hochzeit des Antenor oder der venezianische Ball. Gestochen von H. Goltzius 1584 nach Theodor Bernard. A. Waesber exc. Aus 2 Bl. zusammengesetzt. gr. Fol. B. 247. (2621.)

Bochius, Joan. Historica narratio profectionis et inaugurationis serenissimorum Belgii principum Alberti et Isabellae, Austriae archiducum. Et eorum optatissimi in Belgium Adventus, rerumque gestarum et memorabilium, gratulationum, apparatuum, et spectaculorum in ipsorum susceptione et inauguratione hactenus editorum accurata descriptio. Antverpiae ex off. Plantiniana apud Joannem Moretum, 1602. Fol. (B. Nr. 3772.) Beigebunden: Descriptio publicae gratulationis spectaculorum et ludorum in adventu sereniss. principis Ernesti archiducis Austriae an. 1594 18. kal. Julias aliisque diebus Antverpiae editorum. Antverpiae ex off. Plantiniana 1595. Fol. Mit vielen Abbildungen der Ehrenpforten, Festlichkeiten u. s. w. (B. Nr. 3773.)

Bruyn, Abr. Diversarum gentium armatura equestris. Vorrede datirt Köln 1577. 4. Gestochener Titel, 8 Bl. Typentext, dabei die lateinische Erklärung der Tafeln, das Wappen des Herzogs Wilhelm von Cleve und 52 numer. Kupfer. (B. Nr. 4379.)

Grapheus, Corn. De seer wonderlijcke, schoone, Triumphelijcke Incompst, van den hooghmogenden Prince Philips, Prince van Spaignen, Caroli des vijfden, Keysers sone. In de stadt van Antwerpen, Anno 1549. Duer Correlium Grapheum ... bescreuen. (Geprint Tantwerpen, voer Peeter Coecke van Aelst, gesworen Printere by Gillis van Diest 1550.) Fol. Sign. A1—O4. Das Anfangs- und Schlussblatt mit Randeinfassungen. Mit den Abbildungen der Triumphbögen nach P. Coeck van Aalst in Holzschnitt. (B. Nr. 4478.)

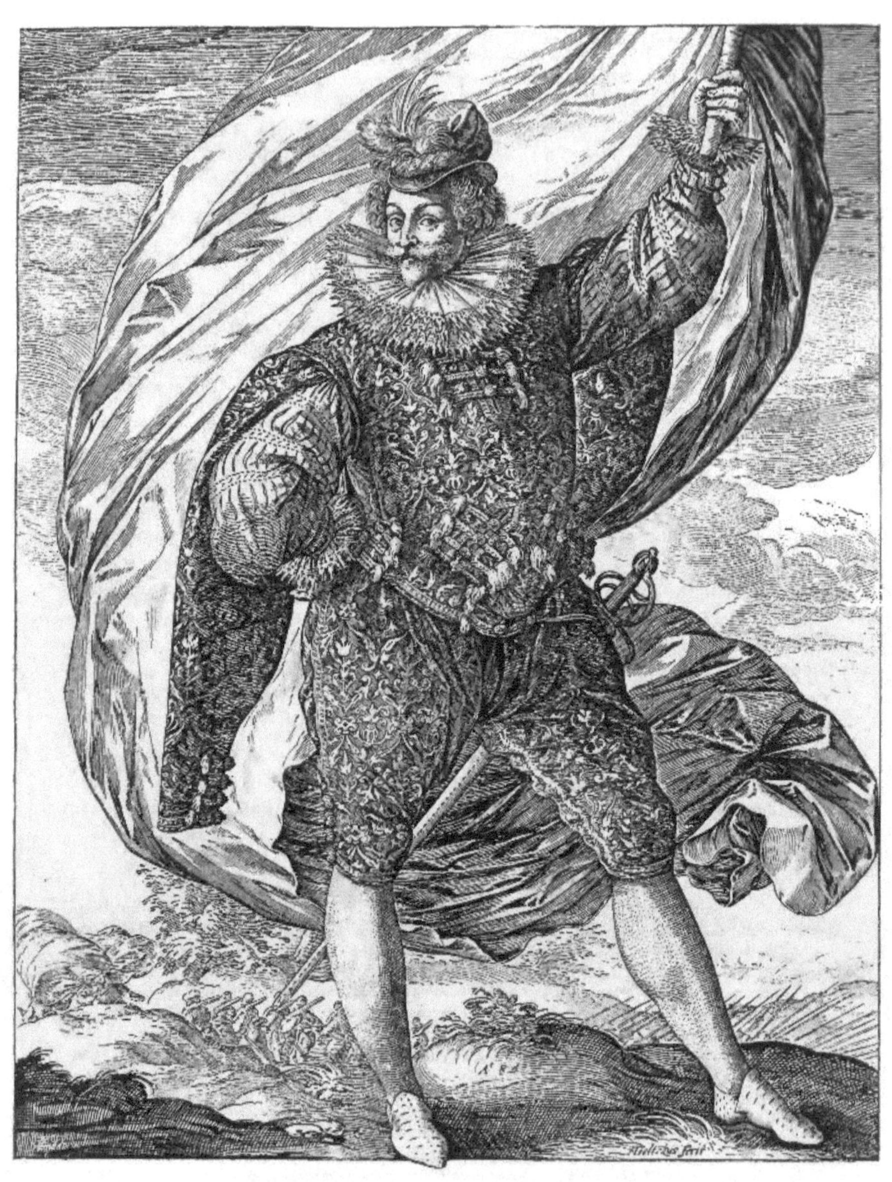

Heinrich Goltzius (2689)

Lucas van Leyden

Maler und Kupferstecher. geb. zu Leyden 1494, gest. daselbst 1533. Bartsch VII. 331. Passavant III. 3. Evrard. Volbehr.

Das Gastmahl des Herodes. Holzschnitt. gr. Fol. B. 12. (3010.)
Virgil im Korbe. Holzschnitt. gr. Fol. B. 16. (3011.)
Die Frau mit der Hand im Löwenrachen. Holzschnitt. gr. Fol. P. 23. (3009.)
Der Magdalenentanz. 1519. gr. qu. Fol. B. 122. (3550.)

Peter Maes

Maler und Kupferstecher zu Antwerpen um 1577—1586. Bartsch IX. 567. Nagler, Monogr. IV. 2045.

Soldat, im Hintergrunde ein Lager. Bezeichnet: P. Maes F: et Excu. A°. 87. Unten: Ein Munster. Schriber. Bin Ich — Truwt Mir. Fol. Fehlt B. und N. (2817.)

Adam van Noort

van Oort, Maler zu Antwerpen am Ende des 16. und zu Anfang des 17. Jahrhunderts.

4 Bl. Costümfiguren. Je ein Herr und eine Dame auf einem Bl. Unten vier lateinische Verse. Conradt Goltz excudit. Gielis van Breen scalptor. Auf Nr. 3: Conradus Goltzius fecit et excudit. 4. (2708.)

Justus Sadeler

Kupferstecher und Verleger, geb. zu Amsterdam, arbeitete in München und Venedig, gest. zu Amsterdam 1629 (?).

Die Gastmahlscene aus der Geschichte des verlorenen Sohnes, mit vier italienischen Versen. qu. Fol. (3971.)

Jan Saenredam

Maler und Kupferstecher, geb. zu Zaandam 1565, gest. zu Assendelft 1607. Bartsch III. 217. Weigel, Suppl. 129.

Die Geldheirat. Verkleinerte Copie von B. 85. 4. (4053.)

Sebastian Vrancx

Maler, geb. zu Antwerpen 1573, gest. daselbst 19. Mai 1647.

8 Bl. verschiedene Volkstrachten. Pet. de Jode sculp. et excud. Fol. (3578.)
Germanicus habitus. Ein Mann in Kiergercostüm führt eine Frau in vornehmer Bürgertracht. Im Hintergrund Zecher unter einer Laube, rechts ein umfriedeter Weinberg. Sebastian Vrancx invent. Pet. de Jode sculp. et excud. Unten acht lateinische Verse. Fol. (3851.)

Nicolay, Nicolas de. Les navigations peregrinations et voyages. faicts en la Turquie. Die Figuren in Holz geschnitten von Ass. van Londerseel und Anderen. Anvers, G. Silvius, 1576. 8. (B. Nr. 3608.)

Jan Wierix

Kupferstecher zu Amsterdam, geb. zu Ende des Jahres 1549. Alvin.

Portrait des Prinzen Philipp Wilhelm von Oranien in reicher Rüstung. Fast ganze Figur. Johan · Wiricx · fecit · scvlpcit · et · excvd. Fol. A. 1995. (2687.)

Monogrammist

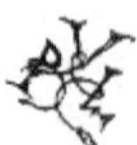

Kupferstecher in der ersten Hälfte des 16. Jahrhunderts. Bartsch VIII. 24; Monogr. Nr. 277. Passavant III. 12. Nagler, Monogr. IV. 3390.

Der verlorene Sohn sein Gut verprassend. Rund. Links unten das Monogramm. B. 1. (2649.)

XVII. Jahrhundert.

Ant. van Dyck

Siehe Seite 68.

Portrait des Nicolaus van der Borcht in ganzer Figur. Gestochen von C. Vermeulen 1703. J. Ph. le Bas exc. gr. Fol. (2655.)

Portrait der Gemalin Karl's I. von England, Henriette Marie von Bourbon, Tochter Heinrich's IV. von Frankreich. Kniestück. Petr. de Jode sculpsit. Math. Antonius excudit Antuerpiae. gr. Fol. (3852.)

Die Bildnisse des A. Van Dyck und des P. P. Rubens in reicher figuraler Umrahmung. Eras. Quellinus delin. Franc. Huberti excud. Antverpiae Paul. Pontius facies sculps. gr. qu. Fol. Szwykowski 59, c. (3004.)

Portrait der Maria Clara von Croy, Herzogin von Havre. Kniestück. Coenraerdus Waumans sculpsit. Joannes Meysens excudit. Fol. S. 129. (3773.)

Jan Eillarts

Zeichner und Kupferstecher in der ersten Hälfte des 17. Jahrhunderts.

Brustbild der Kaiserin Anna. gr. Fol. (2660.)

Beschreibung Der Reiss: Empfahung dess Ritterlichen Ordens: Volbringung des Heyraths: vnd glücklicher Heimführung: Wie auch der ansehnlichen Einführung: gehaltener Ritterspiel vnd Frewdenfests: . . . Friederichen dess fünften, Pfaltzgraven bey Rhein . . . Mit . . . Elisabethen . . . . . Jacobi dess Ersten Königs in Gross Britannien Einigen Tochter. Mit schönen Kupfferstücken gezieret. In Gotthardt Vögelins Verlag. Anno 1613. 4. Titel. 1 Bl. Vorrede, Text p. 1—205 und 1—99 und 25 Kupfer von Joh. Theod. de Bry und Georg Keller. 1 8 Triumphbögen. 9 Feldlager bei Heidelberg 10 Empfang vor Heidelberg. 11—18 Triumphbögen in Heidelberg. 19 Feuerwerk. 20—25 Aufzüge. (B. Nr. 3720.)

Dirk Hals

Bruder des Frans Hals, Maler zu Haarlem, gest. daselbst 1656.

6 Bl. Brabanter Frauentrachten. Radirt von Sal. Savry. Compl. Folge. 4. (2700.)

Wilhelm Hondius

Zeichner und Kupferstecher, geb. im Haag 1600, arbeitete daselbst und um 1640 in Danzig und lebte noch 1652.

Portrait des Theodor van Weerdenburg. 1631. gr. Fol. (5810.)

Pieter Jsaacsz

Maler, geb. zu Helsingoer 1569, gest. daselbst 1631.

Christian IV., König von Dänemark. Kniestück. Joannes Müller sculpsit. 1625. gr. Fol. B. 50. (3080.)

Jan Luiken

Luyken, Zeichner und Radirer, geb. zu Amsterdam 1649, gest. daselbst 5. April 1712.

Darstellung der Aachener Heilthumsfahrt. Auf der rechtsseitigen Hälfte des Blattes die Abbildung der einzelnen Heilthümer. qu. Fol. (5090.)

Frans Luycx

Leux, Maler, geb. zu Antwerpen 1604, gest. zu Prag nach 1652.

Ferdinand III., römischer Kaiser. Gestochen von Franz van den Steen. gr. Fol. Neuer Abdruck. (4832.)

Michael Joh. Miereveelt

Maler, geb. zu Delft 1567 (1568?), gest. daselbst 27. Juli 1641. Havard I. 11.

Brustbild des George Villiers, Herzogs von Buckingham. Gestochen von Wilh. Jac. Delff 1626. gr. Fol. Franken 13. (5821.)

Sophie Hedwig, Herzogin von Braunschweig und Lüneburg. Brustbild. Gestochen von W. J. Delff 1631. gr. Fol. F. 15. (2658.)

Gasparus Comes de Colligni, Dominus de Chastillon. Brustbild. Gestochen von W. J. Delff 1631. gr. Fol. F. 21. (2659.)

Amalie Gräfin von Nassau-Oranien. Brustbild. Gestochen von W. J. Delff 1626. gr. Fol. Fehlt F. (2057.)

Brustbild des Grafen von Culenborch. Gestochen von W. J. Delff 1627. gr. Fol. Fehlt F. (5817.)

Francquart, Jacques, Pompe funebre du très pieux et très puissant Prince Albert, Archiduc d'Autriche, Duc de Bourgogne, dessinées par I. F. et gravées par Corneille Galle... Bruxelles, J. Leonard, 1729. Fol. (B. Nr. 6381.)

Hooghe, R. de, Die Belagerung Wiens durch die Türken. 10 Bl. J. Peeters exc. Anv. qu. Fol. (B. Nr. 8712.)

Adrian van Ostade

Maler und Radirer, geb. zu Haarlem 1610. gest. daselbst 1685. Bartsch I. 347. Weigel, Suppl. 46. Faucheux.

2 Bl. Die holländische Wirthsstube und das Bauernhaus. (F.) Janinet sculp. Abdrücke von bemalten Kupferplatten. Fol. (3614.)

Crispin de Passe d. J.

Zeichner und Kupferstecher, geb. zu Utrecht um 1593, gest. nach 1663. Franken. Laschitzer in Repertorium für Kunstwissenschaft VIII. 439.

Der reiche Prasser auf dem Todtenbette. Bl. 3 der Parabel vom reichen Prasser und dem armen Lazarus. qu. Fol. F. 1064. (3855.)

Peter Paul Rubens

Siehe Seite 69.

Portrait des Erzherzogs Albert von Oesterreich, Statthalters der Niederlande. Gestochen von J. Müller. 1615. Fol. B. 62. (2645.)

Portrait der Infantin Isabella, Statthalterin der Niederlande. Gestochen von J. Müller. 1615. Fol. B. 63. (2646.)

Elisabeth von Spanien, Gemalin Philipp's IV. Brustbild. J. Louys sculp. P. Soutman Effigiavit et excud. Radirt. gr. Fol. Schneevogt 182. (3000.)

Rubens mit Frau und Kind im Garten. Schabkunstblatt von J. M. Ardell. Vor der Schrift. gr. Fol. S. 84. (3001.)

Krönung der Königin von Frankreich, Maria von Medicis, zu St. Denis den 12. Mai 1610. Gestochen von Jean Audran. Duchange exc. gr. qu. Fol. S. 19, 13. (2654.)

Le jardin d'amour. L. Lempereur sculpsit. gr. qu. Fol. S. 111. (3003.)

Soldaten im Dorfe. Franciscus van den Wyngaerdt fecit et excudit. Radirt. qu. Fol. S. 128. (3002.)

Egidius van Scheyndel

Maler und Radirer zu Rotterdam in der ersten Hälfte des 17. Jahrhunderts.

8 Bl. Türken und Janitscharen. Nr. 2--4, 7—11 einer Folge von 12 Bl. Radirt. 8. (3076.)

David Teniers d. Aelt.

Maler und Radirer, geb. zu Antwerpen 1582, gest. daselbst 1649. Rigal.

Der Sackpfeifer. 8. Rigal 28. (3604.)

Johann Thomas van Ypern

Maler, Radirer und Kupferstecher in Schwarzkunst, geb. zu Ypern 1610, gest. zu Wien 1673.

Der Schäfer mit der Schäferin beim Baume stehend. Radirt. Fol. (3018.)

Meteren, Emanuel von, Niederländische Historien in hochteutsch vbersetzt....im Jahr 1611. O. O. Fol. Mit Stichen von Carl v. Sichem. (B. Nr. 5215.)

Jan van de Velde

Maler, Kupferstecher und Radirer, geb. zu Haarlem (?) um 1597, gest. nach 1665. Franken und van der Kellen.

8 Bl. Die Jahrmärkte. J. V. Velde fecit et excud. qu. Fol. Franken und van der Kellen 100—107. (3853.)

Adrian van de Venne

Maler, Zeichner und Dichter, geb. zu Delft 1589, gest. im Haag 1665 (?). Franken.

4 Bl. Die Jahreszeiten. Daniel van Bremden sc. H. le Roy exc. Numer. Folge. qu. Fol. Fehlt Franken. (2709.)

Wilhelm Prinz von Oranien, Graf von Nassau. Kniestück Gestochen von W. J. Delff. I. P. van de Venne exc. 1623. Altcolorirt. Fol. Franken, Delff 55. (3111.)

Heinrich Friedrich, Prinz von Oranien, Graf von Nassau. Kniestück. Gestochen von W. J. Delff. I. P. van de Venne exc. 1619. Altcolorirt. Fol. Franken, Delff 60, III. (3112.)

Jan Georg van Vliet

Maler und Radirer, geb. zu Delft um 1610, arbeitete um 1631—1635. Bartsch, Rembrandt II. Linck in Naumann's Archiv V. 285.

14 Bl. Costümfiguren, Bürger und Bauern. J. G. van Vliet fecit 1635. Radirt. 8. B. 59—72, III. (3436.)

XVIII. Jahrhundert.

Adrian van der Werff

Maler, geb. im Kralinger-Ambacht bei Rotterdam 21. Jänner 1659, gest. zu Rotterdam 12. November 1722.

Die Bildnisse des Pfalzgrafen Johann Wilhelm und seiner Gemalin, umgeben von allegorischen Figuren. 1716. Titelblatt zum Düsseldorfer Galeriewerk. Schabkunstblatt von Joh. Elias Haid. gr. Fol. (3918.)

Andriessen, Andreas. Plegtige inhuldiging van zyne doorlugtigste Hoogheidt Willem Karel Henrik Friso Prinse van Oranje en Nassau als Markgraaf van Vere op den 1. Juny des Jaars 1751. Amsterdam 1751. Fol. (B. Nr. 7056.)

Cuyk P. van und J. Punt. Lyk-Staetsie van Zyne Hoogheid Willem Carel Hendrik Friso Prince van Orange en Nassau, .gehouden den IV. Februari 1752. In 's Gravenhage, by Pieter Gosse en N. van Daalen, 1755. Fol. Mit Kupferstichen. (B. Nr. 6050.)

Huët, Dan. Theod. Inhuldiging van zijne doorluchtige Hoogheid Willem Karel Hendrik Friso, Prins van Oranje en Nassau.... als Erf-Heer van Vlissingen of den V[den] Junij 1751. Amsterdam 1753. Fol. Mit vielen Kupferstichen. (B. Nr. 7057.)

4. ITALIENISCHE SCHULE.

XV. JAHRHUNDERT.

ANDREA MANTEGNA

Siehe Seite 69.

Die Soldaten mit den Trophäen. Mit der Säule rechts. Copie nach B. 13. qu. Fol. B. 14. (2963.)

9 Bl. Der Triumphzug des Julius Cäsar. Clairobscurs von vier Stöcken, nach der Zeichnung des Bern. Malpizzi von Andrea Andreani. 1599. Mit den Säulen. gr. qu. Fol. B. XII. 101, 11. Vergl. Kolloff in Meyer's Künstlerlexikon I. 715, 32. (2345.)

XVI. JAHRHUNDERT.

GIACOMO FRANCO

Zeichner und Kupferstecher zu Venedig in der zweiten Hälfte des 16. Jahrhunderts.

Die Einholung der Dogaressa Grimani am 4. Mai 1597 in Venedig. Im Vordergrunde das Staatsschiff »il Bucentoro«. gr. qu. Fol. (3482.)

TEODORO FILIPPO DE LIAGNO

Maler und Radirer, geb. zu Madrid 1556, gest. 1626. Bartsch XVII. 199.

Soldat. Teodor Filippo de Liagno inu. et fecit. Gio Orlandi for. in Napoli. Radirt. 8. B. 2. (2412.)

MARTIN ROTA

Siehe Seite 105.

Kaiser Rudolph II. Brustbild. 1592. Fol. B. 96. (3400.)

RAFFAEL SANTI DA URBINO

Siehe Seite 71.

Brustbild des Baldassare Castiglione. R. Persinius (Persyn) sc. Joachimus Sandrart del. et exc. Amsterd. in aedibus Alph. Lopez. Fol. (3954.)

Bertelli, Ferd. Habiti d'uomini di tutte le nazioni del mondo, con li suoi costumi al naturale. In Ferrara l'anno 1545. 4. 58 numer. Kupferstiche von Enea Vico. B. 204—232. (B. Nr. 3760.)

Benacci, Vittorio. Descrittione degli apparati fatti in Bologna per la venuta di N. S. Papa Clemente VIII. Bologna 1599. 8. Mit Radirungen. (B. Nr. 5622.)

Enea Vico

Siehe Seite 40.

5 Bl. Hispaniae rustica, Hispanus, Solimani Turchorū Regis puer servus, Tartarus, Sulimani Turchorum aus dem allgemeinen Trachtenwerk. 4. B. 225—227, 229, 232. (2703.)

XVII. JAHRHUNDERT.

Stefano della Bella

Siehe Seite 40.

6 Bl. Einzug des polnischen Gesandten in Rom 1633. gr. qu. Fol. J. 28. (2710.)

3 Bl. Polnische und türkische Reiter. Runde. Fol. J. 175, 3, 4, 6. (3594.)

Ludwig Burnacini

Hof-Architekt und Theater-Ingenieur zu Wien um 1652—1707.

2 Bl. Aufzüge zum Ritterballet: Die vier Elemente, im Hofe der kaiserl. Burg zu Wien am 24. Jänner 1667. (Burnacini inv. A. Frölich sc.) Radirt. gr. qu. Fol. (3611.)

Francesco Villamena

Zeichner und Kupferstecher, geb. zu Assisi 1566, gest. zu Rom 1626.

Johann Gross aus Luzern, päpstlicher Gardist. In ganzer Figur. In Roma 1613. Fol. (2681.)

Storer, Joh. Christoph. Racconto delle sontuose esequie fatte alle Serenissima Isabella Reina di Spagna nella chiesa maggiore della città di Milano, il giorno 22 Dec. dell' anno 1644. In Milano, per Dionisio Gariboldi. Fol. Mit Radirungen von Gio. Paolo Blanc. (B. Nr. 5623.)

Il fuoco eterno custodito dalle Vestali. Drama musicale per la felic. nascita della serma arciduchessa Anna Maria. In Vienna d'Austria, per Gio. Christ. Cosmerovio, 1674. Fol. Gestoch. Frontispiz. Titel, 9 Bl. Vorstücke, 83 Seiten Text. Mit 13 Kupferstichen in gr. Fol. von M. Küssel nach Zeichnungen des Ludwig Burnacini. (B. Nr. 4368.)

Patino, Carlo. Le pompose feste di Vicenza, fatte nel mese di Giugno del 1680. In Padova per Gio. Battista Pasquati 1680. Fol. Mit 3 Radirungen. (B. Nr. 6988.)

Esequie fatte in Venetia dalla natione Fiorentina al Serenissimo D. Cosimo II quarto Gran Duca di Toscana il dì 25 di Maggio 1621. In Venezia appresso il Ciotti. Fol. Mit Kupferstichen von Franc. Valleggio. (B. Nr. 7161.)

XVIII. JAHRHUNDERT.

JOSEPH GALLI-BIBIENA

Theater-Ingenieur und Decorationsmaler, arbeitete zu Wien, Dresden und Berlin, geb. zu Bologna 1696, gest. zu Berlin 1756.

Trauergerüst, aufgerichtet zur Todtenfeier von Eleonore Magdalena Theresia von Pfalz-Neuburg. Jos. Gal. Bibiena. S. C. M. Arch. Theat. Inv. del. El. Schaffhauser sculp. Viennae. gr. Fol. (3951.)

Cervelli, Fortunato de'. Relazione delle grandiose feste per la gloriosissima esaltazione al Trono Cesareo delle Sacre Reali Maestà di Francesco I eletto Imperatore de' Romani e di Maria Teresia Regina d'Ungheria, e di Boemia, Imperadrice sempre Augusta. In Bologna, nella stamperia di Lelio dalla Volpe. 1745. Fol. Mit Kupferstichen. (B. Nr. 5552.)

Parentalia Mariae Clementinae Magn. Brittanniae, Franciae & Hiberniae Reginae Jussu Clementis XII. Pont. Max. 1735. In Roma appresso G. Maria Salvioni 1736. Fol. Mit einer grossen Kupfertafel nach F. Fuga gestochen von B. Gabbuggiani. (B. Nr. 7159.)

Narrazione delle solenni reali feste fatte celebrare in Napoli da sua maesta i re delle due Sicilie Carlo Infante di Spagna. . .per la nascita del suo primogenito Filippo. 1747. In Napoli 1749. gr. Fol. Titel und p. 3—16 Text. Dedicationsblatt, gestochen von Carlo Gregorj und 15 Kupfertafeln in gr. Fol. nach Zeichnungen des Vincenzo Rè gestochen von Gius. Vasi, A. Guiducci u. A. (B. Nr. 4369.)

Ragguaglio delle nozze della Maestà di Filippo Quinto e di Elisabetta Farnese celebrate in Parma l'anno 1714. In Parma, nella stamperia di S. A. S. 1717. Fol. Mit Illustrationen von Ilario Spolverini, gestochen und radirt von Giov. Batt. Sintes u. A. (B. Nr. 6990.)

Zompini, Gaetano. Le arti che vanno per via nella città di Venezia. Venezia 1785. Fol. Mit 60 Radirungen. (B. Nr. 6899.)

Coleccion general de los trages de España, segun se usan actualmente. Titel fehlt. 112 numer. Bl., gestochen von Vazquez, Albuerne, Marti und Rodriguez. Colorirt. 8. (Madrid) o. J. (B. Nr. 4443.)

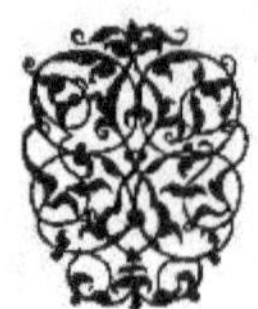

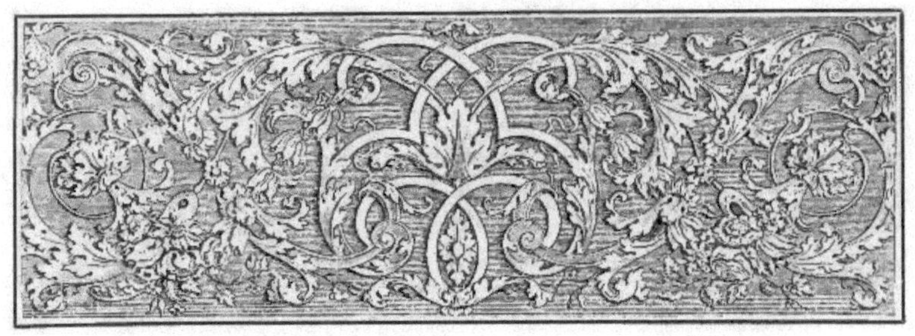

III. MOBILIEN.

A. WELTLICHE MOBILIEN.

a) TISCHLERARBEITEN.

1. DEUTSCHE SCHULE.

XVI. JAHRHUNDERT.

PETER FLÖTNER

Siehe Seite 55.

Himmelbett mit reich ornamentirten Säulen und Füllungen, oben zwei Genien mit Füllhörnern. Unten ein Schriftband mit den Initialen des Meisters, rechts Schlägel und Meissel. Holzschnitt. Br. 0·30, H. 0·312. P. 34. (2748.)

Bett, von der Schmalseite aus gesehen. Die Initialen des Meisters auf der Rückwand des Bettes, Meissel und Schlägel rechts unten beim Bettfuss. Holzschnitt. Scharf beschnitten, vielleicht auch etwas verschnitten. H. 0·150, Br. 0·123. Fehlt B. und P. (2882.)

Bett. Die Vorderwand mit Vasen in Nischen verziert. Rechts auf der Treppe lehnt ein Täfelchen mit: P F 1533, daneben liegen Meissel und Schlägel. Links zwei Männer, von denen der eine auf der Bettwand sitzt und einen Schlägel in der Hand hält. Holzschnitt. H. 0·121, Br. 0·140. Fehlt B. und P. (2883.)

Bett. Auf den beiden Säulen am Kopfende stehen zwei Knaben, einen Feston haltend. Auf der Stufe: P F, Schlägel und Meissel. Holzschnitt. H. 0·185. Br. 0·171. Fehlt B. und P. (2884.)

Himmelbett, links davon ein Nachttischchen. Die Initialen des Meisters unten in der Mitte an der Erhöhung, auf welcher das Bett steht, Schlägel und Meissel etwas rechts davon auf derselben. Holzschnitt. H. 0·162, Br. ebenso. Fehlt B. und P. (2885.)

JACOB LEDERLEIN

Formschneider zu Tübingen um 1580—1600. Nagler, Monogr. III. 2720.

Himmelbett mit Intarsiaornament auf der Schmalseite. Auf dem Flugblatt: Fünf Caluinische Articul etc. Tübingen, Georg Gruppenbach, 1590. Holzschnitt. gr. Fol. Fehlt N. (3484.)

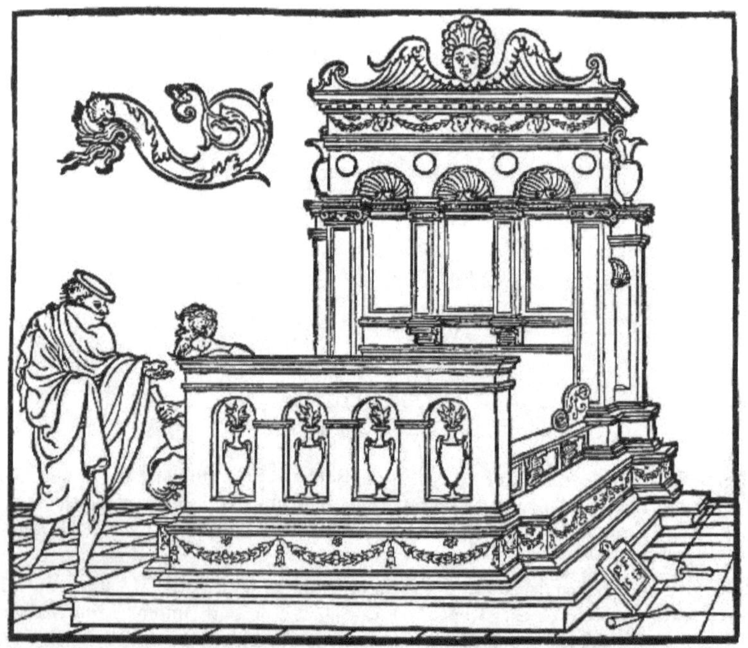

PETER FLÖTNER (2883)

MICHAEL ZIMMERMANN

Maler und Formschneider zu Wien um 1556.

Schrank. Holzschnitt in Contourmanier. Auf der Rückseite: Joh. Friedrich v. Sachsen. Brustbild. Fol. (2212.)

Stör, L. Geometria et perspectiva. Hierinn etliche zerbrochne Gebew den Schreinern in eingelegter Arbait dienstlich, ... Augspurg. Michael Manger, 1567. Titel und 11 Holzschnitte. Fol. A. 1. I. (B. Nr. 5059.)

10*

MONOGRAMMIST

Kunsttischler in der ersten Hälfte des 16. Jahrhunderts. Nagler, Monogr. III. 1488.

Schrank. Grundriss und Aufriss. Holzschnitt in Contourmanier. Auf der Rückseite Dürer's Portrait. Fol. (3549.)

XVII. JAHRHUNDERT.

JOHANN INDAU

Kunsttischler zu Wien, geb. 1651, Kammertischler der Kaiserin Eleonora um 1686. Ilg in Berichte und Mittheilungen des Alterthums-Vereines zu Wien XXIV. 1.

3 Bl. Tische. Nr. 3—5 einer Folge. Radirt. qu. Fol. (2915.)

JOHANNES UNSELT

Siehe Seite 20.

6 Bl. Neues Zierrathen Büchlein. Zu verkauffen bey Johann Vnseldt Bildhauer in Augspurg, 1690. Rahmen und ornamentale Details für Tischlerarbeiten. Radirt. Fol. (5869.)

4 Bl. Newes Zierathen Buch. Verlegt bey Joh. Ulrich Stapff, Augspurg 1695. Bl. 1, 2, 4, 5 der Folge. Stühle, Tische und Schlitten. qu. Fol. (5870.)

XVIII. JAHRHUNDERT.

GEORG MICHAEL ROSCHER

arbeitete zu Augsburg in der ersten Hälfte des 18. Jahrhunderts.

4 Bl. Rococo-Möbel: Commoden, Tische, Stühle etc. Joh. Georg Hertel exc. Aug. Vind. Nr. 1—4 aus zwei Folgen. qu. Fol. (4974, 5747.)

JOHANN JACOB SCHÜBLER

Architekt und Zeichner zu Nürnberg, gest. 1741.

5 Bl. Verschiedene Tische. Nr. 2—6 der Folge. Jer. Wolff exc. Fol. (2830.)

JEREMIAS WACHSMUTH

Zeichner und Kupferstecher, geb. zu Augsburg 1712, gest. 1779.

4 Bl. Vorlagen für Tischlerarbeit: »Blindflügel« und »Untergehäng«. Martin Engelbrecht excud. Verlagsnummer 142—143, 145—146. Fol. (4660.)

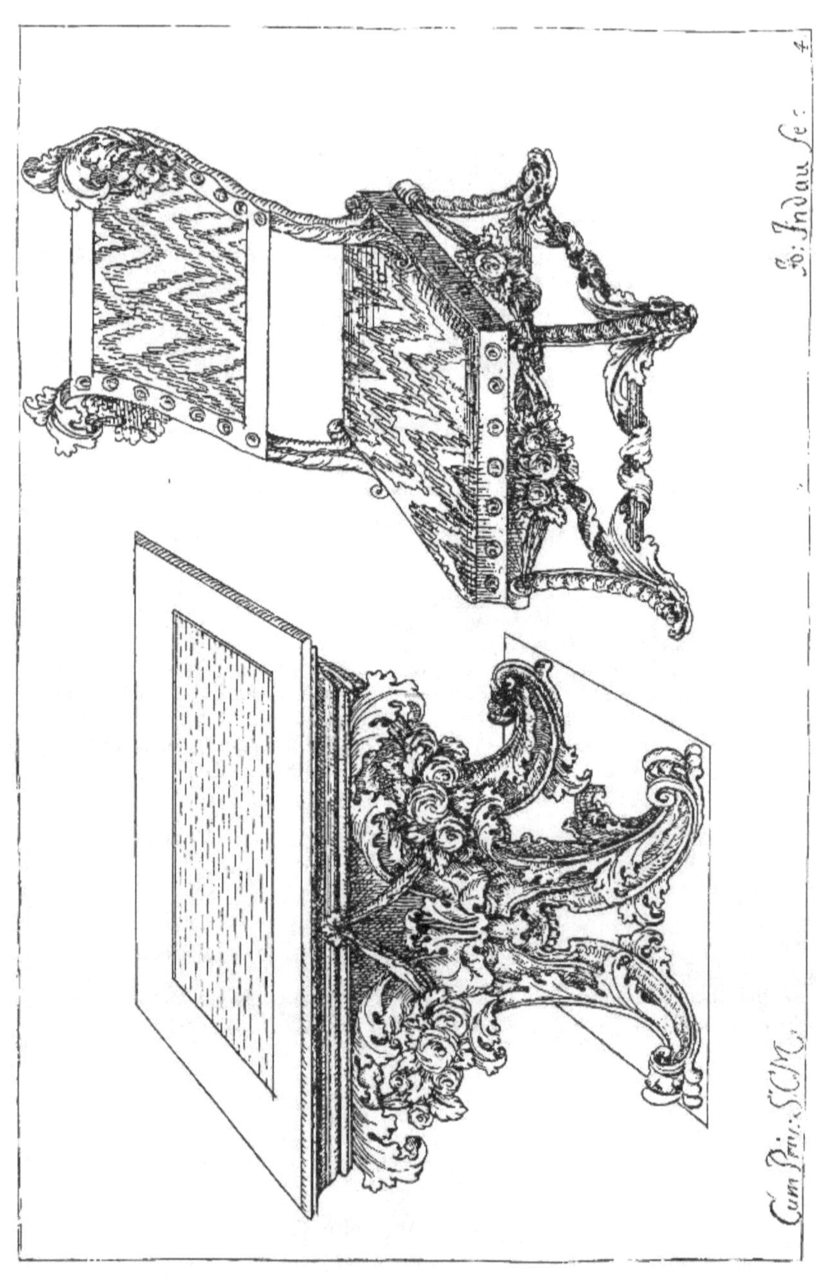

Johann Indau (2915)

2. FRANZÖSISCHE SCHULE.

XVI. JAHRHUNDERT.

JACQUES ANDROUET DU CERCEAU
Siehe Seite 24.

29. Bl. Möbel: Tische, Kästen, Betten etc. Radirt. Fol. und qu. Fol. (2273.)

XVIII. JAHRHUNDERT.

THOMAS JOHNSON
Zeichner und Kupferstecher zu London um 1761.

2 Bl. Etagère und Spiegelumrahmungen. Nr. 46 und 53 aus des Künstlers 150 Designs. 1761. Gestochen von B. Clowes. Fol. (4612.)

NICOLAS PINEAU
Bildhauer und Kupferstecher zu Paris, gest. 1754.

6 Bl. Numer. Folge: Nouveaux desseins de Plaques, Consoles..et Médailliers etc. Mariette exc. qu. Fol. (5748.)

b) WAGNERARBEITEN.

XVII. JAHRHUNDERT.

JOHANNES UNSELT
Siehe Seite 20.

Der Rücktheil eines reich verzierten Wagens. Fol. (3328.)

XVIII. JAHRHUNDERT.

BERNARD PICART
Siehe Seite 30.

7 Bl. Premier des Magnifiques Carosses de Mr. le Duc d'Ossuna. Amsterdam, Picart, 1714. Fol. und gr. Fol. (2312.)

Ferry, C. und A. Cornely. 6 Bl. Prachtcarossen, gestochen von Arnold van Westerhout. qu. Fol. (B. Nr. 4302.)

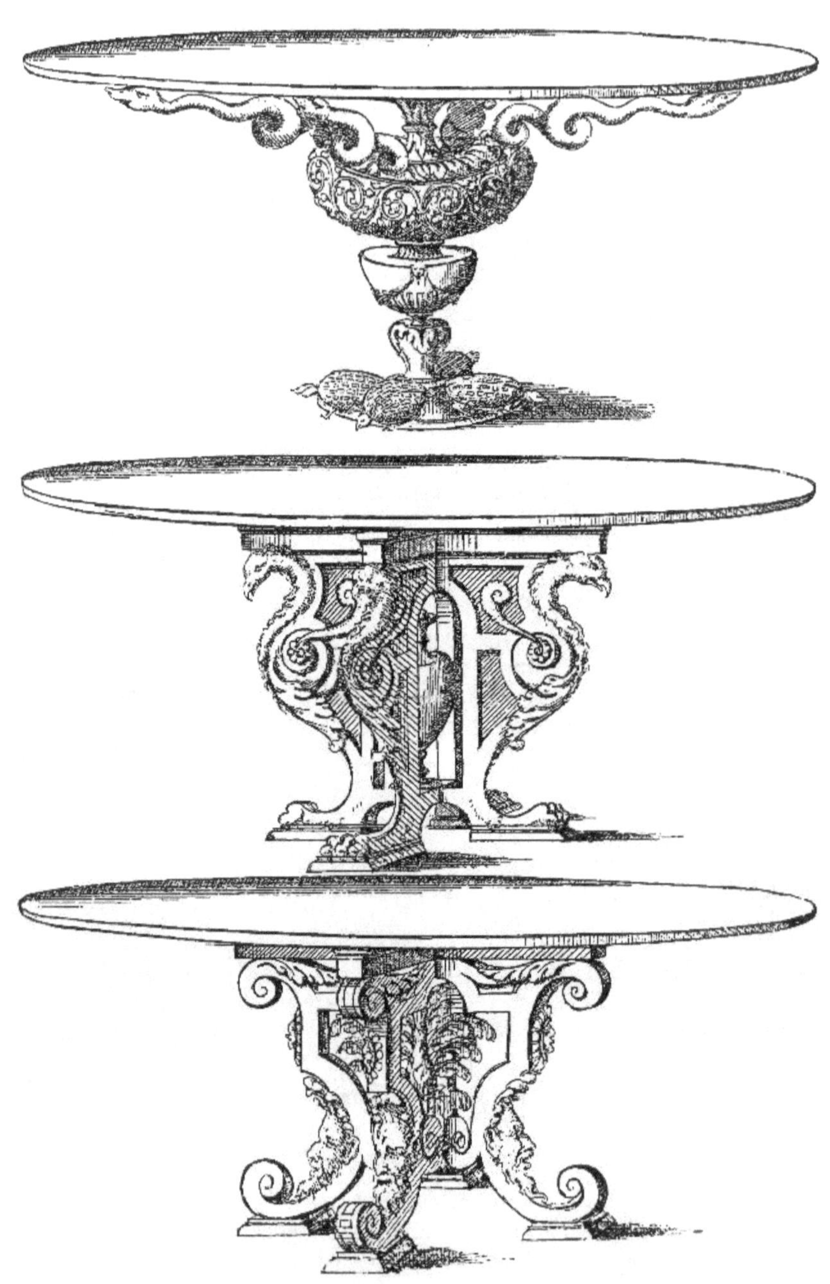

Jacques Androuet Du Cerceau (2273)

B. KIRCHLICHE MOBILIEN.

a) ALTÄRE UND ALTARAUFSÄTZE.

1. DEUTSCHE SCHULE.

XVI. JAHRHUNDERT.

ALBRECHT ALTDORFER

Siehe Seite 1.

Altar mit der heiligen Jungfrau mit dem Kinde. Links der heilige Christoph und die heilige Barbara, rechts der heilige Georg und die heilige Katharina. Holzschnitt. Fol. B. 50. (2648.)

XVIII. JAHRHUNDERT.

KATHARINA KLAUBER

Kupferstecherin zu Augsburg in der zweiten Hälfte des 18. Jahrhunderts.

3 Bl. Tabernakel. Nr. 2, 3, 4 einer Folge. Fol. (3922.)

CHRISTIAN FRIEDRICH RUDOLPH

Bildhauer zu Augsburg, geb. 1692, gest. 1754.

2 Bl. Altäre. B. S. Setlezky und Joh. Gottfr. Thelott sculps. Fol. (3926.)

2. ITALIENISCHE SCHULE.

XVII. JAHRHUNDERT.

UNBEKANNT

Altaraufsatz mit Maria mit dem Kinde. Ohne Bezeichnung. Fol. (2806.)

b) TAUFBRUNNEN.

DEUTSCHE SCHULE.

XVIII. JAHRHUNDERT.

JOHANN JACOB SCHÜBLER

Siehe Seite 148.

Taufbrunnen. J. M. Steidlin sc. Nr. 6 der Folge. Fol. (2832.)

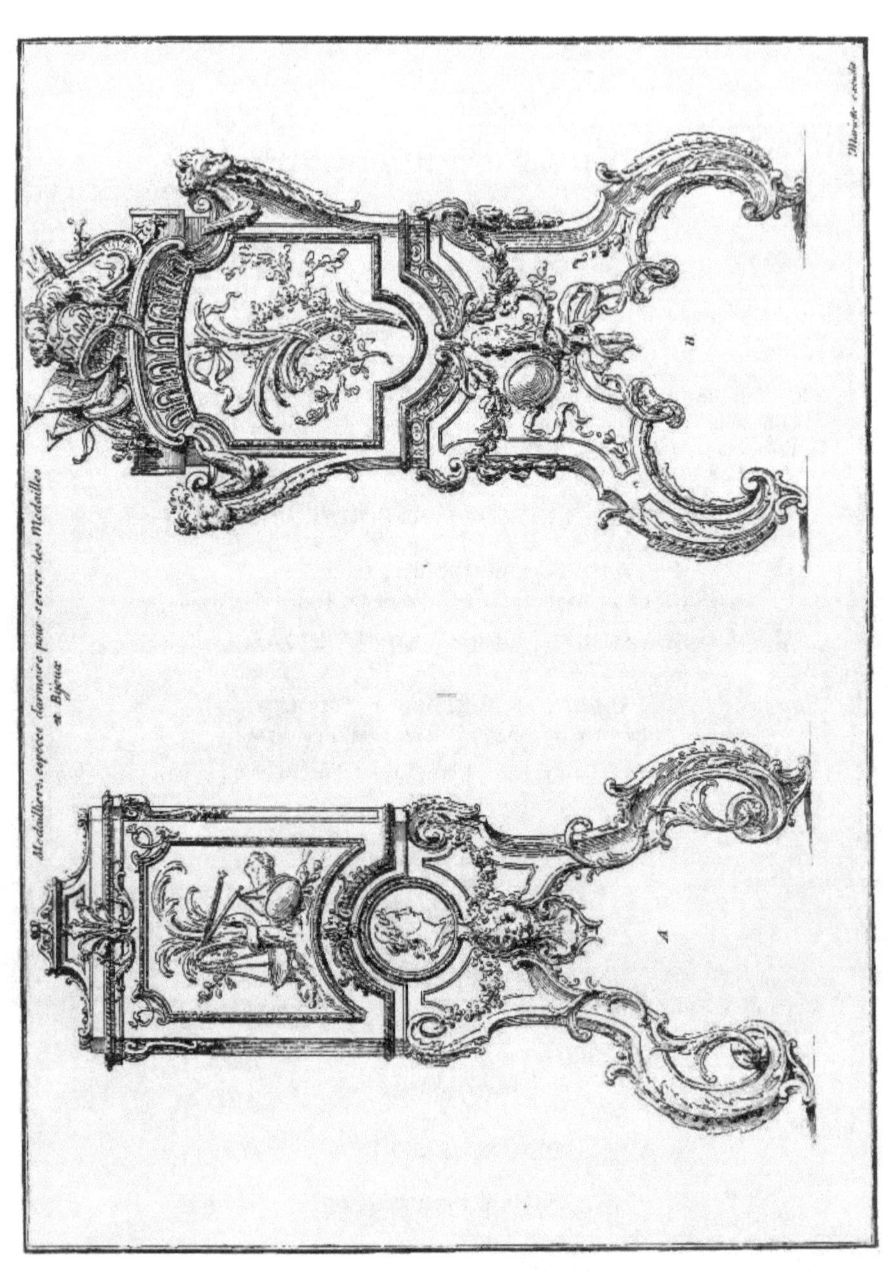

Nicolas Pineau (5748)

c) GRABDENKMALE (EPITAPHIEN).

1. DEUTSCHE SCHULE.

XVI. JAHRHUNDERT.

MONOGRAMMIST

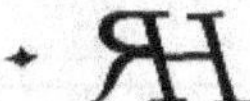

Nagler, Monogr. III. 1395.

Oberer Theil des Epitaphiums der Familie Schmid aus Augsburg. Christus am Kreuz, Maria und Afra, Johannes und St. Ulrich. Das Monogramm späterer Zusatz. Abdruck von der gravirten Platte. gr. qu. Fol. (5273.)

2. ITALIENISCHE SCHULE.

XVII. JAHRHUNDERT.

GIOVANNI LORENZO BERNINI

Architekt, Bildhauer und Maler, geb. 7. December 1598 zu Neapel, gest. zu Rom 28. November 1680. H. v. Tschudi in Meyer's Künstlerlexikon III. 661.

Das Grabmal Urban's VIII. Maffeo Barberini in der Peterskirche. 1646. Gestochen von Giov. Domen. Rossi. gr. Fol. (3952.)

ANTONIO FRANCESCO LUCINI

Zeichner und Kupferstecher, geb. zu Florenz um 1610. Meaume, Callot II. 595.

12 Bl. Grabmonumente von Sansovino, Suardi u. A. Piero Antonio Torri Bolognese del. Ant. Franc. Lucini Fiorentino fece. Ohne Nummern. gr. Fol. (2828.)

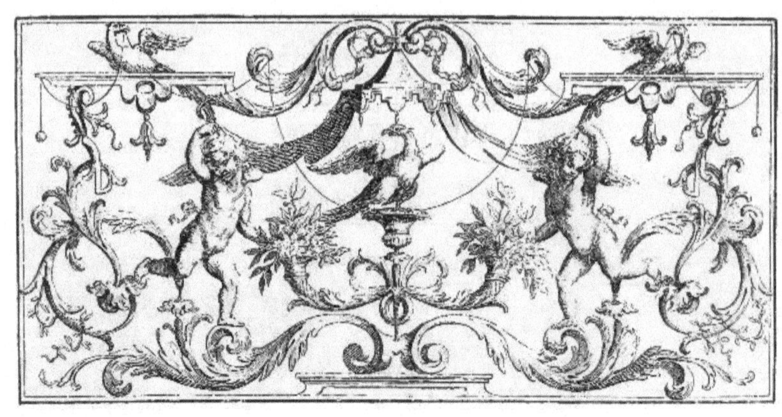

IV. SCHMIED- UND SCHLOSSERARBEITEN.

1. DEUTSCHE SCHULE.

XVIII. JAHRHUNDERT.

HEINRICH ÖLCKER

Schlosser zu Spremberg um 1710.

6 Bl. Reiss-Büchlein Heinrich Ölckers Pürger und Hoff-Schlossers in Spremberg. Gebürtig in Buxtehute. Gelernet in Hamburg. Anno 1710. Joh. Christoph Weigel exc. Schlossbleche, Thürbeschläge u. s. w. Fol. und qu. Fol. (2913.)

JOHANN CONRAD REIFF

Siehe Seite 23.

5 Bl. Stiegen-, Balkon- und Thürgitter, Schlossbleche, Schlüsselgriffe u. dgl. Nr. 1—4 und 1 unnum. Bl. Auf Bl. 1: J. C. Reiff sc. Fol. (2299.)

FRANZ LEOPOLD SCHMITTNER

Schlosser, später Kupferstecher, geb. zu Wien 1703, gest. daselbst 25. März 1761.
Ilg in Mittheilungen des Oesterreichischen Museums N. F. I. 489.

Titel und 2 Bl. Neu inventiertes Schlosser Reiss-Buch. Gitter, Beschläge u. s. w. Nr. 1, 6, 7 einer Folge. Fol. Ilg 25. (5672.)

JOHANN CONRAD REIFF (2299)

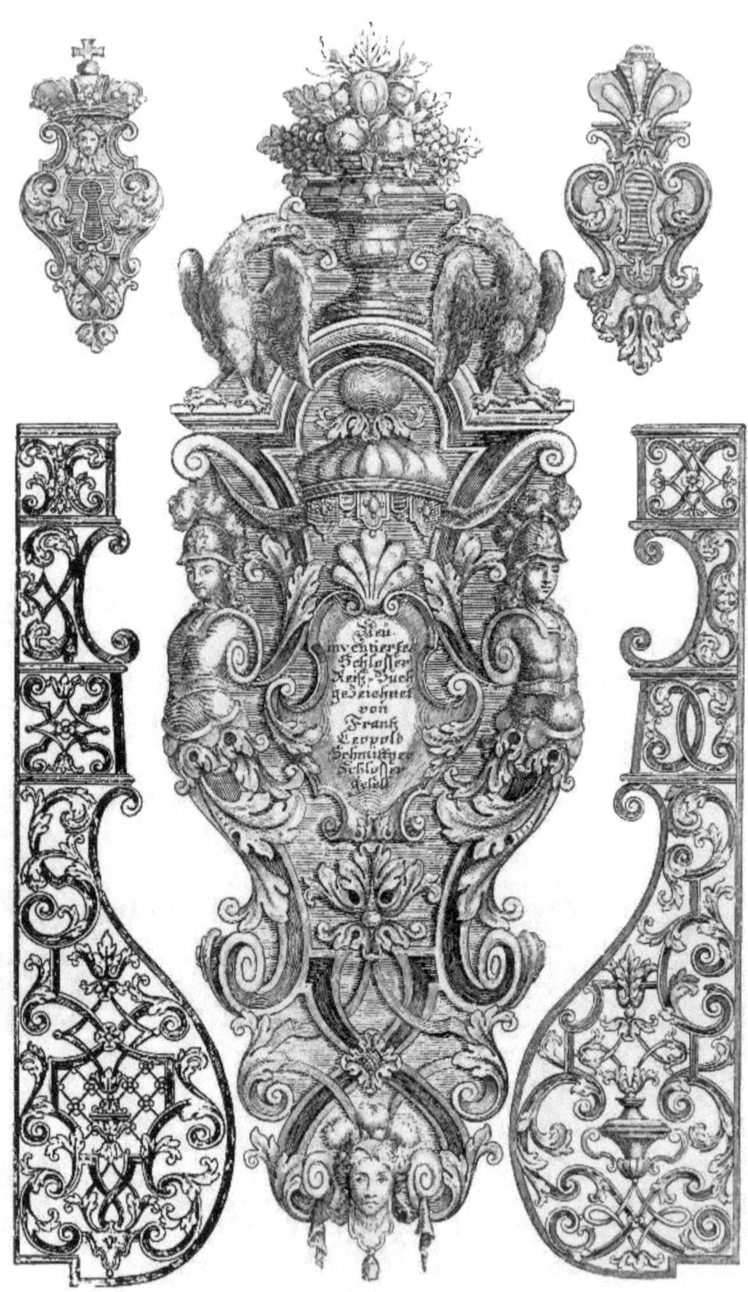

FRANZ LEOPOLD SCHMITTNER (5672)

2. FRANZÖSISCHE SCHULE.

XVII. JAHRHUNDERT.

Hugues Brisville

Schlosser zu Paris um 1663.

9 Bl. Diverses pièces de serruriers. . .gravez par Jean Berain. Titel und 8 Bl. Schlossbleche und Eisenornamente. Nr. 3, 6—12 der Folge. 4. (2364, 5865.)

Bl. 11 der vorigen. Verschnitten. (3728.)

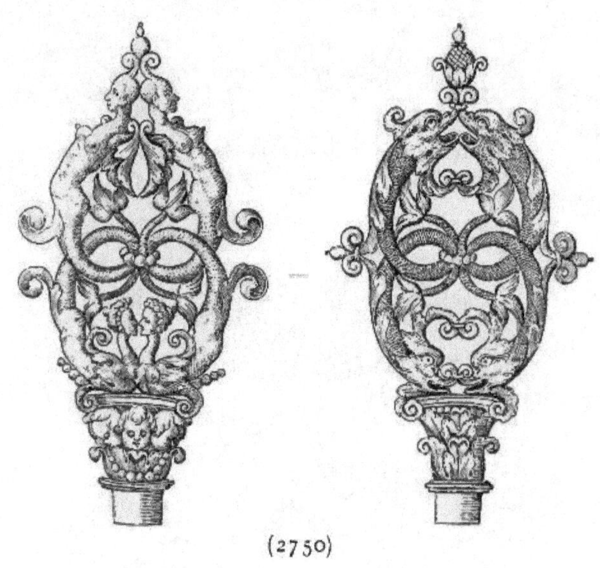

(2750)

Antoine Jacquard

Zeichner. Kupferstecher und Büchsenmacher zu Poitiers in der ersten Hälfte des 17. Jahrhunderts.

Zwei reichverzierte Schlüsselgriffe. Ohne Bezeichnung. 8. (2750.)
Reichverzierter Schlüsselgriff. Ohne Bezeichnung. Copie. 8. (5067.)
3 Bl. Eisenornamente. Nr. 2—4 einer Folge. Ohne Bezeichnung. 4. (3487.)

Nicolas Jardin

Schlosser um 1646—1649.

Reichverziertes Schlossblech. 1646. Fol. (2502.)

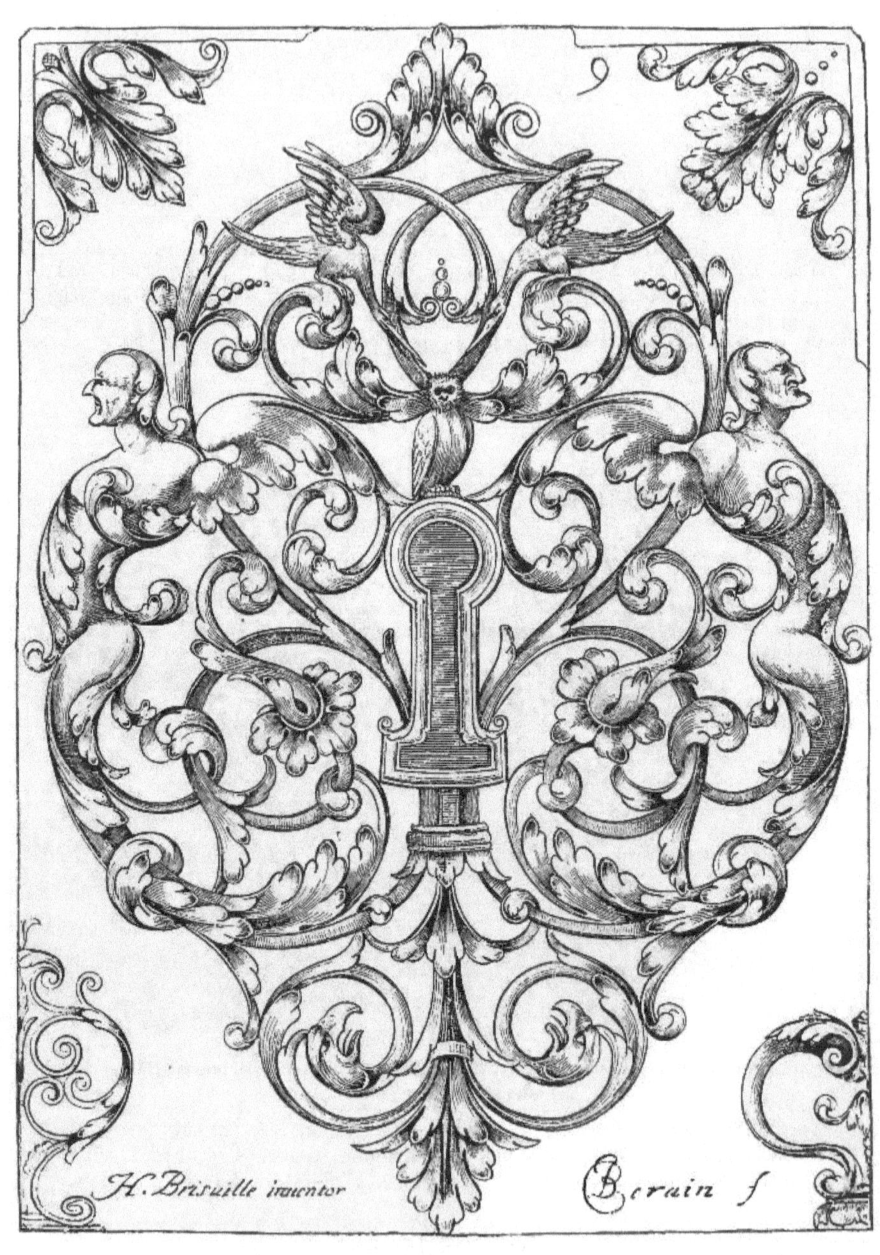

Hugues Brisville (2364)

XVIII. JAHRHUNDERT.

JACQUES FRANÇOIS BLONDEL

Architekt und Kupferstecher, geb. zu Rouen 8. Jänner 1705, gest. zu Paris 9. Jänner 1774.

Divers Desseins de serrurerie. Schild- und Laternenträger. Bl. 51 aus des Künstlers Werk: »Maisons de plaisance«, II. Band. Fol. (4604.)

FRANÇOIS DE CUVILLIÉS PÈRE

Architekt, geb. zu Soissons 1698, gest. zu München 1760.

Livre de Serrurerie, nouvellement inventé, gravé par C. A. de Lespilliez. Laternenträger und Oberlichtgitter. Nr. 1 einer Folge. Fol. (4659.)

3. NIEDERLÄNDISCHE SCHULE.

XVII. JAHRHUNDERT.

UNBEKANNT

2 Bl. 12 und 16 Thürklopfer auf je einem Bl. Nr. 31 und 32 einer Folge. qu. Fol. (2296.)

Lamour, Jean. Recueil des ouvrages en serrurerie, que Stanislas le bienfaisant, Roy de Pologne, Duc de Lorraine et de Bar, a fait poser sur la place Royale de Nancy, à la gloire de Louis le Bien-Aimé. Nancy, chez l'auteur. (Privilegium vom Jahre 1767.) gr. Fol. Gestochener Titel und Dedication, 5 Bl. Text und 21 Kupfertafeln, gestochen von Collin und Nicole fils. (B. Nr. 4370.)

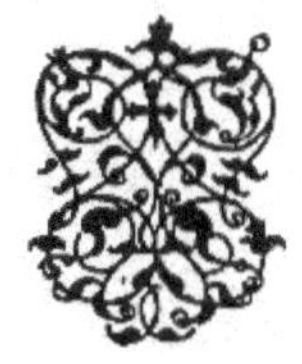

V. WEHR UND WAFFEN.

A. ANGRIFFS- UND SCHUTZWAFFEN.

1. DEUTSCHE SCHULE.

XVI. JAHRHUNDERT.

HEINRICH ALDEGREVER

Siehe Seite 1.

Dolch mit reichem Laubwerkornament. 1537. Fol. B. 265. (2946.)

2. FRANZÖSISCHE SCHULE.

XVII. JAHRHUNDERT.

JEAN BERAIN D. AELT.

Architekt, Zeichner und Kupferstecher, geb. zu Saint-Mihiel 1639, gest. zu Paris 25. Jänner 1711. C. A. Regnet in Meyer's Künstlerlexikon III. 567.

Flintentheile mit Figuren und zierlichen Ornamenten. Berain F. c. Fol. (3727.)

HUGUES BRISVILLE

Siehe Seite 158.

4 Bl. Degengriff, Gewehrschlösser und andere Gewehrbestandtheile. Auf einem Gewehrschlosse: Thvraine à Paris. Fol. und qu. Fol. (3728.)

Raab, Heinrich. Neues Büchsenmacher-Büchlein zu finden bey David Funck in Nürnberg. Henric Raab sc. O. J. 7 Bl. qu. Fol. (B. Nr. 8070.)

11

Antoine Jacquard

Siehe Seite 158.

5 Bl. Degengriffe, Degenknöpfe und Scheidenbeschläge mit Groteskenornamenten auf schwarzem Grunde. Nr. 2—5, 7 der Folge. Mit den Initialen des Meisters. Fol. (2496.)

2 Bl. Drei Degenknöpfe. Gegenseitige Copien von Bl. 7 der vorigen Folge. Verschnitten. (5068.)

MONOGRAMMIST

N

Gewehrschloss, mit Thieren, Ornamenten und Figuren, grösstentheils auf schwarzem Grunde, verziert. In der Weise des Philippe Cordier D'Aubigny. Das Monogramm auf dem Deckel der Pulverpfanne. Ausgeschnitten. Grösste Br. 0·170. (2758.)

XVII. und XVIII. JAHRHUNDERT

66 Bl. Abdrücke von Zierplättchen auf Waffen, darunter Blätter von Claudin, Lefaure, Leroux, Marquis in Paris und Bedgrain in Havre. 8. und qu. 8. (3481.)

3. ITALIENISCHE SCHULE.

XVI. JAHRHUNDERT.

Baccio (Bartolommeo) Bandinelli

Maler und Bildhauer, geb. zu Florenz 12. November 1493, gest. daselbst 7. Februar 1560. H. Lücke in Meyer's Künstlerlexikon II. 671.

Cosimo Medici, Herzog von Florenz, im Prunkharnisch. Kniestück. Gestochen von Nic. della Casa. Fol. R-D. (IX. 180) 4, II. (3543.)

Francesco Mazzuoli, gen. Parmigianino

Siehe Seite 71.

6 Bl. Behelmte Köpfe. Radirt von W. Hollar. 1645. 8. P. 1616—1621. (3589.)

Tizian Vecellio da Cadore

Siehe Seite 72.

Karl V. im Harnisch mit dem Schwerte in der Rechten. Halbe Figur. Holzschnitt von N. Boldrini. Vor der Tonplatte. gr. Fol. B. XII. 140, 1. (3016.)

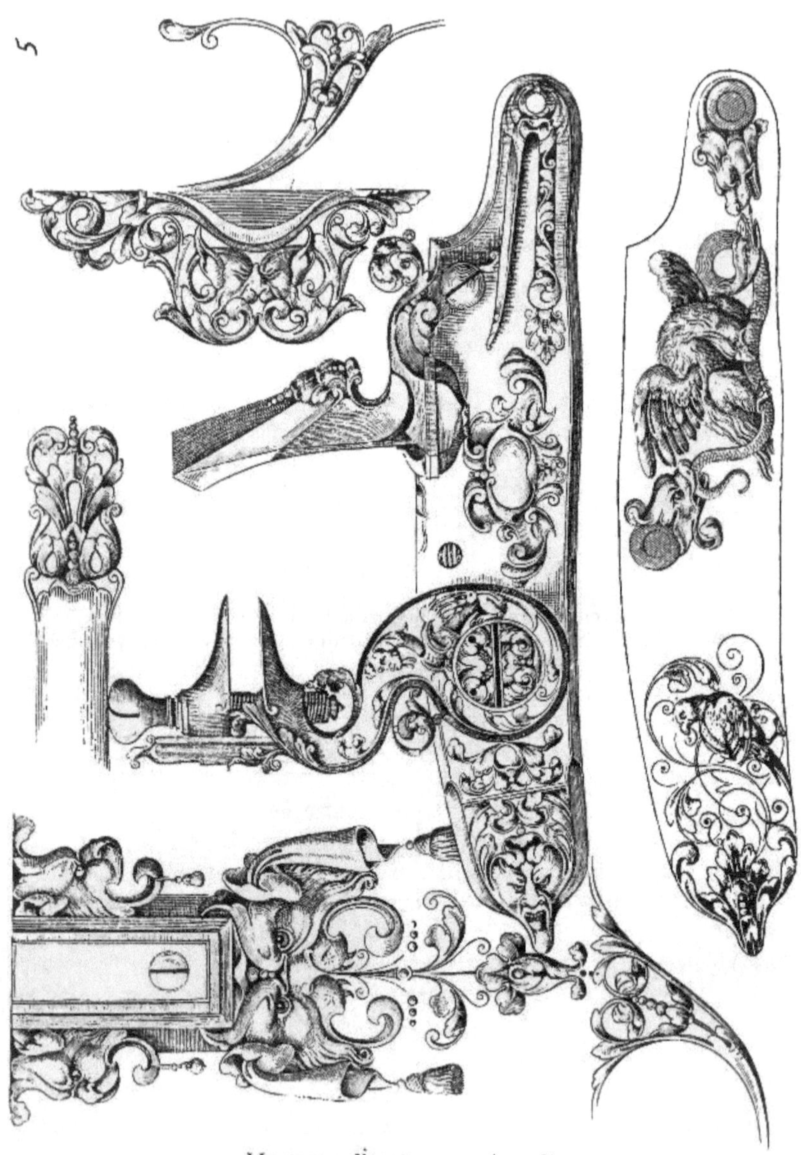

HUGUES BRISVILLE (3728)

11*

B. FECHT-, RING- UND REITBÜCHER, EXERCIR-REGLEMENTS.

XVI. JAHRHUNDERT.

Fabian von Auerswald

Ringer kunst: fünff vnd achtzig stücke, zu ehren kurfürstlichen gnaden zu Sachssen etc. Durch Fabian von Auerswald zugericht. 1539. Titel mit dem chursächsischen Wappen, 1 Bl. Vorrede, 1 Bl. Brustbild des Fabian von Auerswald mit dem Zeichen Lucas Cranach's des Aelt. Hierauf 86 Ringerpaare in Holzschnitt, oben mit erläuterndem Text. Auf dem Schlussblatt: Gedruckt zu Wittemberg durch Hans Lufft 1539. Fol. Schuchardt 135. Passavant 171. (B. Nr. 2310.)

Leonhard Fronsperger

Von Kayserlichen Kriegssrechten Malefitz vnd Schuldhändlen, Ordnung vnd Regiment...in zehen Bucher abgetheilt....Franckfurt am Mayn, Rabe, Feyerabend & Hüter, 1566. Fol. Mit vielen in den Text eingedruckten Holzschnitten und vier (statt fünf) grossen radirten Tafeln von Jost Amman. A. 226, p. 372. (B. Nr. 3818.)

Hans Lebkommer

Der Allten Fechter gründtliche Kunst. Mitsampt verborgenen heymlicheyten, Kämpffens, Ringens, Werffens etc. Figürlich fürgemalet, Bisher nie añ tag komēn. Zu Franckfurt am Meyn, Bei Christian Egenolph. O. J. 4. Mit Holzschnitten von H. Brosamer. Fehlt B. und P. (B. Nr. 4285.)

Achille Marozzo

Arte dell' armi. Ricorsetto et ornato di nove figure in rame. In Venetia, apresso Antonio Pinargenti, 1568. 4. Mit vielen radirten Illustrationen im Text. (B. Nr. 6800.)

Joachim Meyer

Gründtliche Beschreibung, der freyen Ritterlichen vnnd Adelichen kunst des Fechtens, in allerley gebreuchlichen Wehren, mit vil schönen vnd nützlichen figuren gezieret vnd fürgestellet. Durch Joachim Meyer, freyfechter zu Strassburg, Anno MDLXX. (Getruckt zu Strasburg bei Thiebolt Berger.) qu. Fol. Mit Holzschnitten von Tobias Stimmer. A. 165. (B. Nr. 3902.)

Robertus Valturius

De re militari libri XII. Parisiis, apud Christianum Wechelum, 1532. Fol. Mit vielen Holzschnitten. (B. Nr. 3836.)

XVII. JAHRHUNDERT.

Adam van Breen

Le maniement d'armes de Nassau, avecq Rondelles, Piques, Espees, & Targes; Representez par Figures, selon le nouveau ordre du Tresillustre Prince Maurice de Nassau. Avecq Instruction par escript pour tous Cappitaines & Commandeurs, nouvellement mis en lumiere. Imprime Anno 1618. A la Haye en Hollande. Fol. Gestochener Titel, 4 Bl. deutscher Text, 32 numer. und 2 nicht numer. Kupfertafeln. Hierauf ein Bl. Text, 16 Kupfer und ein Schlussblatt mit der Justitia. (B. Nr. 3842.)

Giovanni Battista di Galiberti

Il cavallo da maneggio. Libro. Dove si tratta della nobilissima virtu del cavalcare, come il cavagliere deve star' à cavallo, acciò sia chiamato perfetto cavagliere. . . . . Diviso in tre parti. In Vienna d'Austria, per Giov. Giac. Kyrneri, 1650. Fol. Mit vielen Kupfern. (B. Nr. 4655.)

Jacob de Gheyn

Maniement d'Armes d'Arquebuses, Mousquetz et Piques. En conformité de l'ordre de Monseigneur le Prince Maurice, Prince d'Orange, Comte de Nassau etc. etc. Representé par figures, par Jaques de Gheyn. Imprimé a Amsterdam chez Robert de Baudous 1608. Amsterdam chez Henry Laurens. Fol. Drei Theile. Titel, 42, 43 und 32 Tafeln und 6 Bl. Text. (B. Nr. 3713.)

Maniement d'armes en conformite de l'ordre de Prince Maurice represente per figures par Jaque de Geyn. (Tot Amstelredam, Ghedruckt by Robbert de Baudouz Anno 1610.) Fol. Titel, 6 Seiten französischer und 6 Seiten holländischer Text, ferner 43 und 32 numer. Tafeln. (B. Nr. 3843.)

Federico Grisone

Ordini di cavalcare, et modi di conoscere le nature de' cavalli, di emendare lor vitii, & d'ammaestrargli per l'uso della guerra, & giovamento de gli huomini: con varie figure di morsi. Di nuovo migliorati. Aggiungevisi una scielta di notabili avvertimenti, per far eccellenti razze, & per rimediare alle infermità de' cavalli. In Venetia 1610. Appresso Andrea Muschio. 4. Mit vielen Holzschnitten. (B. Nr. 3888.)

Sebastian Heussler

Neu kunstlich fechtbuch Darinnen 500 Stück im einfachen Rappier, wie auch etliche im Rappier und Dolch, des . . Sig. Salvator Fabri da Padua sowol auch anderer Italianischen und Frantzösischen Fechter beste Kunststück, nach rechter Lini und fundamentalischer Ordnung,...colligirt und zusammen getragen, auch mit schönen Kupfferstücken gezieret,....zum andern mal in Truck gegeben, und mit 50 stücken gemehret und verbessert Durch Sebastian Heussler in Nürnberg.......1617. Obiger Titel von »Darinnen« an in Typendruck in einer gestochenen Umrahmung. Auf letzterer: Bei Balthasar Caimox zu finden. G. Weyer Inven. Titel, 7 Bl. Vorstücke mit 4 Kupfern, endlich 229 Seiten Text vom einfachen Rappierfechten mit vielen radirten Abbildungen. Dazu gehört als 2. Theil: New Künstlich Fechtbuch, Zum anderumal auffgelegt, vnd mit vielen schönen Stücken verbessert. Als dess: Sig. Salvator Fabri da Padua, und Sig: Rudol: Capo di Ferr,...im Dolchen und Rappier...zusammen getragen.....Durch Sebastian Heussler. Gedruckt zu Nürnberg, durch Ludwig Lochner, 1616. Titel und 61 Seiten: Fechten mit Rappier und Dolch. Mit vielen Radirungen im Texte. qu. 4. (B. Nr. 4515.)

Peter Isselburg

Künstliche Waffenhandlung der Musqueten und Piquen oder langen Spiessen; allermassen die von dem Durchleuchtigen Fürsten..Herrn Mauritzen Printzen zu Vranien, etc. an Tag geben. Allen Soldaten vmb mehrer bequemlichkeit willen (nach J. de Gheyn) in dieses kleine Format auffs Kupffer gefertigt. Nürnberg, Sim. Halbmayer, 1620. qu. 4. 2 Theile. Titel fehlt. 22 und 16 gestochene Tafeln. (B. Nr. 4516.)

De Lostelneau

Le mareschal de bataille. Contenant le maniment des armes. Les evolvtions. Plusieurs bataillons, tant contre l'Infanterie que contre la Cavalerie. Divers Ordres de batailles. Avec un bref discours sur les considerations que doit avoir un Souverain, avant que de commencer la guerre. Et un abregé des functions de Generaux d'Armées, de Mareschaux de Camp, & autres principales Charches d'icelles. Paris, Est. Migon, 1647. Fol. Mit 48 Kupfertafeln. Von der Vorrede nur 1 Bl. vorhanden, ebenso fehlen Lage AA, FF und GG. (B. Nr. 4115.)

Francesco Lodovico Melzo

Regole militari sopra il governo e servitio particolare della cavalleria. Antverpiae apud Joachimum Trognaesium 1611. Fol. Mit 16 Radirungen. (B. Nr. 3755.)

Johann Jacob von Wallhausen

Manuale Militare oder Kriegss-Manual, Darinnen I. Die fürnembste heutiges Tages Edle Haupt Kriegss Künste zu Landt. II. Der Griechen Lacedaemoniern vnd Romanern Kriegss-Disciplinen. III. Ein Kriegs Nomenclatur. Franckfurt, bey Paul Jacobi in verlegung des Auctoris 1616. 4. Gestochene Titeleinfassung und 18 Tafeln. (B. Nr. 6984.)

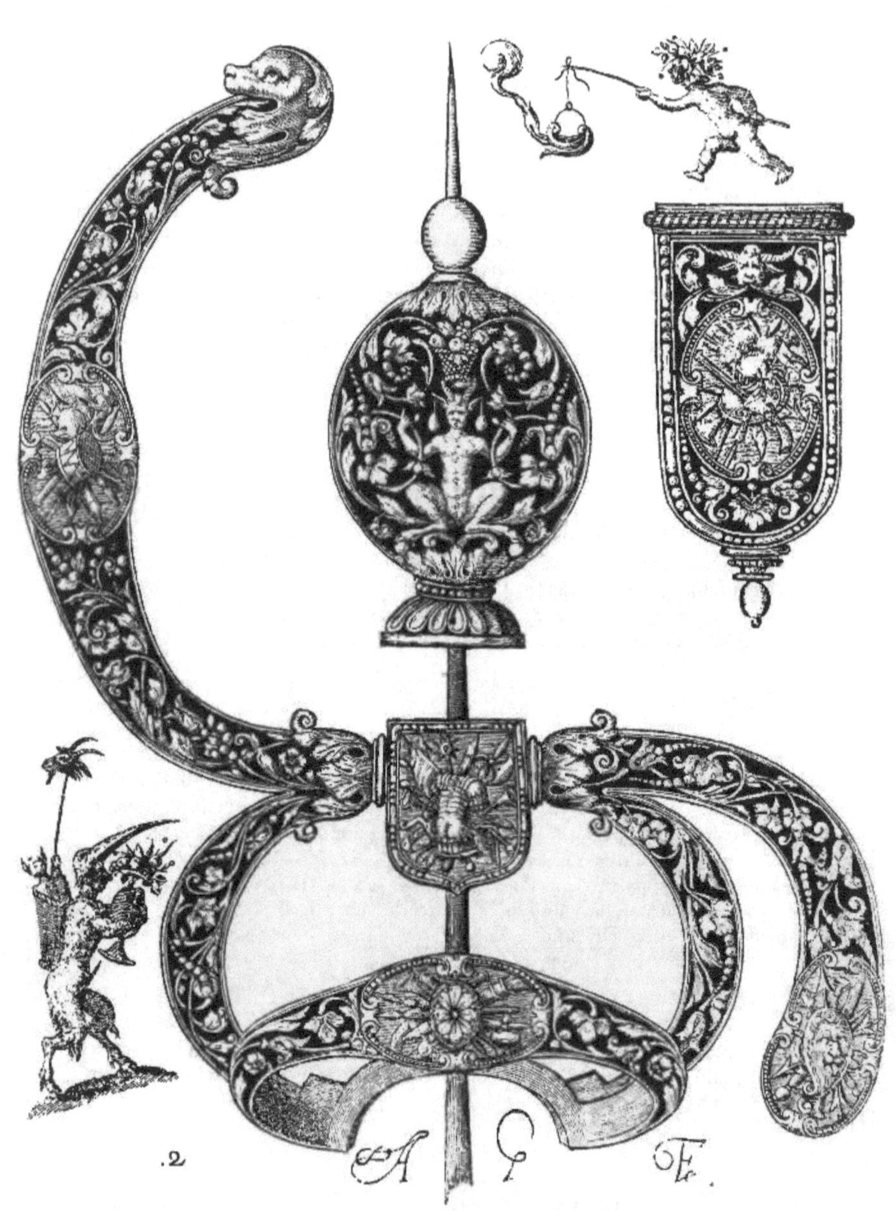

ANTOINE JACQUARD (2496)

XVIII. JAHRHUNDERT.

LE BARON D'EISENBERG

Description du manége moderne. Dans sa perfection, expliqué par des Leçons necessaires, et representé par des Figures exactes, depuis l'Assiette de l'Homme à Cheval, jusqu'à l'Arrest accompagné aussi de divers Mords pour bien brider les Chevaux. Gravé par B. Picart 1727. qu. Fol. Gestochener Titel, 2 Bl. Vorstücke, 55 zur Reitschule gehörige numer. Tafeln mit je einem Bl. erläuternden Texte, 4 Tafeln mit Pferdegebissen, und 1 erläuterndes Textblatt. Die Dedication datirt: London 1728. Beigebunden: D'Eisenberg, Anti-maquignonage. Amsterdam et Leipzig 1764. (B. Nr. 4371.)

JOHANN ANDREAS SCHMIDT

Leib-beschirmende und Feinden Trotz-bietende Fecht-Kunst; oder: Leicht und getreue Anweisung auf Stoss und Hieb zierlich und sicher zu fechten....Nebst Unterricht vom Voltigiren und Ringen... Nürnberg, Joh. Chr. Weigel, 1713. qu. 8. Mit vielen in den Text gedruckten Kupferstichen. (B. Nr. 3771.)

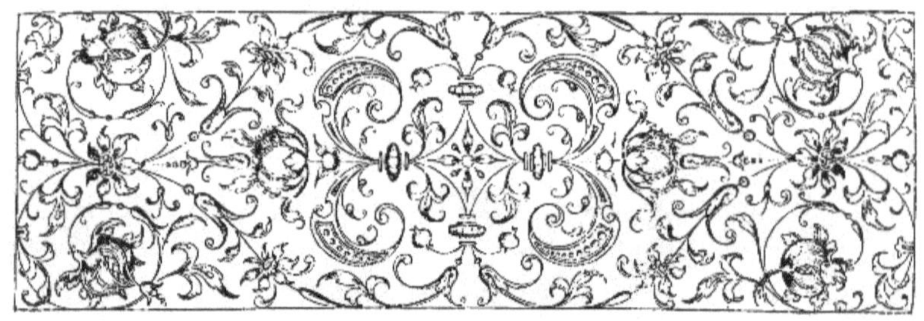

VI. UHREN.

XVI. JAHRHUNDERT.

Tobias Stimmer

Siehe Seite 91.

Die astronomische Uhr im Strassburger Münster. Holzschnitt. Fol. A. 107. (5709.)

XVII. JAHRHUNDERT.

Isaac Brunn

Zeichner und Kupferstecher, geb. zu Pressburg 1592, arbeitete zu Strassburg in der ersten Hälfte des 17. Jahrhunderts.

Die astronomische Uhr im Strassburger Münster. Jsaac Brunn Argentinae sculpsit. 1617. Fol. (3593.)

Abraham Heeck

Siehe Seite 36.

12 Bl. Uhrdeckel. Mythologische Darstellungen, spielende Genien etc. in Ovalen mit Groteskenornamenten auf schwarzem Grunde. Aus zwei Folgen. 5 Bl. numer. 2, 4—7. 8. (5781.)

Johann Stridtbeck

Zeichner und Kupferstecher, geb. zu Augsburg 1665, gest. daselbst 1714.

Kunstuhr mit vielen Figuren. Der Sockel getragen von den allegorischen Figuren der vier Welttheile, in der Mitte des Aufbaues der thronende Christus. Unten: Sih' an die Wunder-Uhr, etc. Johann Stridtbeck Sculps. Aug. Vind. Fol. (3660.)

Unbekannt

Zifferblatt einer astronomischen Uhr. Abdruck einer gravirten Platte. Deutsch. 4. (3790.)

XVIII. Jahrhundert.

Jean François Forty

Zeichner, Kupferstecher, Giesser und Ciseleur zu Paris um 1775—1790.

1 Bl. aus: Cahier de six Baromètres. Verlagsnummer 7. Paris, Kollmann. qu. Fol. (4879.)

Thomas Johnson

Siehe Seite 150.

Zwei reichverzierte Standuhren, Nr. 13 aus des Künstlers 150 Designs. 1761. Gestochen von B. Clowes. qu. Fol. (4613.)

Johann Jacob Schübler

Siehe Seite 148.

Stuben-Uhr. Nr. 1 der Folge. Jer. Wolff exc. Fol. (2831.)

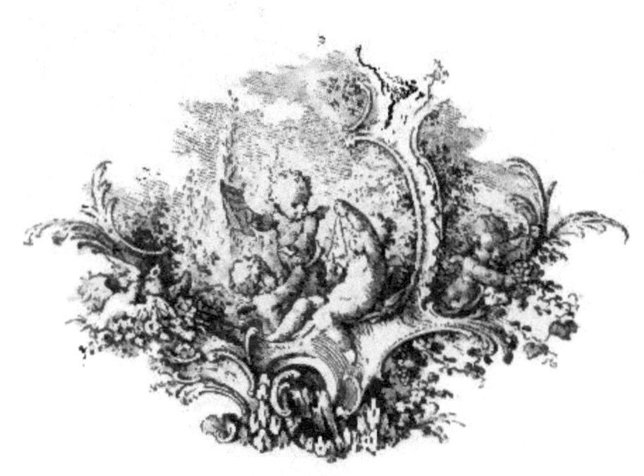

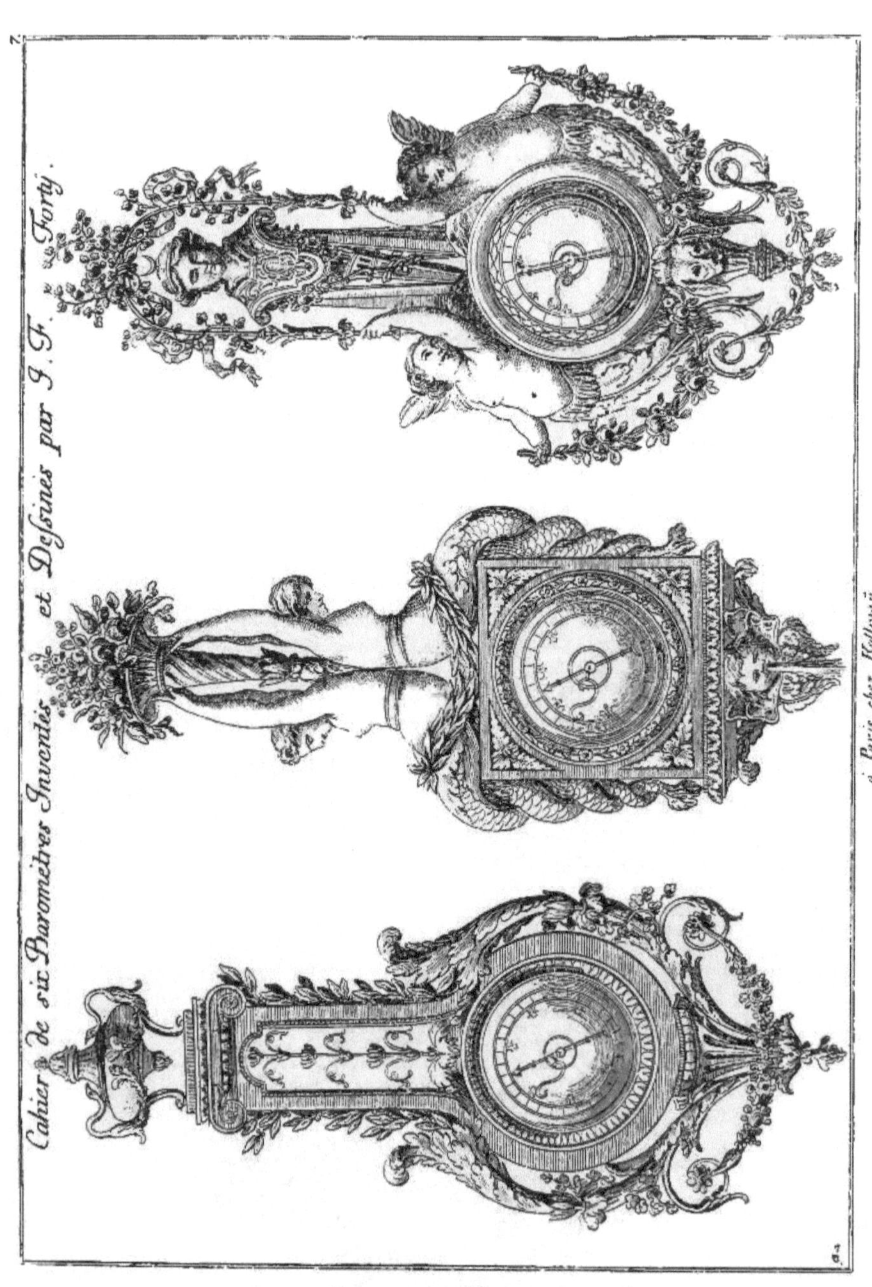

JEAN FRANÇOIS FORTY (4879)

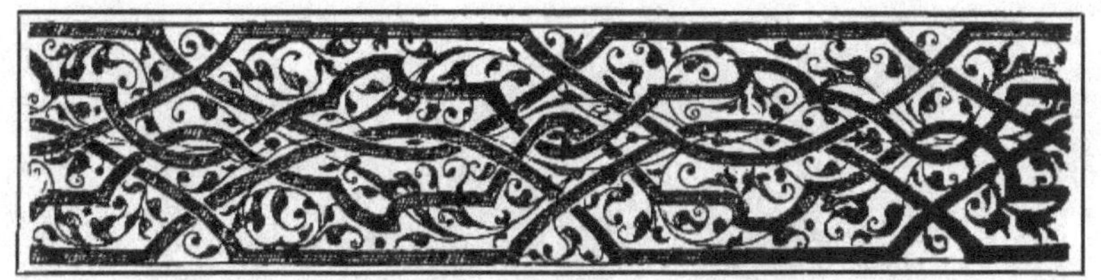

VII. GOLDSCHMIED- UND JUWELIERARBEITEN.

1. DEUTSCHE SCHULE.

XVI. JAHRHUNDERT.

HEINRICH ALDEGREVER

Siehe Seite 1.

Die grosse Gürtelschnalle. 1537. Fol. B. 263, II. (3963.)

ERASMUS HORNICK

Goldschmied und Kupferstecher zu Nürnberg um 1562—1565. Bartsch IX. 499. Passavant IV. 189. Nagler, Monogr. II. 1603.

2 Bl. einer Folge von Juwelengehängen. Titel in einer Cartouche aus Lederwerk: QVIDQVID AGIS, PRV=|DENTER AGIS, ET QVOD|TIBI FIERI NON VIS, AL|TRI, NE FECERIS.|ANNO M.D.LXII. Erasmus Hornick F. Nurmberge. Auf dem zweiten Bl. sieben reichverzierte Juwelen- und Ohrgehänge mit Pallas, David, Edelsteinen, Perlen und figuralem Schmuck. Radirt. qu. 4. P. 2, d. 3. (2749.)

THEODOR MEYER

Siehe Seite 56.

12 Bl. Goldschmiedverzierungen. Hängeplatten. Grotesken. Früchte und Thiere in Lederornament, in den Ecken Figuren. qu. 8. (4975.)

DANIEL MIGNOT

Goldschmied und Kupferstecher, arbeitete um 1590—1596 in Augsburg. Nagler, Monogr. II. 1248.

10 Bl. Folge der Juwelengehänge, umgeben von Goldschmiedverzierungen. Auf dem Titel: Tovt bien vient de Dieu, darunter: In timore ac charitate dei Daniel Mignot fecit hoc Avgvstae Vindelicorvm 1593. 4. Nagler I. (5649.)

1 Bl. Duplicat der vorigen. (3026.)

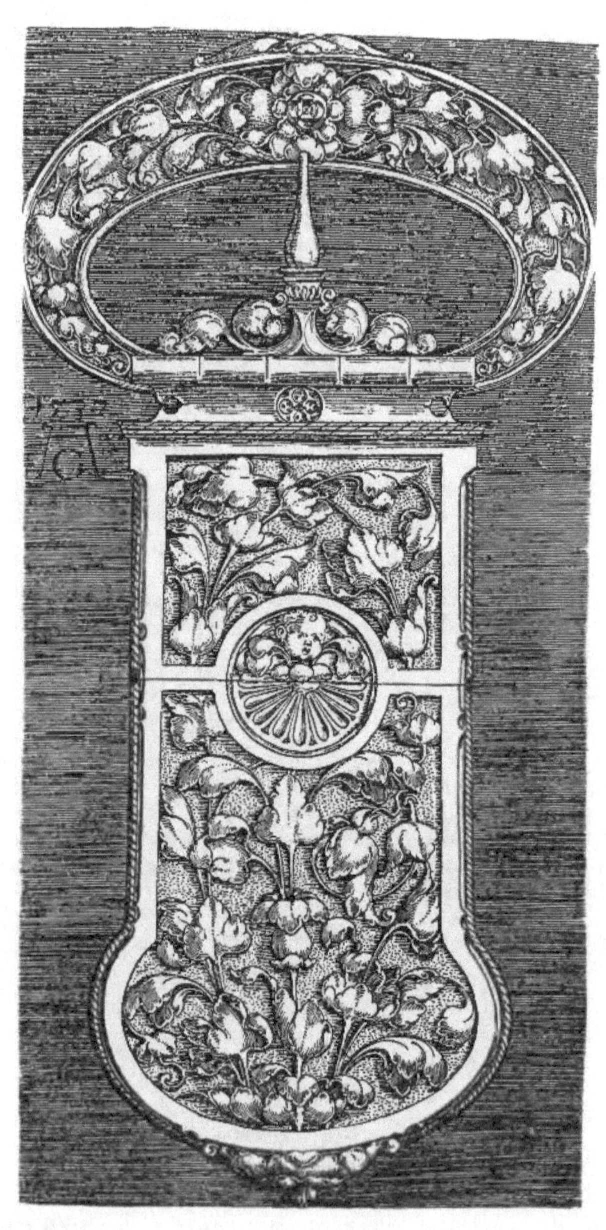

Heinrich Aldegrever (3963)

17 Bl. Nr. 1—4, 6—18 aus der Folge der Agraffen, umgeben von silhouettirten phantastischen Thieren. Auf dem Titel: In timore dei Daniel Mignot Inuent. sculp. et excud. hoc Avgvstae Vindelicorvm Anno 1596. 4. Nagler II. (5648.)

8 B. aus der Folge der Juwelengehänge mit den allegorischen Figuren der Tugenden. Rings um die Gehänge allerlei kleine Zierstücke. Auf dem Titel: In timore ac charitate dei Daniel Mignot fecit hoc Avgvstae Vindelicorvm Anno 1593. 4. Nagler IV. (5650.)

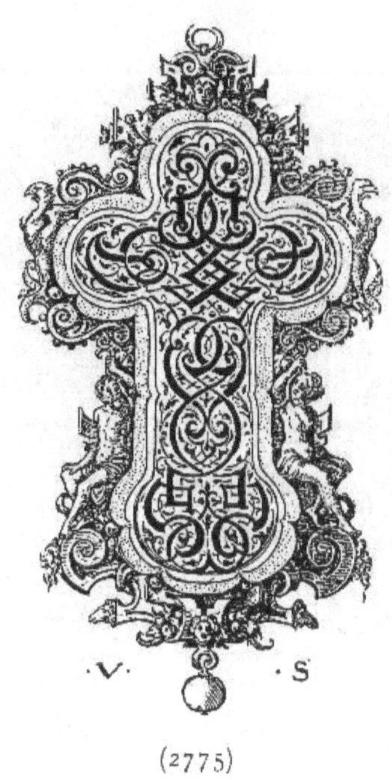

(2775)

Virgil Solis

Siehe Seite 6.

3 Bl. Juwelengehänge. Vorder- und Rückseite, zwischen beiden ein Ring. Mit dem Monogramm. qu. 8. B. 494—513. (2776, 3663.)

Juwelengehänge. Zwei Hälften. Die rechts mit einer hängenden Perle. Fehlt B. und P. H. 0·083, Br. 0·058. (2855.)

Juwelengehänge. Zwei Hälften. Links eine Frau und ein Genius, rechts ein Adler. Fehlt B. und P. H. 0·083, Br. 0·054. (2852.)

Juwelengehänge mit vier Steinen und einer Perle besetzt. In den Ornamenten eine männliche und eine weibliche Figur, Masken, Fruchtbouquets u. dgl. Unten hängt eine Perle. Fehlt B. und P. H. 0·089, Br. 0·048. (2774.)

Juwelengehänge. Die Hauptform ein Kreuz, verziert mit Arabesken. Rings herum Ornamente mit Figuren, Köpfchen u. dgl. Unten eine hängende Perle. Fehlt B. und P. H. 0·088, Br. 0·048. (2775.)

Juwelengehänge mit silhouettirten Arabesken und drei hängenden Perlen. Fehlt B. und P. H. 0·067, Br. 0·056. (2853.)

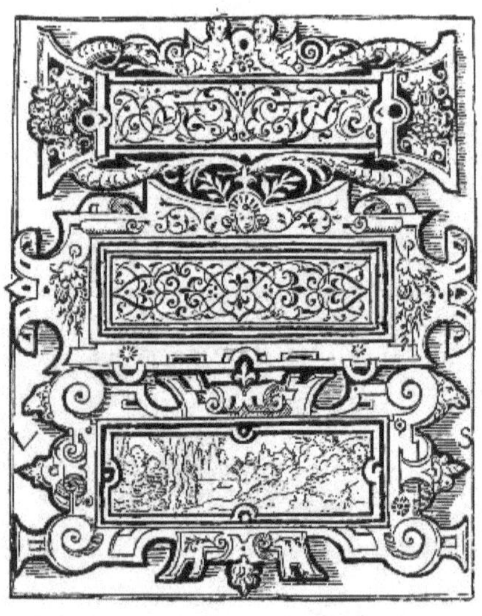

VIRGIL SOLIS (2772)

3 Bl. Juwelengehänge, Broschen, Kettenglieder. Fehlen B. und P. H. 0·072, Br. 0·052. (2662.)

Drei Juwelengehänge, ein Ring und zwei Gliederketten. Fehlt B. und P. H. 0·130, Br. 0·088. (2849.)

Juwelengehänge. In der Mitte eine antike Camée. Fehlt B. und P. H. 0·088, Br. 0·052. (2851.)

Juwelengehänge mit Steinen und einer Perle. Fehlt B. und P. H. 0·088, Br. 0·050. (3752.)

Zwei Juwelengehänge. Das untere ein phantastisches Seepferd, auf welchem ein Knabe steht. Fehlt B. und P. H. 0·073, Br. 0·058. (2850.)

Schnalle, reich verziert mit Waffentrophäen in Pflanzenornamenten. Fehlt B. und P. H. 0·088, Br. 0·032. (2777.)

Drei Zierbeschläge in Form von Cartouchen mit Arabesken und Trophäen. Fehlt B. und P. H. 0·067, Br. 0·061. (2618.)

Drei Cartouchen mit Jagd, Landschaft und Arabesken. Goldschmiedarbeiten. Fehlt B. und P. H. 0·082, Br. 0·064. (2856.)

2 Bl. mit je drei Goldschmiedarbeiten in Form von Cartouchen. Fehlen B. und P. H. 0·074 und 0·082, Br. 0·060 und 0·066. (2772.)

6 Bl. Juwelengehänge. Copien. Zum Theil aus der Folge B. 494—513. 8. und qu. 8. (2266.)

Unbekannt

Gürtelbeschlag mit einem Medusenhaupte, einem Löwenkopfe und einem Mascaron. H. 0·060, Br. 0·084. (2486.)

XVII. JAHRHUNDERT.

Paul Birckenhultz

Siehe Seite 16.

3 Bl. aus der Folge der niellirten Kriegstrophäen. Mit dem Titel: OMNIS GENERIS | INSTRVMENTA | BELLICA | PAVLVS.BIRCKENHVLTZ | Inuent. scalp. et excud. | Die übrigen Bl. mit P. B. F. bezeichnet. H. 0·115, Br. 0·082 (Plattenrand). Nagler 7. (5647.)

6 Bl. Folge der Juwelengehänge und Blumenvasen auf weissem Grunde. Mit dem Titel: ARS . HIS . MYRONIS NOBILIS | EFFINGITVR . PAGELLVLIS | PAVLVS . BIRCKENHVLTZ | Inuent. sculp. et excudit. Die übrigen 5 Bl. unten mit P . B . F. bezeichnet. H. 0·140, Br. 0·090 (Plattenrand). Nagler 8. (5646.)

Titel einer Folge von Goldschmiedornamenten: VARII GENERIS OPERA | AVRIFABRIS NECESSARIA | Paulus Birckenhultz fecit. H. 0·094, Br. 0·148 (Plattenrand). Fehlt Nagler. (2332.)

Wolfgang Hieronymus v. Bömmel

arbeitete am Ende des 17. Jahrhunderts.

5 Bl. Neu-ersonnene Gold-Schmieds-Grillen. Nürnberg, Joh. Chr. Weigel. Titel, Nr. 4—6 und ein unnumer. Bl. einer Folge von Thieren und Figuren, welche durch Akanthusornament auf schwarzem Grunde gebildet werden; auf dem Titelbl. der Arbeitstisch des Goldschmiedes mit einer Blumenvase und vier Juwelengehänge. qu. Fol. (3505, 4016.)

Jacob Custos

Kupferstecher zu Augsburg in der ersten Hälfte des 17. Jahrhunderts.

Titel einer Folge von Goldschmiedebouquets in Form von Masken. 1628. Ph: Ja: Har: Inuent: â Aug: 8. (2396.)

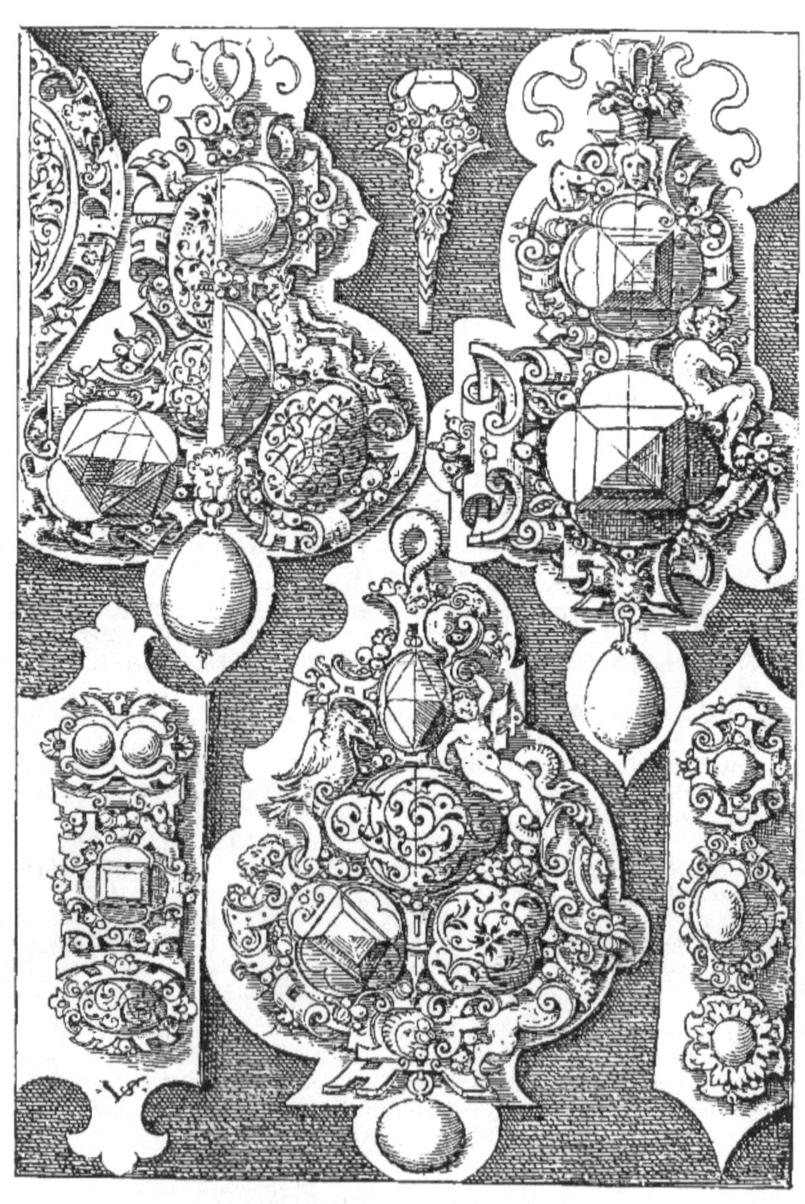

Virgil Solis (2849)

Paul Decker

Siehe Seite 17.

4 Bl. Numer. Folge. Neues sehr dienliches Goldschmids Büchlein, darinnen unterschiedliche Arten von Taback u. Poudre Bichsen, Sachtl Uhren auch andern Ornamenden. Joh. Chr. Weigel exc. L. Beger f. Fol. (3506.)

Johann Heel

Siehe Seite 19.

6 Bl. Goldtschmidts-Büchlein. Zu finden bey David Funcken in Nürnb. Numer. Folge von Juwelengehängen, Ringen und anderen Schmuckstücken. qu. 4. (2377.)

Ein Kranz von Akanthusornament, in der Mitte und in den Ecken Medaillons und Eckstücke. Für Goldschmiede. Zweifelhaft. 4. (2378.)

Friedrich Jacob Morison

Siehe Seite 83.

Titel einer Folge von Goldschmiedarbeiten. Invendiert durch Friderich Jacob Moreson in Wienn. In Augspurg zu finden bey Joseph Friderich Leopold. Joann von Langgraff Sculpsit. Nr. 1. qu. Fol. (2322.)

4 Bl. Goldschmiedarbeiten: Kreuzchen, Schliessen, Gebetbucheinband, Eckbeschläge, Rahmen, Degengriffe und -Beschläge, Anhängsel, Agraffen und Ohrgehänge. Nr. 3, 5—7 der Folge. J. A. Pfeffel sc. (Nr. 6 C. Engelbrecht sc.) qu. Fol. (2894.)

2 Bl. Goldschmiedarbeiten: Juwelengehänge, Agraffen etc. Auf einem Bl. unten ein Gartenprospect, auf dem anderen ein Springbrunnen. 1712. Ohne Bezeichnung. Zweifelhaft. qu. Fol. (3924.)

Johann Ernst Nicolai

arbeitete am Ende des 17. Jahrhunderts.

8 Bl. Numer. Folge. Vorstellung Allerhand Lauber, Bandel, Carmosirter und anderer Zum Schneiden und graviren denen Gold- und Silber Arbeitern dienlicher Erfindungen. Johan Hinrich Fürst sculpsit 1695. Fol. (2325.)

Unbekannt

Schmuckgehänge. In der Mitte der auferstandene Christus. Abdruck einer Zierplatte. 8. (3900.)

3 Bl. Goldschmiedornamente verschiedener Form für Beschläge, Broschen, Knöpfe u. dgl. Auf einem Bl. 12 Wappen in drei Reihen. qu. 8. (2782.)

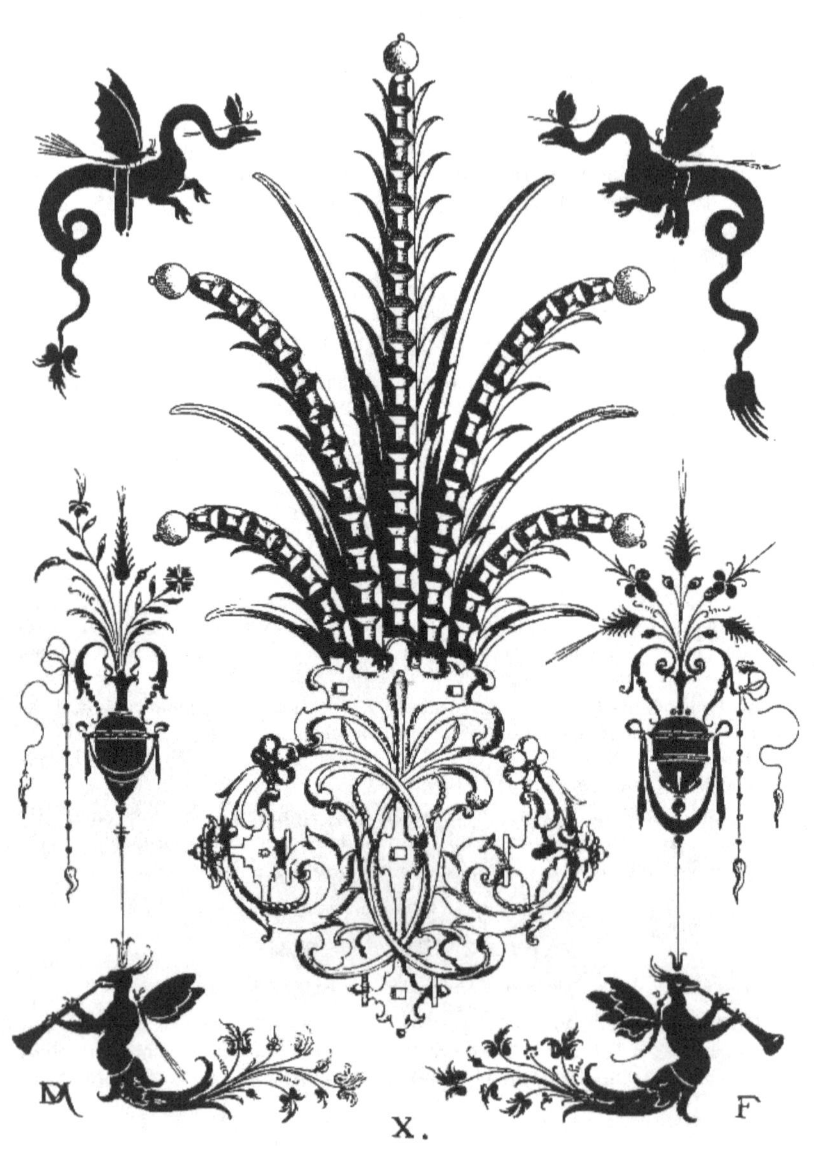

Daniel Mignot (5648)

XVIII. JAHRHUNDERT.

Johann Hagenauer

Bildhauer, geb. zu Strass in Bayern 1732, gest. zu Wien 9. September 1810.

12 Bl. Numer. Folge. Verzierte Knöpfe. Gestochen von F. Assner u. A. Fol. (4665.)

Paul Schmittmeyer

Goldschmied zu Wien.

9 Bl. Goldschmiedarbeiten, Bijouterien etc. Nr. 2—10. Der Titel (Nr. 1) fehlt. (Letzterer lautet: Dem Wohl Ehrenvesten Herrn Paul Paulleti Vohrnemen burgern und Handelsmann in Insprug, meinem sonders hochg. Herrn Vettern zu einer schuldigen danckbarkeit dieses geringe wercklen wohlmeinendt gewidmet, von Paul Schmidtmeyer Kayserl. Hofbefreyten Goldarbeitern in Wien. In verlag zu finden bey Jeremiass Wolff...in Augspurg.....) Elias Dempflen sculps. qu. Fol. (2311.)

Jeremias Wolff excud.

Kupferstichhändler und Verleger, geb. zu Augsburg 1663, gest. daselbst 1724.

7 Bl. Numer. Folge. Neue Zeichnungen von allerhand Taback Schachteln. Jerem. Wolff excud. Aug. Vind. qu. Fol. (Originale zu Nr. 2320, Seite 23.) (3507.)

2. FRANZÖSISCHE SCHULE.

XVI. JAHRHUNDERT.

Jacques Androuet Du Cerceau

Siehe Seite 24.

4 Bl. Goldschmiedarbeiten: Ketten, Ohrgehänge. Radirt. qu. 8. (2282.)

Juwelengehänge. Oben zwei weibliche Figuren, unten eine Perle. Radirt. 8. (3742.)

Drei Rahmen für Kusstäfelchen. Radirt. qu. 8. (2239.)

Pierre Woeiriot

auch Pierre Woeiriot de Bouzey, Bildhauer und Ciseleur, Kupferstecher und Formschneider, geb. zu Neufchâteau (Vosges) 1532, lebte später in Lyon und arbeitete noch 1596. Robert-Dumesnil VII. 43. Passavant VI. 268. Didot in Étude sur Jean Cousin 281.

Ohrgehänge mit Marcus Curtius. Unten eine Perle. 8. R-D. 308. (2752.)

Juwelengehänge mit drei hängenden Perlen. Ohne Zeichen. Fehlt R-D. H. 0·074, Br. 0·076. (2479.)

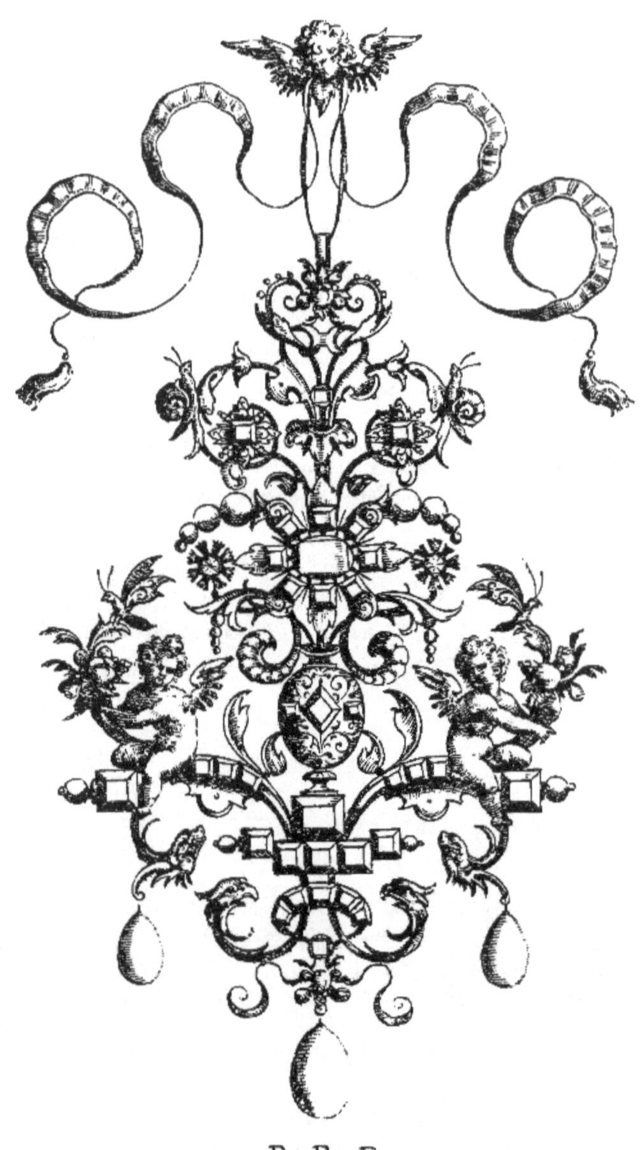

Paul Birckenhultz (5646)

Zwei Glieder einer Kette durch eine Bandschleife verbunden. Auf dem linken Kettengliede ein Edelstein in der Mitte, auf dem rechten zwei Perlen und zwei Frauenmasken. Ohne Zeichen. Fehlt R-D. H. 0·052, Br. 0·078. (2753.)

Unbekannt

11 Bl. Juwelengehänge. Oben ein Ring oder eine Schleife, unten eine hängende Perle. In der Mitte ein oder mehrere Edelsteine in ornamentalen und figuralen Fassungen, mit Früchtenbouquets u. dgl. Unbezeichnet. 8. (2480.)

3 Bl. Juwelengehänge. Oben ein Ring, unten eine hängende Perle; die Mitte bei dem einen ein Kreuz, bei dem andern eine Cartouche und bei dem dritten drei Nischen mit je einer allegorischen weiblichen Figur. Unbezeichnet. 8. (2481.)

2 Bl. Medaillonrahmen für Ausführung in Gold bestimmt. Oben ein Ring, unten eine hängende Perle. 8. (2478.)

6 Bl. Zierplatten. Mythologische und historische Darstellungen in ovalen Umrahmungen. Radirt. qu. 8. (3896.)

XVII. Jahrhundert.

Jacques Caillard

Goldschmied zu Paris um 1627.

6 Bl. Loff-werck Boeck Seer Constich Geteyckent van Jacques Caillart, Goudt-Wercker Binnen Parijs. In Koper gesneden van Willem Hondius, Plaet-Snijder in 's Graven Hage 1628. Agraffen aus Blumenwerk. Fol. (2243.)

Goldschmiedbouquet aus einer ähnlichen Folge. Fol. (2244.)

Nicolas Cochin

Zeichner und Radirer, geb. zu Troyes 1619, gest. zu Paris 1686. Meaume. Callot II. 566.

Titelblatt zu: Livre nouveau de fleurs très-util pour l'art d'orfevrerie, et autres. Dedie a Jean de Leins. A Paris Chez Baltazar Moncornet 1645. Herren und Damen in einem Ziergarten. Das Monogramm des Stechers links unten in der Ecke. qu. 8. (2714.)

Jean Louis Durant

Maler und Kupferstecher von Orleans, arbeitete um 1670—1678 zu Genf.

Stilisirte Goldschmiedornamente, schwarz auf weiss. Der Name des Meisters auf der Platte ausgeschliffen und dafür Nr. 0 und Cum Privilegio Ordin: Hollandiae et West-Frisiae zugefügt. Fol. (4015.)

Stilisirtes Blattornament. Nr. 3 einer Folge. J. L. Durant Inu. et Sculp. Fol. (2523.)

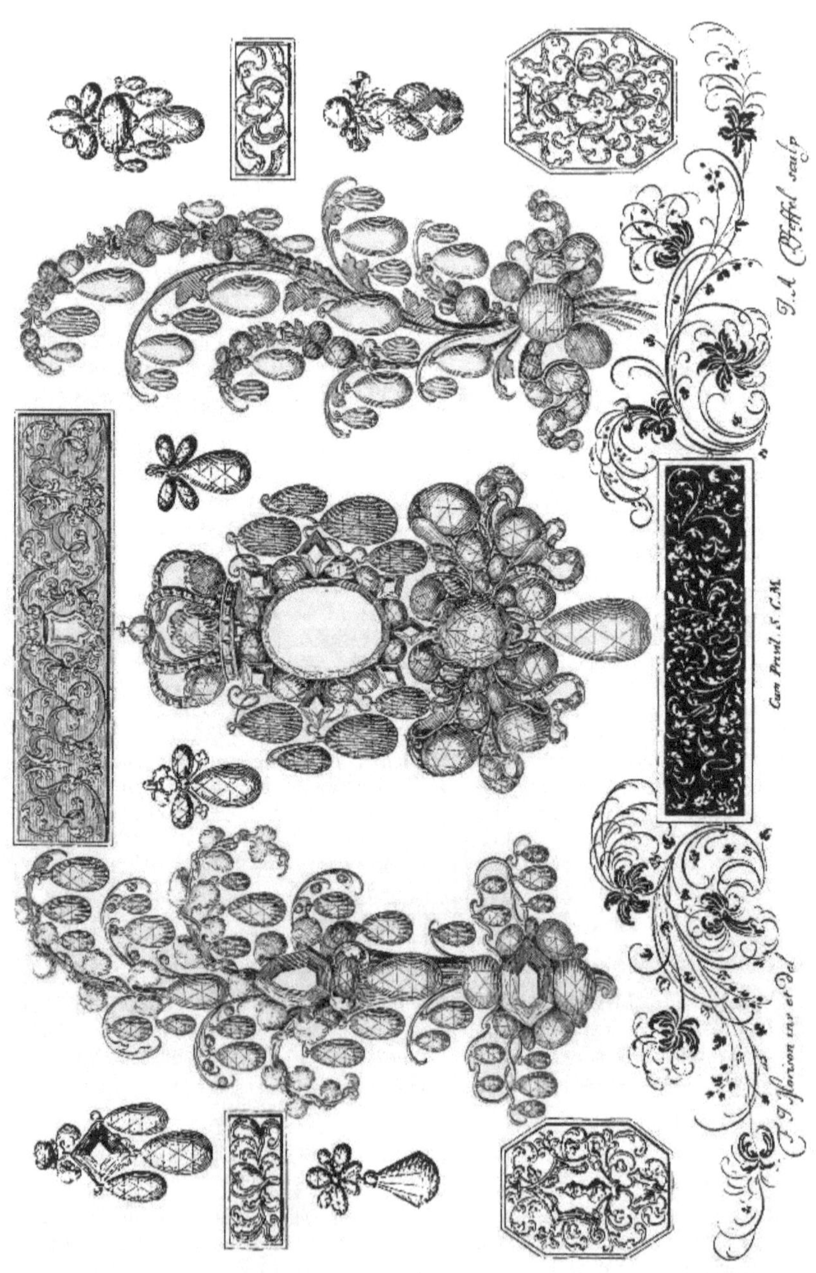

FRIEDRICH JACOB MORISON (2804)

Jacques Goullons
Goldschmied und Kupferstecher um 1662.

3 Bl. Titel, Nr. 2 und 7 einer Folge von Goldschmiedornamenten aus stilisirten Blumen und Blättern. Diuers Ornements Dorfeurerie Inviantez et faicts Par Jaques Goullons 1662. qu. 8. (5864.)

Simon Gribelin d. J.
Siehe Seite 26.

Dosendeckel, Siegelstöcke, Friese etc., reich ornamentirt. Ipse sc. qu. Fol. (2281.)

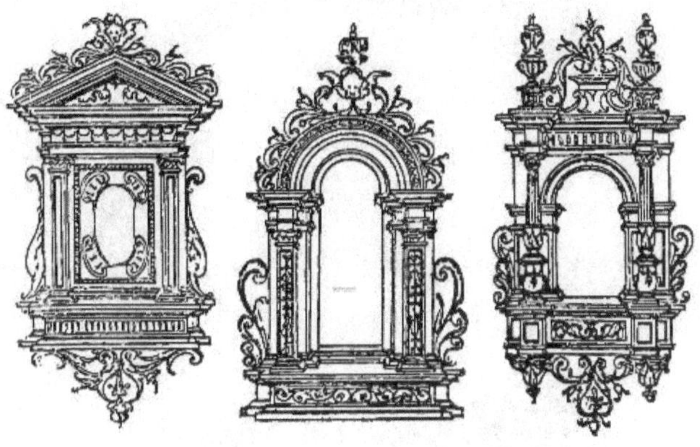

Jacques Androuet Du Cerceau (2239)

François Le Febure
Goldschmied zu Paris um 1635—1661.

6 Bl. aus: Livre de flevrs et de feullies pour servir a l'art d'orfeverie A Amstelredam, Par Sal. Savry, graveur, 1639. Verschnitten. 4. (3685.)

1 Bl. aus der Folge der Bijouterien mit Ansichten von Städten. Ein Blumenkranz, in diesem das Bildniss Ludwig's XIV., unten Paris vom Pont neuf. 4. (3447.)

Balthasar Moncornet
Siehe Seite 130.

2 Bl. aus: Livre novveav de toutes sortes d'Ouurages d'Orfeuries, receuillies des meilleurs Ouuriers de ce temps, et se vendent chez Baltasar Moncornet 1666 avec privilege du Roy. Goldschmiedwerkstätten in ornamentaler Umrahmung. Nr. 1 und 2 der Folge. [Nach Th. Bang (?) Nr. 4161. Siehe Seite 16.] qu. 8. (5745.)

Louis Roupert

Goldschmied zu Metz, arbeitete um 1668.

Goldschmiedornamente. 2 Platten auf einem Bl. abgedruckt. J. Cossinus sculp. qu. Fol. (2409.)

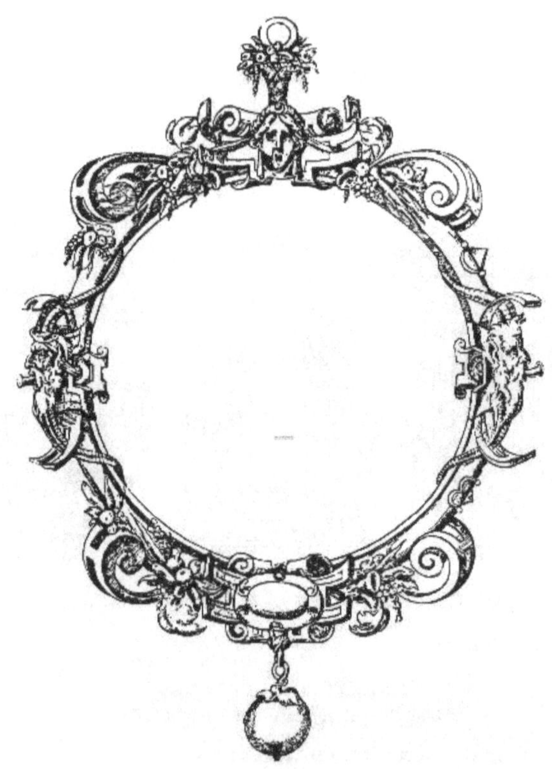

Französisch (2478)

Jean Vauquer

Siehe Seite 28.

9 Bl. Liures De Fleurs Propre Pour Orfevres Et Graueurs. A Blois par J. V. A Paris chez De Poilly. Titel und numer. Folge von 8 Bl. reiche Blumen- und Groteskenornamente für Dosen, Uhren, Schliessen u. dgl., weiss in schwarz und schwarz in weiss. Fol. und qu. Fol. (2751.)

Unbekannt

Kreuz aus Blumenornamenten. Ohne Bezeichnung. 8. (2205.)

XVIII. JAHRHUNDERT.

Pierre Bourdon

Ciseleur und Kupferstecher zu Paris am Anfange des 18. Jahrhunderts.

7 Bl. Livre premier Essais de Gravûre Par Pierre Bourdon Maître Graveur à Paris. Ou l'on voit de beaux Contours d'ornemens traités dans le goût de l'Art, propre aux Horlogeurs, Orfévres, Cizeleurs, Graveurs et à toutes autres persones curieuses. Paris 1703. Titel und Nr. 3—6. Ipse sc. et exc. Der Titel von Guerard gestochen. qu. Fol. (2297, 2517.)

5 Bl. Gegenseitige deutsche Copien der vorigen Folge. Nr. 2—6. Joh. Fr. Leopold exc. qu. Fol. (2279.)

7 Bl. Livre second Essais de Gravûre etc. 1703. Ipse sc. et exc. Der Titel von Guerard gestochen. Num. Folge. Vor den Nummern Sternchen. Bl. 6 verschnitten. qu. Fol. (2241.)

10 Bl. Goldschmied- und Bijouterie-Arbeiten. Gegenseitige deutsche Copien (?). Unbezeichnet. qu. Fol. (2280, 2369.)

Jean Bourguet

Goldschmied und Kupferstecher zu Paris um 1702—1723.

2 Bl. Goldschmiedornamente und Bijouterien. Nr. 10 und 11 einer Folge. 1723. qu. Fol. (3985.)

Masson

Goldschmied und Kupferstecher zu Paris am Anfange des 18. Jahrhunderts.

5 Bl. Nouveaux Desseins pour graver sur l'orfeverie. Paris, Mariette. Flacons, Dosen, Becher, Siegelringe und verschiedene Goldschmiedornamente. Nr. 1—4, 6 der Folge. Fol. (5933.)

Neue Vorrisse etc. Deutsche Copie von Bl. 1 der vorigen Folge. Jos. Fr. Leopold exc. 1710. Fol. (2323.)

Pouget fils. Traité des pierres précieuses et de la manière de les employer en Parure. Paris, chez l'auteur et chez Tilliard. (Approbirt 1762.) 4. Gestochener Titel, 90 S. Text und 79 von Mlle. Raimbau gestochene Tafeln mit Juwelierarbeiten. (B. Nr. 3765.)

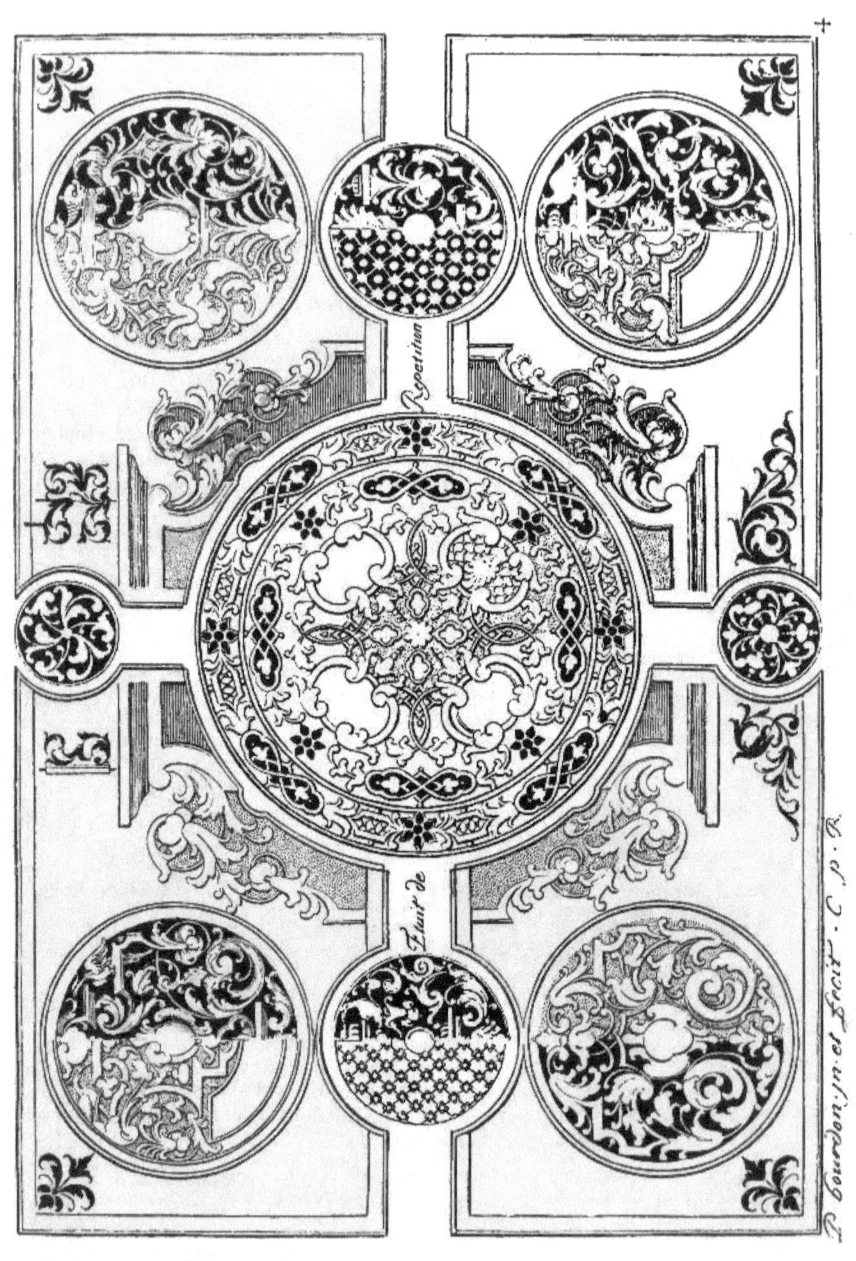

Pierre Bourdon (2297)

3. NIEDERLÄNDISCHE SCHULE.

XVI. JAHRHUNDERT.

Abraham de Bruyn

Siehe Seite 31.

6 Bl. Goldschmiedornamente und Bijouterien. Nr. 2, 4—6 und 2 unnumer. Bl. Unbezeichnet. 8. (3008.)

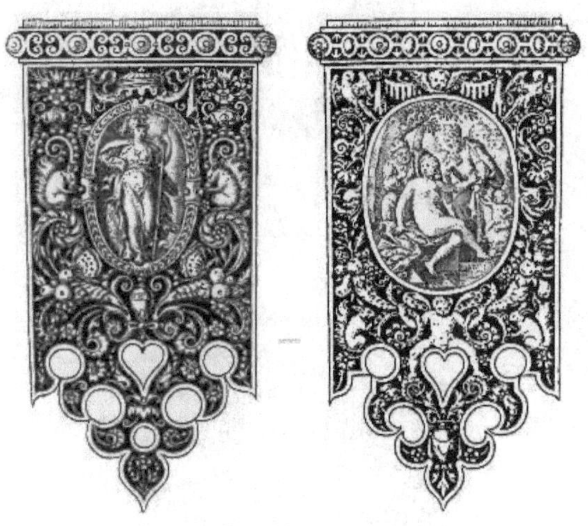

I. Theodore de Bry fecit et excud.

Johann Theodor de Bry (3658)

Theodor de Bry

Siehe Seite 34.

Beschläge mit Mutius Scaevola. Theodorus de bry f. 8. (2333.)
Zwei Beschläge. Auf einem Pallas auf dem anderen eine phantastische weibliche Halbfigur. Bezeichnet: T B. 8. (2870.)

Johann Theodor de Bry

Siehe Seite 136.

Zwei Scheidenbeschläge mit der allegorischen Figur der Stärke und mit Cleopatra in Ovalen. J. D. de Bry fe. 8. (2675.)

2 Bl. mit je zwei Messerheften und Scheidenbeschlägen. Auf den ersteren der Sündenfall und die Eitelkeit (Psalm 103), auf den letzteren Pallas und Susanna mit den Alten. J. Theodore de Bry fecit et excud. 8. (3658.)

Zwei Messerhefte mit den allegorischen Figuren von Luft und Wasser. Unbezeichnet. 8. (3668.)

Messergriff. Aus der Folge: Mansches de Coutiaus etc. 8. (2334.)

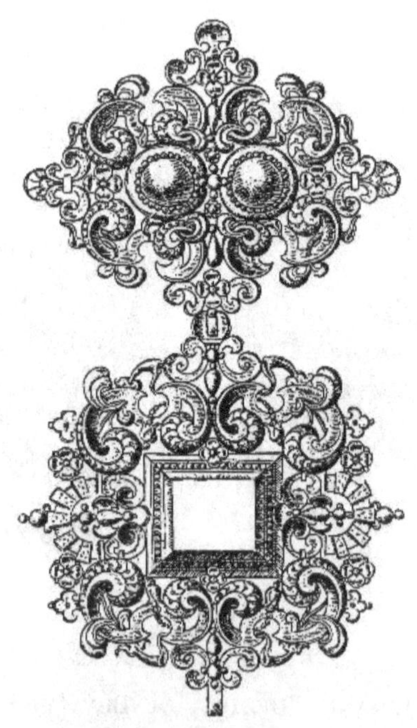

ABRAHAM DE BRUYN (3008)

HANS COLLAERT

Siehe Seite 78.

10 Bl. Folge der Juwelengehänge mit mythologischen Figuren. Auf dem Titel: MONILIVM BVLLARVM INAVRIVMQVE ARTIFICIOCISSIMAE ICONES. JOANNIS COLLAERT OPVS POSTREMVM 1581. PHILIPPVS GALLEVS EXCVDEBAT. 4. Nagler 2. (5651.)

Juwelengehänge mit einer weiblichen Figur, einen Palmzweig in der Rechten. Duplicat aus obiger Folge. 4. (2872.)

8 Bl. Juwelengehänge in Gestalt von Seeungeheuern. Auf dem Titel: BVLLARVM INAVRIVM ETC. ARCHETYPI ARTIFICIOSI 1582. Jões Collaert del. Eius filius sculp. P. Galleus excud. PARS ALTERA. 4. Nagler 3. (5652.)

Juwelengehänge in Form eines Kreuzes. Unten zwei Ovale und zwei Steinfassungen. Das Monogramm unten links. 4. (2871.)

Crispin de Passe d. Aelt.

Siehe Seite 67.

2 Bl. mit je zwei Messerheften. Auf jedem Hefte zwei allegorische Figuren in Nischen mit Unterschriften. Der Rest mit Ornamenten ausgefüllt. Crispin van de Passe exc. Coloniae. 8. F. 1259, 1260. (2863.)

2 Bl. je zwei Messergriffe mit den Darstellungen der vier Elemente. Ueber den Plattenrand beschnitten. Ohne Bezeichnung. 8. Fehlen F. und L. (2476.)

Unbekannt

5 Bl. Juwelengehänge in Form von Ruinen, 2 Bl. mit allegorischen Frauengestalten. Unten drei hängende Perlen. Ohne Bezeichnung; in der Weise des Hans Collaert. Höhe 0·131—0·138, Br. 0·087—0·089. (2614.)

XVII. Jahrhundert.

Michael Le Blon, auch Le Blond

Siehe Seite 37.

6 Bl. Messergriffe. Numer. Folge A. Schweifgrotesken, weiss in schwarz. 1. Abdruck ohne Nr. vor A. Auf dem 1. Bl.: Mich. Blondus fec. et excud. Amstelodam. 8. (2256.)

6 Bl. Messergriffe. Numer. Folge B. Grotesken mit Figuren, weiss in schwarz. Auf dem 1. Bl.: Michael Blondus fecit et exc. Amsterdam. 8. (2257.)

Zwei Messerhefte mit der Hirschjagd. Unbezeichnet. Gegenseitige Wiederholung von Nr. 3 der vorigen Folge. 8. (3455.)

6 Bl. Degengarnitur. Haken, Beschläge, Bügel etc. Numer. Folge H. Auf dem 1. Bl.: Blondus fecit et excudit, die übrigen Bl. monogrammirt. 8. (2257a.)

Monogrammist

·P·R·K·
1609

Goldschmied, arbeitete um 1609—1617.

Juwelengehänge mit dem Monogramm Christi (IHS). Für Ausführung in Email und Niello bestimmt. Unten ein Vogelfänger und ein Fischer. 4. (2873.)

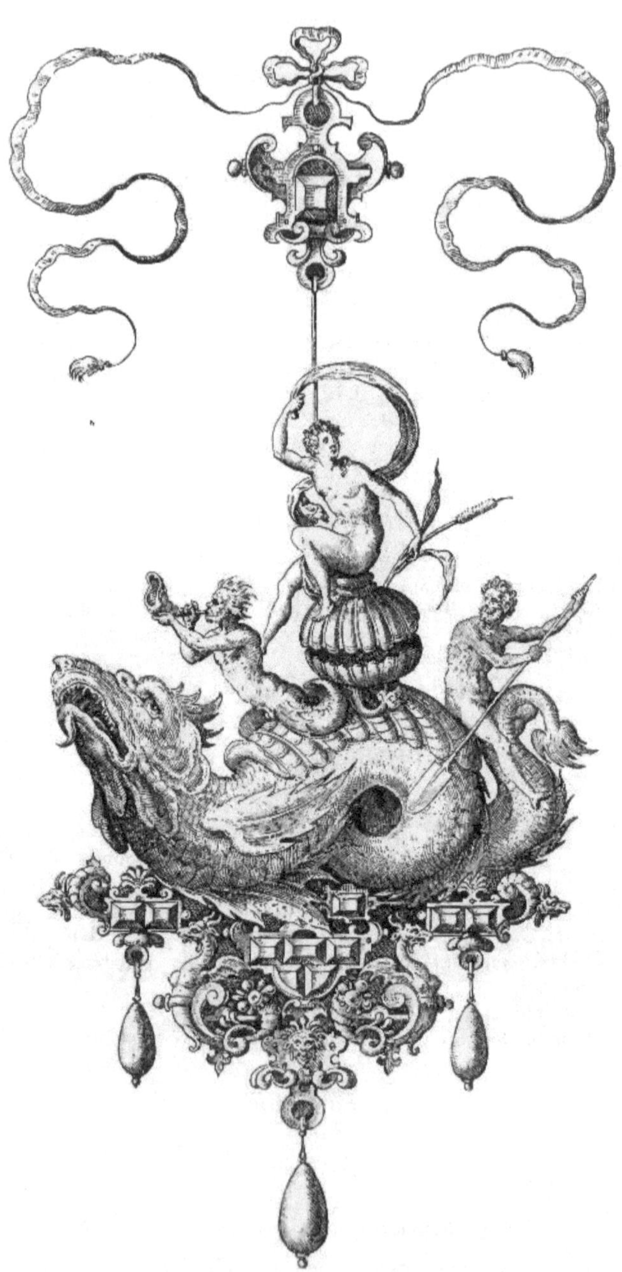

Hans Collaert (5052)

UNBEKANNT

Goldschmiedornament. In der Mitte ein Zierbeschlag mit Blumenranken, schwarz auf weiss. Rings herum Judith, ein Salamander, zwei Vögel, Gravirungen für Ringe u. dgl. qu. 8. Verschnitten. (2508.)

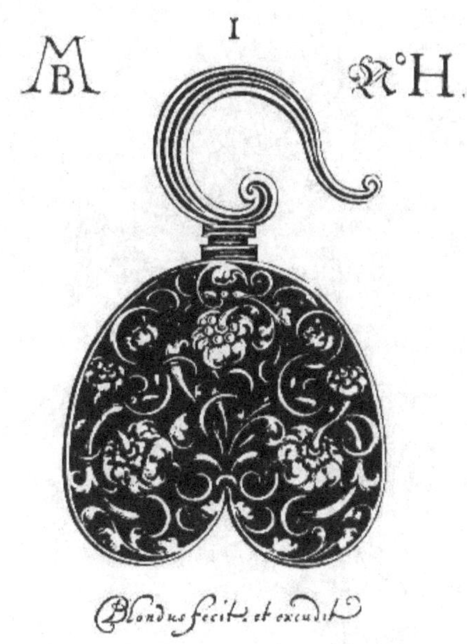

MICHAEL LE BLON, AUCH LE BLOND (2257 a)

XVIII. JAHRHUNDERT.

UNBEKANNT

Onyx in Renaissancefassung. Onix te zien geweest in September 1765 te Amsterdam. B. Mourik excudit. Aus: Mercurius Augustus 1765. Fol. (2374.)

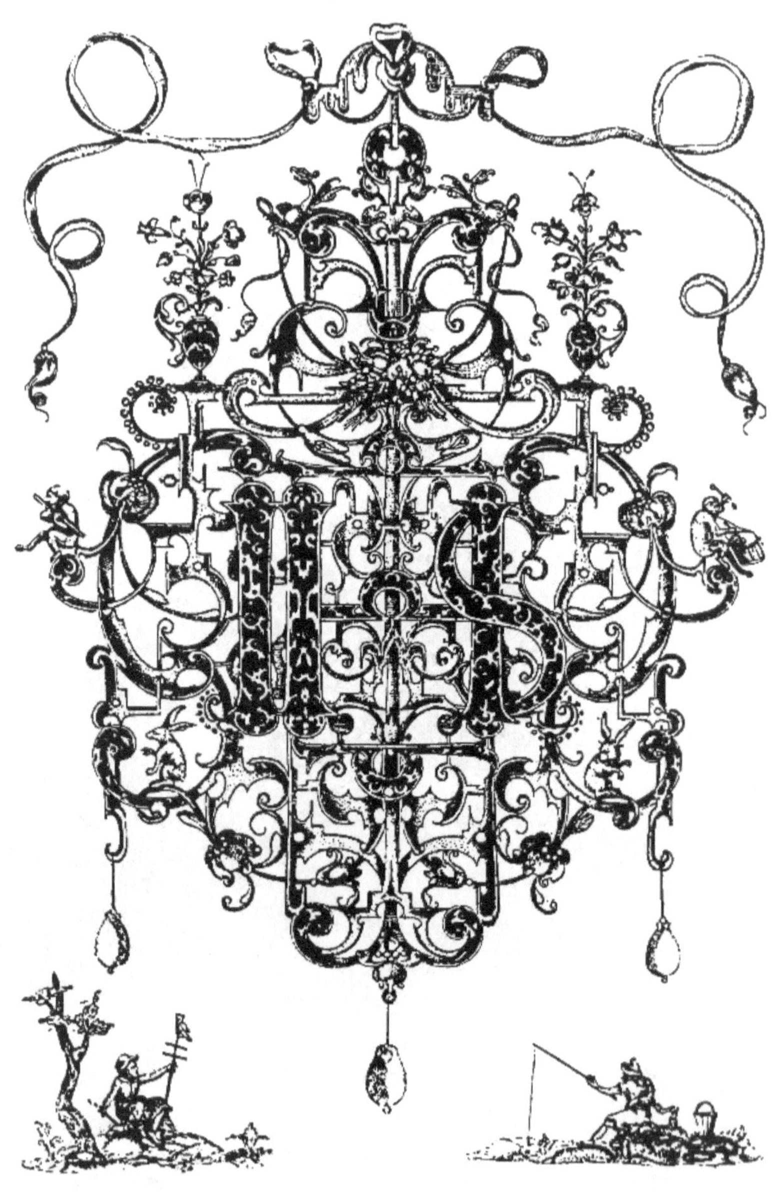

P·R·K·1609. (2873)

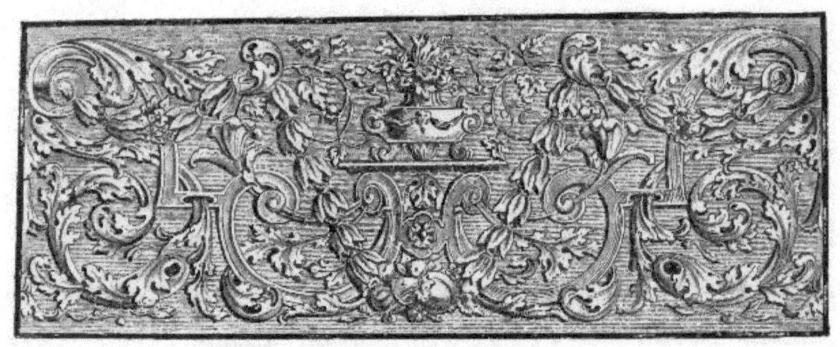

VIII. GEFÄSSE UND GERÄTHE.

A. WELTLICHE GEFÄSSE UND GERÄTHE.

a) GEFÄSSE.

(Siehe auch Punzenarbeiten.)

1. DEUTSCHE SCHULE.

XVI. JAHRHUNDERT.

Albrecht Altdorfer

Siehe Seite 1.

Giesskanne mit Deckel. Links der Henkel, rechts eine Ausgussröhre in Gestalt eines phantastischen Fisches, welcher eine geflügelte weibliche Halbfigur im Rachen hält. H. 0·170, Br. 0·135. Etwas grösser als das von B. unter Nr. 77 beschriebene Bl. Auf der Rückseite:

Pokal mit Deckel, auf letzterem ein Ritter. Fol. B. 83. (2896.)

Hans Sebald Beham

Siehe Seite 2.

Pokal mit Deckel. 1530. 8. B. 239. (2461.)

Pokal mit Deckel, der letztere wieder als Gefäss zu verwenden. 1530. 8. B. 241. (2829.)

Doppelpokal. Unten zwei phantastische Kinder mit Wappenschilden. 1531. 8. B. 242. (2505.)

Augustin Hirschvogel

Siehe Seite 3.

Ziergefäss in Gestalt eines Bockes. 1544. Radirt. Fol. B. 83. (2684.)

VIRGIL SOLIS

Siehe Seite 6.

Reichverzierter Pokal. Auf dem Deckel die Gestalt Christi. Fol. Bergau, Wentzel Jamitzer's Entwürfe zu Prachtgefässen 8. (3147.)

Reichverzierter grosser Pokal mit Deckel. Auf letzterem ein Adler mit ausgebreiteten Flügeln. Fol. B. 525. Bergau 11. (3013.)

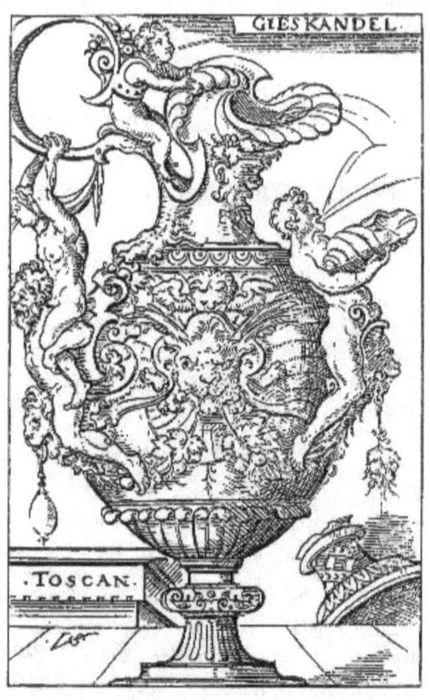

VIRGIL SOLIS (2844)

Pokal mit Deckel. Auf dem Körper des Gefässes ein Schild mit dem Monogramm. 8. Bergau 25. (2837.)

Trinkbecher mit einfach ornamentirtem Rande. Ausschnitt aus einem Buche. 8. Bergau 27. (2847.)

Hauer, Georg. Breslische Schutzen Kleinoth Welche die Schützenn könige beider Bruderschafften Bogens und Rohrgezeuges Ihnen zu Ehren an Pfingsten aus und ein tragen, und mit Ihrenn | Schiltlen zu verbessern pflegen ...., Contrafeiet durch | Georgium Hauern, Malern unnd | bestalten Zeugschreiber(n). O. J. Fol. 36 radirte Bl. incl. Titel mit Abbildungen von Bechern, Pokalen, Medaillen, Scheibenfiguren u. dgl. A. 6. (B. Nr. 4213.)

13*

Pokal mit Deckel. Um den Körper des Gefässes vier Granatäpfel. 8. Bergau 28. (2839.)

Pokal mit Deckel. Unterhalb des Randes drei Köpfchen. 8. Bergau 29. (2840.)

Pokal ohne Deckel. Am Knaufe drei Widderköpfe. 8. Bergau 30. (2843.)

Pokal mit Deckel. Auf dem Fusse drei runde Schildchen. 8. Bergau 34. (2841.)

Pokal mit Deckel. Auf dem Körper des Gefässes ein Frauenköpfchen. 8. Bergau 36. (2720.)

Pokal mit Deckel. Auf letzterem ein Amor. 8. Bergau 39. (2842.)

Schale, von einem Satyr getragen. Rechts oben: Schneck. Links gegen unten: Dorico. 8. Bergau 58. (2845.)

Giesskanne. Links unten: Toscan. Rechts oben: Gieskandel. 8. B. 518. Bergau 59. (2844.)

Pokal, rechts und links von demselben die Hälften von je zwei Gefässen. 8. Bergau 60. (2846.)

Vier Pokale, ein Leuchter, ein Gefässfuss, ferner die Hälfte eines Pokales und einer Flasche auf einem Bl. Der Hintergrund quer schraffirt. Fol. Bergau 61. (2838.)

Fuss eines Pokals mit zwei Löwenköpfen und einem geflügelten Kindskopf. Links gegen unten das Zeichen. 8. Bergau 67. (2783.)

Meister vom Jahre 1551 (Mathias Zündt ?)

Siehe Seite 12.

Becher mit Deckel. Fol. Bergau, Wentzel Jamitzer's Entwürfe zu Prachtgefässen 12. (2319.)

XVII. JAHRHUNDERT.

Paul Decker

Siehe Seite 17.

2 Bl. Allerhand Arten von Schilden, Gefässen, Schalen. Neu inventirt. L. Beger f. Joh. Christ. Weigel excud. Fol. und qu. Fol. (4608.)

XVIII. JAHRHUNDERT.

Johann Baur

Zeichner und Bildhauer zu Augsburg in der ersten Hälfte des 18. Jahrhunderts.

3 Bl. Gefässe, Tassen und Schalen. Mart. Engelbrecht excud. qu. Fol. (3888.)

Caspar Gottlieb Eysler

Zeichner, Kupferstecher und Bossirer zu Nürnberg um 1750.

Schüssel. Titel der Folge: Verschiedene Neu-façonirte Silberne Gefässe vor Goldschmid verfertigt und gezeichnet. Zu finden bei Christ. Weigel J. in Nürnberg. qu. Fol. (2318.)

Johann Hagenauer

Siehe Seite 180.

20 Bl. Vasen im Stil des Empire. F. Lechner, K. Ponheimer und G. Brodkorb sc. Wien, bei Jos. Eder. Aus verschiedenen Folgen. Fol. (4180, 4971.)

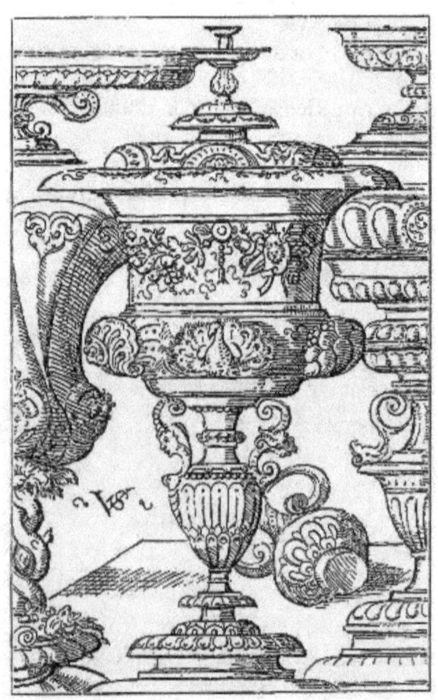

Virgil Solis (2846)

Gottlieb Friedrich Riedel

Maler und Kupferstecher, geb. zu Dresden 1724, gest. zu Augsburg 1784.

3 Bl. einer Folge von Vasen in Nischen. Nr. 19—21. Ipse sc. Joh. Gradmann exc. 1778. Fol. (2326.)

Christian Friedrich Rudolph

Siehe Seite 152.

4 Bl. aus der Folge: Einige Vases mit modernen Einfassungen unterschiedl. Liebhabern u. Künstlern zu Dienst. Jacob Gottlieb Thelot sculpt. Fol. (3914.)

Johann Leonhard Wüst
Siehe Seite 23.

Theekessel und Zuckerschale mit Deckel. Reich ornamentirt, zum Theil weiss in schwarz. Jer. Wolff exc. Ohne Bezeichnung. qu. Fol. (2895.)

Unbekannt

Pokal aus zwei verschieden verzierten Hälften. Ohne Bezeichnung. Fol. (3659.)

2. FRANZÖSISCHE SCHULE.

XVI. JAHRHUNDERT.

Jacques Androuet Du Cerceau
Siehe Seite 24.

17 Bl. Gefässe. Schalen und Pokale mit Deckeln, Giesskannen und Vasen. Radirt. 8. und qu. 8. (2868, 2869, 3027.)

XVII. JAHRHUNDERT.

Georges Charmeton
Siehe Seite 26.

6 Bl. Plusieurs Vaze. Numer. Folge. Robert sc. 1676. Paris, G. Audran. Fol. (2328.)

Daniel Marot
Architekt, Zeichner und Kupferstecher, geb. zu Paris um 1655, gest. im Haag nach 1718.

Zwölf verschiedene Gefässe auf einem Bl. Radirt. Fol. (2327.)

XVIII. JAHRHUNDERT.

Louis-Joseph Le Lorrain
Maler und Radirer, geb. zu Paris 1715, gest. zu St. Petersburg 1760.

2 Bl. Kanne und Vase. Aus der Folge: Raccolta di Vasi. H. Watelet sc. 1752. Radirt. Fol. (4909.)

Jacques-François Saly
Bildhauer und Radirer, geb. zu Valenciennes 1717, gest. 1776.

10 Bl. mit je zwei Vasen. Aus der Folge: Première suitte de Vases antiques d'après Saly et autres. Gegenseitige Copien nach Saly. Maniere fec. Paris, Basan. Radirt. Fol. (3744.)

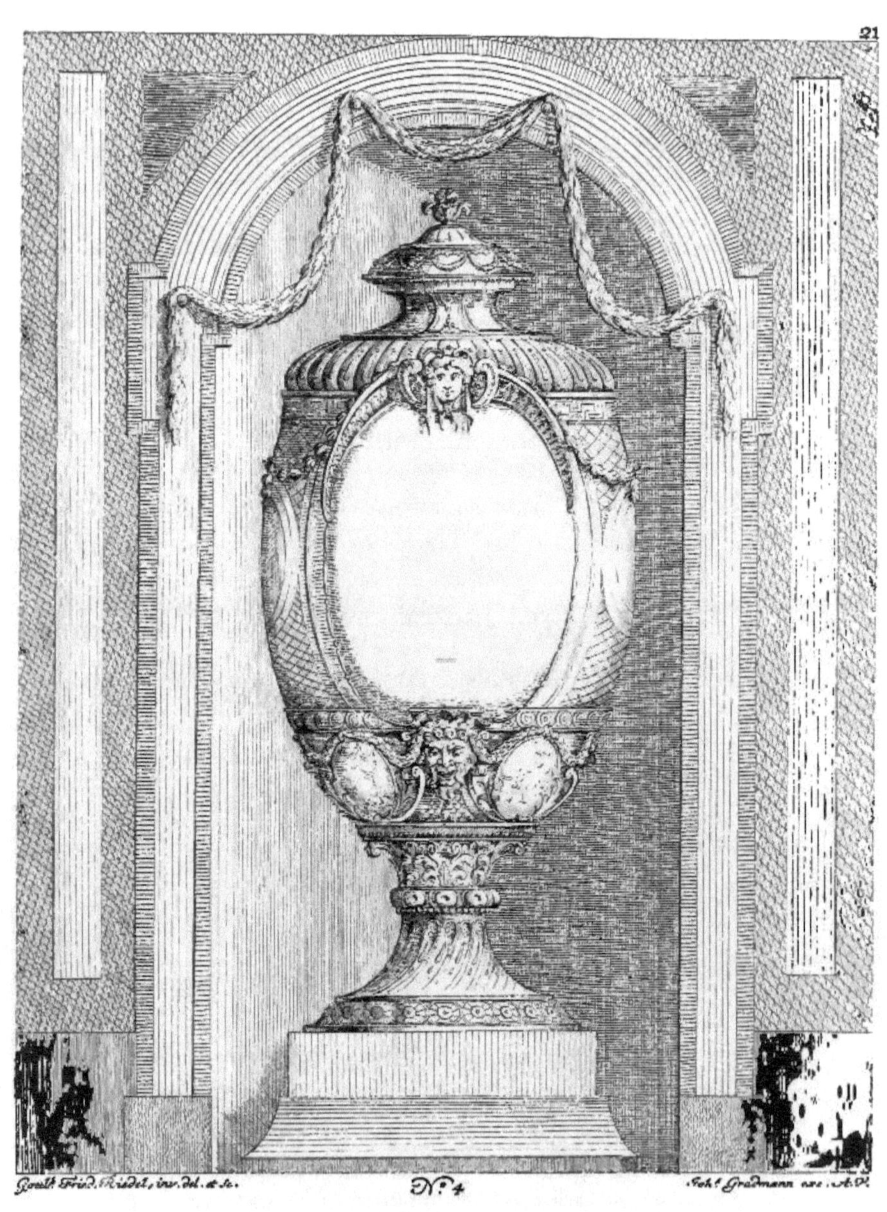

Gottlieb Friedrich Riedel (2320)

3. NIEDERLÄNDISCHE SCHULE.

XVI. JAHRHUNDERT.

CORNELIS FLORIS

Bildhauer, Architekt und Radirer, geb. zu Antwerpen 1518, gest. 1572. Passavant III. 105.

8 Bl. Kannen und Salzgefässe. Aus einer Folge von 21 Bl. Antwerpen, H. Cock excudebat 1548. Fol. (3983.)

HANS VREDEMAN DE VRIES

Maler, Zeichner und Architekt, geb. zu Leeuwarden in Friesland 1527, gest. zu Antwerpen 1608.

Giessgefäss mit Schlangenhenkel. Oben in der Mitte: Gutturnium. Links unten: H. Cock ex. Aus einer Folge von 12 Bl. wie die folgenden. Fol. (2533.)

Giessgefäss. Oben, etwas gegen links: Vrceus. Links unten: H. Cock ex. Fol. (2534.)

Gefäss von phantastischer Form. Unten in der Mitte: Lagena. Oben links: H. Cock ex., rechts: 1563. Fol. (2535.)

Giesskanne. Oben: Hydria. Links unten: H. Cock ex. Fol. (2536.)

Pfeffer- und Salzfass von dreieckiger Form. Letzteres von drei Adlern getragen, ersteres als Aufsatz in Form eines Obelisken mit Schweifornament. Oben links: Vas cuius superior pars piper inferior vero sal propinabit. Rechts oben: H. Cock excud. Unten in der Mitte: 1563. Fol. (2747.)

Schale mit Fuss. Oben: Phiala. Unten links: H. Cock excudebat. Rechts: 1563. qu. Fol. (2865.)

XVII. JAHRHUNDERT.

GERBRAND VAN DEN EECKHOUT

Maler, geb. zu Amsterdam 19. August 1621, gest. daselbst 22. September 1674.

23 Bl. Gefässe mit dem Titel: Verscheyde Constige Vindingen Om in Gout, Silver, Hout en Steen te werken. Dienstich den Silversmeeden, Beelthouwers en Schilders ... naer d'inventien van Gerbrant van den Eeckenhout, J. Lutma, A. en P. van Vianen en andere Constige Meesters. Eerste Deel. Amsterdam, C. Danckerts exc. Titel und 22 Bl. Gefässe. Fol. (2321.)

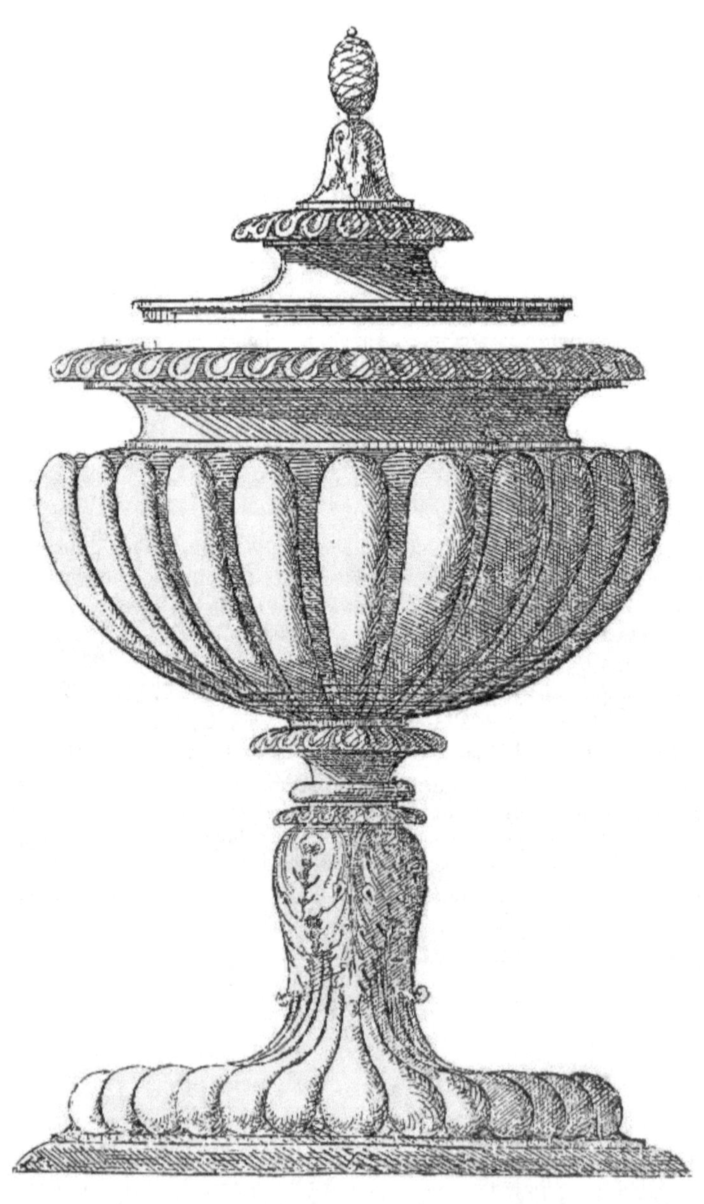

Jacques Androuet Du Cerceau (2868)

4. ITALIENISCHE SCHULE.

XVI. JAHRHUNDERT.

POLIDORO CALDARA, GEN. DA CARAVAGGIO

Siehe Seite 70.

Vase mit zwei Henkeln, an der Leibung eine mythologische Scene. Ch. Alberti sc. Nr. 2 aus der Folge der römischen Vasen. Fol. (3456.)

XVII. JAHRHUNDERT.

HORAZIO SCOPPA

Radirer zu Neapel um 1642—1643.

6 Bl. Gefässe. Vasen, Kannen u. dgl. 1642. Nr. 2, 6—8, 12 der Folge. Ein Bl. ohne Nummer mit der Dedication an Melchior Borgia. Radirt. gr. Fol. (4113.)

4 Bl. Nr. 2, 6, 8, 12. Duplicate der vorigen. (2329.)

b) GERÄTHE.

1. DEUTSCHE SCHULE.

XVIII. JAHRHUNDERT.

JOHANN BAUR

Siehe Seite 196.

4 Bl. Essbestecke. Martin Engelbrecht excud. Verlags-Nr. 374—377. qu. Fol. (3888.)

MARTIN ENGELBRECHT EXC.

Kupferstecher und Verleger zu Augsburg, geb. 1684. gest. 1756.

2 Bl. »Wand-Leuchter, die vier Jahrzeiten darstellend.« Verlags-Nr. 507, 509. Fol. (3921.)

CARL AUGUST GROSSMANN EXC.

Zeichner, Kupferstecher und Verleger, geb. zu Königsbrück 1741. gest. zu Augsburg um 1798.

4 Bl. Numer. Folge: »Neueste Gürtler-Arbeit.« Leuchter, Standuhren, Thürbeschläge etc. Verlags-Nr. 21. Radirt. Fol. (5867.)

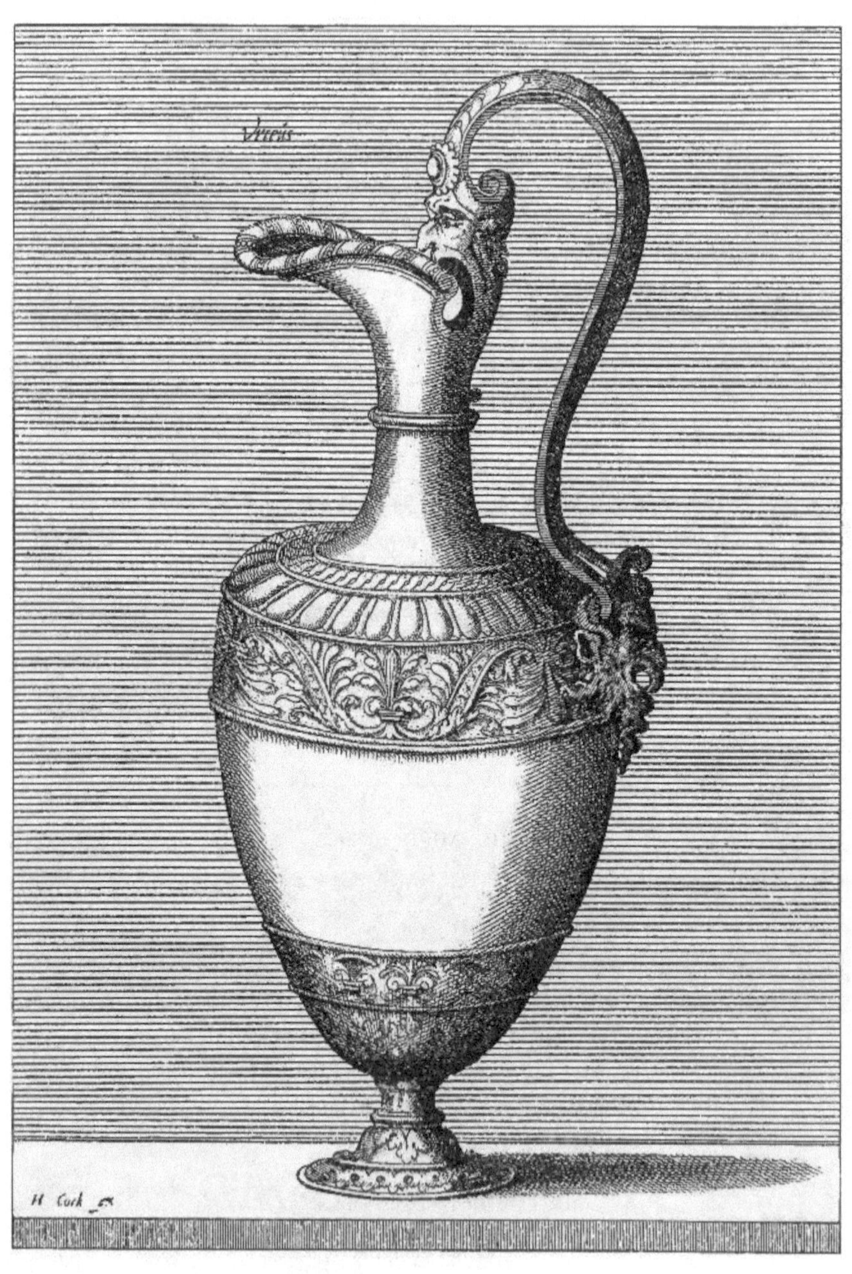

Hans Vredeman de Vries (2534)

Johann Hagenauer

Siehe Seite 180.

13 Bl. Armleuchter. F. Assner, F. Lechner und G. Brodkorb sc. Aus verschiedenen Folgen. Fol. (4181.)

Unbekannt

2 Bl. Verschiedene Wand- und Standleuchter. Nr. 8 und 9 einer Folge. Fol. (4662.)

2. FRANZÖSISCHE SCHULE.

XVI. JAHRHUNDERT.

Charles-Etienne de Laune, gen. Stephanus

Siehe Seite 25.

Handspiegel. In der Mitte der Tod der Julia. Auf dem Rahmen fünf allegorische Frauengestalten, Festons, Edelsteine und Perlen. Am Ende des Griffes ein Ring. 1561. Fol. R-D. 315. (2866.)

XVIII. JAHRHUNDERT.

Aloisio Crant

arbeitete zu London um 1795.

4 Bl. Fächerfüllungen. Published 1. May 1795 by John Jeffryes, London. gr. qu. Fol. (4137.)

3. ITALIENISCHE SCHULE.

XVII. JAHRHUNDERT.

Horazio Scoppa

Siehe Seite 202.

6 Bl. Geräthe. Wand- und Armleuchter u. dgl. 1642. 1643. Nr. 1. 3, 9, 10, 17 und ein verschnittenes Bl. der Folge. Radirt. gr. Fol. (4113.)

Armleuchter. Nr. 17. Duplicat der vorigen. (2329.)

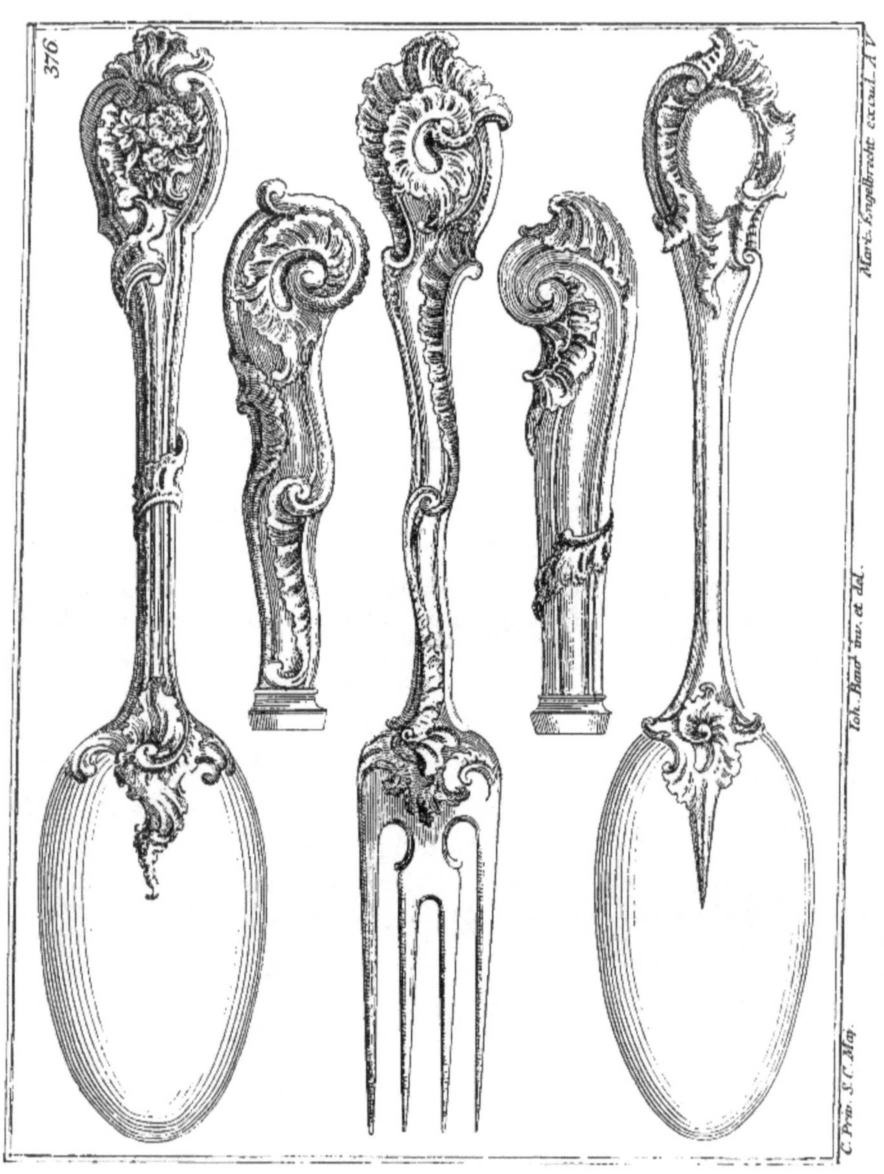

JOHANN BAUR (3888)

B. KIRCHENGEFÄSSE UND KIRCHENGERÄTHE.

1. DEUTSCHE SCHULE.

XVI. JAHRHUNDERT.

Lucas Cranach d. Aelt.

Siehe Seite 54.

Kreuz mit Darstellungen aus dem Leben Jesu und mit dem Sächsischen Wappen. Der Fuss aus Astwerk gebildet, ähnlich den Reliquiarien im Wittenberger Heiligthumbuche. Unbezeichnet. Holzschnitt. 4. (4163.)

Unbekannt

»Das H. Creutz zu Scheuren.« Gothisches Reliquienkreuz mit den Brustbildern der Kirchenväter. Fol. (2375.)

2. FRANZÖSISCHE SCHULE.

XVII. JAHRHUNDERT.

Gérard Edelinck

Kupferstecher, geb. zu Antwerpen 20. October 1640, gest. zu Paris 2. April 1707. Robert-Dumesnil VII. 169.

Ostensorium. N. Pitau exc. gr. Fol. R-D. 18. (3586.)

Warhaffte Ab Bildung Aller fürnemmen Hailthumbs Gefässen. Neben kurtzer Beschreibung deren darin verschlossnen Reliquien: Welliche in dem würdigen Gottsshaus St. Vlrichs vnd St. Afrae in Augspurg aufbehalten werden. O. O. 1630. Mit Kupferstichen von Wolfgang Kilian. (B. Nr. 5362.)

Basilica SS. Vdalrici et Afrae imperialis monasterii ord. S. Benedicti Augustae Vindel. historice descripta atque aeneis figuris illustrata . . Augustae Vindel. 1653. Fol. Mit Kupferstichen von Wolfgang Kilian. (B. Nr. 6062.)

Lader, O. Historia vnd Wunderzaichen dess allerheiligsten Wunderbarlich verwandleten Sacraments, so in dem Lobwürdigen Gottshaess beym H. Creutz in Augspurg noch anheut zu sehen. Augspurg, bey Andrea Aperger. 1625. Gestochen vnd Verlögt Durch Daniel Manasser Bürger vnd Kupfferstecher zu Augspurg. 4. Mit 131 Kupferstichen. (B. Nr. 2650.)

Chronick dess hochberümbten Closters vnd Gottshauses heiligen Berg Andechs S. Benedicten Ordens . . . München 1625 4. Mit zahlreichen Holzschnitten. (B. Nr. 7733.)

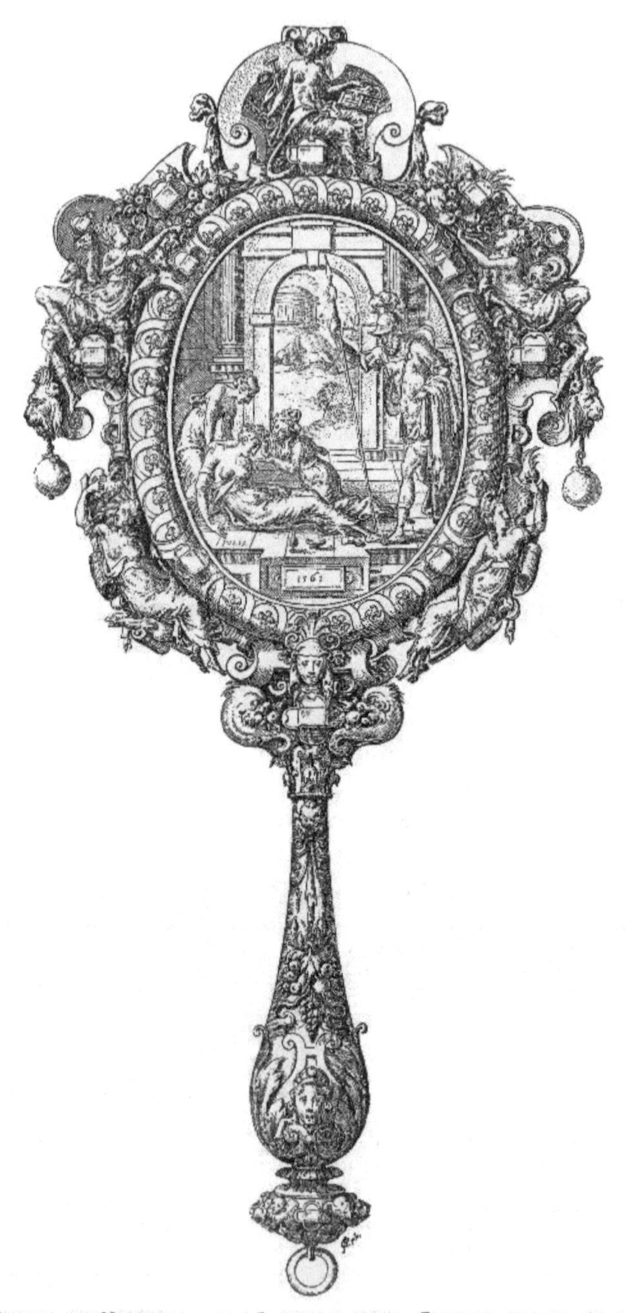

Charles-Etienne de Laune, gen. Stephanus (2866)

3. NIEDERLÄNDISCHE SCHULE.

XVII. JAHRHUNDERT.

MICHIEL NATALIS

Zeichner und Kupferstecher, geb. zu Lüttich 1609, gest. daselbst 1670.

Reliquiar mit der Büste des heiligen Lambert im bischöflichen Ornat. 1659. Fol. (3414.)

4. ITALIENISCHE SCHULE.

XVII. JAHRHUNDERT.

GIACOMO LAURENTIANI

Bildhauer, Zeichner und Radirer zu Rom in der ersten Hälfte des 17. Jahrhunderts.

2 Bl. Ostensorien. Aus der Folge: Opere per argentieri et altri. Di Jacomo Laurentiani 1632. Radirt. Fol. (5696.)

HORAZIO SCOPPA

Siehe Seite 202.

6 Bl. Kirchengefässe und Kirchengeräthe. Krummstab, Monstranze, Ampeln u. dgl. 1642, 1643. Nr. 4, 11, 13, 14, 16, 18 der Folge. Radirt. gr. Fol. (4113.)

4 Bl. Kirchengeräthe. Nr. 11, 13, 16, 18. Duplicate der vorigen. (2329.)

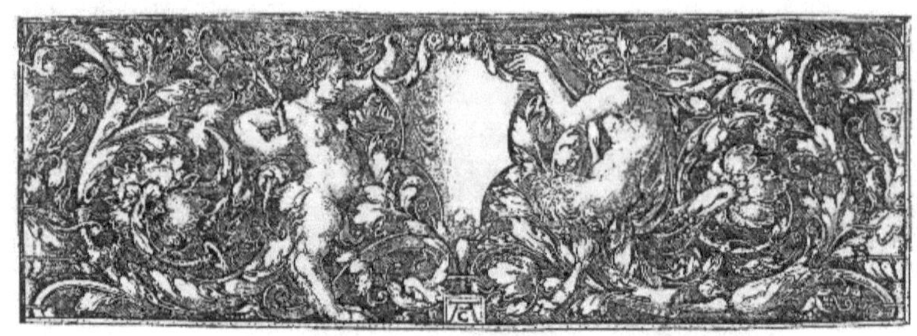

IX. HERALDIK.

A. WAPPEN UND STAMMBÄUME.

1. DEUTSCHE SCHULE.

XV. JAHRHUNDERT.

MICHAEL WOLGEMUT

Siehe Seite 52.

2 Bl. Der Kaiser mit den Reichsständen. Wappentafel aus Hartman Schedel's Chronik, lateinische Ausgabe, Nürnberg 1493. Holzschnitte. Fol. (4084.)

XVI. JAHRHUNDERT.

JOST AMMAN

Siehe Seite 53.

Wappen des E. Behem von Behemstein zwischen zwei Säulen, oben und unten eine verzierte Schrifttafel. In letzterer: ALL MEIN NOTH BEVILH ICH GOTT E.B.V.B.S. M.D.LXX. Unten in der Mitte die Initialen des Meisters. Holzschnitt. Fehlt A. und W. H. 0·308, Br. 0·192. (2816.)

HANS BURGKMAIR D. AELT.

Siehe Seite 54.

Das Wappen des Bischofs Georg von Bamberg. 1520. Fehlt B. und P. H. 0·155, Br. 0·110. (3418.)

Das Wappen des Bischofs Cristoph von Brixen. 1520. Fehlt B. und P. H. 0·155, Br. 0·152. (3419.)

14

Augustin Hirschvogel

Siehe Seite 3.

Das Wappen des Aug. Hirschvogel. Radirt. B. 130. Fol. (3972.)

Das Hallersche Wappen. Oben eine reich verzierte Schrifttafel mit der Inschrift: Wolff Haller vom Hallerstain Romischer Kay. May. etc. Rath vnnd des heyligẽ Römischẽ Reichs Pfeñigmaister. Die Schrifttafel auf einer besonderen Kupferplatte. Radirt. Fehlt B. und P. Grösse beider Platten: H. 0·375, Br. 0·265. (2898.)

Hans Sibmacher

Siehe Seite 6.

Das Wappen der Paumgärtner auf der Erde stehend. Ohne Schrifttafel und ohne Zeichen. 4. A. 126. (2796.)

Virgil Solis

Siehe Seite 6.

Wappen des Wundarztes Franz Renner. 1572. Holzschnitt. Fehlt B. und P. H. 0·138, Br. 0·102. (3378.)

2 Bl. Wappen. Bei dem einen Hirsch und Pferd im zweigetheilten Schild, als Helmkleinod ein Strauss. Bei dem andern Panther, Eule und Fuchs im dreigetheilten Schild, als Helmkleinod ein Steinbock. Monogr. Fehlt B. und P. H. 0·073, Br. 0·053. (3753.)

Brentel, Georg. Wappenbuech Hierinen Ro: Kay May: sampt Chur, vñ Fürsten, Geistlichs vnnd Weltlichs Standts Wappen, für nemlich aber deren, so auff verschinem Reichstag zu Augspurg im Jar 1582. gehalten, selbs Personlich erschinen, Auch deren Abwesenden, so ihre Gesandten alda gehabt, souil deren zubekommen müglich gewesen, ordenlich begriffen. Hierzu seind auch . . . der Stifft. . . . der Reichsstätt, Dessgleichen der Vier Land, sampt derselben Grauen. Herren vnd Adelspersonen Wappen gesetzt worden . . . . Zusamen getragen, ... fürgemalet . . . . . vnd in verlegung Georgen Brentels, Burgers vnd Malers zu Laugingen in Truck verfertiget. Getruckt in der Fürst. Pfaltzg. Statt Laugingen. 1584. Fol. Die Wappen zum Theil radirt, zum Theil in Holz geschnitten. Colorirtes Exemplar. Fehlt A. (B. Nr. 4019.)

Dannecker (de Necker). David. Ain Newes vnnd Kunstlich schönes Stam̃ oder Gesellen Buchlein, mit dreyzehen Historien, darinnen hundert Wolgestelter, Gerissener vnd Geschnittener Figuren, sampt ihren . . . Reimen erklert: . . . 1579. Gedruckt zu Wienn in Osterreich, durch Dauid de Necker Formschneider. 4. Mit 97 allegorischen Figuren in Ornamentrahmen in Holzschnitt. Nach Zeichnungen des Malers Dionys Manhallart für oder auch auf den Holzstock gezeichnet von Nic. Solis, geschnitten von David de Necker. Am Schluss das Wappen des Druckers. Colorirt. (Bl. K 4 und Y handschriftlich ergänzt.) Als Stammbuch verwendet. (B. Nr. 4200.)

Francolin, Joh. von. Weyland Kaysers Ferdinandi säligister vnd hochloblichister gedächtnuss, vnnd dem gantzen hochberhümbtem hauss von Osterreich angehörig Wappen. Gestellt durch Johann von Francolin, Römischer Kayserlicher Maiestat Ehrnnholdten. Getruckt zu Augspurg, durch Philipp Vlhart. Cum priv. 4. Titel, 2 Bl. Text, 47 Bl. auf Vorder- und Rückseite mit je einem Wappen in Holzschnitt, hierauf 4 Bl. mit gedruckten Ueberschriften, jedoch ohne Wappen, und ein leeres Bl. (B. Nr. 4113.)

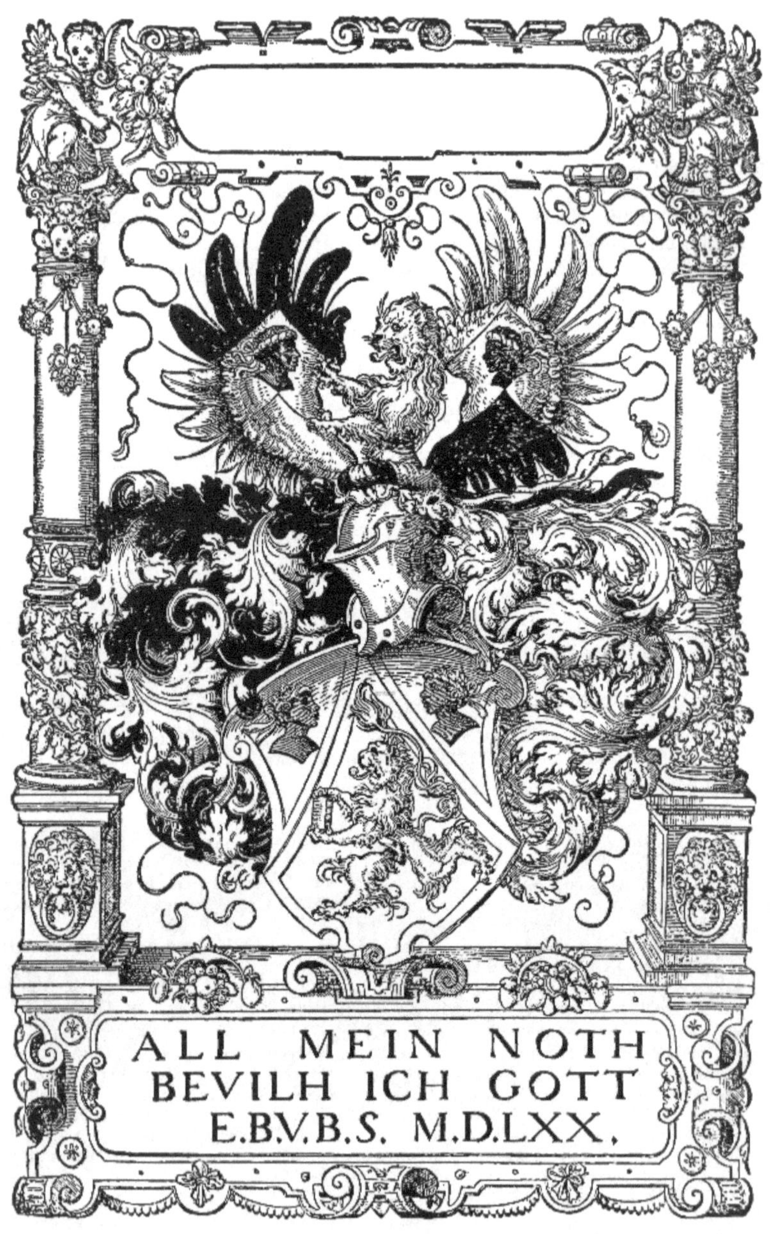

Jost Amman (2816)

14[c]

Georg Wechter
Siehe Seite 10.

Das Wappen des Nic. Scheller. Radirt. 8. A. 7. (2615.)

MONOGRAMMIST

VE mit dem Schneidmesser
Unbekannter Formschneider. Bartsch IX. 422, Monogr. Nr. 315.

Wappen, von zwei Engeln gehalten, mit den Marterwerkzeugen Christi. Als Helm ein Todtenkopf, als Kleinod das Agnus Dei. Oben ein Band mit I. N. R. I. Unten links in der Ecke das (zum Theil weggekratzte) Monogramm. Holzschnitt. Fol. (2691.)

Unbekannt

Wappen der Stadt Basel. Holzschnitt. 8. (2381.)

Das Wappen des Pfalzgrafen Johannes III., Administrators des Bisthums Regensburg. 1512. Holzschnitt. Fol. (4700.)

Wappen mit einem auf einer Leiter nach links schreitenden Löwen. 1517. Holzschnitt. 4. (3391.)

Das Wappen des Herzogs Ernst von Baiern, Pfalzgrafen bei Rhein. Augsburg 1518. Fol. (3058.)
Dasselbe, ohne Umschrift. (3058 a.)

Das Wappen des Seb. von Rotenhan. Mainz 1521. Holzschnitt. Fol. (5395.)

Das Wappen des Erzherzogs Ferdinand von Oesterreich. 1526. Aus der Tiroler Landesordnung. Holzschnitt. Colorirt. Fol. (2936.)

Das Wappen von Strassburg. 1529. Holzschnitt. Fol. (3393.)

Das Wappen von Köln. Holzschnitt. 8. (5354.)

Wapen Dess Heiligen Römischen Reichs Teutscher Nation, als Keyserlicher vnd Königlicher Mayestat, auch der Churfürsten ...... Jetzundt widerumb auffs neuw in Truck verfertiget. Franckfurt a. M., Sigmund Feyerabend, 1579. Fol. Mit Holzschnitten von Jacob Köbel. P. 3. (B. Nr. 3655.)

Augsburger Geschlechterbuch. Gedruckt zu Strassburg durch Christoffel Widitz und David Kannel (1538). Der Titel und Bl. II und III des I. Theiles fehlen. Vorgebunden: Des Adels Vrsprung vnd herkommen. Frankfurt a. M., Feyerabend und Hütter, 1564. Fol. Nagler, Monogr. II. 818. (B. Nr. 6380.)

Ulrich v. Reichenthal. Das Concilium. So zu Constantz gehalten ist worden, Des jars ....., M.CCCC.XIII ..... Auch was diss mals für Bäpst, Kayser, Künig, Fürsten vnd herrn ...... erschinen seind, mit jrē wappen. Auf dem Schlussbl.: Augspurg, Heinr. Steyner, 1536. Fol. Mit vielen blattgrossen, die wichtigsten Ereignisse des Concils illustrirenden Holzschnitten und zahlreichen Wappen. (B. Nr. 4264.)

Unbekannt

Das Wappen des Peter Apianus. Holzschnitt. Fol. (3497.)

Wappen. Im Schilde eine Greifenkralle, das Helmkleinod drei Pfauenfedern. Holzschnitt. 8. (4085.)

Wappen mit einem Adler in der rechten Schildhälfte. Holzschnitt. 8. (2511.)

Das Wappen des Erzherzogthums Oesterreich ob der Enns. Titelbl. zur Zehendt Ordnung. Holzschnitt. Fol. (3392.)

Das kaiserliche Wappen, umgeben von kleineren Schilden mit den Wappen von Mähren, Schlesien u. s. f. Auf der Rückseite das Wappen des Königreichs Böhmen. Aus dem böhmischen Landrecht 1564. Holzschnitt. Fol. (4175.)

Das Wappen des Wolff v. Wřesowicz. Aus dem von ihm herausgegebenen Landrecht des Königreichs Böhmen 1564. Holzschnitt. 4. (4176.)

Der deutsche Reichsadler. Titelbl. zur Reformation Irer May. Landtgerichts Jn Obern Vnnd Nidern Schwaben. Holzschnitt. Fol. (3448.)

Wappen der Stadt Leipzig, als Schildhalter ein wilder Mann. Holzschnitt. 4. (2419.)

Das Wappen der Stadt Breslau. 1574. Holzschnitt. Oval. 8. (4976.)

Wappen eines Cardinals. Holzschnitt. Spätcolorirt. Fol. (2928.)

Das Wappen des Freiherrn Christoph von Wolkenstein. 1594. Holzschnitt. Fol. (2952.)

Wappen des Hermann von Wimpffen in einem Lorbeerkranz. Radirt. 8. (2897.)

Wappen mit einem Einhorn. In einem ovalen Blätterkranz. 8. (2507.)

Wappen. In der oberen Schildhälfte ein Löwe, in der unteren drei Lilien. 8. (2821.)

XVII. JAHRHUNDERT.

Andreas Kohl

Siehe Seite 77.

Das Wappen der Pfinzing mit der Devise: Patriae et amicis. Fol. (2798.)

Kilian, Wolfgang. Serenissimorum Austriae ducum, archiducum, regum, ... genealogia. . aere incisa Augustae Vindelicorum a. 1623. Fol. Mit 61 Kupferstichen: Bildnissen, Stammbäumen und Wappen. (B. Nr. 5682.)

Unbekannt

Münzedict des Wolff Krämer, General-Wardin. Abdruck und Verzeichnuss Etlicher Güldenen und Silbernen Sorten welche eine Zeithero beneben andern Reichs Sorten in den...Churfürstlichen und Ober Rheinischen Kraisen, sich eingeschleifft, und höher aussgeben und ingenommen worden, als sie Werth sind. Wormbs, 4. Martii. 1609. Mit 6 Reihen Münzabbildungen in Holzschnitt. gr. Fol. (2809.)

Das Wappen des Königreiches Böhmen. Aus der Landes-Ordnung 1640. Fol. (4968.)

2. NIEDERLÄNDISCHE SCHULE.

XVI. und XVII. JAHRHUNDERT.

Johann Theodor de Bry

Siehe Seite 136.

3 Bl. Wappen. Die Schilde weiss. Aus dem Wappenbüchlein. 8. (2331.)

Michael Le Blon, auch Le Blond

Siehe Seite 37.

8 Bl. Nieu Wapen Boexken. 1649. C. Visscher ex. Nr. 1—6 und Nieuw Wapen Boeck twede deel. Nr. 7 und 9. 8. (2330.)

3. ITALIENISCHE SCHULE.

Martin Rota

Siehe Seite 105.

Das Wappen des Wolf Christoph von Enzestorff. 1575. Bezeichnet. Fehlt B. und P. H. 0·157. Br. 0·121. (3098.)

—

Bry, Joh. Theod de......, Emblemata secularia, ..., Weltliche lustige newe Kunststück ....., mit artlichen Lateinischen, Teutschen, Frantzösischen vnd Niederländischen Carminibus vnd Reimen geziert, fast dienstlich zu einem zierlichen Stamm vnd Wappenbüchlein per Jo. Theodorum de Bry, Civem Oppenhemii Typis Hieronymi Galleri, Anno MVnDVs senesCIt (1611). 4. (B. Nr. 4119.)

B. BUCHZEICHEN.

Symbole deutscher, französischer, holländischer und italienischer Buchdrucker und Verleger aus dem XV—XVII. Jahrhundert.

(Literatur: Roth-Scholtz, Insignia Bibliopolarum et Typographorum. — Silvestre, Marques typographiques. — Brunet, Manuel du libraire, 5e édit.)

Altdorf

Die Hausmarke des Georg Hager in reicher Cartouche. 1663. Holzschnitt. Fol. (6088.)

Amberg

Symbol des Michael Forster. 1594. Die Stärke in Zierrahmen. Holzschnitt. 8. (6045.)

Dasselbe, kleiner. 1599. Holzschnitt. 8. (6046.)

Amsterdam

2 Bl. Symbole des Jacob Pieterszon Wachter. 1616. Von P. van Sichem. Holzschnitte. 8. Nagler, Monogr. IV. 3040, 7. (3162, 3163.)

Symbol des Joh. Janssonius. 1635. Von dem Monogrammisten PS. Holzschnitt. 8. (3725.)

Symbol von Jacob von Meurs & Compagnie. Mercur auf der Kugel. 1677. Holzschnitt. 8. (3725.)

Symbol der Witwe des Joh. van Someren, des Abr. Wolfgang, Heinr. und Dietrich Boom. 1681. Flora und Ceres. Holzschnitt. 8. (3161.)

Unbekanntes Druckerzeichen. Ein aus einem Hügel sprossender Lorbeerstrauch. Darunter: Amstelodami. Holzschnitt. 8. (3725.)

Antwerpen

Symbol des Martin Nuyts. Das Storchennest in reichem Zierrahmen. Holzschnitt. 8. (5355.)

Symbol des Christoph Plantin. 1583. Die Hand mit dem Zirkel in reicher Cartouche. Holzschnitt. 8. (3164.)

Dasselbe, in reichem Zierrahmen, oben zwei Genien mit Fruchtkörben. Holzschnitt. 4. (3166.)

4 Bl. desgleichen, in verschiedener Grösse und Umrahmung. Holzschnitte. 8. (3165.)

Symbol der Officina Plantiniana. 1608. Holzschnitt. 8. (5352.)

Dasselbe, von Christoph Jegher. Holzschnitt. 8. (3165.)

Symbol des Johannes Steelsius. 1561. Zwei Tauben an einem Brunnen, in reicher Cartouche. Holzschnitt. 8. Vergl. R-S. 485. (2824.)

Symbol von Hieronymus Verduss' Witwe und Erben. 1687. Ein Löwe mit dem Markenschilde. Von Christoph Jegher. Holzschnitt. 8. (3167.)

Augsburg

Symbol des Joh. Miller. 1514. Die Halbfigur eines Geharnischten mit einem halben Mühlsteine in den Händen. Holzschnitt. Altcolorirt. 8. (3131.)
Die Hausmarke des Joh. Miller. 1514. Holzschnitt. 8. (3168.)
Symbol von Sigmund Grimm und Marcus Wirsung. 1519. Holzschnitt. 4. (3420.)
Symbol des S. Ruf. Hercules fesselt den Cerberus. Holzschnitt. 8. (3169.)

Basel

Symbol des Michael Furter mit dem Baseler Wappen. Holzschnitt. 8. R-S. 45. (3124.)
Die Hausmarke des Michael Furter in ornamentaler Umrahmung. 1509. Holzschnitt. 8. (3184.)
Symbol des Joh. Froben in einer architektonischen Umrahmung, von Ambrosius Holbein. Holzschnitt. Unbeschrieben. H. 0·110. Br. 0·078. (3183.)
Dasselbe. Holzschnitt. 8. (3390.)
Dasselbe, auf schwarzem Grunde. 1518. Von Hans Holbein. Holzschnitt. 8. P. 131. (3181.)
Dasselbe in einer reichen Architektur. Holzschnitt. 8. (4704, 5728.)
Kleines Symbol des Joh. Froben, auf schwarzem Grunde. Holzschnitt. 8. (3182.)
Symbol des Andreas Cratander. Das Glück auf der Kugel, in einem geschweiften Schilde. Holzschnitt. 8. R-S. 110. (3176.)
Dasselbe in einer Randverzierung. Holzschnitt. 8. (5727.)
Symbol des Thomas Wolf. 1522. Von Hans Holbein. Holzschnitt. 8. P. 60. W. 243. (3202.)
Symbol des Joh. Bebelius. 1534. Von Hans Holbein. Holzschnitt. 8. Woltmann 238b. (3365.)
Symbol des Joh. Bebelius in einem geschweiften Schilde. 1536. Von Hans Holbein. Holzschnitt. Unbeschrieben. H. 0·043, Br. 0·030. (3171.)
Symbol des Joh. Bebelius. Von Hans Holbein. Holzschnitt. 8. P. 138. (3174.)
Dasselbe. (3170.)
Symbol des Joh. Bebelius (Michael Isengrin). 1539. Von Hans Holbein. Holzschnitt. 8. P. 138. W. 238b. (3175.)
Symbol des Michael Isengrin. Von Hans Holbein. Holzschnitt. Unbeschrieben. 8. H. 0·078, Br. 0·058. (3192.)
Dasselbe, kleiner, auf einem Druckwerk des Thomas Guarinus. 1564. Holzschnitt. 8. (3193.)
Symbol des Valentin Curio in einem geschweiften Schilde. Von Hans Holbein. Holzschnitt. 8. P. 141. (3172.)
Dasselbe, kleiner. Holzschnitt. 8. (3173.)
Symbol des Joh. Hervagius. Von Hans Holbein. Holzschnitt. 8. P. 142. (3190.)
Dasselbe. Copie des vorigen. Holzschnitt. 8. (3191.)
Symbol des Bartholomäus Westhemer. Der von einem Delphin umwundene Pfeil. Holzschnitt. 8. R-S. 102. (3201.)

Symbol des Robert Winter. 1538. Minerva. Holzschnitt. 8. R-S. 172. (3196.)
Dasselbe, gegenseitig. Holzschnitt. 8. (3197.)
Symbol des Johannes Oporinus. 1562. Arion auf dem Delphin. Holzschnitt. 8. (3195.)
Dasselbe, kleiner. Holzschnitt. 8. R-S. 77. (3194.)
Symbol des Thomas Guarinus. Die Palme in reicher Cartouche. Holzschnitt. 8. (3185.)

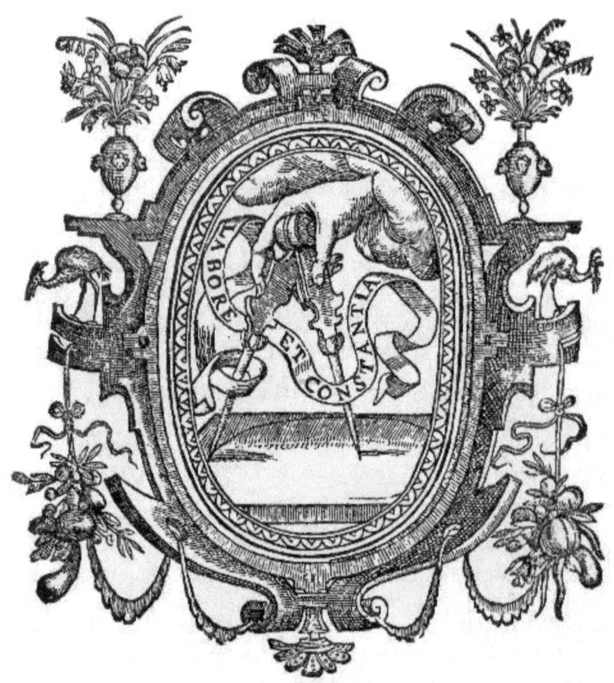

ANTWERPEN, CHR. PLANTIN (3164)

Symbol des Thomas Guarinus in einem Zierrahmen mit musicirenden Kindern. 1576. Holzschnitt. 8. (3180.)
Symbol des Peter Perna in einer reichen Cartouche mit den Initialen P P. Holzschnitt. 8. Nagler, Monogr. IV. 3214. (3199.)
Dasselbe, kleiner. Holzschnitt. 8. (3198.)
Symbol des Peter Perna auf einem Druck für Conrad Waldkirch. 1585. Holzschnitt. 8. (3200.)
Symbol des Episcopius. Der Bischofstab mit dem Kranich in reicher Einfassung. 1584. Holzschnitt. 8. (5715.)

Symbol des Episcopius, in einer reichen Cartouche. Von Christoph van Sichem d. Aelt. Holzschnitt. 8. (3180.)

Dasselbe, kleiner, in einer einfachen ovalen Umrahmung. 1560. Holzschnitt. 8. (3177.)

Dasselbe ohne Einfassung. 1564. Holzschnitt. 8. R-S. 75. (3178.)

Dasselbe, kleiner. 1560. Holzschnitt. 8. (3179.)

Symbol des Sebastian Henricpeter. 1569. Der feurige Berg und die Hand mit dem Hammer in einer Cartouche. Holzschnitt. 8. Vergl. R-S. 464. (3187.)

Dasselbe. 1569. Holzschnitt. 8. (5714.)

Dasselbe in einer Cartouche mit den Aposteln Petrus und Paulus. Holzschnitt. 8. (3188.)

Das kleinere Symbol des Seb. Henricpeter in Zierrahmen. Holzschnitt. 8. (5992.)

Kleines Symbol des Sebastian Henricpeter. Holzschnitt. 8. (3189.)

Bergamo

Symbol des C. Ventura & Comp. 1587. Fortuna auf dem Delphin in Zierrahmen. Holzschnitt. 8. (3203.)

Berlin

Symbol des Michael Hentzke. 1572. Der Erzengel Michael in Zierrahmen. Von Daniel Seidel. Holzschnitt. 8. Vergl. Nagler, Monogr. II. 1371. (6095.)

Bologna

Die Hausmarke des Benedict Hector. 1501. Holzschnitt. 8. R-S. 151. (3363.)

Die Hausmarke der Erben des Stephan Brun. 4. (3204.)

Brescia

Symbol des Giov. Batt. Bozola. 1562. Der Adler mit dem Buche in den Fängen. Holzschnitt. 8. (3205.)

Breslau

2 Bl. Symbole des Jesaias Fellgibel. 1669. Die Marke und das Haus mit dem fallenden Giebel. Holzschnitt. 8. R. S. 165. (3725.)

Brüssel

Symbol des Rutger Velpius. Der Doppeladler mit dem Crucifix in einer Cartouche. Von J. C. Jegher. Holzschnitt. 8. (5351.)

Emmerich

Symbol des Arnold v. Eynden. 1677. Von G. Appelmans. 8. (4164.)

Erfurt

Die Hausmarke des Matthäus Maler auf einem von einem Löwen gehaltenen Wappenschilde. 1513. Holzschnitt. 8. (6083.)

Symbol des Georg Baumann. 1590. Der Thurmbau zu Babel in reicher Cartouche. Holzschnitt. 8. (6082.)

Ferrara

Symbol des Benedict Mammarelli. 1591. Die allegorische Figur des Friedens in reicher Umrahmung. Holzschnitt. 8. (3213.)

Franeker

Symbol des Aegydius Rade. 1594. Holzschnitt. 8. (3725.)

Frankfurt a. M.

Symbol von Christian Egenolff's Erben. Das Opfer Abrahams. Holzschnitt. 8. Vergl. R-S. 19. (4797.)

Symbol des Peter Brubach. 1562. Der Januskopf in reicher Cartouche. Holzschnitt. 4. (6104.)

Ein anderes Symbol des Peter Brubach. Holzschnitt. 8. Silv. 683. (6105.)

Das kleine Symbol des Peter Brubach. Der Januskopf in einem Wappenschilde. 1544. Holzschnitt. 8. (6106.)

Die Verhandlung zwischen Papst und Kaiser. Unten das Symbol des Sigm. Feierabend. 1570. Von Jost Amman. Holzschnitt. qu. 4. A. 67. (3226.)

Ziertitel mit der Klugheit und Gerechtigkeit. Unten das Symbol des Sigm. Feierabend. 1597. Von Jost Amman. Holzschnitt. Fol. A. 118. (3225.)

Symbol des Sigmund Feierabend. Von Jost Amman. Holzschnitt. 8. A. 143. (3227.)

Symbol des Sigm. Feierabend. Von Jost Amman. Holzschnitt. 8. A. 150b. (5719.)

Dasselbe. (3230.)

Symbol des Sigm. Feierabend. 1572. Fama, von vorne gesehen. Von Jost Amman. Unbeschrieben. Holzschnitt. H. 0·055, Br. 0·044. (3229.)

Symbol des Sigm. Feierabend. Fama auf der Kugel sitzend, den Palmzweig in der Rechten. Von Jost Amman. Holzschnitt. Unbeschrieben. H. 0·054, Br. 0·048. (5722.)

Symbol des Sigm. Feierabend. 1575. Von Tobias Stimmer. Holzschnitt. 4. A. 134. (3224.)

Symbol des Sigm. Feierabend. 1577. Von Tobias Stimmer. Holzschnitt. 8. A. 135. (6065.)

Symbol des Sigm. Feierabend. Von Tobias Stimmer. Holzschnitt. 8. A. 135. (5718.)

Symbol des Sigm. Feierabend. 1562. Holzschnitt. 8. (5733.)

Symbol des Sigm. Feierabend. 1572. Fama, nach links gewendet, ohne Zierrahmen. Holzschnitt. 8. (3228.)

Kleineres Symbol des Sigm. Feierabend. 1579. Fama, von vorne gesehen, in einem Zierrahmen. Holzschnitt. 8. (5726.)

Die Fama und ein Schlitten von Krebsen gezogen. Feierabend's Symbol aus dem Kunstbüchlein. Von Jost Amman. Geschnitten von Christoph Stimmer. Holzschnitt. 8. A. 237, 107. (5723.)

Symbol des Sigm. Feierabend, H. Tack und P. Fischer. 1585. Von Jost Amman. Holzschnitt. 8. A. 165. (3725.)

Symbol des Sigm. Feierabend, W. Hahn und G. Rabe. Von Jost Amman. Holzschnitt. 4. A. 168. (5732.)

Symbol des Sigm. Feierabend, W. Hahn und G. Rabe. 1566. Von Jost Amman. Holzschnitt 8. A. 169. (3222.)

Symbol des Sigm. Feierabend, W. Hahn und G. Rabe. 1566. Von Jost Amman. Holzschnitt. 8. A. 170. (3223.)

Symbol des Sigm. Feierabend, G. Rabe und W. Hahn's Erben. 1563. Neben einer in einer Vase stehenden Landschaft links ein auf einem Bein stehender Hahn, rechts ein Rabe, darüber die in zwei Posaunen stossende Fama; in reicher Einfassung. Holzschnitt. 8. (6055.)

Symbol des Sigm. Feierabend und Simon Huter. 1565. Von Jost Amman. Holzschnitt. 8. A. 174. (3221.)

Symbol des Nicolaus Basse. Von Jost Amman. Holzschnitt. 8. A. 177. (5713.)

2 Bl. Symbole des Nicolaus Basse. 1588, 1596. Die nackte Fortuna nach rechts gekehrt, auf dem geflügelten Rade. Von Jost Amman. Unbeschrieben. Holzschnitte. H. 0·110, Br. 0·098. (3214, 3215.)

Dasselbe, kleiner. Von Jost Amman. Unbeschrieben. Holzschnitt. H. 0·067, Br. 0·048. (3216.)

Symbol des Christoph Rab (Corvinus). 1582. Die Speisung des Elias durch die Raben, in einer Randverzierung. Holzschnitt. 8. (6042.)

Dasselbe in einem ovalen Rahmen. Holzschnitt. 8. (6043.)

Symbol des Joh. Wolf. 1565. Die Vernichtung der Rotte Korah, in reicher Cartouche. Holzschnitt. 4. (3235.)

Dasselbe, kleiner. Holzschnitt. 8. (3236.)

Symbol des Peter Fischer. 1591. In Zierrahmen. Holzschnitt. 4. (3237.)

Symbol des Joh. Feierabend. Fama auf einem Block sitzend, in einem Zierrahmen. Von Jost Amman. Holzschnitt. 4. A. 161. (3231.)

Symbol des Joh. Feierabend. 1593. Fama schwebend, in reicher Randverzierung. Holzschnitt. 4. (3725.)

Symbol des Joh. Feierabend. 1600. Fama nach links schreitend, in der Linken die Palme, in Zierrahmen. Holzschnitt. 4. (3232.)

Symbol des Zacharias Palthen. 1594. Pallas in reicher Randverzierung. Holzschnitt. 8. Vergl. R-S. 494. (6094.)

Dasselbe, kleiner, auf einem Druck des Zacharias Palthen. 1616. In Zierrahmen. Holzschnitt. 8. (6056.)

Symbol der Erben des Andreas Wechel. Pegasus über zwei Füllhörnern. in der Mitte derselben der Caduceus. Holzschnitt. 8. Silv. 1225. (3234.)
Dasselbe. 1597. Holzschnitt. 8. (3233.)
Dasselbe. 1599. Holzschnitt. 8. (3233.)
Dasselbe. 1606. Holzschnitt. 8. (3233.)
Ein anderes Symbol der Wechel'schen Officin. 1631. Holzschnitt. 8. (6037.)
Symbol des Mathias Becker. Jupiter auf dem Adler schwebend, in Zierrahmen. Holzschnitt. 8. (3218.)
Dasselbe auf einem Druck für J. Th. Schönwetter. 1601. Holzschnitt. 8. (3217.)

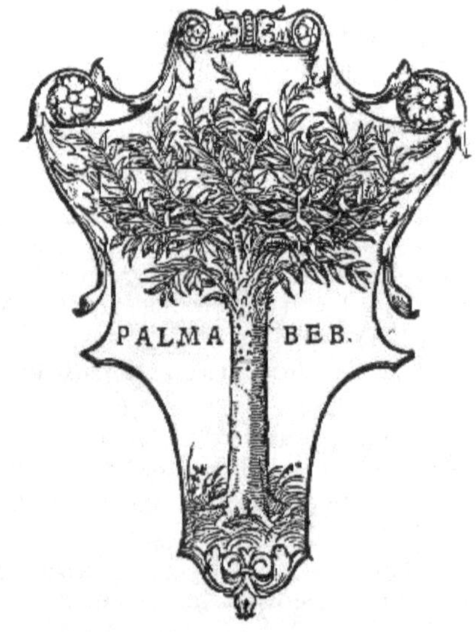

BASEL, JOH. BEBELIUS (3365)

Symbol des Mathias Becker (Wolfg. Richter) auf einem Druck für J. Th. Schönwetter. 1603. Holzschnitt. 8. (3219.)
Symbol des Joh. Saur. 1601. Fama in Zierrahmen. Holzschnitt. 8. (3238.)
Symbol des Joh. Saur. 1605. Justitia. Holzschnitt. 8. Nagler, Monogr. V. 1924. (6090.)
Symbol des Joh. Bringer. 1613. Der Altar mit dem flammenden Herzen in reicher Cartouche. Holzschnitt. 4. (3220.)
Symbol des Peter Kopff. 1610. Von dem Monogrammisten I.G. Holzschnitt. 8. Nagler, Monogr. IV. 1098. (3239.)
Symbol des Buchhändlers Ruland auf einem Druck des Nicolaus Hoffmann. 1618. Eine weibliche Figur, auf der linken Hand eine Taube, in der rechten eine Schlange, in reicher Umrahmung. Holzschnitt. 8. (3395.)

Symbol des Nicolaus Rhodius. 1618. Das von einer Schlange umwundene Grabscheit, in reicher Cartouche. Holzschnitt. 4. (3369.)

Symbol des Thomas Matthias Götz. 1662. Fortuna auf dem Meere, in einem Kranz aus Palmzweigen. Holzschnitt. 8. (6060.)

Frankfurt a. O.

Symbol des Johann Eichorn. 1560. Eine sitzende Frau, in der Rechten den Caduceus mit einem Eichhörnchen, in der Linken ein Füllhorn. Holzschnitt. 8. (6066.)

Ein anderes Symbol des Johann Eichorn. Das auf einem Zweige sitzende Eichhörnchen in einem Wappenschilde. Holzschnitt. 8. (6067.)

Symbol des Andreas Eichorn. Ein auf einem Baumstrunk sitzendes Eichhörnchen in einem Zierrahmen. Holzschnitt. 8. (6068.)

Symbol des Nicolaus Voltz. 1591. Der Erzengel Michael in Zierrahmen. Früher Symbol des Michael Hentzke zu Berlin, dessen Druckerei Voltz übernommen. Von Daniel Seidel. Holzschnitt. 8. Vergl. Nagler, Monogr. II. 1371. (6107.)

Symbol des Friedrich Hartman. 1597. Des Königs Rechnung in Zierrahmen. Holzschnitt. 8. (6061.)

Genf

Symbol des Jean Crespin. 1567. Holzschnitt. 8. Silv. 796. (6026.)

Symbol des Eustache Vignon. 1581. Holzschnitt. 8. Silv. 1016. (6025.)

Das grosse Symbol der Vignon'schen Officin. 1602. Holzschnitt. 8. Vergl. Silv. 1016. (6015.)

Symbol des Pierre de la Rovière. 1604. St. Petrus auf dem Meere. Holzschnitt. 8. (3241.)

Symbol des Pierre de la Rovière. 1605. In einer reichen Randverzierung das Monogramm GRL St. Goar (?) an der Drehscheibe. Holzschnitt. 8. Vergl. Nagler, Mongr. III. 115. (3242.)

Symbol des Pierre de la Rovière auf einem Druck des Samuel Chouet von 1662. St. Goar (?) an der Drehscheibe in reicher Cartouche. Von Jean Cousin. Holzschnitt. 8. Silv. 1147. Didot, Fig. 23. (3240.)

Symbol des Samuel de Tournes. 1694. Der gekrönte Salamander im Feuer. Holzschnitt. 8. (3370.)

Genua

Symbol des Hieronymus Bartolus. 1586. Ein chimärisches Thier in Zierrahmen. Holzschnitt. 8. (3243.)

Görlitz

Symbol des Ambrosius Fritsch. 1569. Zwei aus den Wolken ragende Hände tragen ein Füllhorn, in Randverzierung. Holzschnitt. 8. (6039.)

Haag

Symbol des Adrian Vlacq. 1657. Der Phönix im Feuer. Holzschnitt. 8. (6047.)

Hagenau

Die kleine Hausmarke des Thomas Anshelm. 1509. Holzschnitt. 8. Silv. 641. (6036.)

Die Hausmarke des Heinrich Gran. 1515. Holzschnitt. 8. Silv. 576. (6093.)

Hamburg

Symbol des Gottfried Schultz. 1676. Die allegorische Figur des Friedens. Holzschnitt. 8. (3244.)

Heidelberg

Symbol des Joh. Maier. 1570. Holzschnitt. 8. Nagler, Monogr. III. 1259. (6076.)

Symbol des Jacob Mylius. 1579. Eine aus den Wolken ragende Hand trägt einen bekränzten Mühlstein; in reicher Randeinfassung. Holzschnitt. 8. (6054.)

Symbol der Commelinus'schen Officin. 1603. In Zierrahmen. Holzschnitt. 8. (3725.)

Helmstedt

Symbol des Jacob Lucius 1586. Die Figur des Lichtes in einem Zierrahmen. Holzschnitt. 8. (6048.)

Dasselbe, kleiner. 1583. Holzschnitt. 8. (6049.)

Ingolstadt

Symbol des Alexander Weissenhorn. 1542. Thetis in architektonischer Umrahmung. Holzschnitt. 8. (3255.)

Symbol der Gesellschaft Jesu (Weissenhorn'sche Officin). 1572. In reicher Cartouche. Holzschnitt. 8. (3256.)

3 Bl. Kleinere Symbole der Gesellschaft Jesu (Weissenhorn'sche Officin) von Kränzen umgeben. Holzschnitte. 8. (3257.)

Symbol des David Sartorius. 1586. Holzschnitt. 8. R-S. 492. (3253.)

Dasselbe, grösser. 1587. Holzschnitt. 8. (3254.)

Symbol des Adam Sartorius. 1599. Die Engel mit den Leidenswerkzeugen. Holzschnitt. 8. (3252.)

2 Bl. Symbole des Wolfgang Eder. 1592. Justitia in Rollwerkrahmen. Holzschnitte. 8. (3246, 3250.)

3 Bl. Symbole des Wolfgang Eder. 1595. Justitia in einer reichen Cartouche mit vier sitzenden Figuren. Holzschnitte. 8. (3247, 3248, 3249.)

5 Bl. Kleinere Symbole des Wolfgang Eder. Holzschnitte. 8. (3251.)

Jena

Symbol des Joh. Bielck. 1686. Der Pelikan, seine Jungen nährend. Holzschnitt. 8. (3245.)

Köln

Symbol der Erben von Joh. Quentel und Gerv. Calenius. 1559. Simson mit dem Löwen. Holzschnitt. 8. R-S. 491. (3212.)

Symbol des Arnold Birckmann. Das Birkhuhn in einer reichen Cartouche mit dem Kölner Wappen. Von Anton Woensam von Worms. Holzschnitt. Fehlt M. H. 0·092, Br. 0·065. (3207.)

Das kleine Symbol der Erben des Arnold Birckmann. 1562. Das Huhn bei der Birke in einem Zierrahmen. Holzschnitt. 8. (6091.)

Ein anderes Symbol der Erben des Arnold Birckmann. 1565. Das Huhn bei der Birke in einem Medaillon. Holzschnitt. 8. (6092.)

Symbol des Eucharius Hirtzhorn. Von Anton Woensam von Worms. Holzschnitt. 8. M. 494. (3208.)

Symbol des Ludwig Hornken. Holzschnitt. 8. R-S. 302. Auf der Rückseite das Symbol des Andreas Cratander zu Basel. (3374.)

Symbol des Theodor Baum. 1576. Der Sündenfall in Zierrahmen. Holzschnitt. 8. (6108.)

Das grosse Symbol des Joh. Gymnich. 1580. Von Anton Woensam von Worms. Holzschnitt. 4. M. 504. (4169.)

Ein anderes Symbol des Joh. Gymnich. 1580. In Zierrahmen. Holzschnitt. 8. (4170.)

Das kleine Symbol des Joh. Gymnich. 1532. Von Anton Woensam von Worms. Holzschnitt. 8. M. 502. (4173.)

Symbol des Joh. Gymnich auf einem Druck des Walter Fabrizius. 1562. Holzschnitt. 8. (3210.)

Symbol des Joh. Crithius. 1595. Der krähende Hahn in Zierrahmen. Holzschnitt. 8. (3209.)

Symbol der Erben des Joh. Crithius. 1630. Der nach rechts schreitende Hahn in Zierrahmen. 8. (4165.)

Symbol der Erben des Lazarus Zetzner. 1620. Von Christoph Maurer. Holzschnitt. 8. Vergl. Nagler, Monogr. II. 393. (5724.)

Symbol des Joh. Kinck. 1626. Justitia mit dem Einhorn. Von dem Monogr. HE. Holzschnitt. 8. Nagler, Monogr. III. 853, 9. (3211.)

Symbol des Peter Henning. 17. Jahrhundert. Holzschnitt. 8. Nagler, Monogr. III. 1354. (5349.)

Leipzig

Die Hausmarke des Melchior Lotter. 1507. Holzschnitt. 8. (6086.)

Dieselbe, in einem von einem alten Manne gehaltenen Schilde. Holzschnitt. 8. R-S. 308. (5993.)

Die Hausmarke des Valentin Schumann. 1518. Holzschnitt. 8. R-S. 305. (6102.)

Die Hausmarke des Jacob Thanner. 1518. Holzschnitt. 8. (6073.)

Symbol des Michael Blum. 1537. Zwei Genien halten ein Wappenschild mit drei Blumen. Holzschnitt. 8. (3364.)

Die Hausmarke des Michael Blum, in einem Wappenschilde. 1539. Holzschnitt. 8. (6084.)

Symbol des Nicolaus Wolrab. 1545. Venus auf dem Muschelwagen. Holzschnitt. 8. (6041.)

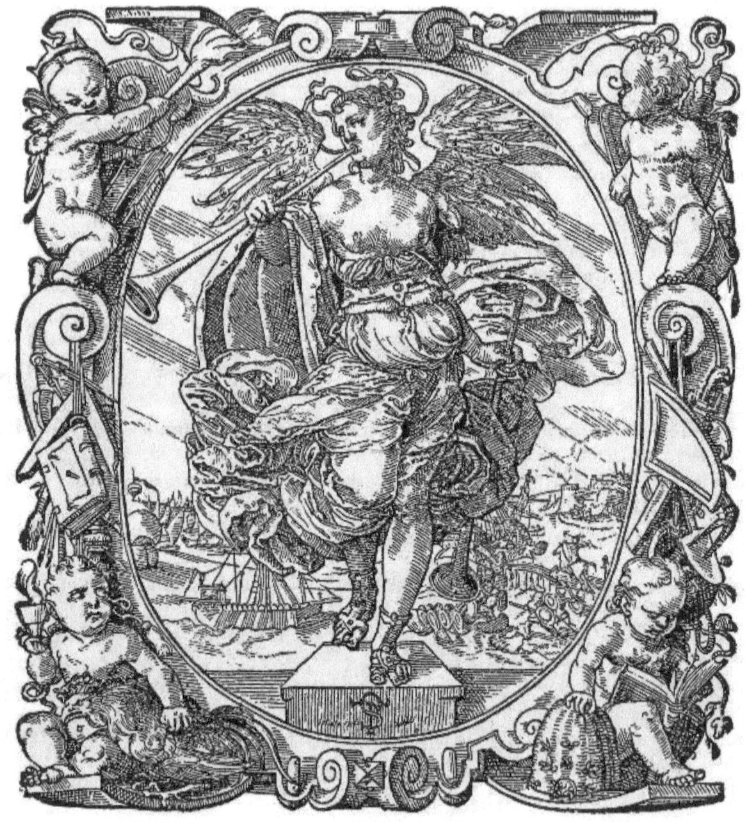

FRANKFURT A. M., SIGM. FEIERABEND (6065)

3 Bl. Symbole der Söhne des Ernst Vögelin. Holzschnitt. 8. R-S. 372. (3260.)

Symbol des Valentin Vögelin. 1595. Holzschnitt. 8. Vergl. R-S. 371. (6035.)

Symbol des Nicolaus Nerlich (um 1590—1610). Holzschnitt. 4. Nagler, Monogr. IV. 2484. (6057.)

Symbol des Hennig Gross. Der heilige Christoph in einem Zierrahmen, in diesem das Monogramm. Holzschnitt. 8. Vergl. Nagler, Monogr. III. 962. (3259.)

Symbol des Hennig Gross auf einem Wittenberger Druck von 1609. Der heilige Christoph mit dem Jesukinde in ovaler Umrahmung; in den Ecken die Symbole der Evangelisten. Holzschnitt. 4. R-S. 497. (3725.)

Symbol des Jacob Berwald. 17. Jahrhundert. Ein aus dem Walddickicht herausschreitender Bär. Holzschnitt. 8. (3258.)

Symbol des Michael Lantzenberger. 17. Jahrhundert. Der Erzengel Michael in einem Zierrahmen. Holzschnitt. 8. (6080.)

Leyden

Symbol des Joh. Paets. 1585. In reicher Cartouche. Holzschnitt. 8. (3725.)

Symbol der Officina Elseviriana. 1646. Lorbeerbaum und Weinstock mit der Beischrift: Non solus. Holzschnitt. 8. R-S. 167. (6012.)

Kleines Symbol der Witwe und der Erben des Joh. Elsevir. 1679. Holzschnitt. 8. Vergl. Brunet V. 1708. (6013.)

Lüneburg

Symbol von Joh. und Heinrich Stern. 1653. Friede und Eintracht, von Lorbeerzweigen umrahmt. Holzschnitt. 8. (6078.)

Lyon

Symbol des François Fradin. Holzschnitt. 8. Silv. 1271. (3424.)

Ein anderes Symbol des François Fradin. 1515. Holzschnitt. 8. Vergl. Silv. 583. (6022.)

Symbol des Jacques Sacon. Holzschnitt. 8. Nagler, Monogr. IV. 401. (5720.)

Symbol des Jacques Myt. Holzschnitt. 8. Silv. 427. (6021.)

Die Hausmarke des Nicolaus Benedictus. 1509. Holzschnitt. 8. Silv. 558. (6011.)

Symbol des Vincent Portunaris. Holzschnitt. 8. Vergl. Silv. 1040. (5730.)

Symbol des Jacques Huguetan. 1513. Holzschnitt. 8. Vergl. Silv. 93. (3125.)

Symbol des Bernard Lescuyer. 1514. St. Hubertus, unten die Marke. Holzschnitt. 8. (6027.)

Symbol des Barth. Trott. 1510. Holzschnitt. 8. Silv. 1221. (6024.)

Symbol der Brüder Melchior und Gaspard Trechsel. 1532. Holzschnitt. 8. Silv. 339. (3274.)

Symbol des Seb. Gryphius (Greif). Der Greif nach links schreitend. Holzschnitt. 8. (3269.)

Desgleichen. Der Greif nach rechts schreitend. Holzschnitt. 8. Silv. 214. (3270.)

Desgleichen. 1532. Holzschnitt. 8. Silv. 213. (6019.)

Desgleichen. 1542. Holzschnitt. 8. Silv. 211. (3271.)

Symbol des Jean Frellon in reicher Cartouche. Holzschnitt. 8. Silv. 400. (3266.)

Kleines Symbol des Jean Frellon. 1556. Holzschnitt. 8. Silv. 347. (3267.)

Symbol des Jean de Tournes (I) in einem Lorbeerkranz. 1560. Holzschnitt. 8. Silv. 187. (6016.)

Desgleichen. Der Saemann in Zierrahmen. Holzschnitt. 8. Silv. 539. (5353.)

Ein anderes Symbol des Jean de Tournes (I). 1550. Holzschnitt. 8. Silv. 885. (3272.)

Desgleichen. 1553. Holzschnitt. 8. Silv. 884. (6017.)

Symbol des Macé Bonhomme. Holzschnitt. 8. Silv. 209. (3264.)

Symbol der Erben des Jacob Giunta. 1550. Die Lilie in Zierrahmen. Holzschnitt. 8. Silv. 708. (5989.)

Ein anderes Symbol der Erben des Jacob Giunta. 1551. Die Lilie der Giunta, von zwei Genien gehalten. Holzschnitt. 8. Silv. 676. (3268.)

Das grosse Symbol der Erben des Jacob Giunta. 1571. Die Lilie in reicher Cartouche. Holzschnitt. 8. (5990.)

Symbol der Brüder Gottfried und Marcellus Bering. 1552. Holzschnitt. 8. Silv. 1182. (3261.)

Symbol des Michael Sylvius. Holzschnitt. 8. Silv. 1027. (5350.)

Symbol des Barth. Honorat in reicher Cartouche. Holzschnitt. 4. Silv. 1206. (3273.)

Dasselbe in ovaler Umrahmung. Holzschnitt. 8. Silv. 138. (4798.)

Kleines Symbol des Barth. Honorat in reicher Cartouche. Holzschnitt. 8. Silv. 754. (4799.)

Symbol des Guill. Roville. 1557. Holzschnitt. 8. Silv. 216. (5991.)

Symbol des Hugo de la Porte. 1572. Simson mit den Thoren von Gaza. Holzschnitt. 4. Vergl. Silv. 983. (5730.)

Symbol des Hugo de la Porte auf einem Druck des Joh. de Gabianus. 1602. Holzschnitt. 4. Vergl. Silv. 983. (3262.)

Dasselbe, kleiner. 1602. Holzschnitt. 8. Vergl. Silv. 983. (3263.)

Symbol des Paul Frellon. 1606. Holzschnitt. 8. Silv. 897. (6018.)

Symbol des Barth. Vincent. 1620. Holzschnitt. 8. Silv. 1263. (6023.)

Symbol des Paul Landry auf einem Druck des Claudius Landry. 1623. Holzschnitt. 8. Silv. 390. (3265.)

Magdeburg

Symbol des Wolfgang Kirchner. 1562. Der Traum Jacob's in reicher Randeinfassung. Holzschnitt. 4. Vergl. Nagler, Monogr. V. 1799. (6074.)

Symbol des Matthäus Giseke. 1579. Der Evangelist Matthäus in einer Landschaft. Holzschnitt. 8. (6053.)

Symbol des Wilh. Ross. 1581. Ein nach rechts gehendes Pferd in einer Cartouche. Holzschnitt. 8. (6079.)

Symbol des Ambrosius Kirchner. 1620. Ein Kirchengebäude in Zierrahmen, unten die Marke. Holzschnitt. 8. (6081.)

Mailand

Symbol von Joh. Jac. e frat. de Legnano auf einem Druckwerk des Joh. Angelus Scinzenzeler. 1514. Holzschnitt. 4. Nagler, Monogr. III. 1894. (6001.)

2 Bl. Symbole des Philipp Lomat. 1618. Das Meerweib in Zierrahmen. Holzschnitt. 8. (3275.)

Mainz

Grosses Symbol des Franz Beham. Der Pelikan, seine Jungen nährend. Holzschnitt. Altcolorirt. Fol. (2814.)

Kleineres Symbol des Franz Beham. Der Pelikan, seine Jungen nährend. Von dem Monogrammisten ꟿ. Holzschnitt. 4. Nagler, Monogr. III. 1458. (3276.)

Marburg

Symbol des Paul Egenolph. 1593. Die Hoffnung in reicher Cartouche. Holzschnitt. 8. (3280.)

Dasselbe. 1614. Holzschnitt. 8. (3371.)

Dasselbe. 1611. In Zierrahmen. Von Georg Keller. Holzschnitt mit dem Monogramm des Formschneiders I. S. 8. Vergl. Nagler, Monogr. III. 69. (3279.)

Zwei kleinere Symbole des Paul Egenolph in Zierrahmen. Holzschnitte. 8. (3277, 3278.)

Morges Morsee

Symbol des Jean Le Preux. 1583. Das Wappen von Bern in Zierrahmen. Holzschnitt. 8. (3357.)

Neustadt a. d. Haardt

Symbol des Matthäus Harnisch. 1580. Zwei aus den Wolken ragende Hände halten ein Füllhorn, in Zierrahmen. Holzschnitt. 8. (6040.)

Nürnberg

Symbol des Fried. Peypus in einem Wappenschilde. Holzschnitt. 8. R-S. 90. (5994.)

Paris

Symbol des Berthold Rembolt. Holzschnitt. 8. Vergl. Silv. 658. (3358.)

Dasselbe. 1516. Holzschnitt. 8. Vergl. Silv. 680. (6014.)

Symbol des Jehan Petit (I). Holzschnitt. 8. Silv. 25. (3359.)

3 Bl. Dasselbe. (3360, 3361, 5717.)

Kleineres Symbol des Jehan Petit (I). Holzschnitt. 8. (3362.)

Symbol des Pierre Regnault. Der Caduceus, von Spruchbändern umgeben. Holzschnitt. 8. Silv. 85. (3206.)

Symbol des Jodocus Badius. 1520. Holzschnitt. 8. Nagler, Monogr. III. 1794. Silv. 7. (3160.)

Symbol des Jehan Barbier. Holzschnitt. 8. Silv. 34. (5716.)

Symbol des Gilles de Gourmont. Holzschnitt. 8. Vergl. Silv. 83. (3107.)

Symbol des Poncet Le Preux. Holzschnitt. 8. Silv. 966. (3653.)

Symbol des Pierre Vidoue. 1522. Löwe, Lamm und Wolf, von einer Schlange umwunden, in reicher architektonischer Umrahmung. Holzschnitt. 8. (6008.)

Symbol des Galliot du Pré (I). Holzschnitt. 8. Brunet I. 1148. (2893.)

Symbol des François Regnault. Holzschnitt. 8. Silv. 369. (5729.)
Symbol des Christian Wechel. 1529. Holzschnitt. 8. Silv. 820. (6010.)
Grosses Symbol des Robert Stephanus (Étienne I). 1549. Holzschnitt. 4. Silv. 508. (3282.)

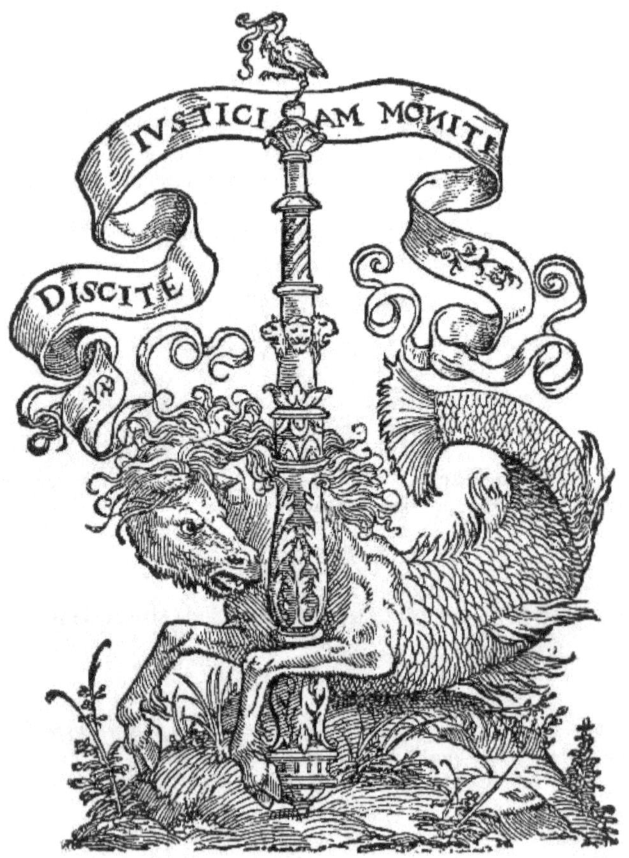

KÖLN, JOH. GYMNICH (4169)

Dasselbe, kleiner. 1556. Holzschnitt. 8. Silv. 163. (3281.)
Symbol des Jean Foucher. 1554. Holzschnitt. 8. Silv. 309. (3725.)
Symbol des Wilh. Merlin, Wilh. Desboys und Seb. Nivelle. 1559. In reicher Cartouche. Von Jean Cousin. Holzschnitt. 8. Silv. 928. Didot, Fig. 100. (3284.)

Symbol des Janet Mettayer (Mestayer) zu Paris und Tours. Holzschnitt. 8. Nagler, Monogr. III. 2810. Silv. 494. (6029.)

Symbol von Michel Fézandat und Robert Granjon, verwendet von Peter de la Rovière. 1620. Holzschnitt. 8. Vergl. Silv. 231. (6009.)

Kleines Symbol des Jacques du Puys. Holzschnitt. 8. Silv. 1169. (3283.)

Symbol des Nicolaus Buon. Drei aus einer brennenden Stadt fliehende Männer in Zierrahmen. Holzschnitt. 8. Vergl. Nagler, Monogr. IV. 2320. (6030.)

Symbol des Jacques Macé. Holzschnitt. 8. Silv. 397. (6020.)

Symbol des Toussaint du Bray. 1621. Die Hand mit dem Aehrenbündel, von einem Lorbeerkranz umgeben. Holzschnitt. 8. (6028.)

Prag

Symbol des Georg Melantrich. 1564. Wappenschild mit der Halbfigur eines Geharnischten und einer Lilie. Holzschnitt. 4. (4177.)

Symbol des Daniel Adam von Weleslawin. Wappenschild mit dem Pegasus. Holzschnitt. 8. (3285.)

Rinteln

Symbol des Peter Lucius. 1623. Ein gestellter Zirkel über drei Blumen in Zierrahmen. Holzschnitt. 8. (6058.)

Rom

Symbol des Eucharius Silber, gen. Franck. 1495. Die Engelsburg in reicher Randverzierung. Holzschnitt. Fol. (3129.)

Symbol der nachmaligen Druckerei der Propaganda. 1584. Die Apostel Petrus und Paulus, zwischen diesen ein Wappenschild mit S. P. Q. R. Holzschnitt. 8. (3286.)

Rotterdam

Symbol der Witwe des Matthijs Bastiaensz. 1641. Der Geschichtsschreiber Josephus in einem Zierrahmen. Holzschnitt. 8. (6064.)

Schlettstadt

Symbol des Lazarus Schurer. 1520. Ein Wappenschild mit einer Garbe. Holzschnitt. 8. (2581.)

Siena

Symbol des Sim. Nardi. 1503. Die Wölfin mit Romulus und Remus. Holzschnitt. 4. R-S. 309. (3287.)

Speyer

Symbol des Jonas Rosa. 1612. Der Wallfisch trägt Jonas an das Land, in reicher Cartouche. Holzschnitt. 4. (3288.)

Stettin

Symbol des Joachim Rhete. 1608. Der Pelikan, seine Jungen nährend, in Zierrahmen. Holzschnitt. 8. (3289.)

Symbol des David Reichard. 1624 (Stock von 1614). König David in reicher Umrahmung. Holzschnitt. 8. (6071.)

Strassburg

Die Hausmarke des Joh. Grüninger. 1503. Holzschnitt. 8. Silv. 503. (6100.)

Symbol des Joh. Schott. 1543. Das Wappen mit dem gekrönten Löwen. Holzschnitt. 4. R-S. 293. (3367.)

Die Hausmarke des Joh. Schott. 1512. Weiss auf schwarzem Grunde. Holzschnitt. 8. (6085.)

Symbol des Johannes Knoblauch. Holzschnitt. 8. Silv. 635. (5731.)

Symbol des Renatus Beck. Die Hausmarke in einem Wappenschilde, umgeben von einer Randverzierung mit wilden und zahmen Thieren. Holzschnitt. 4. Vergl. Nagler, Monogr. I. 2017. (2674.)

Symbol des Wolfgang Köpfel. 1529. Holzschnitt. 8. Silv. 559. (6096.)

Ein anderes Symbol des Wolfgang Köpfel. 1542. Holzschnitt. 8. Silv. 1018. (6097.)

Symbol des Joh. Albertus. Holzschnitt. 8. Silv. 1189. (6099.)

Symbol des Wendelin Rihel. Holzschnitt. 8. Silv. 757. (6032.)

Ein anderes Symbol des Wendelin Rihel mit dem Monogramm. Holzschnitt. 8. Vergl. Silv. 742. (6033.)

Das grosse Symbol des Crato Mylius. Holzschnitt. 4. Silv. 804. (399.)

Das kleinere Symbol des Crato Mylius. Holzschnitt. 8. Silv. 1266. (3291.)

Symbol des Theodor Rihel. 1568. Von Tobias Stimmer. Holzschnitt. 4. A. 130. (6059.)

Ein anderes Symbol des Theodor Rihel. Holzschnitt. 8. R-S. 490. (6034.)

Symbol des Nicolaus Wyriot. 1579. Der Greif auf der Kugel, in Zierrahmen. Holzschnitt. 8. Silv. 763. (6103.)

Kleines Symbol des Bern. Jobin. 1589. Holzschnitt. 8. Silv. 647. (3290.)

Symbol des Anton Bertram. 1590. Holzschnitt. 8. Silv. 1022. (6098.)

Symbol des Lazarus Zetzner. Holzschnitt. 8. Silv. 982. (5725.)

Kleines Symbol des Lazarus Zetzner. 1596. Holzschnitt. 8. Vergl. Silv. 1074. (6031.)

Die Hausmarke von Joh. Phil. Mülb und Josias Staedel. 1650. Holzschnitt. 8. (6087.)

Symbol des Jacob Thielen. 1654. Der Greif auf der geflügelten Kugel. Holzschnitt. 8. R-S. 324. (6101.)

Stuttgart

Symbol des Joh. Gottfried Zubrodt. 1621. Ein Adler auf einem von einem Pfeil durchbohrten Herzen in einer Landschaft. Holzschnitt. 8. (6072.)

Tournon

Symbol des Horatius Cardon. 1609. Die Wappenlilie in reicher Cartouche. Holzschnitt. 8. (3293.)

Dasselbe. (3294.)

Tübingen

Symbol des Georg Gruppenbach. 1589. Das Agnus Dei auf dem Drachen stehend, in Zierrahmen. Holzschnitt. 8. (6052.)

Kleineres Symbol des Georg Gruppenbach. 1587. Das Agnus Dei in Zierrahmen. Holzschnitt. 8. (3292.)

Symbol des Philibert Brunn. 1658. Ein Springbrunnen in Zierrahmen. Holzschnitt. 8. (6089.)

Ulm

Symbol des Johann Görlin. 1646. Zwei aus Wolken ragende Hände tragen ein Füllhorn, unten in der Cartouche die Marke. Holzschnitt. 8. (6077.)

Ursel

Symbol des Cornelius Sutor. 1599. Die Hoffnung in Zierrahmen. Holzschnitt. 8. (6051.)

Utrecht

Symbol des Peter Daniel Sloot. 1645. Der Landmann neben dem Baume arbeitend: Natura & Industria. Holzschnitt. 8. (6050.)

Venedig

Symbol des Aldus Manutius. Der von einem Delphin umwundene Anker. Holzschnitt. 8. R-S. 192. (3295.)

Die Hausmarke des Joh. Bapt. de Tortis. 1493. Holzschnitt. Rothdruck. 8. Vergl. R-S. 31. (5998.)

Die Hausmarke des Joh. Bapt. de Tortis. 1522. Holzschnitt. 8. R-S. 30. (3310.)

Symbol des Joh. Tacuinus. 1502. Johannes der Täufer mit Kreuzstab und Lamm. Von Benedetto Montagna. Holzschnitt. 8. R-S. 301. Vergl. Nagler, Monogr. I. 1965. (3132.)

Die Hausmarke des Barthol. de Zanis. 1503. Holzschnitt. 8. R-S. 53. (4172.)

Die Hausmarke des Georg de Rusconibus. 1506. Holzschnitt. 8. R-S. 298. (3316.)

Symbol des Marco Sessa. 1531. Die Katze mit der Maus zwischen Ornamentranken, überragt von einer Krone. Holzschnitt. 8. Vergl. R-S. 303. (3307.)

Symbol des Johannes Varisius. Das gekrönte Meerweib in einer Cartouche. Holzschnitt. 8. (5737.)

Die Hausmarke des Lazarus Soardus. Holzschnitt. 8. R-S. 49. (5995.)

Symbol des Hieronymus Schott. 1548. Holzschnitt. 8. R-S. 184. (6007.)

2 Bl. Symbole der Erben des Petrus Ravanus & Comp. aus den Jahren 1549 und 1554. Das gekrönte Meerweib. Holzschnitte. 8. (3394, 3725.)

Symbol des Joh. Gryphius (Greif). Der Greif mit dem Ballen in reicher Cartouche. Holzschnitt. 8. (3305.)

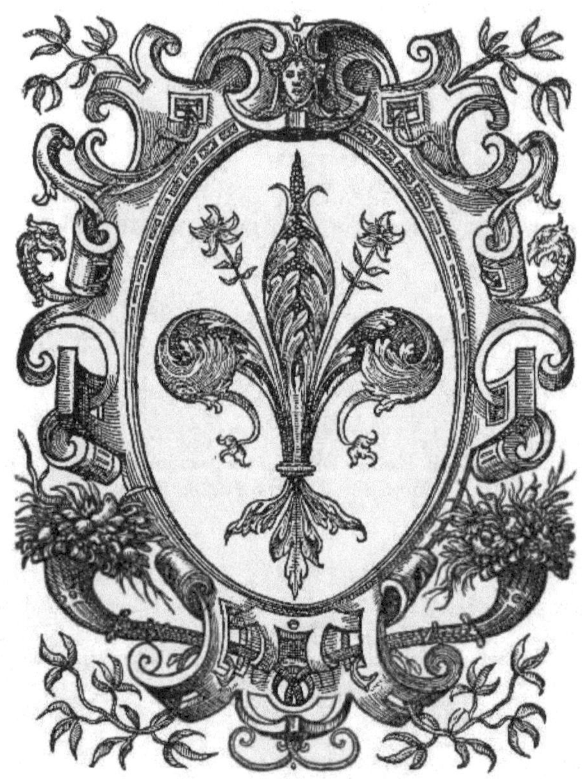

LYON, ERBEN DES JACOB GIUNTA (5990)

Symbol des Plinius Pietrasanta. 1554. Der Lorbeerbaum mit dem Spruchbande: Semper virens. Holzschnitt. 8. (6003.)

Symbol des Joh. Franc. Camotius. 1557. Die Pyramide in reicher Umrahmung. Holzschnitt. 8. (6006.)

Dasselbe. 1558. Die Pyramide. Holzschnitt. 8. (3317.)

4 Bl. Symbole des Gabriel Giolito de' Ferrari aus den Jahren 1556 und 1558. Der Phönix mit dem Sonnenbrande auf einer Vase. Holzschnitte. 8. und 4. Vergl. Nagler, Monogr. II. 3012. (3296—3299.)

Symbol des Luc. Ant. Giunta. Die Lilie und L. A. in Rothdruck. Holzschnitt. 8. (3304.) .

Symbol des Francesco Marcolini. »Veritas« in einem Medaillon. Holzschnitt. 8. Butsch, Bücherornamentik, Taf. 106. (5988.)

Symbol des Giordano Ziletti in reicher Cartouche. Holzschnitt. 8. Vergl. R-S. 189. (3314.)

Mittleres Symbol des Giordano Ziletti in reichem Zierrahmen. 1559. Holzschnitt. 8. (5997.)

Dasselbe, kleiner. 1562. In Zierrahmen. Holzschnitt. 8. (3313.)

Symbol des Andrea Arrivabene. 1561. Christus und die Samaritanerin am Brunnen. Holzschnitt. 8. (3302.)

Symbol des Marcus Maria. 1563. Der Erzengel Gabriel in Zierrahmen. Holzschnitt. 8. (3318.)

Symbol des Joh. Rossi. 1564. Mercur auf der Kugel, in einem Zierrahmen. Holzschnitt. 8. (5999.)

Dasselbe, grösser. 1583. Ohne Zierrahmen. Holzschnitt. 8. (6000.)

Symbol des Giov. Barileti. 1567. Holzschnitt. 8. (3303.)

Symbol des Vinc. Valgrisius. 1568. Zwei Hände halten ein von einer Schlange umwundenes Kreuz. Daneben: VIN CENT. Holzschnitt. 4. Vergl. R-S. 100. (3308.)

Dasselbe, kleiner. Holzschnitt. 8. R-S. 100. (3309.)

Symbol der Erben des Joh. Maria Bonelli. 1571. Pallas auf einem Löwen reitend, in Zierrahmen. Holzschnitt. 8. (6005.)

Symbol von Franc. Ziletti und Franc. Portonarius. 1575. Holzschnitt. 4. Vergl. R-S. 197. (3311.)

Dasselbe. (3312.)

Symbol der Brüder Jac. Ant. und Jul. Somasch. 1579. In reicher Cartouche. Unten die Marke. Holzschnitt. 8. (3315.)

Symbol des Altobello Salicato. 1583. Die Stärke in Zierrahmen. Holzschnitt. 8. (6004.)

Symbol des Dam. Zenarius. 1602. Der Salamander im Feuer, in reicher Randeinfassung. Holzschnitt. 8. (3373.)

Symbol des Pietro Maria Bertano. 1615. Die Störche im Nest, in reicher Cartouche. Holzschnitt. 8. (5996.)

Symbol des Jac. Sarzina. 1630. In einer Randeinfassung mit den Wappenträgern von Bergamo, Brescia, Padua und Verona. Holzschnitt. 8. (3306.)

Symbol des Joh. Jac. Hertz. 1658. Ein Schiff mit vollen Segeln in Zierrahmen. Holzschnitt. 8. (3301.)

Dasselbe, ohne Umrahmung. 1673. Holzschnitt. 8. (3300.)

Vlissingen

Symbol des Abraham van Laren. Zwei aus Wolken ragende Hände tragen ein flammendes, von einem Pfeil durchbohrtes Herz; in Zierrahmen. Holzschnitt. 8. (6044.)

Wien

Symbol der Brüder Leonhard und Lucas Alantse. 1517. Holzschnitt. 8. R-S. 155. (3366.)

Wittenberg

Die Hausmarke des Joh. Grünenberg. 1519. Weiss auf schwarzem Grunde. Holzschnitt. 8. (3386.)

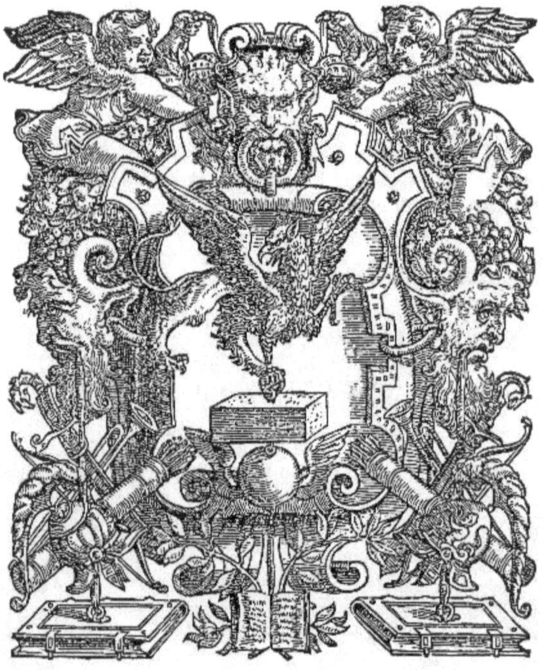

Venedig, Joh. Gryphius (3305)

Kleines Symbol des Joh. Crato. 1562. Holzschnitt. 8. Nagler, Monogr. II. 570. (6075.)

Symbol des Samuel Selfisch auf einem Druck des Lorenz Seuberlich. 1611. Die Salbung David's. Holzschnitt. 8. Vergl. Nagler, Monogr. IV. 3849. (3320.)

Kleineres Symbol des Samuel Selfisch, ohne das Zeichen. Holzschnitt. 8. (3319.)

Symbol des Lorenz Seuberlich. 1603. (Stock von 1601.) Die Marter des heiligen Laurentius, in Zierrahmen. Holzschnitt. 4. (6069.)

Symbol des Georg Kellner. 1615. Der heilige Georg im Kampf mit dem Drachen, in Zierrahmen. Von dem Monogrammisten ST (verschlungen). Holzschnitt. 4. (6070.)

ZÜRICH

Kleines Symbol des Christoph Froschauer. 1544. Die Weide mit den kletternden Fröschen. Holzschnitt. 8. R-S. 357. (6038.)

Symbol des Andreas Gessner. 1558. In reicher Cartouche. Von Rudolf Weyditz (?). Holzschnitt. 8. R-S. 24. (3140.)

Symbol des Joh. Wolf. 1595. Ein Wolf unter vier Schafen. Holzschnitt. 8. (6062.)

Ein anderes Symbol des Joh. Wolf. 1608. Ein Wolf mit zwei Schafen unter einem Baume. Holzschnitt. 8. (6063.)

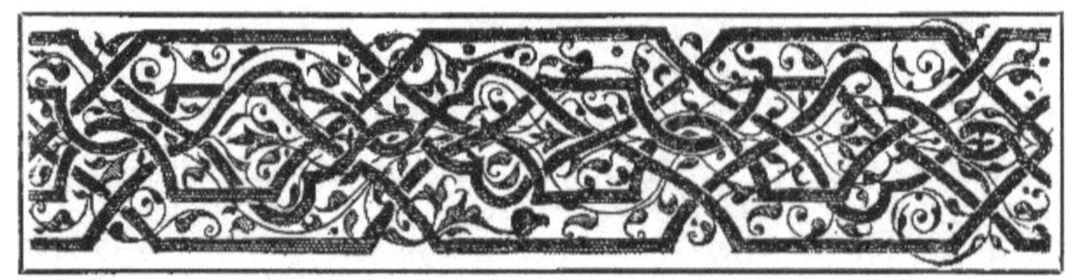

X. ARCHITEKTUR.

A. ARCHITEKTONISCHE DETAILS.

1. DEUTSCHE SCHULE.

XVI. JAHRHUNDERT.

PETER FLÖTNER

Siehe Seite 55.

Zwei Säulencapitäle mit den dazu gehörenden Basen. Auf der Plinthe die Initialen P. F. Holzschnitt. H. der Capitäle mit den Basen 0·120 und 0·134, Br. der Basen 0·072 und 0·079. (2886.)

Zwei Pilastercapitäle mit den dazu gehörenden Basen. Bezeichnet mit den Initialen des Meisters. Holzschnitt. H. 0·130, Br. jedes einzelnen Pilasters 0·080. (2887.)

Pilastercapitäl und Basis, Säulencapitäl und Basis. Bezeichnet mit den Initialen des Meisters. H. 0·130, Br. 0·076 und 0·079. (2888.)

Jonische Säule mit reich verziertem Schafte. Unten in der Mitte die Initialen des Meisters. Holzschnitt. H. 0·388, Br. 0·066. (2889.)

2 Bl. mit je drei Säulencapitälen auf quer schraffirtem Grunde. Ohne Bezeichnung. Holzschnitte. H. 0·056, Br. 0·178. (2890.)

Thürverkleidung mit der Einsicht in ein Zimmer. Ohne Bezeichnung. Holzschnitt. H. 0·169, Br. 0·090. (2881.)

Blum, H. Von den fünf Sülen. . . . . . . Getruckt zu Zürych by Christoffel Froschouer Im 1558. Jar. Fol. (B. Nr. 5548.)

Erasmus, J. G. Bericht von denen Fünf Seulen. Nürnberg, David Funk, o. J. Fol. (B. Nr. 8307.)

Kassmann, R. Architectur. Gedruckt zu Cölln Bey Gerhard Altzenbach. 1659. Fol. (B. Nr. 3670.)

Leüthner von Grundt, Abr. Grundtliche Darstellung Der fünff Seüllen. Vorgestellet Durch Abraham Leuthner von Grundt Burger vnd Maurer Master der königl. Newen Stadt Prag. (c. 1670.) Fol. (B. Nr. 3666.)

Remboldt M. und J. Schultes. Architectura privata. Gedruckt in . . . Augspurg durch J. Schultes. 1641. Fol. (B. Nr. 4138.)

2. FRANZÖSISCHE SCHULE.

XVI. JAHRHUNDERT.

JOSEPH BOILLOT

Maler, Ingenieur und Radirer, geb. zu Langres 1560. Robert-Dumesnil VI. 70.

4 Bl. aus: Le Livre des Termes. Radirt. Fol. R-D. 24, 28, 34, 47. (4605.)

3. NIEDERLÄNDISCHE SCHULE.

XVI. JAHRHUNDERT.

UNBEKANNT

8 Bl. Hermen, je zwei auf einem Bl. Nr. 2—5, 7—10 der Folge. Fol. (2740.)

4. ITALIENISCHE SCHULE.

XVI. JAHRHUNDERT.

GIOVANNI AGUCCHI

der Meister mit der Fussangel, Zeichner und Kupferstecher um die Mitte des 16. Jahrhunderts. Bartsch XV. 540. Passavant VI. 161. Nagler, Monogr. II. 2679. Vergl. W. Schmidt in Meyer's Künstlerlexikon I. 143.

4 Bl. Ein jonischer und zwei korinthische Säulenfüsse und ein Composit-kapitäl. 4. u. qu. 4. P. 30, 34. Nagler 11, 13. (2739.)

Du Cerceau, J. A. Livre d'architecture. Paris 1582. Fol. (B. Nr. 4480.)

Sambin, H. Oeuvres de la diversite des termes. Lyon, Jean Dvrant, 1572. Fol. (B. Nr. 7952.)

Cuenot, F. Livre d'architectvre. Anicy 1659. Fol. Mit 30 Kupfertafeln. (B. Nr. 7625.)

D'Aviler, C. A. Cours d'architecture. Paris, P. J. Mariette. 1750. Fol. (B. Nr. 6061.)

— Anhang zu der ausfuhrlichen Anleitung der ganzen Civil-Baukunst, des J. Bar. de Vignola. Augspurg. Georg Hertel, 1759. 4. (B. Nr. 3882.)

Vredeman de Vries, H. Architectura. Getruckt tzo Antorff by Geerhardt de Jode A° 1581. Die 5. Säulen-Ordnung fehlt. Fol. (B. Nr. 5045.)

— Säulenbuch. 2. Theil. H. Cock excudebat 1563. qu. Fol. 22 Bl. (B. Nr. 5044.)

Bosboom, Symon. Stadts Steenhouwer tot Amsterdam. Cort onderwys van de vyf Colomen. T'Amsterdam by Justus Danckerts. Fol. (B. Nr. 3942.)

Vingboons, Ph. Les nouvelles oeuvres d'architecture. A Leyde chez Pierre Vander Aa. 1715. Fol. (B. Nr. 5236.)

Unbekannt

Kapitäl. Rechts Durchschnitt desselben. Ohne Zeichen. qu. Fol. (2744.)

Kapitäl. Ohne Bezeichnung. qu. Fol. (2745.)

Pilasterkapitäl, verziert mit zwei Vasen, darüber aufgeschlagene Bücher. Ohne Zeichen. qu. Fol. (2746.)

B. AUSSENANSICHTEN.

1. DEUTSCHE SCHULE.

XVII. JAHRHUNDERT.

Wenzel Hollar

Siehe Seite 77.

12 Bl. Folge der holländischen Schiffe. Radirt. qu. Fol. P. 1261—1272. (5691.)

XVIII. JAHRHUNDERT.

Salomon Kleiner

Siehe Seite 125.

Ansicht des St. Stephansdomes zu Wien von der Südseite. Salomon Kleiner Architect ad vivum delineavit. Georg Daniel Heumann sculpsit. gr. Fol. (3619.)

2. NIEDERLÄNDISCHE SCHULE.

XVI. JAHRHUNDERT.

Peter Steevens d. Aelt.

Stephani, Zeichner und Maler, geb. zu Mecheln um 1550, arbeitete 1590 zu Prag, gest. nach 1620.

6 Bl. Folge der römischen Ruinen in Runden. Nr. 1—6. H. Hondius sculp. et exc. 1600. qu. Fol. (2912.)

Serlio, Seb. Architectur, 4. Buch. Die gemaynen Reglen von der Architectur. (Antorf, P. Couck.) Anno 1542. Uebersetzt von Peter Coeck van Aalst. Fol. (B. Nr. 3599.)

— Von der Architectur fünff Bücher. Basel, L. König, 1609. Fol. (B. Nr. 5346.)

Vitruvius M. P. De architectura. Venedig 1511. Fol. (B. Nr. 4334.) Dasselbe. Como 1521. (B. Nr. 5001.) Dasselbe. Florenz 1522. (B. Nr. 3203.) Dasselbe. Venedig 1524. (B. Nr. 3144.) Dasselbe. Paris 1547. (B. Nr. 5691.) Dasselbe. Lyon 1552. (B. Nr. 4333.) Dasselbe. Amsterdam 1649. (B. Nr. 5083.) Dasselbe. Paris 1684. (B. Nr. 7812.)

Rusconi, Giov. Antonio. I dieci libri d'architettura. In Venezia. Appresso il Nicolini 1660. Fol. (B. Nr. 3885.)

Galli-Bibiena, Ferd. L'architettura civile. Parma, Paolo Monti, 1711. Fol. (B. Nr. 6973.)

3. ITALIENISCHE SCHULE.

XVIII. JAHRHUNDERT.

Joseph Galli-Bibiena

Siehe Seite 145.

51 Bl. Architekturen und Prospecte. J. A. Pfeffel, Andreas und Jos. Schmutzer sc. Dabei Titel und 2 Textbl. 1740. Fol. und qu. Fol. (2955.)

C. INNENANSICHTEN (INTÉRIEURS).

1. DEUTSCHE SCHULE.

XVI. JAHRHUNDERT.

Martin Martini

Goldschmied, Zeichner und Radirer zu Luzern am Ende des 16. und zu Anfang des 17. Jahrhunderts. Andresen IV. 65.

Innere Ansicht der Kirche Maria Einsiedeln in der Schweiz. Radirt. Fol. A. 29. (2954.)

2. NIEDERLÄNDISCHE SCHULE.

XVII. JAHRHUNDERT.

Unbekannt

Das Innere eines Wohnzimmers mit einer gedeckten Tafel, bei welcher die Familienglieder theils sitzen, theils stehen und das Tischgebet beten. Rechts ein Kalender, auf diesem: 1639 Mai. Fol. (2810.)

Marianus, H. Topographia Windhagiana .... gedruckt zu Wienn, bei Leopold Voigt. Anno 1673. Fol. (B. Nr. 5543.)

Schramm, C. Chr. Historischer Schauplatz, in welchem die merkwürdigsten Brücken der Welt vorgestellt und beschrieben werden. Leipzig, B. C. Breitkopf, 1735. Fol (B. Nr. 4020.)

Suecia antiqua et hodierna. 3 Theile in 1 Bande. qu. Fol. (B. Nr. 5058.)

Marot, Jean. »L'oeuvre de Marot«. O. O. u. J. Fol. (B. Nr. 5624.)

Vedute di Venezia. 60 Bl. Radirungen nach Zeichnungen von Gius. Valeriani u. A., von Filippo Vasconi, Andrea und Carlo Zucchi. O. J. qu. Fol. (B. Nr. 7875.)

Geyer, A. Gründlicher Abriss der jenigen Zimmer, in welchen bey noch für währendem Reichs-Tag, der An. 1663. angefangen, die Sessiones gehalten werden. Regensburg, o. J. qu. Fol. (B. Nr. 8549.)

Le Brun, Charles. Grand Escalier du Chateau de Versailles. Paris, L. Surugue, o. J. gr. Fol. (B. Nr. 8556.)

3. ITALIENISCHE SCHULE.

XVI. JAHRHUNDERT.

GIOVANNI BATTISTA BERTONI
Zeichner zu Verona um 1600.

Innenansicht des Kunst- und Raritätencabinets des Fr. Calceolari. Hieronymus Viscardus Aurifex Veron. Sculp. Fol. (2819.)

D. PLAFONDS UND WANDMALEREI.

1. DEUTSCHE SCHULE.

XVI. JAHRHUNDERT.

MONOGRAMMIST

Siehe Seite 148.

Plafonddecoration. Holzschnitt in Umrisslinien. Fol. (5738.)

XVIII. JAHRHUNDERT.

JOHANNES HOLZER
Maler und Radirer, geb. zu Burgeis 1708, gest. zu Clemenswerth 1740. Kilian.

16 Bl. Wandgemälde in Augsburg. J. E. Nilson sc. Fol. und qu. Fol. (3606.)

2. FRANZÖSISCHE SCHULE.

XVI. JAHRHUNDERT.

JACQUES ANDROUET DU CERCEAU
Siehe Seite 24.

5 Bl. Plafonddecorationen. Unbezeichnet. Radirt. Fol. und qu. Fol. (2971.)

XVII. JAHRHUNDERT.

Sébastien Le Clerc père

Zeichner und Kupferstecher, geb. zu Metz 26. September 1637, gest. zu Paris 25. October 1714. Jombert. Meaume.

2 Bl. Plafonds de la Salle et de la Chambre du lit d'un hostel basty à Stockholm appartenant à Monsieur le baron de Tessin. S. le Clerc Sculp. qu. Fol. J. 268, 1, 2. (2298.)

Eustache Le Sueur und Charles Le Brun

Eustache Le Sueur, Maler, geb. zu Montdidier 1617, gest. zu Paris 30. April 1655. Ch. Le Brun, siehe Seite 109.

35 Bl. Malereien aus dem Hôtel Lambert, gezeichnet von B. Picart, gestochen von Picart, Beauvais, Desplaces, Duchange, Duflos. Dabei: 6 Bl. Grund- und Aufrisse des Hôtels Lambert und 18 Bl. Recueil d'estampes d'après les tableaux dans le cabinet de M. Boyer d'Aquilles, gestochen von Jacques Coelemans. gr. Fol. (3027.)

XVIII. JAHRHUNDERT.

Antoine Coypel

Siehe Seite 62.

4 Bl. Mythologische Darstellungen. Deckengemälde im Palais Royal zu Paris. Gestochen von Tardieu, D. Beauvais und B. Picart 1717. gr. qu. Fol. (3879.)

François de Cuvilliés père

Siehe Seite 160.

2 Bl. Plafondviertel. Lespilliez sc. qu. Fol. (4930.)

3. ITALIENISCHE SCHULE.

XVI. JAHRHUNDERT.

Paolo Caliari, gen. Veronese

Maler, geb. zu Verona 1528, gest. zu Venedig 1588.

11 Bl. Deckengemälde im Dogenpalaste zu Venedig. V. lefebre del. et sculp. J. Van Campen F. Venetijs. Radirt. Fol. (3735.)

3.

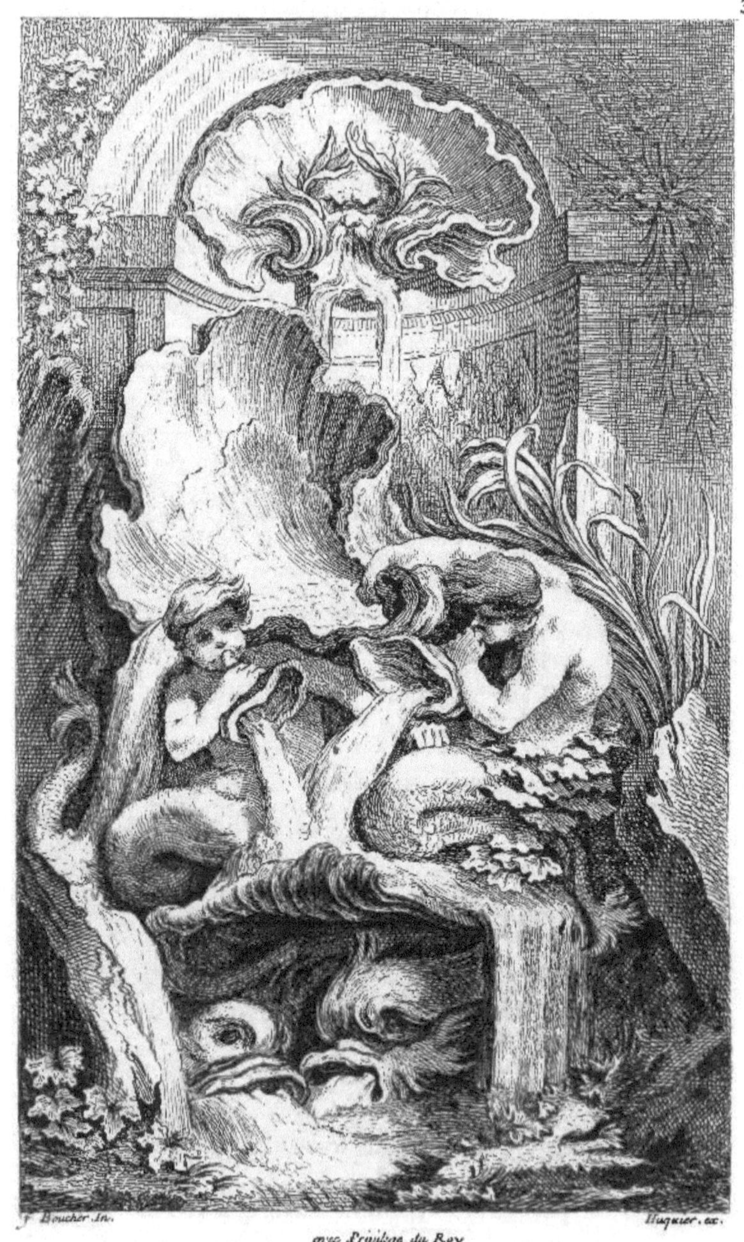

FRANÇOIS BOUCHER (5807)

10*

Annibale Carracci

Siehe Seite 71.

6 Bl. Die Farnesische Gallerie. Gio. Volpato fece l'Acq. forte. Pietro Bettelini inc. gr. Fol. und gr. qu. Fol. (5482.)

Lionardo da Vinci

Siehe Seite 71.

Das heilige Abendmahl. Teodorus Matteini del. Raphael Morghen sculps. gr. qu. Fol. 4. état. (5936.)

XVII. JAHRHUNDERT.

Giovanni Francesco Barbieri, gen. Guercino

Maler und Radirer, geb. zu Cento 2. Februar 1591, gest. zu Bologna 20. December 1666. Bartsch XVIII. 361.

Aurora auf dem Wagen, Gemälde in der Villa Ludovisi zu Rom. Joannes Volpato sculp. gr. qu. Fol. (5495.)

Ferdinand Galli-Bibiena

Architekt und Decorationsmaler zu Wien, geb. zu Bologna 1657, gest. daselbst 1743.

2 Bl. Perspectivische Plafondviertel. Carlo Bvffagnotti int. Radirt. qu. Fol. (3747.)

Guido Danielli de Renni, gen. Guido Reni

Maler und Radirer, geb. zu Bologna 4. November 1575, gest. daselbst 18. August 1642. Bartsch XVIII. 275.

Aurora. Deckengemälde im Palazzo Rospigliosi zu Rom. Anton. Cavallucci delin. Raphael Morghen sculp. Romae. gr. qu. Fol. (5522.)

Dasselbe. (5524.)

Aurora. T. Kirk sculp. Oval. qu. Fol. (3155.)

10 Bl. Putten. Zwickelfiguren im Palazzo Mazarin zu Rom. Mit dem gestochenen Titel. Carlo Cesio sculp. Fol. B. XXI. 118, 81—90. (5759.)

Buonarroti, Michelangelo. Einzelfiguren aus der Decke der Sixtina. Numer. Folge von 12 Bl. von einem unbekannten Stecher des 18. Jahrhunderts. Fol. (B. Nr. 3761.)

Loggie di Rafaele nel Vaticano. Gestochen von G. Ottaviani. gr. Fol. Vor der Schrift. (B. Nr. 3674.)

Ponce. Arabesques antiques des bains de Livie, et de la ville Adrienne, avec les plafonds de la ville Madame, peints d'après les dessins de Raphael. (B. Nr. 3609.)

Lasinio. Groteske Ornamentmalereien in Florenz. Fol. 36 Bl. (3640.)

XVIII. JAHRHUNDERT.

Giocondo Albertolli

Architekt, Bildhauer, Maler und Zeichner, geb. zu Bedano 24. Juli 1742, gest. zu Mailand 15. November 1840. Meyer's Künstlerlexikon I. 226.

9 Bl. Ornamentale Deckenmalereien aus: Alcuni Decorazioni di nobili Sale ed altri Ornamenti. Colorirt. gr. Fol. (3913.)

Giovanni Battista Tiepolo

Maler und Radirer. geb. zu Venedig 1692, gest. zu Madrid 25. März 1769. Jacobi.

3 Bl. Allegorische Darstellungen. Deckengemälde. J. B. Tiepolo inv. et pinx. Joannes Dominicus Filius del. et fecit. Radirt. gr. qu. Fol. (5707.)

E. KAMINE.

XVII. JAHRHUNDERT.

Daniel Marot

Siehe Seite 198.

12 Bl. Nouveaux Lieure de Cheminées a la Hollandoise. Novae cheminae, quales plurimum in usu sunt apud Hollandos. Fol. (2267.)

F. BRUNNEN.

1. DEUTSCHE SCHULE.

XVIII. JAHRHUNDERT.

Johann Esaias Nilson

Siehe Seite 98.

3 Bl. Brunnen mit figuraler Staffage. J. E. Nilson, inv. sculp. et excud. Fol. (4027.)

2. FRANZÖSISCHE SCHULE.

XVII. und XVIII. JAHRHUNDERT.

François Boucher

Siehe Seite 28.

9 Bl. Recueil de Fontaines. P(ierre) Aveline sculp. Huquier exc. Nr. 1—8. (Nr. 7 Dupl.) Fol. (5807.)

Bullet. Verschyde Schoorsteen Mantels nieulykx geinventeert door Mr Bullet. Cornelis Danckerts fecit. Amsterdam, Justus Danckerts. Fol. Folge von 22 rechts unten numer. Bl. (B. Nr. 3944.)

Jean Le Pautre

Architekt, Bildhauer, Zeichner und Radirer, geb. zu Paris 28. Juni 1618, gest. daselbst 1682.

9 Bl. Die Grotte von Versailles. Ansicht und Details. Verkleinerte deutsche Copien. Fol. (4973.)

3. ITALIENISCHE SCHULE.

XVI. und XVII. JAHRHUNDERT.

Tommaso Lauretti, gen. Siciliano und Giovanni da Bologna

Lauretti, Maler und Baumeister aus Palermo, arbeitete zu Bologna in der zweiten Hälfte des 16. Jahrhunderts. Giovanni da Bologna, siehe Seite 70.

Der Neptunsbrunnen zu Bologna. Gestochen von Dom. Tibaldi. 1570. gr. qu. Fol. B. XVIII. 16, 8. (2926.)

Giovanni Maggi und Francesco Corduba

Maggi, Maler, Architekt und Radirer, geb. zu Rom um 1566, gest. daselbst 1620. Corduba, Zeichner und Radirer zu Rom in der ersten Hälfte des 17. Jahrhunderts.

36 Bl. Die römischen Fontainen. 1618. Auf Corduba's Blättern: Gotfrid de Scachij Excu. Fol. (4615.)

G. GÄRTEN.

1. DEUTSCHE SCHULE.

XVII. und XVIII. JAHRHUNDERT.

Matthäus Merian d. Aelt.

Siehe Seite 76.

Prospect des Heidelberger Schlosses mit dem Garten. Nachstich der grossen Ansicht desselben von M. Merian in dem Werke des Sal. de Caus, 1620. qu. Fol. (2965.)

Danreiter, F. A. Die Saltzburgische Kirchen-Prospect. Die Garten-Prospect von Hellbrunn und Mirabell. Augsburg, J. A. Pfeffel, o. J. qu. Fol. (B. Nr. 10160.)

Diesel, M. Erlustierende Augenweide in Vorstellung Herrlicher Garten und Lustgebäude. Augsburg, Wolff exc. qu. Fol. (B. Nr. 3676.)

Haetzl, Georg. Neu erfundene Gartten Parterres. Jac. Müller sculp. Jerem Wolff exc. Augustae Vindelicor. O. J. qu. Fol. (B. Nr. 6045.)

Heger, U. Fr. A. Die fürst-bischofliche Olmucische Residentz-Stadt Cremsier sambt denen nechst darbey erbauten Lust-, Blum- und Thiergarten. Nach Zeichnungen von G. M. Vischer, gestochen von Nypoort. Kremsier 1691. qu. Fol. (B. Nr. 6334.)

J. J. Müller

Zeichner in der ersten Hälfte des 18. Jahrhunderts.

Vue et perspective de Saltzthalen avec ses environs du coté du jardin. A Amsterdam Chez Pierre Schenk le Jeune. gr. qu. Fol. (3950.)

2. FRANZÖSISCHE SCHULE.

XVIII. JAHRHUNDERT.

André Mollet

Zeichner und Radirer, königlicher Gärtner zu Stockholm 1751.

1 Bl. aus: Le Jardin de plaisir. Schweifgrotesken zu einem Blumenparterre. Nr. 1 der Folge. André Mollet Invẽtor. qu. Fol. (4878.)

Jean-Baptiste Rigaud

Zeichner und Kupferstecher, geb. zu Paris um 1700, gest. daselbst 1754.

24 Bl. Diverses Vues du château de Versailles. Nr. 1—12. Vues des Bosquets du jardin de Versailles. Nr. 1—12. qu. Fol. (3613.)

Barriere, D. Villa Aldobrandina Tusculana siue uarij illius hortorum et fontium prospectus. Romae 1647. Fol. 22 Bl. (B. Nr. 6986.)

Groen, J. van der. Den Nederlandtsen Hovenier. T'Amsterdam, Marcus Doornick, 1669. 4. (B. Nr. 5361.)

Veües des plus beaux endroits de Versailles. Perelle fec. A Paris chez J. Mariette. O. J. Fol. (B. Nr. 6650.)

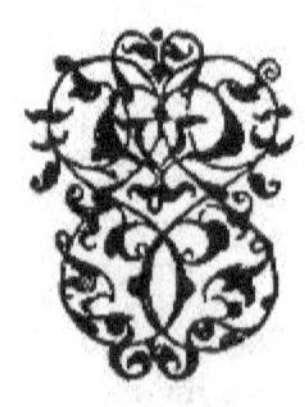

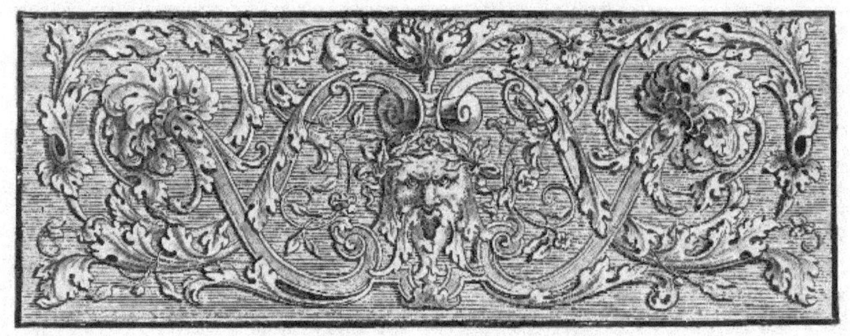

XI. SCHRIFT UND DRUCK.

A. SCHREIBBÜCHER UND SCHREIBVORLAGEN.

XVI. JAHRHUNDERT.

GIOVANNI FRANCESCO CRESCI

Essemplare di piv sorti lettere di M. Gio. Francesco Cresci Milanese, Scrittore della Libraria Apostolica. In Roma per Antonio Blado ad instanza del Autore MDLX. qu. Fol. 12 Bl. Vorstücke und p. I—LVI Schreibvorlagen. Auf jeder Seite eine Randverzierung. (B. Nr. 3735.)

Il perfetto scrittore di M. Gio. Francesco Cresci cittadino Milanese. 1570. qu. Fol. Gestochener Titel, 7 Bl. Vorstücke, 44 Bl. sig. A—L mit Schreibvorlagen in Holzschnitt und 24 Bl. mit zwei römischen Versalalphabeten, weiss auf schwarzem Grunde. (B. Nr. 3736.)

LODOVICO CURIONE

Il cancelliere, ornato di lettere corsive et d'altre maniere di caratteri vsati a scriuersi in Italia. Libro quarto. Intagliato per Francesco Villamena in Roma. qu. Fol. Titel und 32 gestochene Schreibvorlagen. (B. Nr. 5211.)

SIGISMUNDO DE FANTO

Theorica et practica perspicacissimi Sigismundi de Fantis Ferrariensis in artem mathematice professoris de modo scribendi fabricandique omnes literarum species. Venetiis per Joannem Rubeum Vercellensem 1514. 4. 76 Bl. mit vielen Holzschnitten. (B. Nr. 5124.)

Thesavro de scrittori Opera artificiosa laquale con grandissima arte, si per pratica come per geometria insegna a Scriuere diuerse sorte littere. Intagliata per Ugo da Carpi. . . . . . MDXXX. 4. 48 Bl. mit Holzschnitten. (B. Nr. 3904.)

Salvadore Gagliardelli

Soprascritte di lettere in forma cancelleresca, corsiva, appartenenti ad ogni grado di persona. Stampato in Fiorenza (1583). qu. Fol. Titel und 10 Bl. Vorstücke und Inhalt in Typentext. Hierauf 4 Bl. Schreibvorlagen und 267 Titulaturen, je zwei auf einer Seite in Holzschnittrahmen. (B. Nr. 4140.)

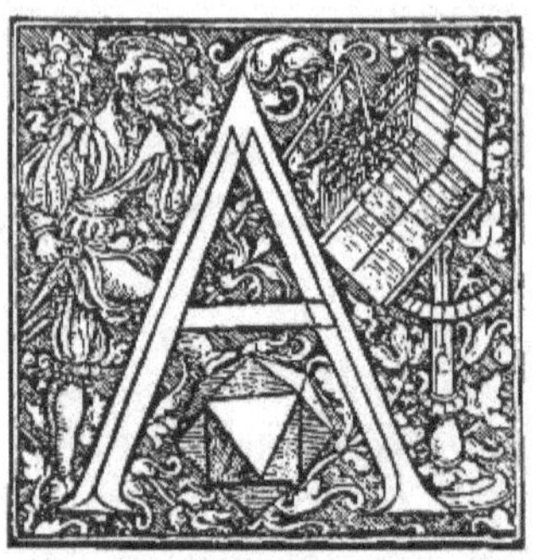

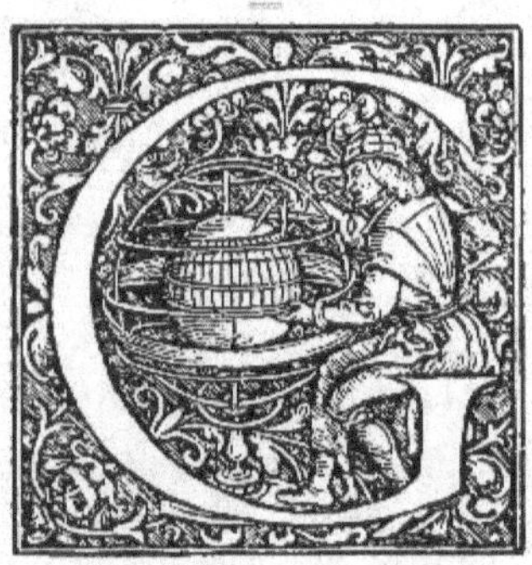

Michael Ostendorfer (Cart. 305)

Noel Garnier

Zeichner und Kupferstecher in der ersten Hälfte des 16. Jahrhunderts.
Robert-Dumesnil VII. 1.

Der Buchstabe Q aus dem grossen gothischen Alphabet. Links ein Mann mit Pfeife und Trommel, rechts eine Frau, eine Blume in der Rechten. R-D. 16 unbeschrieben. Bezeichnet: Noe G. Copie. H. 0·138, Br. 0·118. (4602.)

Johann Neudörffer

Ein Gesprechbüchlein zweyer schüler Wie einer den andern Im zierlichen schreyben vntherweyst. Durch Johan Newdorffer Burger vnd Rechenmeister zu Nürmberg seynen schülern gemacht. 1549. Fol. Titel, 18 Bl. Text, 1 Tafel qu. Fol. mit einem completen Alphabet, ein leeres Bl. und endlich 34 Bl. mit den Buchstaben des Alphabets in verschiedener Grösse und Ausführung. Am Schlusse 1 Bl. mit: Als Man zalt nach Christi Jesu vnnsers lieben herrn vnnd Seligmachers geburt Tausenndt Fünffhundert vnd im neunzehenden Jare Ist dis fundament Durch Johann Newdörffer Rechenmaister vnd Modist zu Nürmberg seinen schülern zu einer vnterweysung gemacht. 5 Bl. Vorschriften in qu. Fol. Beigebunden 10 Bl. geschriebene Vorschriften. (B. Nr. 3763.)

Marc Antonio Rossi

54 Bl. mit gestochenen Schreibvorlagen in Randeinfassungen. (Rom 1598.) qu. Fol. (B. Nr. 5863.)

Ferdinando Ruano

Sette alphabeti di varie lettere. Formati con ragion geometrica Da Ferdinando Ruano, c. Paceñ. scrittor della biblioteca Vaticana. Nuouamente posti in luce. In Roma per Valerio Dorico & Luigi fratelli Bressani, nel M.D.LIIII. Fol. Mit sieben verschiedenen Alphabeten in Holzschnitt. (B. Nr. 4301.)

Heinrich Vogtherr d. J.

Formschneider und Verleger zu Strassburg in der ersten Hälfte des 16. Jahrhunderts. Passavant III. 344. Nagler, Monogr. III. 1595.

Eyn schöne vnd Gotselige Kurczweil eines Christlichen Lossbûchs nach ordnung eines Alphabets oder A. B. C. In reimen gestellt ..... an den Tag gegeben. Gedicht vnd Getruckt zû Strassburg von Heynrichen Vogtherren A° 1539. Fol. Mit Holzschnitten. N. 3. (B. Nr. 7728.)

Juan de Yciar

Libro subtilissimo por el qual se enseña a escreuir. Impreso a costas de Miguel de Suelues, alias, çapila in fançon mercader delibros. Año. M.D.LXVI. 4. 76 Bl. mit Holzschnitten. Auf dem Titel das Monogramm des Juan de Vingles. Nagler, Monogr. III. 2247. (B. Nr. 5055.)

XVII. Jahrhundert.

Cornelius Boissenius

Gramato-Graphices. In quo varia scripturae emblemata, belgicis, germanicis, italicis, hispanicis, gallicis et latinis characterib(us) exarata. Scripta, aeri incisa, et impressa Per Cornelium Boissenium Enchusa(nu)m. Amstelodami 1605. qu. Fol. Gestochener Titel, 5 Bl. Vorstücke in Typendruck, das gestochene Portrait des Autors und 46 gestochene Vorschriften. (B. Nr. 4145.)

JOHANN BURGER

Teutsche und Lateinische Versal-Buchstaben, der lieben Jugend zum besten vorgestellt. Durch Johann Burger, Schreib- und Rechenmeister in Nürnberg. 1677. qu. Fol. Titel und 8 Bl. in Kupferstich. (B. Nr. 5533.)

BERTHOLD ULRICH HOFMANN

Schreib-Formular oder Einfältige Anweisung zu denen gewöhnlichsten teutschen Schrifften, auf Begehren verfertiget durch B. U. Hofmann, Schreib- und Rechenmeistern in Nürnberg. Verlegts Johann Alexander Böner, Kunsthändler daselbsten. O. J. qu Fol. Titel und 5 Bl. gestochene Vorschriften. (B. Nr. 5532.)

JODOCUS HONDIUS

Theatrum Artis scribendi, varia svmmorvm nostri seculi, Artificum exemplaria complectens, novem diversis linguis exarata. Amstelodami apud Joannem Janssonium 1614. qu. Fol. 40 Bl. gestochene Schreibvorlagen in Randeinfassungen. Beigeb. 2 Pergamentbl. mit geschriebenen Mustern. (B. Nr. 7442.)

VALERIO SPADA

Siehe Seite 42.

2 Bl. Das römische Alphabet. Die Hintergründe Landschaften mit figürlichen Staffagen. qu. Fol. (2422.)

JAN VAN DEN VELDE

Spieghel Der Schrijfkonste In den welcken ghesien worden veelderhande Gheschriften met hare Fondementen ende onderrichtinghe Wtghegeven Door Jan vanden Velde Fransoysch. School-M: binnen vermaerde Coopstadt Rotterdam. Anno 1605. qu. Fol. Titel nach K. v. Mander gestochen v. J. Matham, 6 Bl. Vorstücke in Typendruck und 30 gestochene Schreibvorlagen. 2. Theil: Thresor literaire. Contenant plusieurs diverses escritures, tant latines et romaines que italiennes et espaignoles. Mis en lumiere par Jan van den Velde, natif d'Anvers. Anno 1605. Seconde partie. Titel in Randeinfassung und 3 Bl. Vorstücke, foliirt 7—9, in Typendruck, 21 Bl. gestochene Schreibvorlagen. Zwei Vorlagen mit der Jahreszahl 1609. 3. Theil: Fondement-Boeck, Vvaerinne de rechte maniere, om alderhande gheschriften grondich te leeren schryven, duydelyck verklaert. . . . . wordt. . . . Anno 1605. Het derde deel. Verzierter Titel in Typendruck, 18 Bl. Generale Instructie mit vielen in den Text gedruckten gestochenen Schriftproben und einer gestochenen Tafel nach Bl. A. Auf der Rückseite des letzten Bl. ein Buchdruckerzeichen von Anton van Leest. (B. Nr. 4144.)

Dasselbe, unvollständig. qu. Fol. 63 Bl. (B. Nr. 4657.)

UNBEKANNT

24 Bl. Alphabet von Versalien. Jedes Bl. enthält einen Buchstaben in zweierlei Ausführung. Auf den 2 letzten Bl. ein completes Majuskel- und Minuskelalphabet. Kupferstiche ohne Bezeichnung. qu. 4. (B. Nr. 3877.)

XVIII. JAHRHUNDERT.

ADAMUS A S. STEPHANO

Gründliche Anweisung zu Teutsch- und Lateinischer Schreib-Kunst. 1734. Jo. Ant. Leichamschneider et Thomas Bohačz sculpserunt. Gestochener Titel und Nr. 1—16, 28, 32, 34—38, 40, 42, 44—46, 54, 56 und 57 gestochene Vorschriften. qu. Fol. (B. Nr. 3876.)

Dasselbe. Titel und Nr. 10, 11, 18, 21 und 39 fehlen. qu. Fol. (B. Nr. 5079.)

GIOVANNI BATTISTA BETTI

Kupferstecher, geb. zu Florenz, arbeitete daselbst und von 1767—1777 zu Rom, später wieder zu Florenz. Meyer's Künstlerlexikon III. 766.

Alphabet, verziert mit Figuren. Auf dem Titel: A' Dilettanti delle Bell' Arti. 1779. G. F. f. Titel und 24 Bl. in Kupferstich. G. B. Betti inc. Fir. qu. Fol. (B. Nr. 7292.)

GAETANO GIARRÈ

Alfabeto di lettere iniziali adorno di animali e proseguito da vaga serie di caratteri. Gaet. Giarrè inv. e incise 1797. Fol. Gestochener Titel und 24 Bl. gestochene Schreibvorlagen. (B. Nr. 3721.)

JOHANN MERKEN

Liber artificiosus oder: neu inventirtes Kunst-, Schreib- und Zeichenbuch, bestehend in 56 künstlich gravirten Kupferstichen nebst beigefügter Abhandlung der darin enthaltenen nützlichen und angenehmen Wissenschaften, zum Nutzen und Vergnügen der edlen Jugend in zween Theile vertheilet. Von Johann Merken, Kunstmalern in Elberfeld. Mühlheim a. Rhein, Joh. Conr. Eyrich, 1782 und 1785. qu. Fol. (B. Nr. 7550.)

JOHANN FRIEDRICH VICUM

Selbstlehrende Canzleymässige Dressdnische Schreibe-Schule gefertiget und herausgegeben von J. F. Vicum Schreib- und Rechen Meistern, Dressden, Anno Christi 1755. Zülly sculpsit. 1. Theil Nr. 1—16, 2. Theil Nr. 17—32. Bl. 19 fehlt. qu. Fol. (B. Nr. 3875.)

Adolph Zunner

Kunstrichtige Schreib-Art, welche allerley Teutsche Current-, Canzley-, Fractur- und auch Lateinische Schrifften mit ihren Fundamenten . . . vorstellet. Zu fleissiger Uebung . . . verfasset und zusammen geschrieben, in Nürnberg von A. Zunner, Schreib- und Rechnenmeister, verlegts daselbst Christoph Weigel. Anno 1709. Titel und 25 Bl. gestochene Schreibvorlagen. qu. Fol. (B. Nr. 5534.)

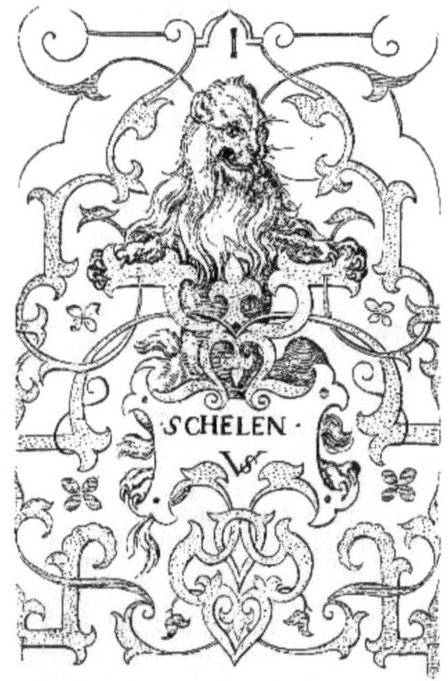

Virgil Solis (2512)

Unbekannt

Anleitung zum Schönschreiben, nach Regeln und Mustern. Oder Vorschriften. Zum Gebrauche der deutschen Schulen in den kaiserl. königl. Staaten. Wien. Im Verlage der deutschen Schulanstalt. 1775. qu. Fol. Gestochener Titel, 12 Seiten Text und XXVI numer. Vorschriften. III und IV fehlen. Brunet sc. (B. Nr. 3874.)

Dasselbe, ohne Text. qu. Fol. (B. Nr. 6014.)

B. INITIALEN.

(Ausschnitte aus Büchern.)

Das Alphabet mit den mit mathematischen Instrumenten beschäftigten Männern, von Michael Ostendorfer. (Cart. 305.)

Alphabet mit Kindern und Ornamenten auf schraffirtem Hintergrunde, von Michael Ostendorfer. (Cart. 306.)

Fünf Alphabete aus Ornamenten mit Figuren. In verschiedener Grösse. Aus einem venezianischen Missale. (Cart. 370—406.)

C. MONOGRAMME.

XVII. JAHRHUNDERT.

JOHANN JACOB FOLKEMA

Siehe Seite 36.

Sechs reichverzierte Monogramme. Nach Le Juge, Livre de Feuillages et d'ouvrages d'orfeurerie. Fol. (4607.)

D. SPIELKARTEN.

XVI. JAHRHUNDERT.

VIRGIL SOLIS

Siehe Seite 6.

18 Bl. aus der Folge der Spielkarten: Schelen I, III—V, VIII, X. Rot I, VIII, Ober und König. Grven I, IV—X. 8. B. 300—351. (2408, 2512, 3662, 3942.)

3 Bl. Duplicate der vorigen. Schelen I. Grven V, X. (3942.)

MONOGRAMMIST

·M·S·H·

27 Bl. Deutsche Spielkarten. Auf Eichel-Ass ein Löwe mit dem Wappen von Meissen und die Jahreszahl 1564. Auf zwei Schellen-Ass: IM SPIL

Zier und künstlich ineinander geschwungene Initial-Buchstaben..... nebst unterschiedlichen Handels Zeichen, schönen einfassungen und Devisen .....Erster Theil. Titel und 18 Bl. Monogramme in Kupferstichen. Joh. Chr. Weigel excudit. Anno 1711. qu. Fol. (B. Nr. 6040.)

IST DAS EIN GROSSE KVNST WER AUFHORT MIT G(VNST) und: ICH TACHT ICH SOLT MEINES HANTWERGES WARDEN SO MVST ICH AVCH SPILEN AVF DIESER KARTEN. Holzschnitte, zum Theil Fragmente, mit Resten der Bemalung. 8. Aus einem Einbande gelöst. (3692.)

Unbekannt

Herzkönig aus einem deutschen Kartenspiele. Fragment. Holzschnitt. Colorirt. 8. Aus einem Einbande gelöst. (3692 a.)

Drei Bogen mit je 8 Spielkarten. Roth (in zwei Exemplaren) und Schellen, ohne Figuren. Auf Roth IX: Deterich.....?....Foerm. snider van Antwerfen. Holzschnitte, zum Theil Fragmente. 8. Aus einem Einbande gelöst. (3788.)

Vier Bogen mit je 16 Spielkarten: Roth, Grün, Eicheln und Schellen in je zwei Exemplaren, ohne Figuren. Unbezeichnet. Holzschnitte. 8. Aus einem Einbande gelöst. (4779.)

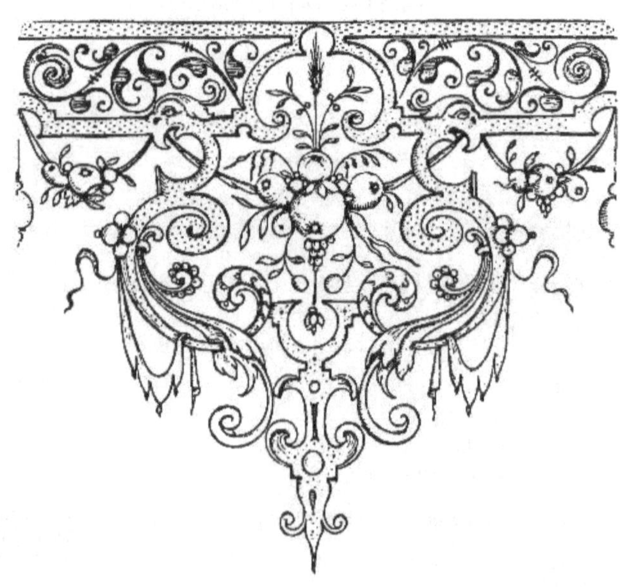

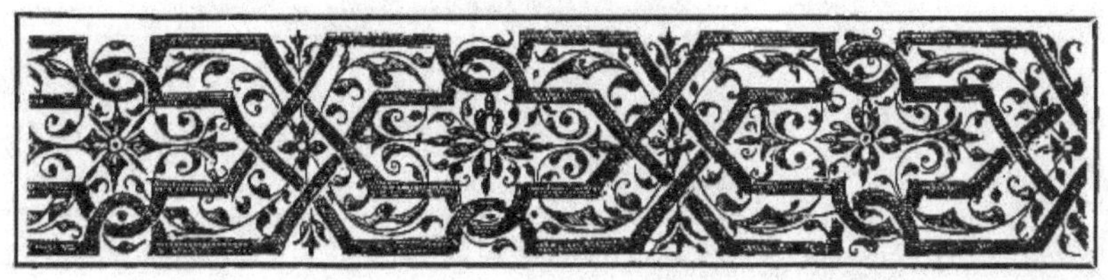

XII. ZEICHENBÜCHER U. ZEICHENVORLAGEN. PERSPECTIVE. ANATOMIE.

1. DEUTSCHE SCHULE.

XVI. JAHRHUNDERT.

JOST AMMAN

Siehe Seite 53.

Wenzel Jamnitzer an einem Tische sitzend, mit einem Visirinstrument beschäftigt. Radirt. qu. Fol. A. 6. (3430.)

HANS SEBALD BEHAM

Siehe Seite 2.

Eines Mannes Haupt. 1542. qu. 8. B. 219. (2470.)

ALBRECHT DÜRER

Siehe Seite 54.

Die perspectivische Aufnahme einer Laute. 1525. Aus: Underweisung der Messung etc. Holzschnitt. qu. Fol. B. 147. (2636.)

HANS GULDENMUNDT

Briefmaler, Formschneider und Buchdrucker zu Nürnberg um 1520—1546. Bartsch IX. 150. Passavant III. 247. Nagler, Monogr. III. 971.

2 Bl. Anatomia oder abconterfeyung eines Weybs leib, wie sie inwendig gestalt ist — eines mans leib wie er inwendig gestalt ist. Gedruckt zu Nürnberg durch Hans Guldenmundt. O. J. Colorirte Holzschnitte mit erklärendem Text. Die vordere Wand des Rumpfes nach oben aufzuklappen. Fol. Choulant, Geschichte und Bibliographie der anatomischen Abbildung, p. 39. (2559.)

Heinrich Vogtherr d. J.

Siehe Seite 250.

2 Bl. Anothomia oder Abconterfettung eines Mans leyb — eines Weybs leyb, wie er inwendig gestaltet ist. Getruckt zu Strassburg durch Heinrichen Vogtherren. Anno. 1539. Holzschnitte mit erklärendem Texte. Die vordere Wand des Rumpfes ist aufzuklappen, die einzelnen Organe sind in mehreren Lagen übereinander dargestellt. Fol. Choulant p. 40. (2561.)

Anathomia, oder abconterfectung eines Weibs leib, wie er inwendig gestaltet ist. Gedrückt zu Nürnberg, durch Hans Weygel, Formschneyder. 1556. Colorirter Holzschnitt. Copie des Vogtherr'schen Blattes. Fol. Choulant p. 41. (2562.)

Anathomia oder Abcontrafectung eines Mans Leib, wie er inwendig gestaltet ist. Gedruckt zu Franckfort am Mayn, bey Conrad Corthoys. O. J. Colorirter Holzschnitt. Copie nach Vogtherr. Fol. Choulant p. 41. (2564.)

Anathomia, oder Abcontrafectung eines Weibs Leib, wie er inwendig gestaltet ist. Gedruckt zu Nürnberg, durch Matthes Rauch Brieffmaler. 1584. Colorirter Holzschnitt. Abdruck von dem Weigel'schen Stocke. Fol. Choulant p. 41. (2563.)

Johann Wechtlin

Siehe Seite 92.

Anatomia corporis humani. 1517. Ein menschlicher Körper mit geöffneter Brust- und Bauchhöhle, umgeben von sechs kleinen Darstellungen zur Anatomie des Gehirns gehörig und einer Abbildung der Zunge. Holzschnitt mit xylographirten Beischriften. Unten 46 Verszeilen in Typendruck, in welchen »Hans wächtlin« als Künstler genannt ist, und am Schlusse: Gedruckt zu Strassburg durch Joañē Schott. Fol. Choulant p. 25. (2558.)

Unbekannt

Ein contrafacter Todt mit sein beinen fügen vnd glyderen . . . . . durch meister Nicklaus bildhawer, zu Zaberē worlich in stein abgehawen . . . 1517.

Jamnitzer, W. Perspectiva. Nürnberg 1568. Fol. Ohne Text. 50 Radirungen von Jost Amman. A. 217. Vor den gedruckten Titeln in den Cartouchen. (B. Nr. 5060.)

Lautensack, H. Des Circkels vnnd Richtscheyts . . . gründtliche vnderweisung. 1564. Gedruckt zu Franckfurt am Mayn, bey Georg Raben, in Verlegung Sigmund Feyerabends vnd Heinrich Lautensacks. Fol. Titel, 3 Bl. Vorstücke und 54 numer. Bl. mit vielen Holzschnitten. (B. Nr. 3656.)

Gerssdorff, H. v. Feldtbuch der Wundartzney. Strassburg, Schott, 1530. 4. Mit Holzschnitten von J. Wechtlin. P. 54—56. (B. Nr. 5073.)

Lencker, H. Perspectiva literaria. Nürnberg 1567. Fol. Mit 22 Kupfertafeln von M. Zündt. A. 56. (Beigebunden zu B. Nr. 5060.) — Dasselbe. Nürnberg, Kauffmann, 1595. Fol. (B. Nr. 5022.)

Lencker, H. Perspectiva. Nürnberg, D. Gerlatz, 1571. Fol. Mit Holzschnitten. (Beigebunden zu B. Nr. 5060.) — Dasselbe. Nürnberg. Kauffmann, 1595. Fol. (B. Nr. 3063.)

Rodler, Hier. Eyn schön nützlich büchlin vnd vnderweisung der kunst des Messens . . . Getruckt zu Siemeren vff dem Hunessrucke, iñ verlegug Hieronimi Rodlers . . 1531. Fol. Mit vielen Holzschnitten. (B. Nr. 3837.)

Holzschnitt mit xylographischen Beischriften. Darüber der Titel, darunter 24 Verse: Der Todt bin ich — der leib verblicht. Am Schluss das Zeichen des Verlegers Joh. Schott in Strassburg. Fol. Vergl. Choulant p. 25. (2557.)

6 Bl. Ein gar künstlichs, allen Leyb vnd Wundärtzten, auch andrer künsten Liebhabern, hochnützlichs werck, in sechs Figur gebracht, mit jnhalt aller blütschlag vnd Flachssadern, sampt den gebaynen des gantzen Leybs etc. O. O. (Köln) u. J. Fol. Colorirte Holzschnitte mit lateinischem und deutschem Texte. Choulant p. 53. (2553.)

Vorderansicht des menschlichen Skelettes. Aus einer älteren Ausgabe der vorigen anatomischen Abbildungen. Holzschnitt. Fol. Choulant p. 53. (2554.)

Darstellung des menschlichen Gehirnes, nach Aegidius Macrolios. Colorirter Holzschnitt mit lateinischem Texte. (Köln 1539.) Fol. Choulant p. 51, 53. (2555.)

Dasselbe, nicht colorirt. Fol. (2556.)

2. FRANZÖSISCHE SCHULE.

XVI. JAHRHUNDERT.

Jean de Gourmont

Siehe Seite 24.

Anatomie tres-vtile, pour cognoistre les parties interieures de l'homme & de la femme Composée par Maistre André Vesali, auec ample declaration des veynes principales, & maniere de biene Signer. . A Paris. Par Jean de Gourmont. . . . 1585. gr. Fol. Oben in der Mitte ein Holzschnitt vom Meister R. S. mit dem Schneidmesser, das Innere einer Badestube darstellend, in welcher ein nackter Mann und eine nackte Frau sitzen. Die vordere Wand des Rumpfes nach oben aufzuklappen, darunter die Organe in mehreren Lagen übereinander dargestellt. Colorirt. Choulant p. 41. (2565.)

Anatomie tres-vtile. A Paris. Pour Michel de Mathoniere. . . 1613. gr. Fol. Eine neuere Auflage des vorigen Blattes. Derselbe Holzstock und derselbe Text, letzterer jedoch mit anderen Typen gedruckt. Nicht colorirt. Choulant p. 42. (2566.)

Gautier-Dagoty, J. F. Exposition anatomique de la structure du Corps humain, en 20 planches imprimées avec leur couleur naturelle, pour servir de supplément a celles qu'on a deja données au public. Selon le nouvel art, dont M. Gautier . . . est inventeur. Marseille, Favet, 1759. gr. Fol. Mit 20 in Le Blond'scher Manier ausgeführten Farbendrucktafeln, von denen je 2 aneinander zu setzen sind. Choulant p. 109. (B. Nr. 4661.)

3. NIEDERLÄNDISCHE SCHULE.

XVI. JAHRHUNDERT.

CORNELIS BOS

Siehe Seite 31.

2 Bl. Abbildung eines Mannes und eines Weibes mit Apfel und Blume, beide nackt und sitzend, nach den bei H. Guldenmundt gedruckten Holzstöcken copirt. Fol. Colorirte Kupferstiche ohne Text. Die vordere Wand des Rumpfes nach oben aufzuklappen. Choulant p. 40. (2560.)

Dieselben Bl. nicht colorirt, mit Text. Antverpiae apud Joannem Crinitum 1540. Fol. Choulant p. 40. (3485.)

PHILIPP GALLE

Siehe Seite 66.

8 Bl. Anatomische Figuren und Skelette. Nr. 1—6, 8 und 9 der Folge. Ph. Galle fecit et excudit. Fol. (2568.)

XVIII. JAHRHUNDERT.

JAN LADMIRAL

L'Admiral, Zeichner und Kupferstecher, geb. in der Normandie 1698, gest. zu Amsterdam 1773.

4 Bl. Anatomische Abbildungen. Aus vier Abhandlungen über Anatomie Leyden 1736—38. Kupferfarbendrucke von mehreren geschabten Kupferplatten (Le Blond'sche Manier). qu. Fol. (2359.)

Bry, Joh. Theod. de. Vivae imagines partium corporis humani aeneis formis expressae, & ex theatro anatomico Caspari Bauhini Basilien. Archiatri desumptae. Opera sumptibusque Johan. Theodori de Bry (Francofurti). 1620. 4. Mit 140 Kupfertafeln. Choulant p. 81. (B. Nr. 3667.)

Vredeman de Vries, H. Perspective. Henric. Hondivs sevlps. et excvd. Lvgdvni Batavorvm. 2 Theile (1604, 1605). qu. Fol. 2 Titel, 43 und 22 Taf. — Taf. 27, 30, 34, 35, 44, 47 des 1. und Taf. 9, 23 des 2. Theiles fehlen. (B. Nr. 5043.)

— Artis Perspectivae. Liber primus. Excudebat Antuerpiae, Gerardus de Jode, 1568. qu. Fol. 17 Bl. (B. Nr. 5047.)

17*

4. ITALIENISCHE SCHULE.

XVI. JAHRHUNDERT.

Giulio Bonasone

Zeichner und Kupferstecher, geb. zu Bologna um 1500, arbeitete zu Rom 1531—1574.
Bartsch XV. 101. Passavant VI. 102. Nagler, Monogr. IV. 549.

8 Bl. Anatomische Figuren. Nr. 1, 2, 4, 5, 9, 12—14. B. 329, 330, 332, 333, 337, 340, 341. Nr. 14, ein Mann von vorne gesehen, die linke Hälfte ein Skelett, die rechte Hälfte normal, fehlt B. Fol. (2567.)

Paciolo del Borgo San Sepolcro, Luca. Diuina proportione . . . Venetiis, impressum per Paganinum de Paganinis de Brixia . . . Anno M. D. VIIII. Fol. Mit Holzschnitten. (B. Nr. 5054.)

Bartolozzi, Fr. Elements of Drawing. Etude de Dessin. By Artaria & Comp. at Vienna. O. J. qu. Fol. 27 Taf. (B. Nr. 6444.)

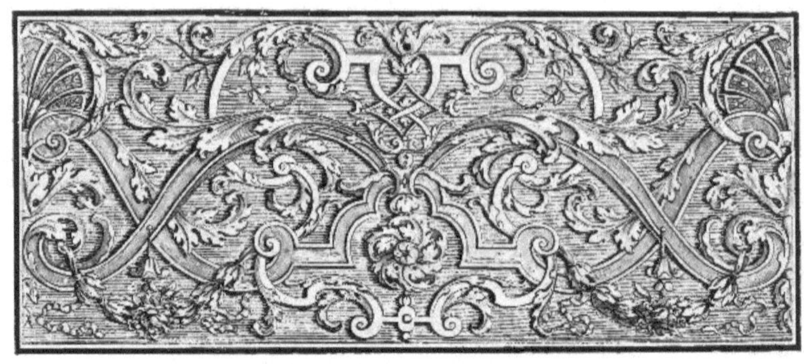

KÜNSTLER-VERZEICHNISS.

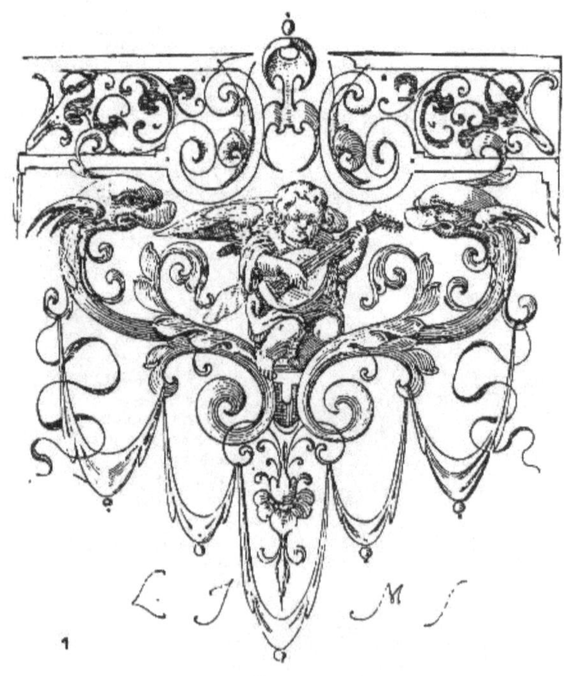

1

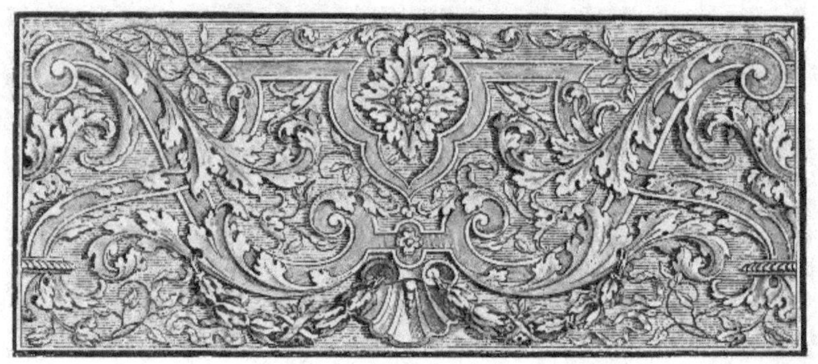

SACHREGISTER.

ÖSTERREICHISCHES MUSEUM FÜR KUNST UND INDUSTRIE

ÖSTERREICHISCHES MUSEUM
FÜR KUNST UND INDUSTRIE

KATALOGE DER SAMMLUNGEN

ORNAMENTSTICHE

ILLUSTRIERTER KATALOG

DER

ORNAMENTSTICHSAMMLUNG

DES

ÖSTERREICHISCHEN MUSEUMS
FÜR KUNST UND INDUSTRIE

ERWERBUNGEN SEIT 1889

BEARBEITET VON

FRANZ RITTER

MIT 153 ILLUSTRATIONEN

WIEN 1919
KUNSTVERLAG ANTON SCHROLL & CO., G. M. B. H.

Druck: Christoph Reisser's Söhne, Wien V.

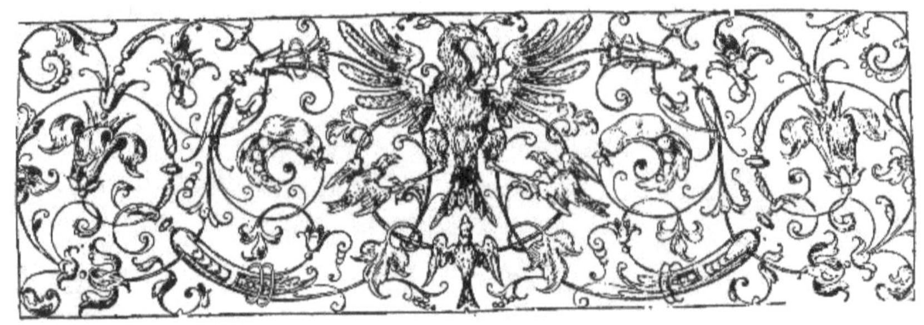

VORWORT.

Auf den folgenden Blättern sind die Ornamentstiche und sonstigen graphischen Arbeiten beschrieben, welche seit dem Erscheinen des von dem Unterzeichneten im Jahre 1889 verfaßten »Illustrierten Kataloges der Ornamentstichsammlung des Österreichischen Museums« von diesem Institut erworben wurden. Da der vorliegende Katalog als Weiterführung der erwähnten Arbeit gelten soll, hatte er sich seinem, im Buchhandel übrigens längst vergriffenen, Vorgänger in allem, was äußere Form und systematische Gruppierung betrifft, möglichst anzuschließen. Kleine Abweichungen in der letzteren ergaben sich nur manchmal aus dem unter sorgfältiger Berücksichtigung der umfangreichen Fachliteratur zu beschreibenden Materiale. Dieses Material selbst ist im Laufe von nahezu dreißig Jahren zumeist durch Einzelankäufe auf öffentlichen Versteigerungen im In- und Auslande und im Kunsthandel zusammengebracht worden und umfaßt der Zeit nach das XV. bis zur Mitte des XIX. Jahrhunderts, sowie alle Abteilungen der in zwölf Hauptgruppen angeordneten Sammlung, deren systematischem Ausbau jederzeit ein besonderes Augenmerk zugewendet war. Nur dadurch wurde es möglich, der Ornamentstichsammlung des Österreichischen Museums zahlreiche äußerst verwendbare kunstgewerbliche Motive und unter diesen eine stattliche Reihe graphischer Seltenheiten einzufügen. So in der Gruppe der Allgemeinen Ornamente neben vielen schönen Arbeiten der Nürnberger Ornamentstecher aus dem XVI. Jahrhundert eine Anzahl von Blättern eines unbekannten deutschen

Kleinmeisters aus der Zeit um 1530, für den Alfred Lichtwark in seiner grundlegenden Abhandlung über den Ornamentstich der deutschen Frührenaissance nach einem nur bei den Kompositionen dieses Meisters vorkommenden Ornamentmotiv, dem Pferdekopf als Rankenabschluß, die Benennung »Meister mit den Pferdeköpfen« in die Fachliteratur eingeführt hat, ferner ein bisher unbekanntes, 1531 datiertes Laubwerkornament eines anonymen Kleinmeisters in der Art Gilich Kilian Progers, prächtige, bei Bartsch und Passavant nicht beschriebene Ornamentblätter von Virgil Solis, Entwürfe deutscher, französischer und italienischer Goldschmiede aus dem XVI. und XVII. Jahrhundert für in Email oder Niello auszuführende Verzierungen von Schmuckstücken u. dgl., unter diesen vorzügliche Arbeiten von Esaias van Hulsen und Peter Nolin, der Pariser Goldschmiede G. Sordot und M. Christollien, des römischen Goldschmiedes und Kupferstechers Giovanni Battista Constantini, dann eine außerordentlich seltene Folge gepunzter Becherverzierungen des Würzburger Goldschmiedes Hans Hirtz, um 1590, wie eine größere Anzahl schöner Punzenblätter des am Ende des XVI. Jahrhunderts in Wien, später in Nürnberg tätigen Paul Flynt. Von Israhel van Meckenem gelangte ein sehr schönes Exemplar des »Besuches bei der Spinnerin« in die Sammlung, von Albrecht Dürer unter anderem die Titeleinfassung mit dem Laute spielenden Engel in einem altkolorierten Probedruck vor dem Titeltext, mit aufgesetzten Goldlichtern.

Die vom Österreichischen Museum im Jahre 1892 veranstaltete »Spezial-Ausstellung farbiger Kupferstiche«, welche den Künstlern und graphischen Kunstanstalten reichste Anregungen und den eigentlichen Anstoß zur Wiederbelebung dieser reizvollen Technik des farbigen Kunstdrucks gegeben hat, bot die günstige Gelegenheit zur Erwerbung einer ganzen Reihe bishin nur von einem engen Kreise von Kunstfreunden geschätzter, infolge dieser Ausstellung aber sehr gesuchter und ungewöhnlich hoch bewerteter Denkmale eines in Vergessenheit geratenen graphischen Kunstzweiges, wie der auch kostüm- und zeitgeschichtlich sehr interessanten Blätter von François Janinet, Louis-Philibert Debucourt und Pierre-Michel Alix. Ebenso hat die »Ausstellung von Arbeiten der Schabkunst« im Österreichischen Museum, Oktober 1894 bis Februar 1895, unserer Sammlung von Kostümdarstellungen eine große Zahl hervorragender Arbeiten deutscher, niederländischer und englischer Schabkünstler zugeführt. Im Sachregister dieses Kataloges wird sowohl auf die Farbenstiche als auch auf die Schabkunstblätter besonders hingewiesen.

Für die Gruppe der Mobilien konnte auf der Versteigerung der Sammlung Lanna eine Reihe höchst seltener, in Konturschnitten aus dem XVI. Jahrhundert ausgeführter Vorlagen für Möbelschreiner erworben werden, unter ihnen Entwürfe des Wiener Formschneiders Michael Zimmermann, des Monogrammisten H G und eines um 1540 tätigen Thurgauer Kunsttischlers mit dem Monogramm H S und dem von zwei Pfeilen durchkreuzten Winkelmaß, von dem sich auch einige ausgeführte Tischlerarbeiten erhalten haben (zu Steingaden in Bayern, im Schweizerischen Landesmuseum in Zürich und im ehemaligen Nonnenkloster Tänikon im Thurgau). Die Liste seiner bisher bekanntgewordenen Holzschnittentwürfe wird durch die im Österreichischen Museum befindlichen Blätter erweitert. Für die Gruppe der Gefäße und Geräte wurden unter anderem einige Blätter aus der überaus seltenen, »Orfèvrerie d'Église« benannten Folge von Ostensorien, Leuchtern, Kelchen u. dgl. des Jacques Androuet Du Cerceau erworben, ferner Antonio Gentiles sehr seltene, aus fünf großen radierten Blättern zusammengesetzte Darstellung des prunkvollen, von dem Künstler im Auftrage des Kardinals Alexander Farnese für den Hochaltar der St.-Peters-Kirche in Rom 1582 ausgeführten silbernen Kreuzes. Und wie die erwähnten, wurden auch die anderen Abteilungen der Ornamentstichsammlung zweckmäßig vermehrt und durch sehr seltene Blätter bereichert. Ein Teil derselben ist in den Abbildungen dieses Kataloges wiedergegeben, wo es erwünscht schien und möglich war, in der Größe der Originale. Die allen Sammlungsgruppen entnommenen Abbildungen werden gewiß dazu beitragen, in weiteren Kreisen das Interesse an einem reichhaltigen kunstgewerblichen Vorbilderschatze zu steigern, der zu dem wertvollsten Besitzstande des Österreichischen Museums gehört und der seine vielseitige lehrhafte und praktische Bedeutung für das heimische Kunstgewerbe jederzeit bewahren wird.

Wien, 30. August 1919.

Franz Ritter.

VERZEICHNIS DER ILLUSTRATIONEN.

Die vor der Nummer mit * bezeichneten Illustrationen sind in verkleinertem Maßstabe, die übrigen in Originalgröße durch *Angerer & Göschl* photozinkographisch hergestellt.

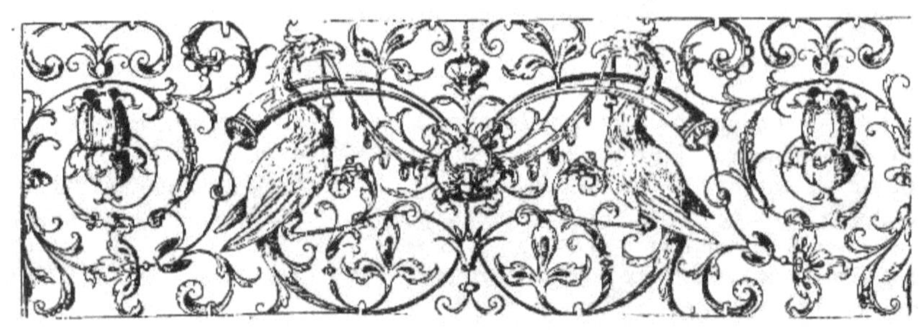

INHALTSVERZEICHNIS.

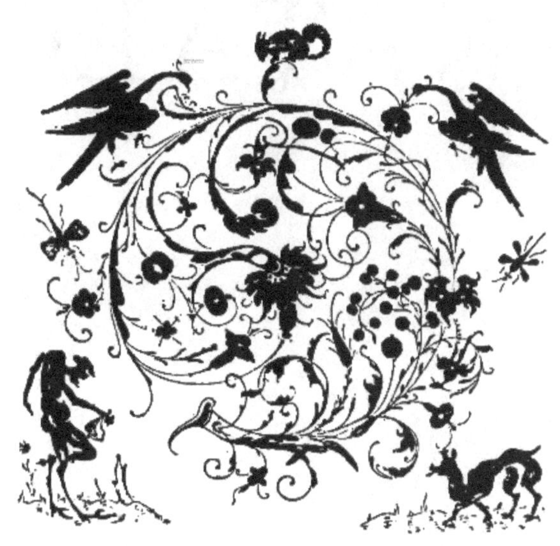

Jonas Bentzen (p. 280)

KATALOG

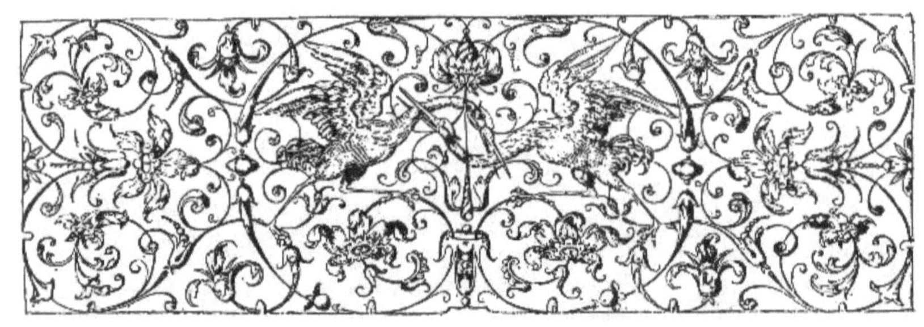

I. ORNAMENTE.

A. ALLGEMEINE ORNAMENTE.

1. DEUTSCHE SCHULE.

XVI. JAHRHUNDERT.

HEINRICH ALDEGREVER

Maler, Kupferstecher und Goldschmied, geb. zu Paderborn 1502, gest. zu Soest um 1555. Bartsch VIII. 362. Passavant IV. 102. Schmidt in Meyers Künstlerlexikon I. 239. Lichtwark, Ornamentstich 183. Pauli in Thieme-Beckers Künstlerlexikon I. 240.

Aufsteigendes Ornament mit einer Vase unten und einem Maskaron in der Mitte. 1552. 4⁰. B. 285. (6549.)

FRANZ BRUN

Kupferstecher in der zweiten Hälfte des 16. Jahrhunderts. Bartsch IX. 443. Passavant IV. 176. Nagler, Monogr. II. 1910, 1926.

Fries aus schraffierten Arabesken in zwei Reihen übereinander. Bezeichnet. Unbeschrieben. H. 0·026, Br. 0·145. (6926.)

GEORG HERMAN

Kupferstecher und Goldschmied zu Ansbach, geb. 1579. Andresen III. 269.

2 Bl. Titel und Bl. 2 aus der Folge der Landschaften in Kartuschen. qu. 4⁰. A. 1—2. (6443.)

1

Andreas Luining

Goldschmied, Kupferstecher und -drucker zu Wien 1579—1598. Bartsch IX. 550. Passavant IV. 224.

3 Bl. Ornamentfriese. Mit den Initialen des Künstlers. qu. 8⁰. Aus der Folge P. 4. (6436.)

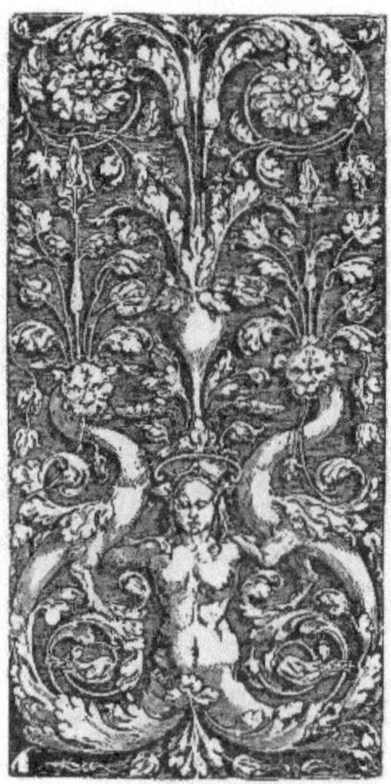

Meister mit den Pferdeköpfen (7758)

Virgil Solis

Maler, Kupferstecher, Radierer und Formschneider, geb. zu Nürnberg 1514, gest. daselbst 1. August 1562. Bartsch IX. 242. Passavant IV. 115. Andresen in Naumanns Archiv X. 316. Nagler, Monogr. V. 1364. Lichtwark, Ornamentstich 100. Braun in Mitteilungen der Gesellschaft für vervielfältigende Kunst 1910, 4; 1911, 26, 52. Dodgson, ebenda 1910, 40.

Mars, in Ornamentrahmen. 8⁰. B. 90. (6577.)

Rollwerk-Ornament, in der Mitte Luna. Bezeichnet. 8⁰. Fehlt B. und P. H. 0·083, Br. 0·055. (6574.)

Rollwerk-Ornament, in der Mitte ein Medaillon: Leda. Bezeichnet. Fehlt B. und P. H. 0·082, Br. 0·055. (6575.)

Rollwerk-Ornament, in der Mitte ein Medaillon: IVDIT. Bezeichnet. Fehlt B. und P. H. 0·081, Br. 0·055. (6576.)

Ornamentfries mit vier Büsten. qu. Fol. B. 444. (6572.)

Fries mit sechs Medaillons, Porträte der Könige und Königinnen von Polen, Dänemark und Schweden. qu. Fol. B. 452. (6516.)

Fries mit vierzehn Büsten in zwei Reihen übereinander. qu. Fol. B. 462. (6463.)

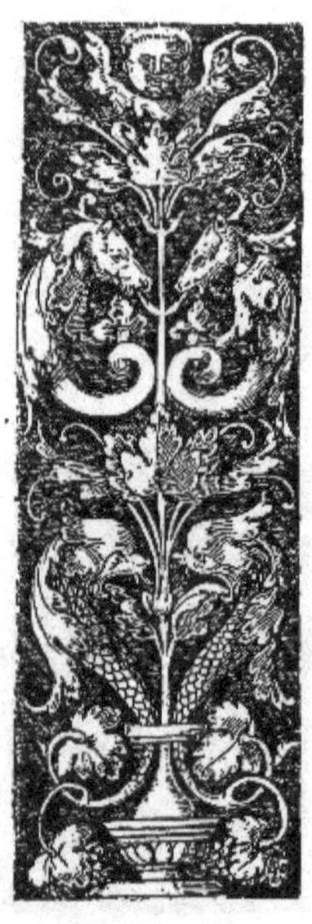

MEISTER MIT DEN PFERDEKÖPFEN (6922)

Fries aus Arabesken; die obere Hälfte auf gekörntem, die untere auf weißem Grunde. qu. Fol. P. 600. (6573.)

Acht Verzierungen für Dolchscheiden etc. auf einem Blatte. Schwarz und Weiß in Schwarz. Aus der Folge: »Morisken etc.« (Reynard, pl. 214 und 217.) Fehlt B. und P. H. 0·057, Br. 0·078. (7764 a.)

Bandornament mit Arabesken. Weiß in Schwarz. Bezeichnet. (Reynard, pl. 13.) Fehlt B. und P. H. 0·040, Br. 0·088. (7764 b.)

Vier Verzierungen für Dolchscheiden auf einem Blatte. Schwarz und Weiß in Schwarz. Aus der Folge: »Morisken etc.« (Reynard, pl. 214.) Fehlt B. und P. H. 0·057, Br. 0·078. (7764.)

Ornamentfries. qu. 4°. (Reynard, pl. 219.) P. 620. (7763.)

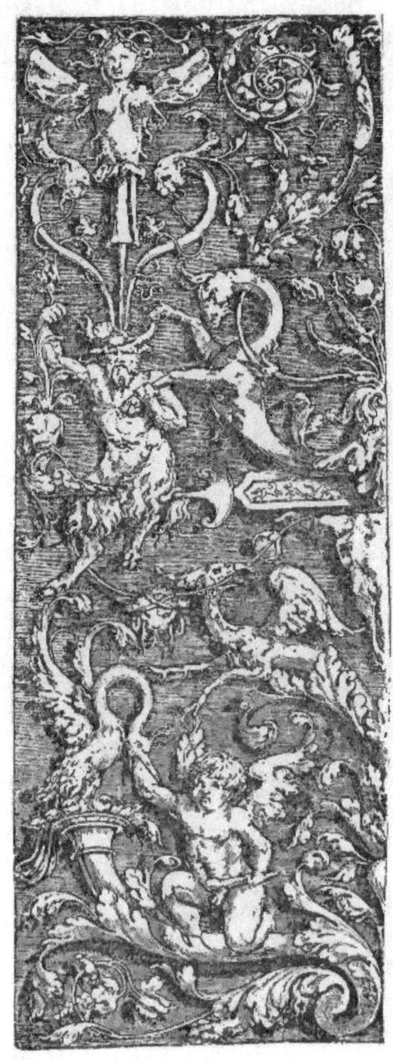

MEISTER MIT DEN PFERDEKÖPFEN (7759)

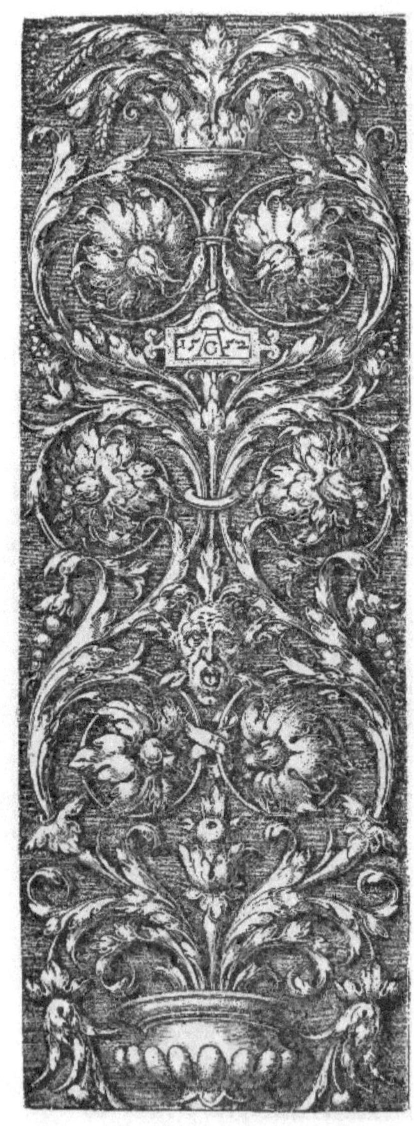

HEINRICH ALDEGREVER (6549)

Fries aus Laubwerk, auf schraffiertem Grunde. In der Mitte zwischen zwei Hunden eine Vase mit den Initialen des Meisters, links ein Hirsch, rechts ein Einhorn. Fehlt B. und P. H. 0·033, Br. 0·170. (6357.)

Zwei übereinander gestellte Friese aus schraffierten Arabesken. In der Mitte das Monogramm. Fehlt B. und P. H. 0·023, Br. 0·153. (6445.)

Ornament. Neun Arabeskenmotive auf einem Blatt. Bezeichnet. Fehlt B. und P. H. 0·047, Br. 0·094. (7010.)

Dolchbeschläge. Vorder- und Rückseite. Auf ersterer Waffentrophäen, auf letzterer schraffierte Arabesken. Das Monogramm unten in der Mitte. Fehlt B. und P. H. 0·080, Br. 0·056. (6440.)

Der untere Teil eines Dolchbeschläges, links und rechts davon die Hälften eines solchen. Bezeichnet. Fehlt B. und P. H. 0·070, Br. 0·054. (6468.)

NICOLAUS WILBORN

Kupferstecher, arbeitete 1531—1537. Bartsch VIII. 543. Passavant IV. 139. Lichtwark, Ornamentstich 203.

Laubwerkornament mit zwei nackten Kindern. qu. Fol. B. 10. (6799.)

MONOGRAMMISTEN

Goldschmied und Kupferstecher um 1534—1539. Bartsch IX. 17. Passavant IV. 41. Nagler, Monogr. II. 55. Lichtwark, Ornamentstich 206.

Ornament mit der Büste Alexanders des Großen. 1536. qu. Fol. P. 24. (6410.)

Ornament mit dem Satyr und dem Kentaurenpaar zwischen Laubwerk. 1537. qu. Fol. P. 25. (6331.)

I B

Kupferstecher im ersten Drittel des 16. Jahrhunderts. Bartsch VIII. 299. Passavant IV. 97. Lichtwark, Ornamentstich 181. Waldmann, Die Nürnberger Kleinmeister 102.

Ornament mit dem Kürass zwischen Blätterranken. qu. Fol. B. 49. (6332.)

R B

Kupferstecher, arbeitete zwischen 1530 und 1550. Bartsch IX. 5. Passavant IV. 134. Nagler, Monogr. IV. 3566.

Ornament. Unten der Leib eines Mannes mit einer Maske zwischen zwei Genien, darüber zwei Füllhörner, auf welchen ein Vogel sitzt. Bezeichnet. 8°. Fehlt B. und P. Nagler 5. (6950.)

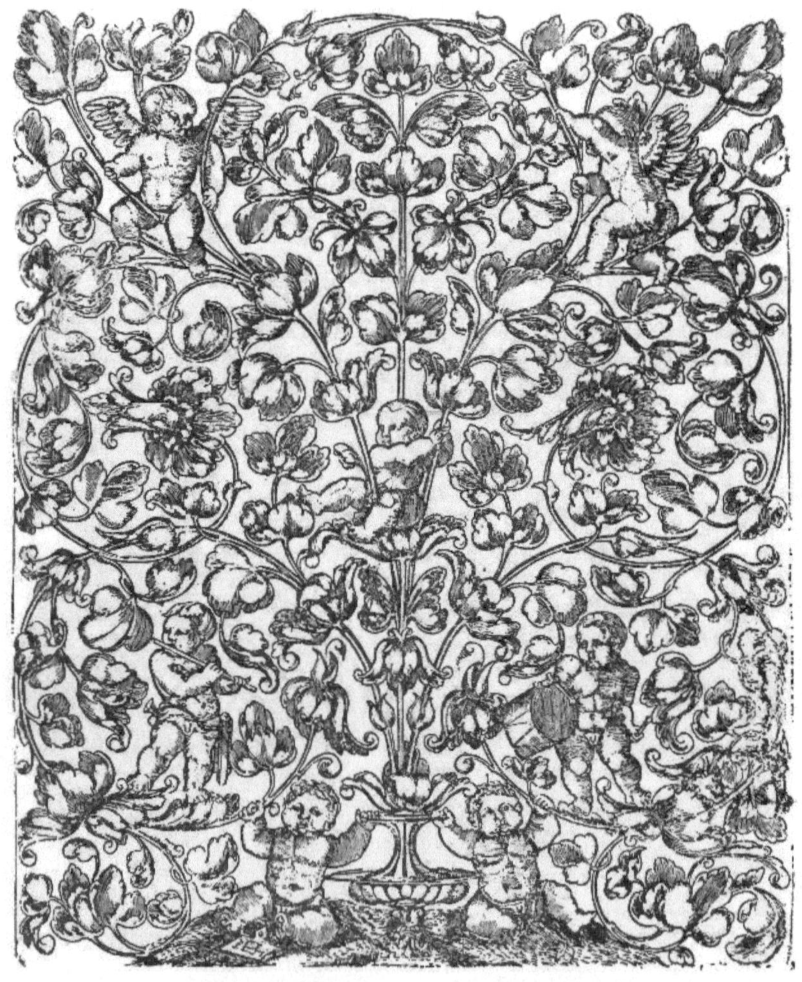

In der Art Gilich Kilian Progers (6644)

Meister mit den Pferdeköpfen

Kupferstecher im ersten Drittel des 16. Jahrhunderts. Lichtwark, Ornamentstich 208.

Aufsteigendes Ornament, oben ein Engelskopf. 8^0. B. X. 157, 29. (6922.)
Aufsteigendes Ornament, unten eine Sirene. 8^0. B. X. 158, 31. (7758.)
Aufsteigendes Ornament, unten ein geflügelter Genius mit der Keule in der Linken, die Rechte im Kranichschnabel. 4^0. B. X. 160, 39. (7759.)

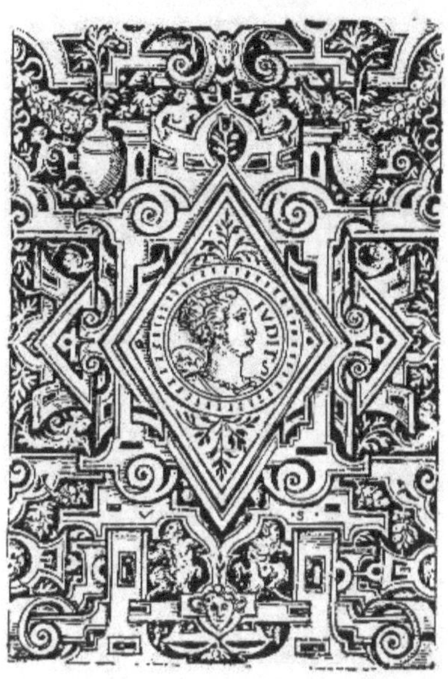

Virgil Solis (6576)

Meister in der Art Gilich Kilian Progers

Kupferstecher um 1530.

Laubwerkornament mit sieben Amoretten, zwei derselben mit Trommel und Pfeife. Links unten die Jahreszahl 1531. Fehlt B. und P. (Vgl. Reynard, pl. 58.) H. 0·122. Br. 0·100. (6644.)

Unbekannt

Ornament. Ein Engelskopf zwischen zwei Delphinen. qu. 8^0. B. X. p. 150, 2. (6924.)

4 Bl. Ornamente aus schraffierten Arabesken und Blumen. Friese, Zierbeschläge u. dgl. in der Weise des Andreas Luining. H. 0'060, Br. 0'086. (6408.)

XVII. JAHRHUNDERT.

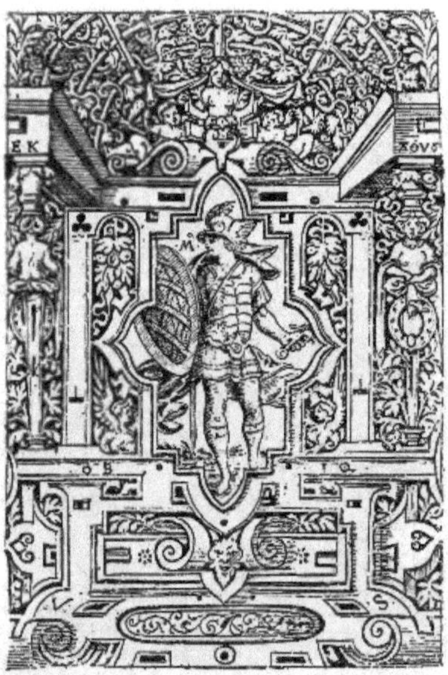

VIRGIL SOLIS (6577)

PAUL BIRCKENHULTZ

Birckenholtz, Goldschmied und Kupferstecher, arbeitete in der ersten Hälfte des 17. Jahrhunderts (zu Frankfurt a. M.?). Nagler, Monogr. IV. 2841. Jessen, Katalog der Ornamentstichsammlung des Kunstgewerbemuseums zu Berlin 437—438. Singer, Sammlung Lanna 1606—1614.

Unteres Beschläge einer Degenscheide, Groteskenornament auf schraffiertem Grunde. Unten die Initialen des Meisters. Ohne Plattenrand. H. 0'121, Br. 0'048. Aus der Folge Varii Generis Opera Aurifabris Necessaria, Nagler 3. (6412.)

5 Bl. Ornamente für Schalenränder. Ausschnitte. 2 Bl. bezeichnet: P. B. F. qu. 4⁰. Singer 1606—1614. (7760.)

3 Bl. Ornamentfüllungen auf querschraffiertem Grunde. Auf dem ersten Blatte in der Mitte eine weibliche Halbfigur, auf dem zweiten ein Reiher,

auf dem dritten ein Papagei. Ausschnitte. Unbezeichnet. H. 0·033, Br. 0·050. (6425.)

Johann David Fleischbein

Goldschmied und Kupferstecher um 1685.

7 Bl. einer Folge von Ornamenten, Weiß auf schwarzem Grunde. Titel mit der Bezeichnung Johann David Fleischbein Anno 1685 in einem Kranze. Nr. 2, 5—7 und 2 verschnittene Bl. H. 0·054, Br. 0·080. (6691.)

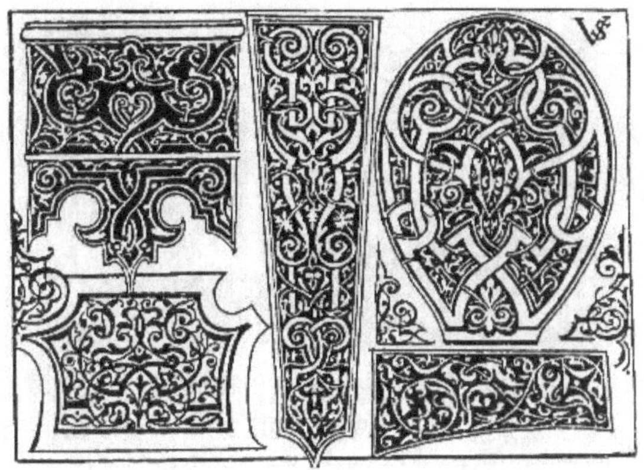

Virgil Solis (7764 a)

Johann Ulrich Stapff

Kupferstecher und Verleger zu Augsburg um 1670—1695.

7 Bl. Numerierte Folge von Blumenornamenten. In einem Blumenkranz der Titel: Newes Blumen-Büchlein. H. 0·070, Br. 0·072. (6484.)

Unbekannt

7 Bl. einer numerierten Folge von Ornamenten, Weiß auf Schwarz und Schwarz auf Weiß. Nr. 2—8 der Folge. H. 0·073, Br. 0·090. (6692.)

XVIII. JAHRHUNDERT.

Johann Daniel Herz

Hertz, Maler, Kupferstecher und Verleger zu Augsburg, geb. 1693, gest. 1754.
Le Blanc II. 356.

12 Bl. Folge der Monate. Pfeilerornamente. Gestochen von T. Lobeck. Gegenseitige Kopien nach G. Audran. gr. fol. (6955.)

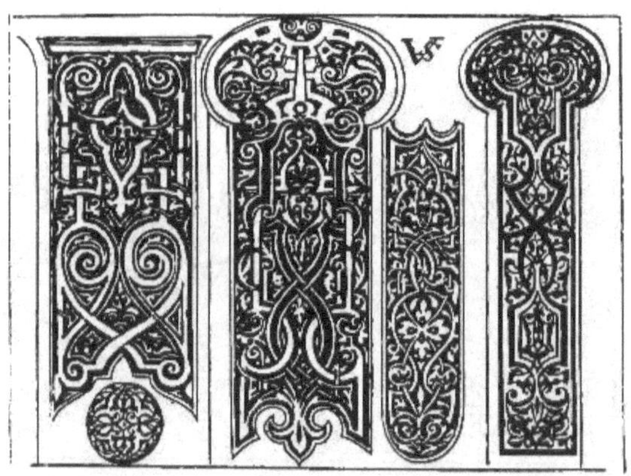

Virgil Solis (7764)

Johnsohn Thomas. Ornamentwerk. Ausgabe von 1758. Gestoch. Titel und Dedikation, 4 Seiten Vorwort in Typendruck, gestoch. Inhaltsübersicht und 53 numerierte Tafeln, gestochen von B. Clowes und James Kirk. Fol. (6464 Sd.)

Darly Matthias. The Ornamental Architect. London 1771. Fol. 102 Bl. (inkl. Titel, Dedikation und Index). Wanddekorationen, Fensterdekorationen, Kamine, Plafonds, Portale, Öfen, Säulenordnungen etc. (7054 Sd.)

Sammelband von 233 Bl. Ornamentstichen (größtenteils Nachstichen) aus dem XVIII. Jahrhundert. Aus verschiedenen zumeist unvollständigen Folgen. Darunter Blumen von C. A. Grossmann und G. F. Riedel, Trophäen von C. A. Grossmann und Delafosse, Gefäße von C. F. Riedel, F. X. Habermann, G. P. Cauvet und Delafosse, Rahmen von Habermann, Möbel von C. A. Grossmann und F. X. Habermann. Portale von F. S. Kobell. Schmiedearbeiten von C. A. Grossmann, Wagen von Johann Jakob Schübler, F. X. Habermann, D. Bode und J. M. Will. qu. Fol. (7723 Sd.)

2. FRANZÖSISCHE SCHULE.

XVI. JAHRHUNDERT.

René Boyvin

Zeichner und Kupferstecher, geb. zu Angers 1530, gest. zu Rom 1598. Robert-Dumesnil VIII. 11. Le Blanc I. 506. Thieme-Beckers Künstlerlexikon IV. 494.

3 Bl. aus der Folge der Wandfüllungen mit Göttern. 4°. R.-D. 121, 126, 131. (7231.)

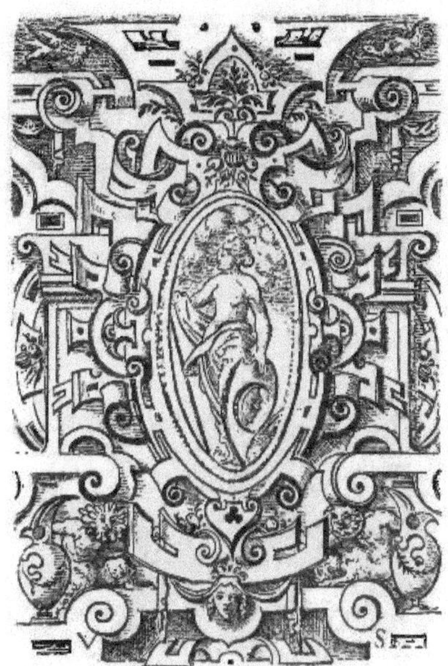

Virgil Solis (6574)

XVIII. JAHRHUNDERT.

François Boucher d. Ä.

Maler und Radierer, geb. zu Paris 29. September 1703, gest. daselbst 30. Mai 1770. Baudicour II. 37. Goncourt. Mantz. Michel. Thieme-Beckers Künstlerlexikon IV. 428.

Wandfüllung. Pastorale. Gestochen von Huquier. Fol. (6280.)

Ranson

Maler und Zeichner zu Paris um 1780. Guilmard 248, 71. Jessen, Katalog der Ornamentstichsammlung des Kunstgewerbemuseums zu Berlin 27—30.

Titel und 12 Bl. Nouveau Recueil de jolies Trophées, Cartouches, Fleurs et Fruits . . . Gravé par Berthault, Paris. Füllungen mit Blumen und Emblemen. Fol. (7075.)

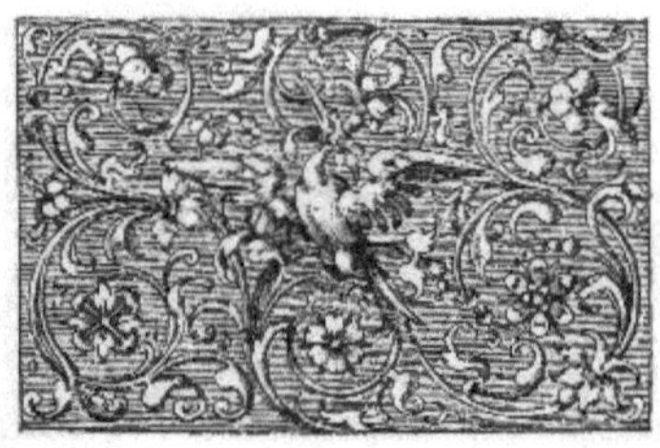

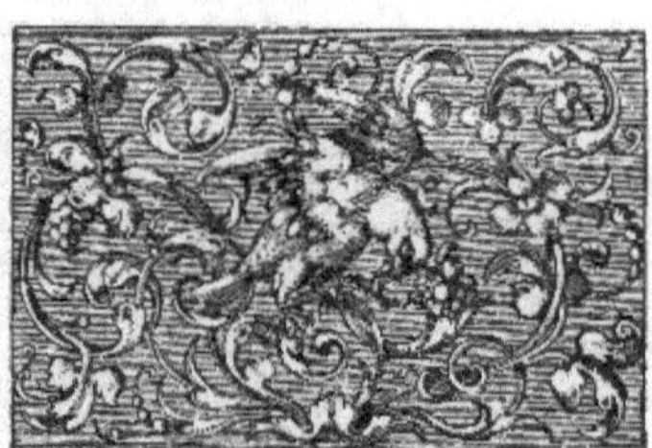

Paul Birckenhultz (6425)

Antoine Watteau

Maler und Radierer zu Paris, geb. zu Valenciennes 10. Oktober 1684, gest. zu Nogent-sur-Marne 18. Juli 1721. Robert-Dumesnil II. 181. XI. 323. Goncourt. Mantz. Josz.

La Cause badine. Wanddekoration mit Kinderstaffage. Gestochen von J. Moyreau. gr. qu. Fol. Goncourt 291. (6467.)

3. NIEDERLÄNDISCHE SCHULE.

XVI. JAHRHUNDERT.

Floris Balthasar

(van Berckenrode, Berkenrode) Goldschmied, Kupferstecher, Feldmesser und Verleger, geb. zu Delft um 1562, gest. daselbst 10. Dezember 1616. Wurzbach, Niederländisches Künstlerlexikon I. 50. E. W. Moes in Thieme-Beckers Künstlerlexikon III. 375.

Ornamentfries mit einer Hirschjagd oben. In der Mitte auf einem Pokal: F. B. 1596. Nummer 2 einer Folge. H. 0·041, Br. 0·127. (Vgl. Nagler, Monogr. II. 1928.) (6597.)

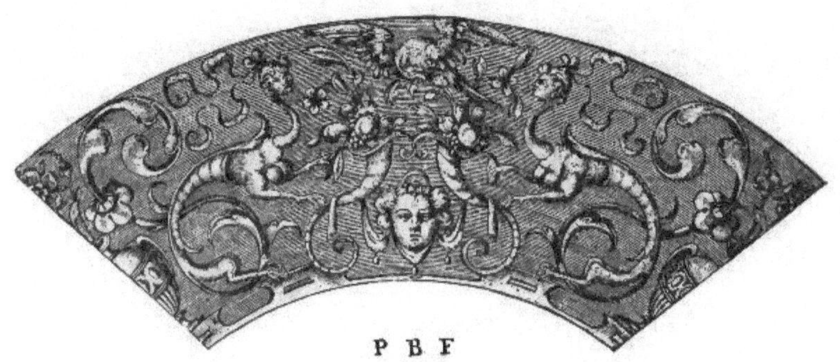

P B F

Paul Birckenhultz (7760)

Ovales Goldschmiedornament, Schwarz in Weiß, in der Mitte Mars und Venus. Bezeichnet: F. B. 1597. Ausschnitt. H. 0·052, Br. 0·035. (Vgl. Nagler, Monogr. II. 1928.) (6892.)

Balthasar Bosch

Van den Bosch, Bos, Balthasar Sylvius, Zeichner und Kupferstecher, arbeitete um 1550—1570 in Antwerpen. Nagler, Monogr. I. 1691, 2070. Wurzbach, Niederländisches Künstlerlexikon I. 144.

Titel und 6 Bl. der Folge: VARIARUM PROTRACTIONUM . . . LIBELLUS . . . ANNO 1554. Mauresken, Schwarz in Weiß und Weiß in Schwarz. Wurzbach 7. qu. Fol. (7264.)

Allaert Claesz

Claeszon, Claessen, Maler und Kupferstecher zu Amsterdam um die Mitte des 16. Jahrhunderts. Bartsch IX. 117. Passavant III. 34. Nagler, Monogr. I. 259. Aumüller II. 33. Lichtwark, Ornamentstich 220. Wurzbach, Niederländisches Künstlerlexikon I. 279. Thieme-Beckers Künstlerlexikon VII. 36.

Aufsteigendes Ornament, unten eine Vase, in der Mitte über zwei Vögeln ein leeres Täfelchen, oben zwei Helme. Nach dem Monogr. G. J. Unbezeichnet. P. 265. (Vgl. Nagler, Monogr. II. 3117, 18. Reynard, Pl. 69, 1.) (6693.)

Aufsteigendes Ornament, als rechtsseitige Hälfte. Unten und oben je ein chimärisches Tier. Unbezeichnet. Nach dem Monogrammisten G. J. Pass. 266. (6592.)

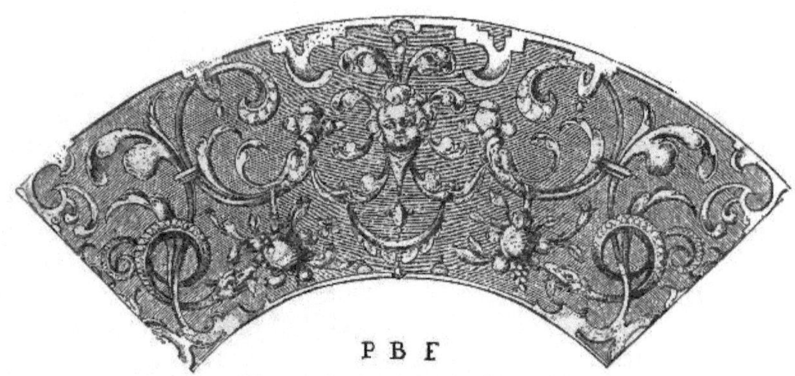

Paul Birckenhultz (7760)

Aufsteigendes Ornament. In der Mitte ein Stierschädel, oben ein Maskaron. Nach Lucas von Leyden, B. 161. Unbezeichnet. Unbeschrieben. H. 0·088, Br. 0·040. (6333.)

Cornelis Massys

Matsys, Metsys, Maler und Kupferstecher, geb. zu Antwerpen um 1511, gest. daselbst nach 1580. Bartsch IX. 90 und 97. Passavant III. 97. Wurzbach, Niederländisches Künstlerlexikon II. 110.

Ornament mit einer weiblichen Halbfigur. Monogrammiert und datiert 1549. 8°. Passavant 108. Wurzbach 109. (6570.)

Crispin de Passe d. Ä.

Zeichner und Kupferstecher, geb. zu Arnemuiden auf Zeeland um 1565, gest. zu Utrecht 6. März 1637. Franken. Laschitzer im Repertorium für Kunstwissenschaft VIII. 439. Wurzbach, Niederländisches Künstlerlexikon II. 304.

4 Bl. Die vier Jahreszeiten; allegorische Figuren in ornamentaler Umrahmung. 8⁰. Franken 1146—1149. (6578.)

Johann David Fleischbein (6691)

4. ITALIENISCHE SCHULE.

XVI. JAHRHUNDERT.

Zoan Andrea

Zeichner und Kupferstecher zu Venedig am Ende des 15. und zu Anfang des 16. Jahrhunderts. Bartsch XIII. 293. Passavant V. 79. Kolloff in Meyers Künstlerlexikon I. 698.

Aufsteigendes Ornament. Unten ein Triton, mit der Linken Laute spielend. gr. Fol. B. 24. Kolloff 16. (7097.)

Agostino Musi, gen. Veneziano

Kupferstecher, geb. zu Venedig um 1490, gest. zu Rom 1540. Bartsch XIV. 382. Passavant VI. 49.

Fries mit Amor und chimärischen Tieren in Ornamentranken. Fehlt B. u. P. H. 0·092, Br. 0·262. (6951.)

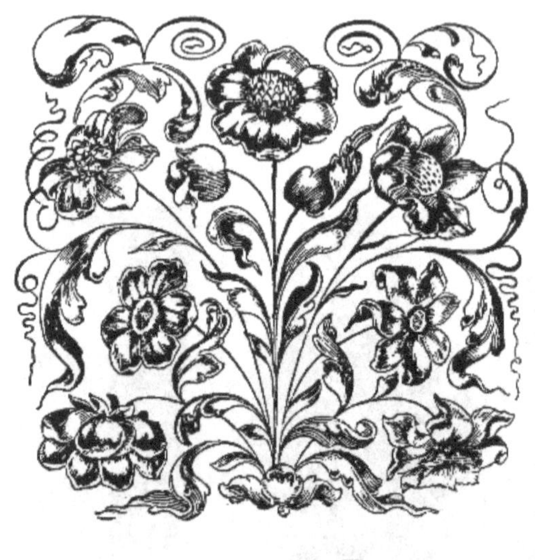

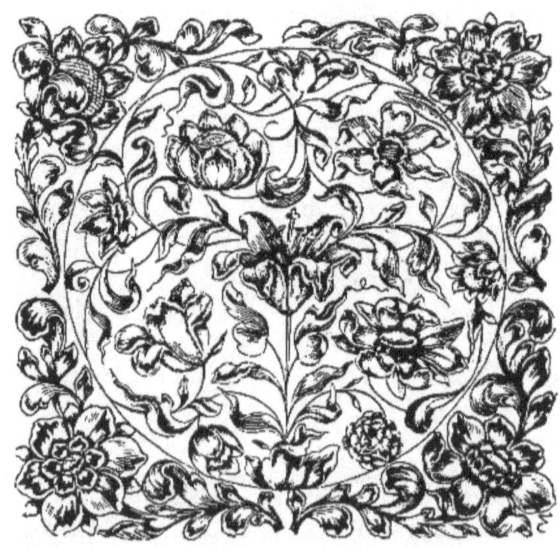

JOHANN ULRICH STAPFF (6484)

Nicola Rosex, gen. Nicoletto da Modena

Goldschmied und Kupferstecher, geb. zu Modena um 1460, lebte noch 1512.
Bartsch XIII. 252. Passavant V. 92.

Ornament mit zwei nackten Männern und zwei Amoretten. qu. Fol. P. 115. (6462.)

XVII. JAHRHUNDERT.

Polifilo Giancarli

Zeichner um 1630.

Titel und 9 Bl. Ornamentfüllungen mit Satyrn, Kindern, phantastischen Tieren u. dgl. Nachstiche der von Fialetti radierten Folge »Disegni Varii«, B. 43—52. Fol. (8075 Sd.)

B. SPEZIELLE ORNAMENTE.

a) NIELLIERTE GOLDSCHMIEDVERZIERUNGEN.

(Ornamente für Ausführung in Email oder Niello.)

XVI. UND XVII. JAHRHUNDERT.

1. DEUTSCHE SCHULE.

Hans de Bull

Goldschmied und Kupferstecher am Ende des 16. Jahrhunderts. Nagler, Monogr. III. 840 und 2205. Jessen, Katalog der Ornamentstichsammlung des Kunstgewerbemuseums zu Berlin 584.

2 Bl. Niellierte Goldschmiedornamente, Weiß in Schwarz. Unten die Initialen des Meisters: I D B. 8°. Nagler, Monogr. III. 2205. Jessen 584, 6. (6411.)

Esaias van Hulsen

Hulsius, Goldschmied, Kupferstecher und Verleger, geb. zu Middelburg um 1570, gest. in Stuttgart nach 1640. Nagler, Monogr. II. 1800. Wurzbach, Niederländisches Künstlerlexikon I. 735.

6 Bl. Folge von niellierten Goldschmiedornamenten mit Laubwerk, Figuren, Vögeln etc. Schwarz in Weiß und Weiß in Schwarz. Auf vier Bl. die Initialen des Meisters. Drei Bl. datiert 1606. H. 0·060, Br. 0·060. Nagler 1. Wurzbach 3. (6460.)

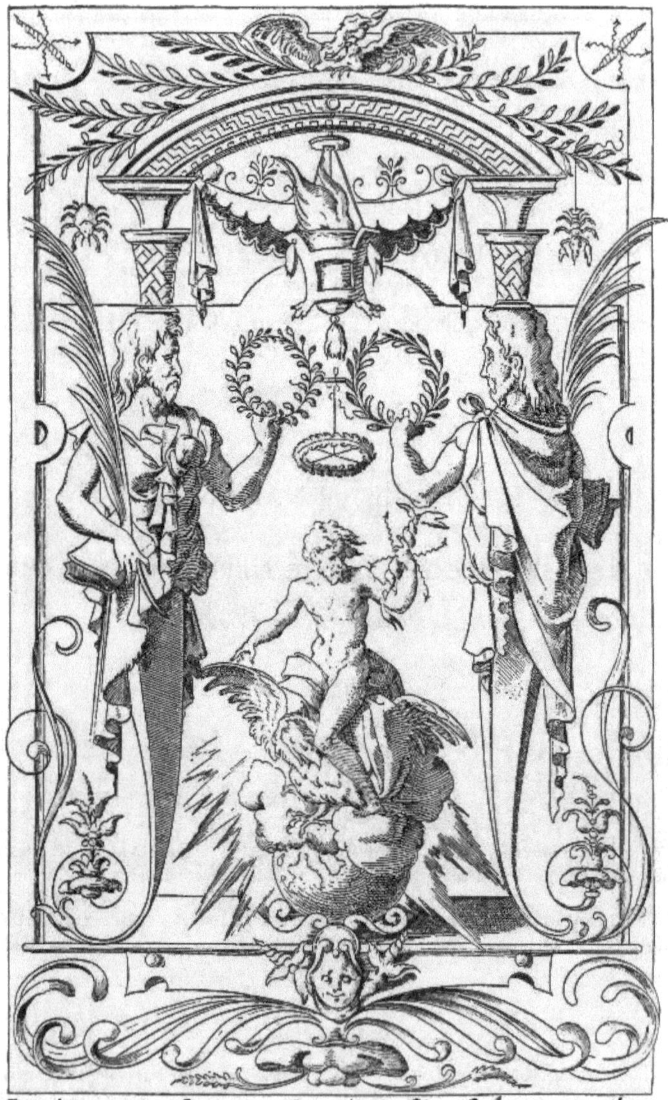

RENÉ BOYVIN (7231)

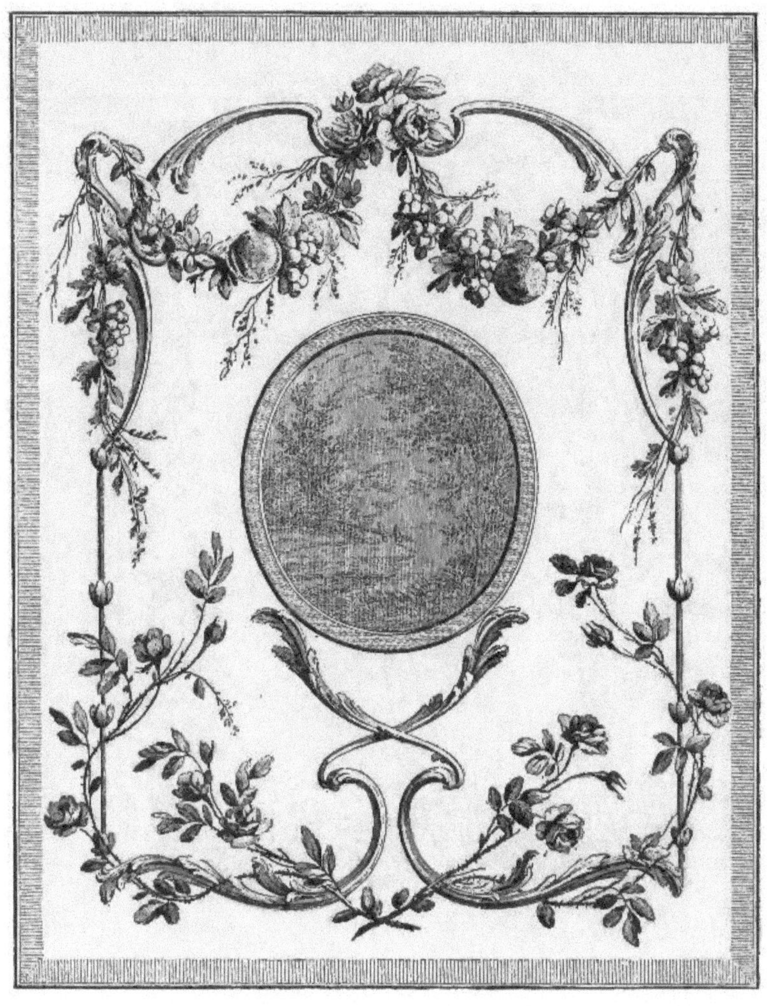

RANSON (7075)

Nielliertes Goldschmiedornament, Weiß in Schwarz und Schwarz in Weiß, mit Blumenranken und Vögeln. Bezeichnet: H. F. Stark; beschnitten. H. 0·058, Br. 0·058. (6438.)

Nielliertes Goldschmiedornament, Weiß in Schwarz. Bezeichnet: v. H F. Nr. 10 einer Folge. H. 0·069, Br. 0·060. (6437.)

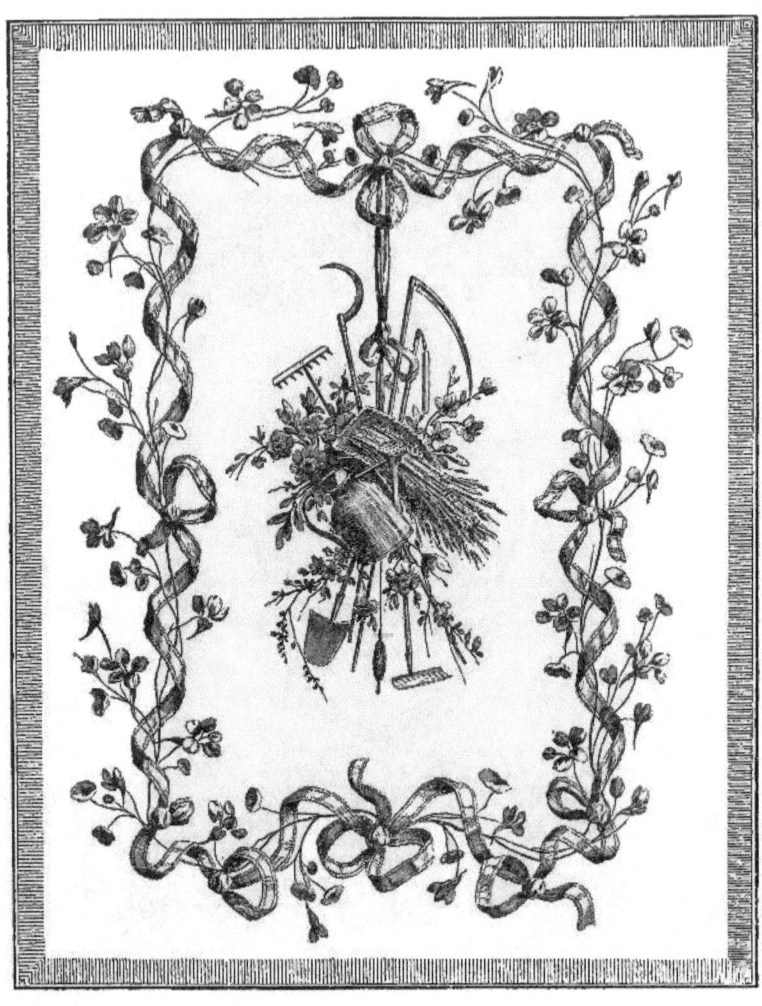

RANSON (7075)

PETER NOLIN

Kupferstecher zu Straßburg um 1620.

Nielliertes Goldschmiedornament. Gehänge mit drei Perlen, zu Seiten je eine groteske Figur. Monogrammiert. Nr. 5 einer Folge. H. 0·063, Br. 0·056. (6297.)

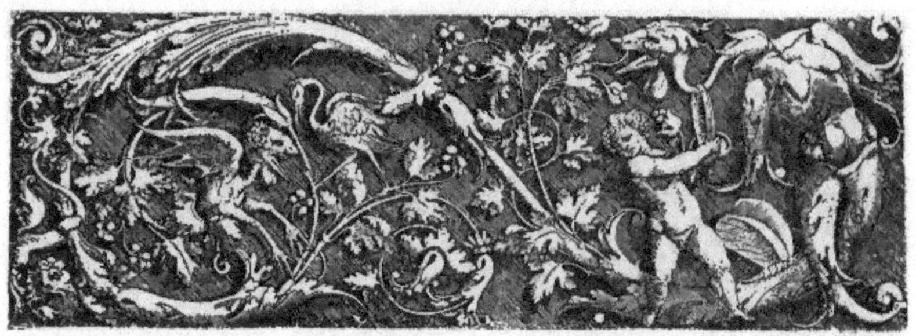

AGOSTINO VENEZIANO (6951)

MONOGRAMMIST

Goldschmied in der zweiten Hälfte des 17. Jahrhunderts. Nagler, Monogr. I. 1165.

3 Bl. Vorlagen für Goldschmiedverzierungen in Email. Schwarz auf weißem Grunde. Auf 2 Blättern Jagden und ländliche Beschäftigungen, auf einem Blatt mythologische Darstellungen in je drei Reihen übereinander. Zwei Blätter monogrammiert, auf einem Blatte unter dem Monogramm die Jahreszahl 1655. Nach Mathias Beitler (Vgl. Andresen 33, 34). Nagler, Monogr. I. 1165. H. 0·046, Br. 0·053. (6444.)

2. FRANZÖSISCHE SCHULE.

M. CHRISTOLLIEN

Goldschmied, arbeitete am Anfang des 17. Jahrhunderts. Guilmard 59, 88.

4 Bl. Niellierte Goldschmiedornamente. Dichte Blumenranken. Bezeichnet. H. 0·064, Br. 0·064. (7090.)

GÉRARD SORDOT

Goldschmied und Kupferstecher um 1610. Guilmard 38, 6.

Niellierte Goldschmiedverzierungen, Ornamente und groteske Figuren, Weiß in Schwarz. Unten links der Titel: VARII GENERIS OPERA AVRIFA-

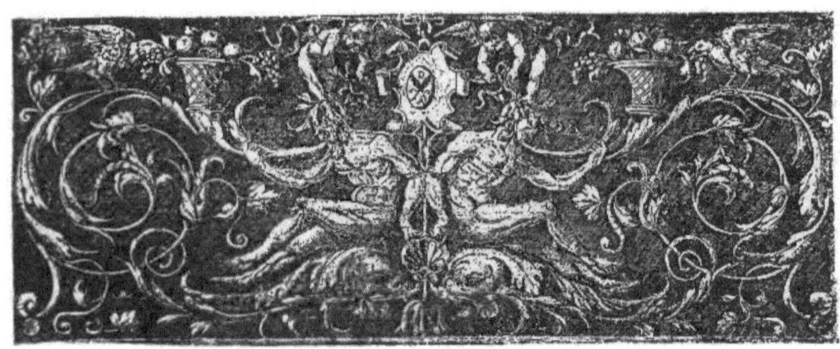

NICOLETTO DA MODENA (6462)

BRIS NECESSARIA. Rechts: GERARDVS SORDOT FACIEBAT 1610. H. 0·102, Br. 0·140. (6598.)

3. NIEDERLÄNDISCHE SCHULE.

ADRIAN COLLAERT

Kupferstecher und Verleger, geb. um 1560 zu Antwerpen, gest. daselbst 29. Juni 1618. Nagler, Monogr. I. 294. Guilmard 479, 12. Wurzbach, Niederländisches Künstlerlexikon I. 315. Thieme-Beckers Künstlerlexikon VII. 210.

2 Bl. Niellierte Goldschmiedornamente, Weiß in Schwarz, für Ringe u. dgl. Bezeichnet und datiert: A C 1589 (Adrian Collaert?). (Vgl. Nagler, Monogr. I. 294.) H. 0·040, Br. 0·074. (6479.)

4. ITALIENISCHE SCHULE.

GIOVANNI BATTISTA CONSTANTINI

Costantini, Goldschmied und Kupferstecher zu Rom am Anfang des 17. Jahrhunderts. Le Blanc II. 43 und 55. Thieme-Beckers Künstlerlexikon VII. 536.

Titel und 12 Bl. Niellierte Goldschmiedornamente. Messerhefte, Kreuze, Ringe, Broschen, Gehänge u. dgl. Weiß in Schwarz. Auf dem Titel: Jovannes Baptise Costantino 1615. 8°. (Vgl. Reynard pl. 162.) (6545, 6923.)

b) PUNZENARBEITEN.

(Ornamentale und figurale Darstellungen für Ausführung in getriebener Arbeit.)

DEUTSCHE SCHULE.

XVI. JAHRHUNDERT.

PAUL FLYNT

Flynth, Flind, Flint, Flindt und Vlindt von Nürnberg, Goldschmied, Punzenstecher und Plakettist, arbeitete 1592 zu Wien, später zu Nürnberg, wo er 1601 Meister wurde und nach 1618 starb. Nagler, Monogr. IV. 2950, 2951, 3399. Gefäße der deutschen Renaissance, herausgegeben vom Österr. Museum 1876, Vorwort, Seite 5. Winkler, Die Gefäß- und Punzenstecher der deutschen Hochrenaissance im Jahrbuch der preußischen Staatssammlungen XIII. 102. Hampe in Thieme-Beckers Künstlerlexikon XII. 101.

Titel und 6 Bl. aus der Folge reicher Becherverzierungen: ACHT STVCK ZVM VERZEICHNEN GEMACHT DVRCH PAVLVS FLYNTEN VON NÖRNBERG BEY ANDRE LŸNING. GEDRVCKT VND VERFERTIGT WIEN 1592. Fol. Nagler, Monogr. IV. 3399, 3. Winkler 1. (Reynard, pl. 42.) (7304.)

Titel (in Vierpaß) einer Folge von Punzenblättern. VISIRVNG BVCH HIRINEN SIBEN VND DREISSICH STVCK DVRCH PAVLVM FLINTEN GEMACHT VNDE ZV WIEN BEII ANDRE LŸNING GEDRVCKT VND IHN DISES EXEMPLAR VERFERTIGET. Ao 1593. Fol. Nagler, Monogr. IV. 3399, 1. Winkler 2. (7761.)

Vexierpokal auf hohem Fuß. Fol. Aus der Folge Nagler, Monogr. IV. 3399, 1. Winkler 2. (7762.)

Titel einer Folge von gepunzten Gefäßen: Dieses buch mit 40 stücken eingetheilet. Ao. 1594. Unten ein Adler auf einer Kugel. Fol. Nagler, Monogr. IV. 2950, 2. Winkler 3. (7235.)

Reich verzierter Deckelpokal. Auf dem Deckel eine Blumenvase. Bezeichnet. Fol. (7236.)

Nautiluskanne mit der Figur Neptuns als Fuß. Bezeichnet. Fol. (Reynard, pl. 163.) (7237.)

Kanne, der Henkel rechtsseitig, mit einer weiblichen Maske. Bezeichnet. Fol. (7238.)

Gefäß in Form einer nach rechts gewendeten, reich gekleideten weiblichen Figur. Bezeichnet. Fol. (6360.)

Gefäß in Form einer nach links schreitenden, reich gekleideten weiblichen Figur, eine Schüssel mit Früchten in der Linken. Bezeichnet. Fol. (6386.)

Reich verzierte Ampel. Bezeichnet. Fol. (6387.)

Hans Hirtz von Würzburg

Goldschmied und Punzenstecher um 1590. Winkler, Die Gefäß- und Punzenstecher der deutschen Hochrenaissance im Jahrbuch der preußischen Staatssammlungen XIII. 102.

8 Bl. Entwürfe zu Gefäßverzierungen mit dem Titel: STVCK ZVM VER- | ZEICHNEN FVR DIE GOLD- | schmid nach ietzo gebrauch- | licher art zusamen geordnet | durch Hans Hirtz | von Wurtzburg | gedruckt bey Matheo | Greutern |. Unten das Innere einer Goldschmiedewerkstatt. Hierauf folgen 5 Blätter mythologische Figuren und Landschaften mit Tieren in reicher ornamentaler Umrahmung, 1 Blatt mit 4 Medaillons, Tiere in Landschaften und 1 Blatt mit drei Medaillons, Genien auf Delphinen und Seepferden. Fol. (Vgl. Jessen, Katalog der Ornamentstichsammlung des Kunstgewerbemuseums zu Berlin 620.) (6546.)

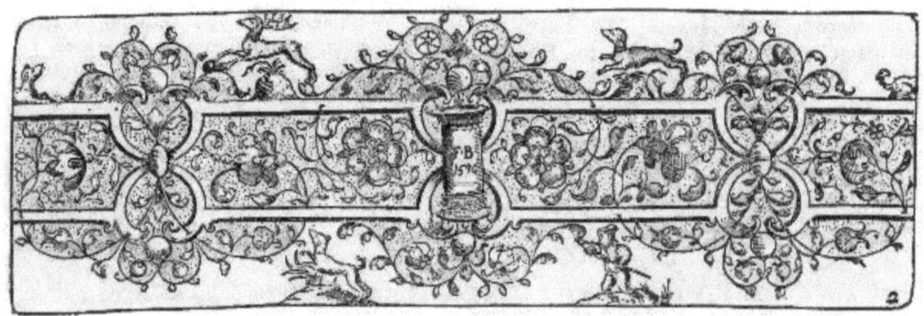

Floris Balthasar (6597)

Bernhard Zan

Goldschmied und Punzenstecher zu Nürnberg um 1580. Andresen III. 256. Winkler, Die Gefäß- und Punzenstecher der deutschen Hochrenaissance im Jahrbuch der preußischen Staatssammlungen XIII. 97.

Becher. Auf der unteren Hälfte in einer Kartusche der Titel: 12 · STICK · ZVM VERZAICHEN STECHEN · VERFERTIGT · BERNHARD · ZAN GOLDSCHMID | GESEL · INN NIERNBERG 1580. Ausgeschnitten. 4°. A. 1. (6600.)

Becher, unten die Köpfe eines Kindes und einer jungen Frau, zu unterst in der Mitte ein Fruchtbukett. Fol. A. 12. (6569.)

Kanne mit Deckel, der Henkel linksseitig. Bezeichnet und 1581 datiert. 4°. A. 36. (6599.)

c) FIGURALE DARSTELLUNGEN

(soweit sie nicht in die Abteilung: Kostüme etc. gehören).

HANS DE BULL (6411)

1. DEUTSCHE SCHULE.

XVI. JAHRHUNDERT.

HANS BALDUNG, GEN. GRIEN

Maler, Kupferstecher, Zeichner für Holzschnitt und Glasmalerei, geb. um 1480 zu Weyersheim bei Straßburg, gest. zu Straßburg 1545. Bartsch VII. 301. Passavant III. 318. Friedländer in Thieme-Beckers Künstlerlexikon II. 403.

Die heilige Elisabeth spinnend. Holzschnitt aus »Die gaistlich spinnerin« von Geiler von Kaisersberg. 4°. P. 72. (7727.)

Barthel Beham

Maler und Kupferstecher, geb. zu Nürnberg 1502, gest. zu Rom um 1540. Bartsch VIII. 81. Passavant IV. 68. Rosenberg. Aumüller. Seidlitz in Meyers Künstlerlexikon III. 311. Pauli, Kritisches Verzeichnis, 1911. Derselbe in Thieme-Beckers Künstlerlexikon III. 191.

Kampf der achtzehn nackten Männer. qu. Fol. B. 16. (6488.)

Esaias van Hulsen (6437)

Hans Brosamer

Maler, Kupferstecher und Formschneider, geb. zu Fulda (?) um 1500, gest. zu Erfurt um 1554. Bartsch VIII. 455. Passavant IV. 32. Pauli in Thieme-Beckers Künstlerlexikon V. 66.

Das Urteil des Paris. Rund. 8⁰. B. 12. (6515.)

Hans Burgkmair d. Ä.

Maler und Zeichner für den Formschnitt, geb. zu Augsburg 1473, gest. daselbst 1531. Bartsch VII. 197. Passavant III. 264. Wiechmann-Kadow in Naumanns Archiv II. 152. Nagler, Monogr. III. 708. H. A. Schmied in Thieme-Beckers Künstlerlexikon V. 252.

Maria mit dem Kinde. Holzschnitt. Fol. P. 84. Nagler, Monogr. III. 708, 7. (7677.)

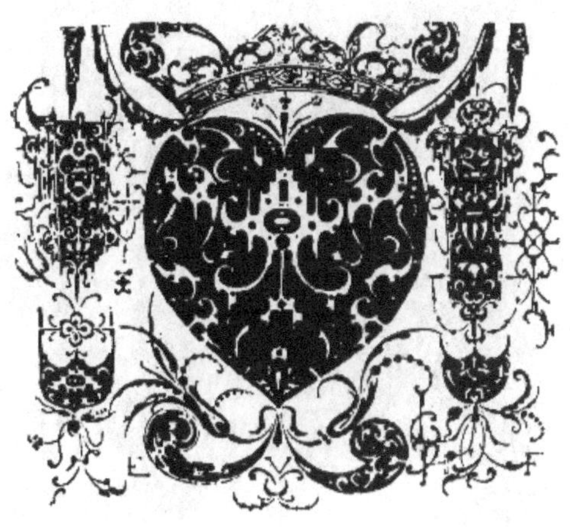

ESAIAS VAN HULSEN (6460)

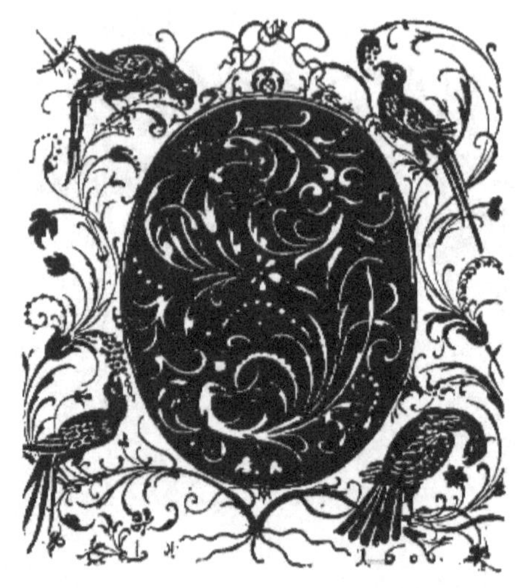

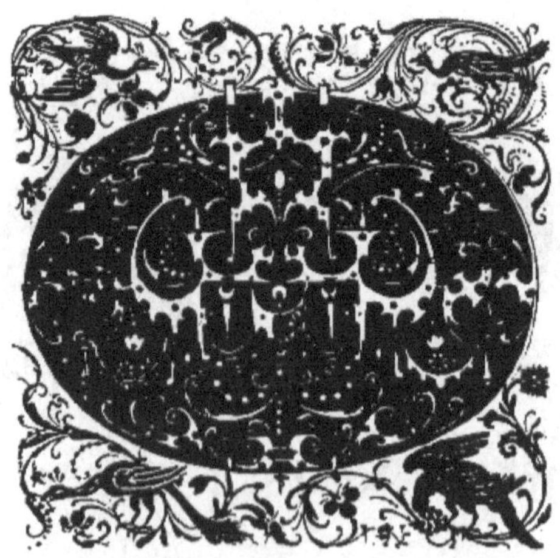

Esaias van Hulsen (6460)

Hans Sibmacher

Wappenmaler und Radierer zu Nürnberg, gest. 1611. Andresen II. 281.

12 Bl. Die Monate. Friese. Radiert. qu. Fol. A. 5—16. (6571.)

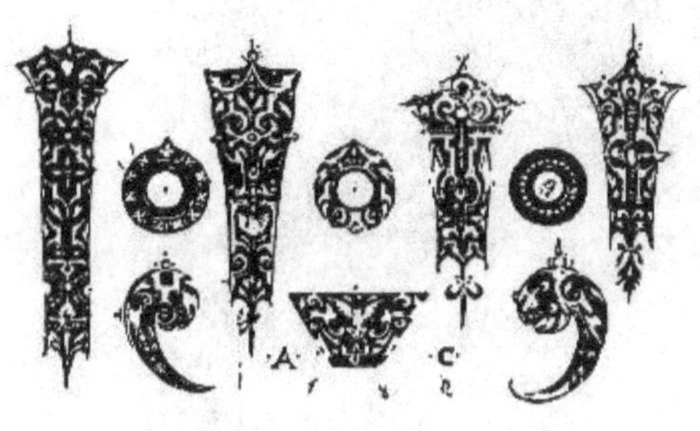

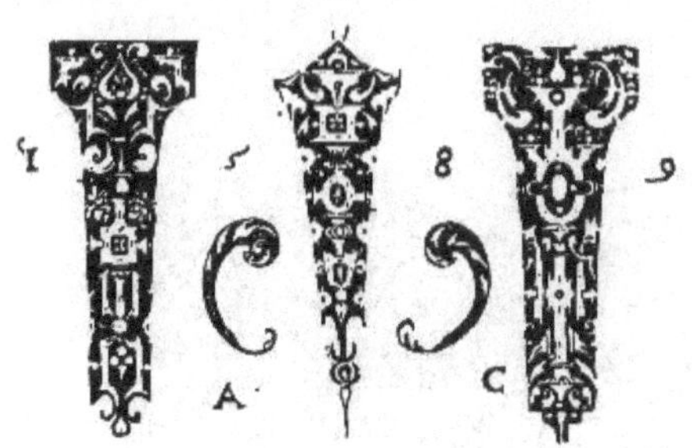

Adrian Collaert (6479)

Derschau Hans Albrecht. Holzschnitte alter deutscher Meister in den Original-Platten gesammelt. Als ein Beytrag zur Kunstgeschichte herausgegeben und mit einer Abhandlung über die Holzschneidekunst und deren Schicksale begleitet v. R. Z. Becker. 3 Teile. Gotha, bey dem Herausgeber 1808—1816. Fol. (B. Nr. 11326.)

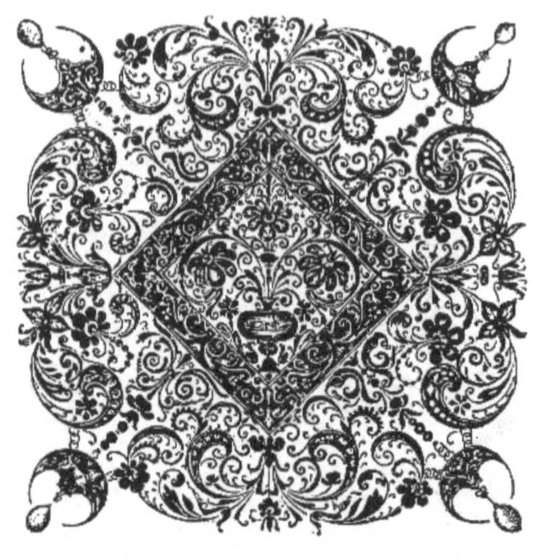

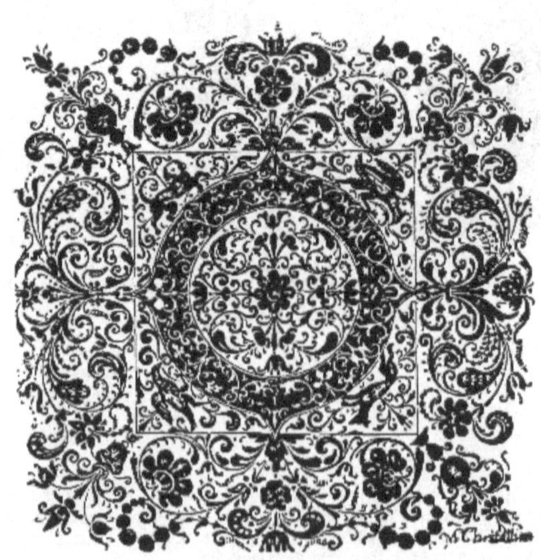

M. CHRISTOLLIEN (7090)

XVII. JAHRHUNDERT.

Jonas Umbach

Maler und Radierer, geb zu Augsburg 1624, gest. daselbst 1700. Le Blanc IV. 68.

3 Bl. Bacchus von Satyrn getragen und Züge von Flußgöttern. Radiert. qu. 8°. (6485.)

XVIII. JAHRHUNDERT.

Christian Wilhelm Ernst Dietrich

Dietricy, Maler und Radierer, geb. zu Weimar 30. Oktober 1712, gest. zu Dresden 23. April 1774. Linck. Thieme-Beckers Künstlerlexikon IX. 259.

Die Schreibekunst. qu. Fol. Linck 1519, I. (6490.)

Gottfried Bernhard Götz

Maler und Kupferstecher, geb. zu Welehrad in Mähren 1708, gest. zu Augsburg 1774.

Die Taufe Christi im Jordan, oben der heilige Geist. Der obere Teil des Bildes geschabt. Fol. (6659.)

Joseph Grassi

Maler, geb. zu Wien 22. April 1757, gest. in Dresden 7. Jänner 1838.

Venus und Amor. Gestochen von Franz Valentin Durmer. Vor der Schrift. gr. qu. Fol. (6809.)

Gustav Adolf Müller

Kupferstecher zu Wien, geb. um 1700, lebte noch 1762. Le Blanc III. 64.

Die Apotheose des Abtes Paul von Seitenstetten. 1746. Geschabt. Imp. Fol. (7424.)

Götz, Gottfrid Bernhard. Heilige Communion Und Buß-Affect, In Bilderen Und Wohlfluessenden Reimen Von Einem fast berühmten, Andaechtigen Dichter gebunden, Und mit Roem. Kayserl. Majestaet Privilegio, Von Godfrid Bernhard Goetz, Kayserl. Hof-Kunst-Mahler, und Kupfferstecher in Augsburg, Samt heiligen Communion- und Buß-Spieglen herfür gegeben und verlegt. Mit Erlaubnus des Obern. Mit farbigen Kupferstichen, Abdrücke von bemalten Platten. Augsburg, 1765. 8°. Dabei: Götz, Communion- und Buß-Spiegel, 1762. In gleichzeitigem vergoldetem Lederband. (B. Nr. 14274.)

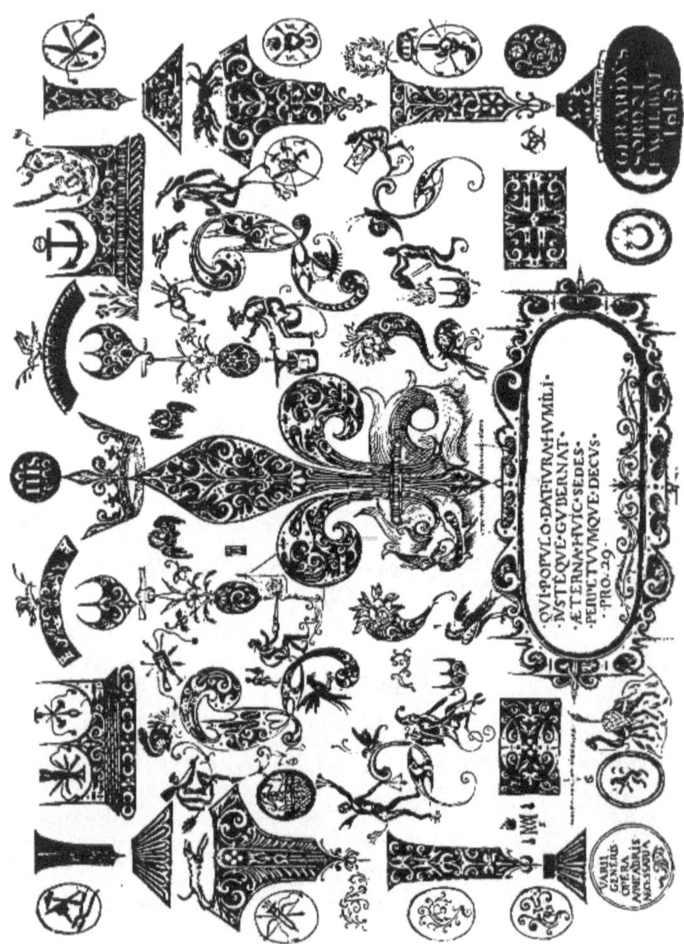

GÉRARD SORDOT (6598)

Johann Esaias Nilson

Maler, Zeichner, Kupferstecher und Verleger, geb. zu Augsburg 1721, gest. daselbst 1788. Le Blanc III. 99. Guilmard 444, 79.

12 Bl. Die Monate. Figurale Darstellungen in Zierrahmen. Fol. (Zu dieser Folge besitzt das Österr. Museum auch die Originalzeichnungen, K.-Inv. Nr. 2743.) (6285.)

Johann Heinrich Ramberg

Maler und Radierer, geb. zu Hannover 22. Juli 1763, gest. daselbst 6. Juli 1840. Le Blanc III. 285. Hoffmeister.

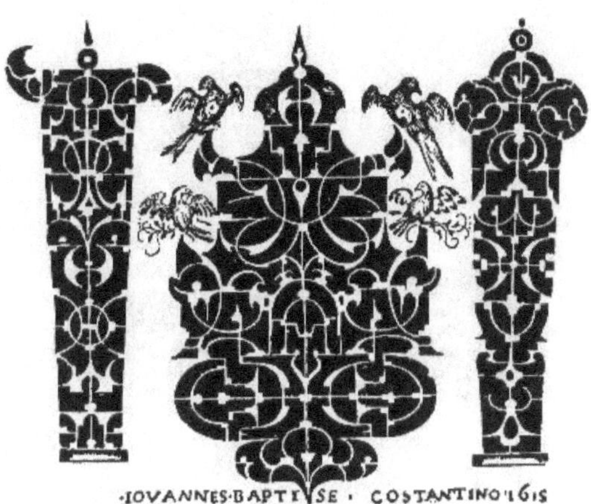

Giovanni Battista Constantini (6923)

Die kleinen Epikuräer oder Tanzende Kinder. Radiert. qu. Fol. Hoffmeister 40. Vom Künstler kolorierter Abdruck. (7084.)

2. FRANZÖSISCHE SCHULE.

XV. JAHRHUNDERT.

Unbekannt

Christus am Kreuz mit Maria und Johannes in Randverzierung. Auf der Rückseite: Der thronende Gottvater mit den Symbolen der vier Evangelisten in den Ecken. Holzschnitt. Fol. Abdruck auf Pergament, spät koloriert. (8122.)

XVII. JAHRHUNDERT

Claude Mellan

Maler, Zeichner und Kupferstecher, geb. zu Abbeville im Mai 1598, gest. zu Paris 9. September 1688. A. de Montaiglon. Le Blanc III. 2.

Der Christuskopf auf dem Schweißtuch der hl. Veronika, aus einer einzigen Spirallinie gebildet. 1649. gr. Fol. Montaiglon 25. Le Blanc 33. (6494.)

XVIII. JAHRHUNDERT

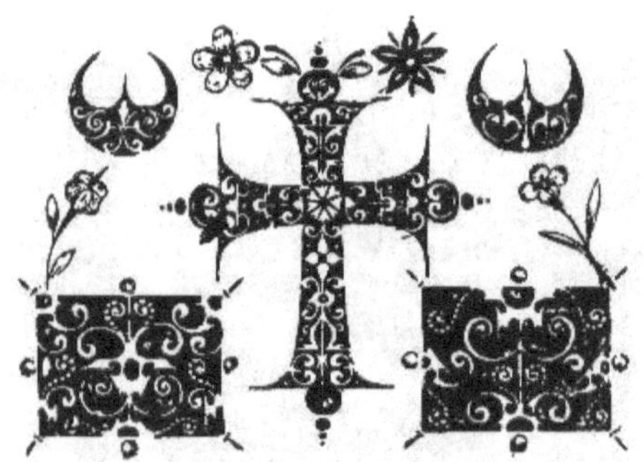

Giovanni Battista Constantini (6545)

François Boucher d. Ä.

siehe Seite 12.

2 Bl. Spielende Amoretten: Erde, Feuer. Aus der Folge der Elemente. Gestochen von Jean Daullé. Fol. Portalis-Béraldi 1. (6278.)

L'agréable Leçon. Gestochen von Robert Gaillard. gr. Fol. Portalis-Béraldi 6. (6279.)

Jupiter und Leda. Gestochen von William Wynne Ryland. gr. qu. Fol. (6348.)

Jean Honoré Fragonard

Maler und Radierer, geb. zu Grasse 5. April 1732, gest. zu Paris 22. August 1806. Baudicour I. 157. Portalis. Graul in Thieme-Beckers Künstlerlexikon XII. 275.

Le Colin-Maillard. Das Blindekuhspiel. Gestochen von Jacques Firmin Beauvarlet (1760). gr. Fol. Portalis-Béraldi 9. (6281.)

Charles François Natoire

Maler und Radierer, geb. zu Nîmes 1700, gest. zu Castel-Gandolfo 1777. Robert-Dumesnil III. 315.

4 Bl. Die vier Jahreszeiten durch spielende Kinder dargestellt. Radiert von Natoire, vollendet von Pierre Aveline und B. Audran. gr. qu. Fol. R-D. 4—7, II. (6282.)

Der Triumph der Amphitrite. Gestochen von Pierre Etienne Moitte. gr. qu. Fol. Portalis-Béraldi 14. (6277.)

François-Marie-Isidore Quéverdo

Zeichner und Radierer zu Paris, geb. 1740, gest. 24. Dezember 1797.

4 Bl. Emblèmes d'Amour. Amoretten in Zierrahmen. Gestochen von Pierre François Basan. Fol. Le Blanc 248—251. (6286.)

3. NIEDERLÄNDISCHE SCHULE.

XVII. JAHRHUNDERT.

François Du Quesnoy, gen. Fiammingo

Duquesnoy, Bildhauer, geb. zu Brüssel um 1594, gest. in Livorno 12. Juli 1643. Wurzbach, Niederländisches Künstlerlexikon I. 439.

Drei Bacchuskinder. Gestochen von Georg Friedrich Schmidt 1770. Radiert. qu. Fol. Wessely, Krit. Verzeichn. I. 171, II. (6495.)

Frans Hals d. Ä.

Maler, geb. zu Antwerpen um 1580, gest. in Haarlem 29. August 1666. Bode. Wurzbach, Niederländisches Künstlerlexikon I. 636.

The Piping Boy. Gestochen von Thomas Gaugain. Farbendruck von einer in Punktiermanier ausgeführten bemalten Platte. Mit Retuschen auf dem Abdruck. gr. Fol. (6565.)

Peter Paul Rubens

Maler und Radierer, geb. zu Siegen 28. Juni 1577, gest. zu Antwerpen 30. Mai 1640. Schneevogt. Vgl. den Nachweis der Rubens-Litteratur in Wurzbach, Niederländisches Künstlerlexikon II. 514 ff.

Die Heilige Familie. Gestochen von Richard Earlom 1771. Schabkunstblatt. gr. Fol. Wessely, Krit. Verzeichn. II. 69, II. (6831.)

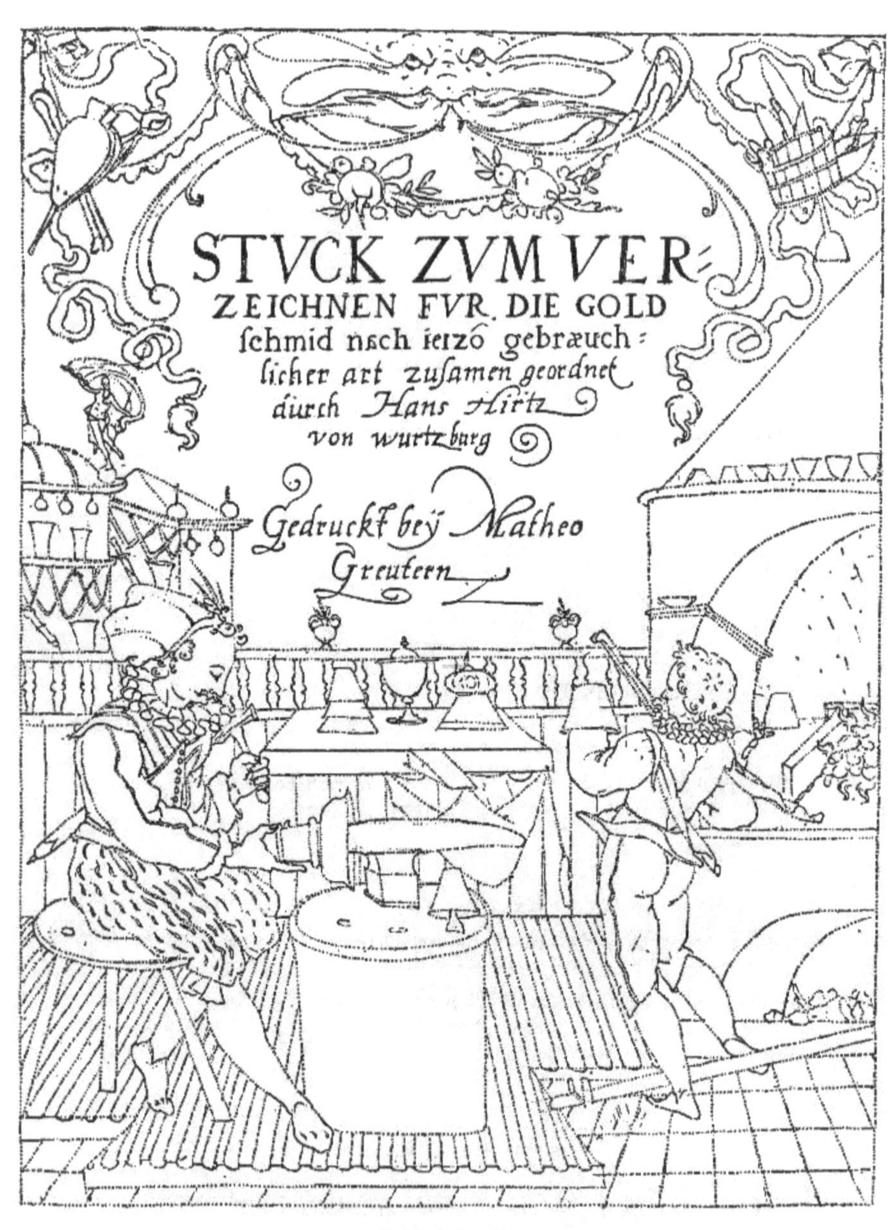

HANS HIRTZ (6546)

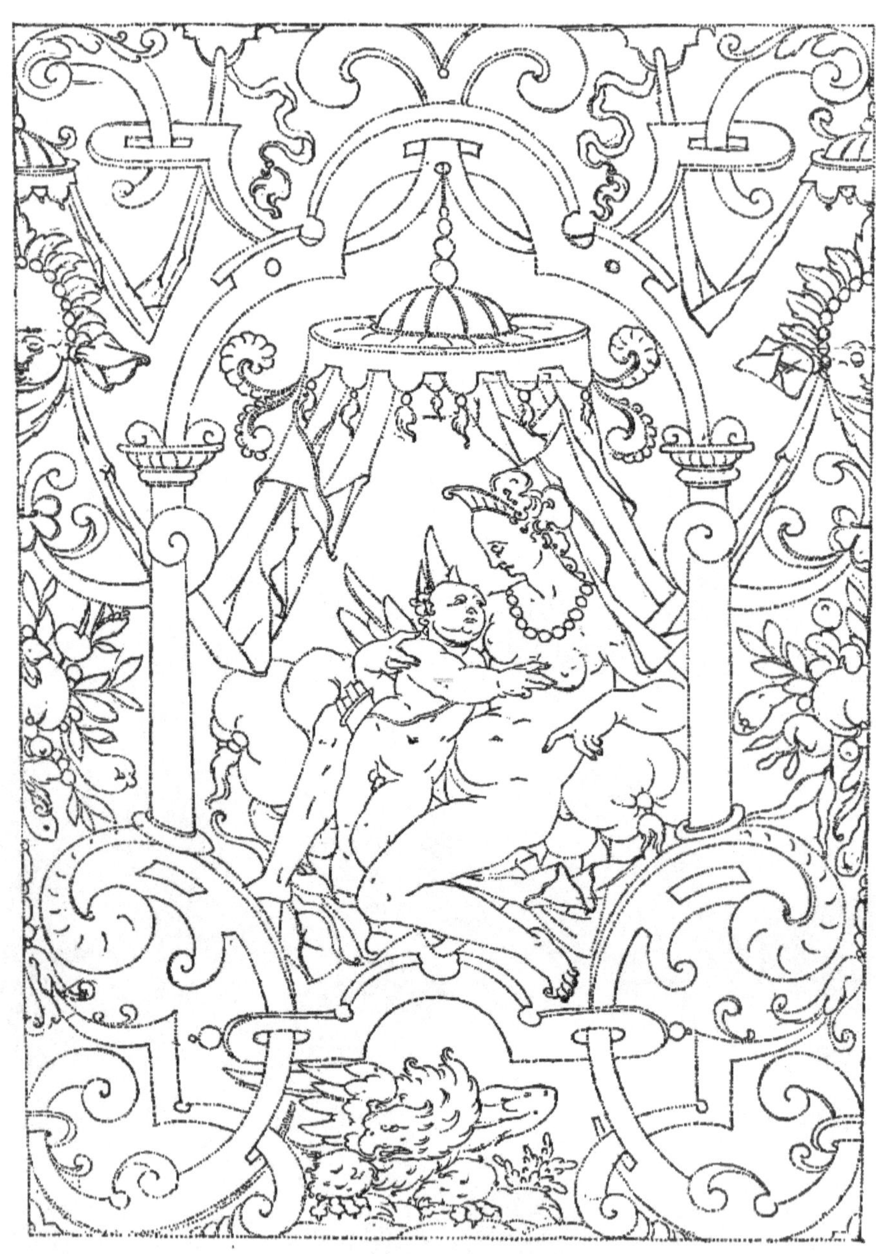

HANS HIRTZ (6546)

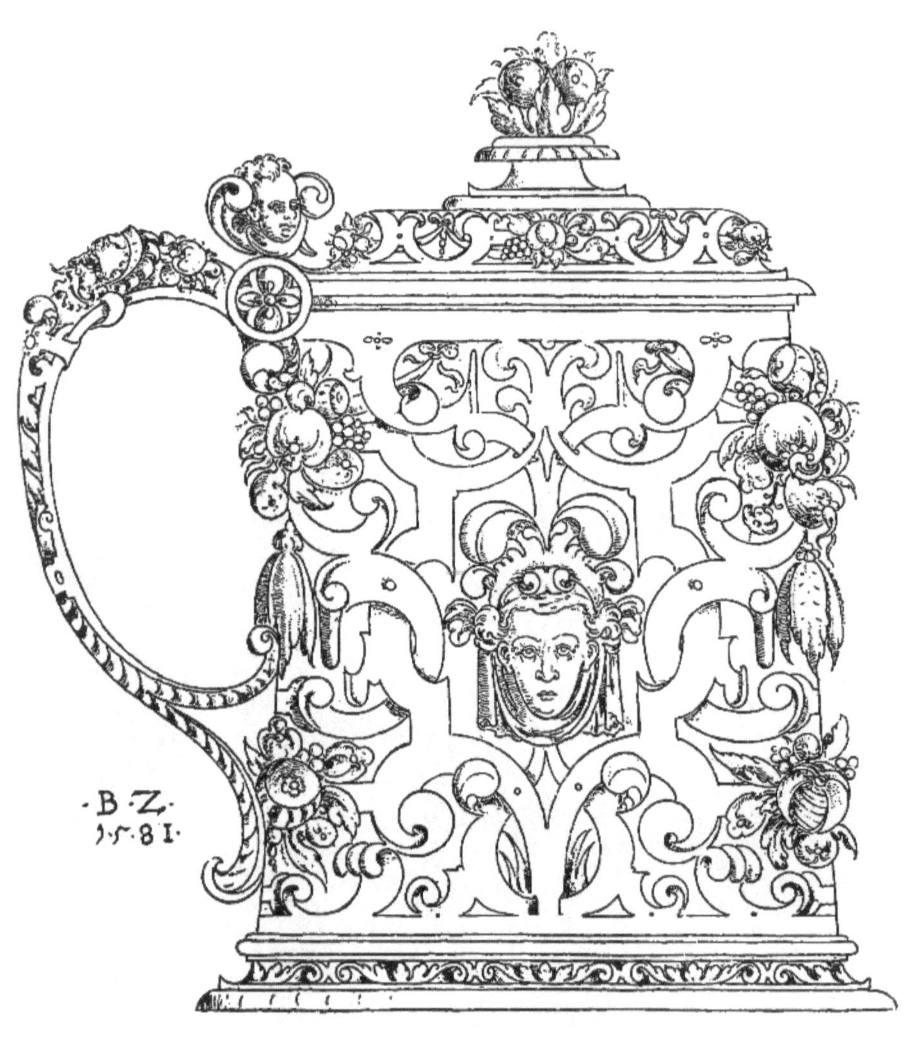

BERNHARD ZAN (6599)

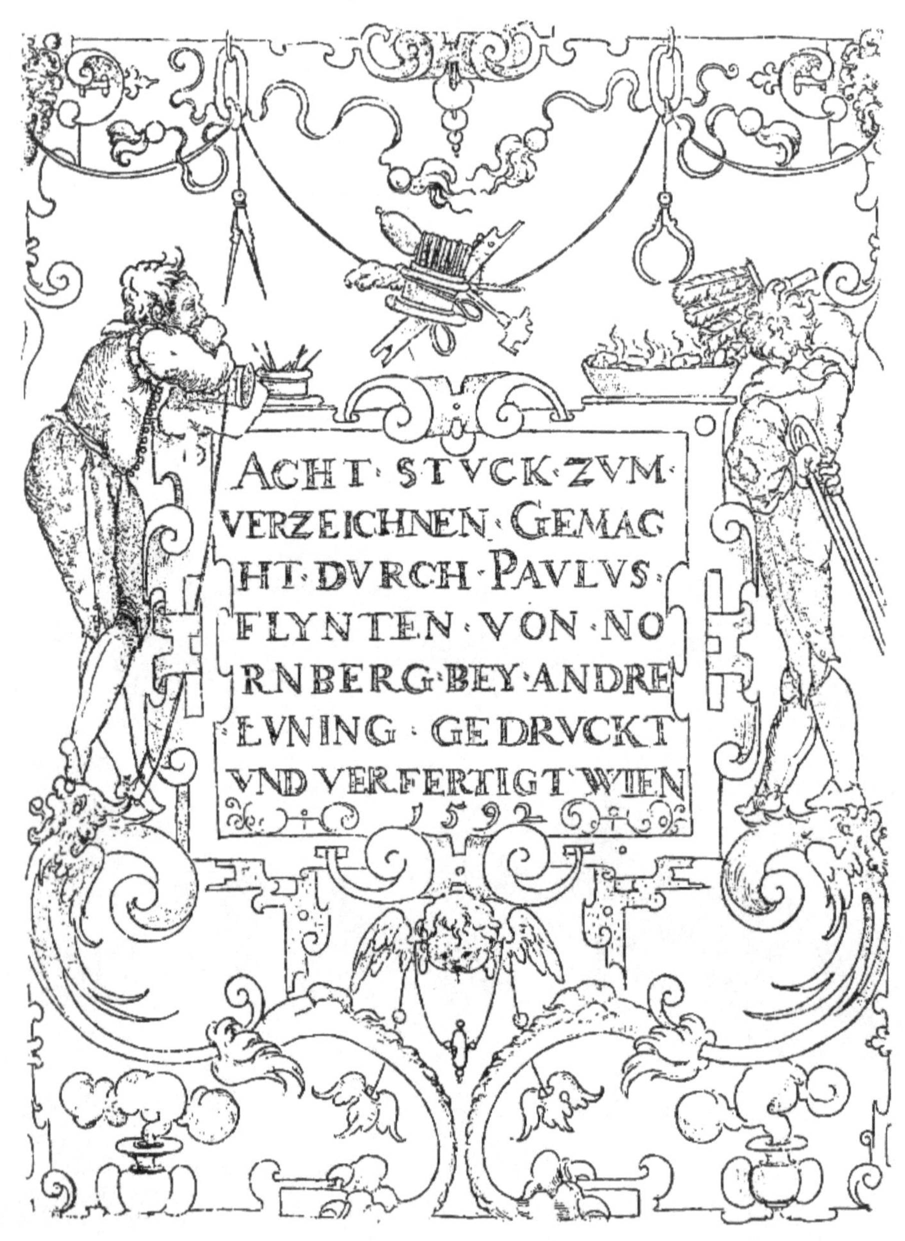

PAUL FLYNT (7304)

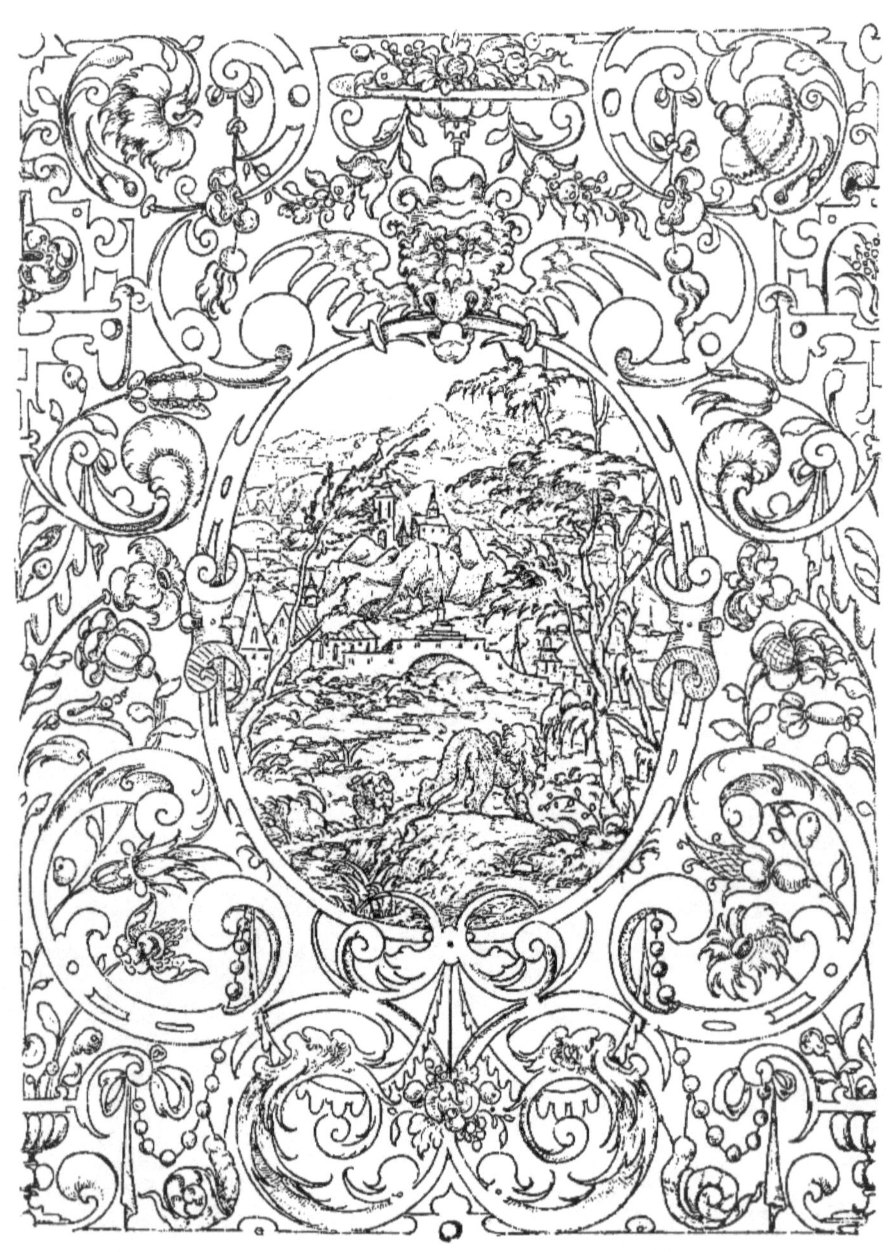

Paul Flynt (7304)

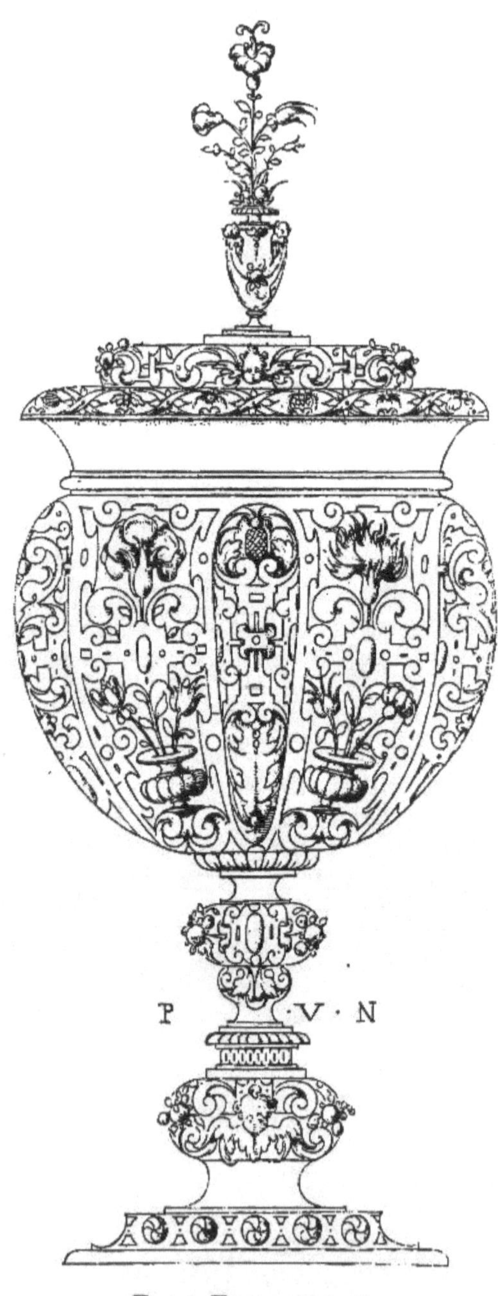

Paul Flynt (7236)

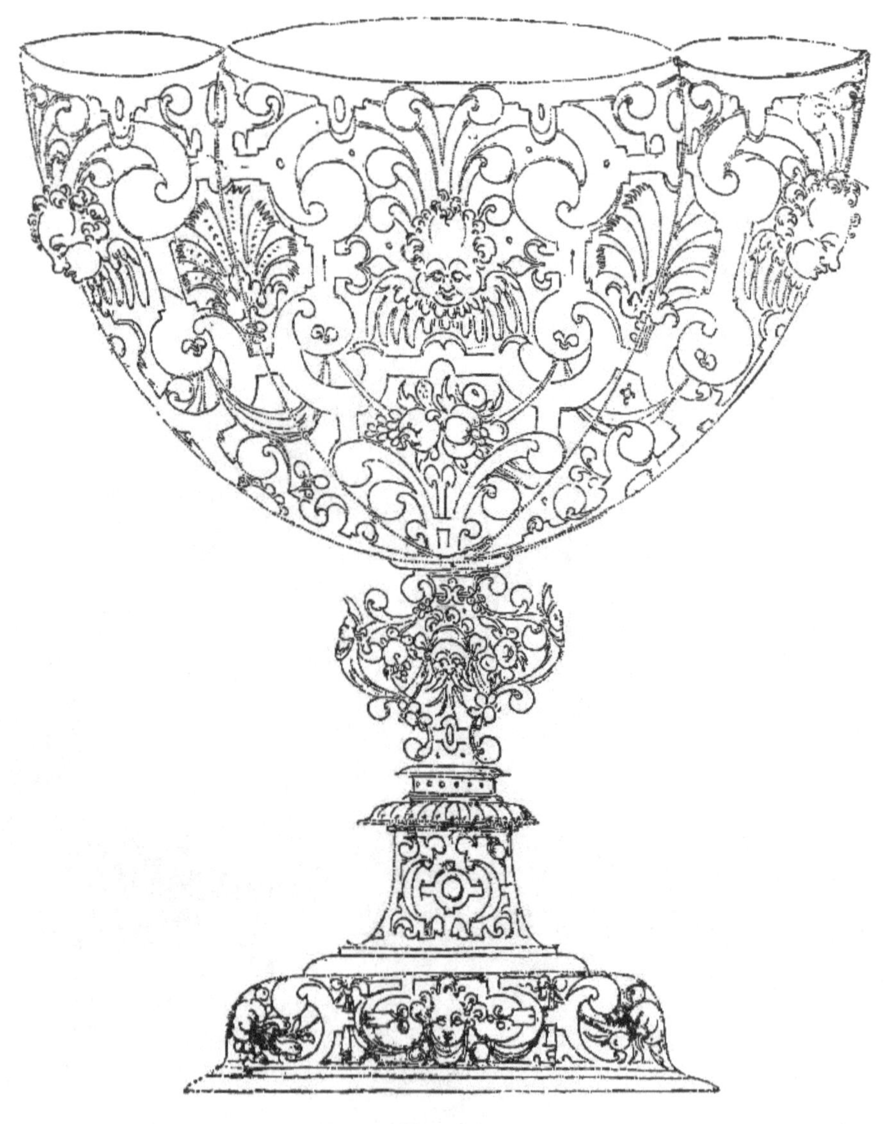

PAUL FLYNT (7762)

Cornelis Schut

Maler und Radierer, geb. zu Antwerpen 13. Mai 1597, gest. daselbst 29. April 1655. Le Blanc III. 481. Nagler, Monogr. II. 660. Wurzbach, Niederländisches Künstlerlexikon II. 591.

2 Bl. Kinderfriese. Radiert von Balthasar Moncornet. qu. Fol. (7000.)

4. ITALIENISCHE SCHULE.

XV. JAHRHUNDERT.

Unbekannt

Maria mit dem Kinde und den Heiligen Johannes, Joseph und Anna. Venezianischer Holzschnitt, um 1500. Fol. Schreiber 1138. (7715.)

XVI. JAHRHUNDERT.

Luca Cambiaso

Cangiaso, gen. Luchetto da Genova, Maler und Bildhauer, geb. in Moneglia Oktober 1527, gest. in Madrid 1585. Thieme-Beckers Künstlerlexikon V. 429.

Venus mit dem sterbenden Adonis. Holzschnitt in Umrißlinien von Simon Watts, 1763. gr. Fol. (6276.)

Tizian Vecellio da Cadore

Maler und Zeichner für den Formschnitt, geb. zu Pieve di Cadore 1477, gest. zu Venedig 27. August 1576. Bartsch XVI. 95. Crowe und Cavalcaselle.

Drei Paviane als Laokoongruppe. Holzschnitt von Nicolo Boldrini. qu. Fol. Passavant VI. 243, 97. (3438.)

Dasselbe. Mit dem angefügten Monogramm des Boldrini. (3439.)

Unbekannt

Der heilige Johannes auf Patmos, von einem Kranz umgeben. Datiert 1561. Holzschnitt. Fol. (7716.)

XVIII. JAHRHUNDERT.

Francesco Bartolozzi

Maler und Kupferstecher, geb. in Florenz 1727, gest. zu Lissabon 7. März 1815. Le Blanc I. 163. Tuer. Baily. Thieme-Beckers Künstlerlexikon II. 580.

Vignette. Schwebende Amoretten mit Notenheften. qu. 4⁰. Vor der Schrift. (6933.)
2 Bl. Mythologische Darstellungen. Venus und Amor. Runde. gr. Fol. (6566.)

Giovanni Battista Cipriani

Maler und Kupferstecher, geb. in Florenz 1727, gest. in Hammersmith bei London 14. Dezember 1785. Bernath in Thieme-Beckers Künstlerlexikon VII. 8.

Pleasure. Triumph der Galatea. Gestochen von W. Heseltine. Mit der Adr. des M. Bovi, London 1801. Farbendruck von einer in Punktiermanier ausgeführten bemalten Platte. gr. Fol. (6810.)
Amor und Psyche. Gestochen von Francesco Bartolozzi. Fol. (6564.)
L'Amour caressant la Beauté. Amor und die allegorische Figur der Schönheit auf einem von Tauben gezogenen Wagen. Oval. Gestochen von Romain Girard. Mit Girards Adresse, Paris. qu. Fol. (6949.)

Giovanni Antonio Pellegrini

Maler, geb. zu Venedig 29. April 1675, gest. daselbst 5. November 1741.

Die drei Grazien. Gestochen von François Janinet. Farbendruck von mehreren in Tuschmanier ausgeführten Platten. Vor der Schrift. gr. Fol. Portalis-Béraldi 60. (Vgl. Model und Springer, Der französische Farbenstich des XVIII. Jahrhunderts, Taf. 9.) (6813.)
Dasselbe. Mit der Girlande. Unvollendeter Abdruck. gr. Fol. (6812.)

5. ENGLISCHE SCHULE.

XVIII. JAHRHUNDERT.

Sir Joshua Reynolds

Maler, geb. in Plympton bei Plymouth 16. Juli 1723, gest. in London 23. Februar 1792. Vgl. den Nachweis der Reynolds-Litteratur bei Eduard Leisching, Akad. Reden von Sir Joshua Reynolds, Einleitung Seite LIX ff. Armstrong.

The Careful Shepherdeß. Ein kleines Mädchen, ein Lamm an die Brust drückend. Gestochen von Elizabeth Judkins. Schabkunstblatt. Mit der Adresse des J. Watson, London 1775. Fol. (6814.)

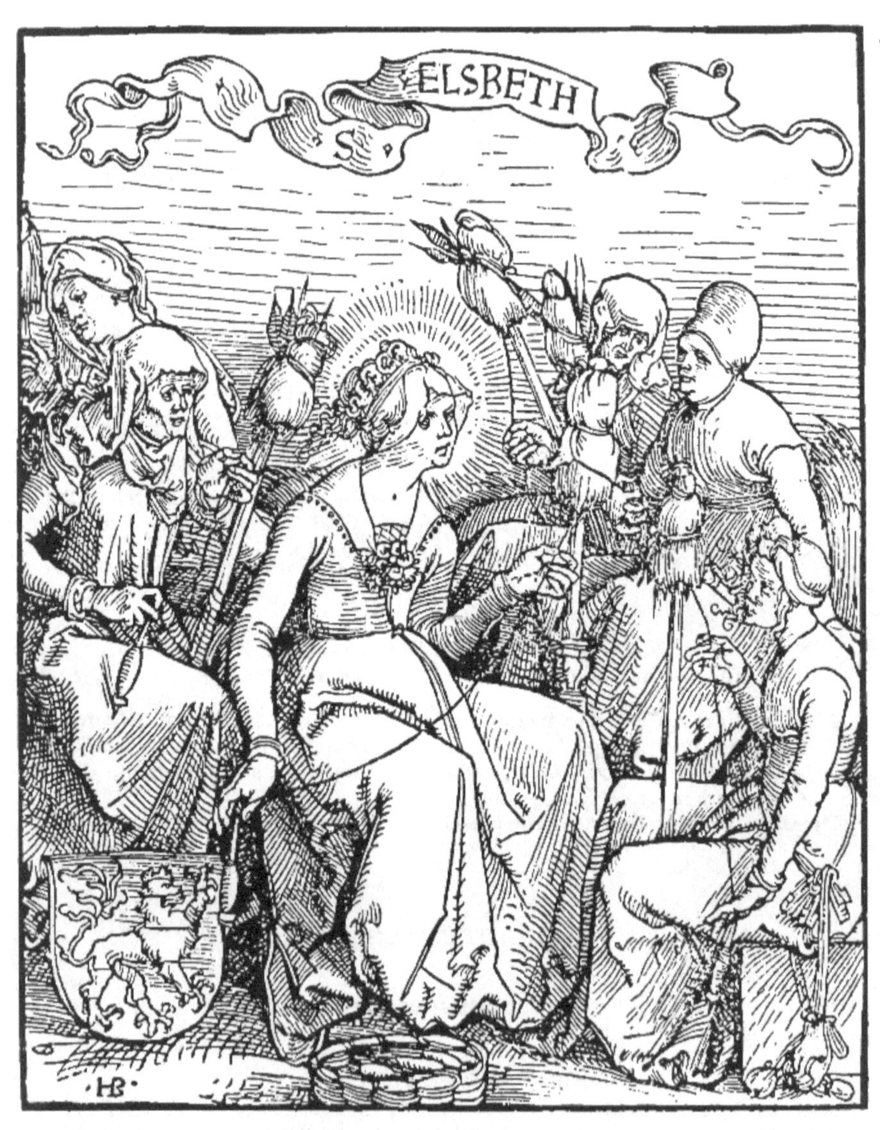

Hans Baldung, gen. Grien (7727)

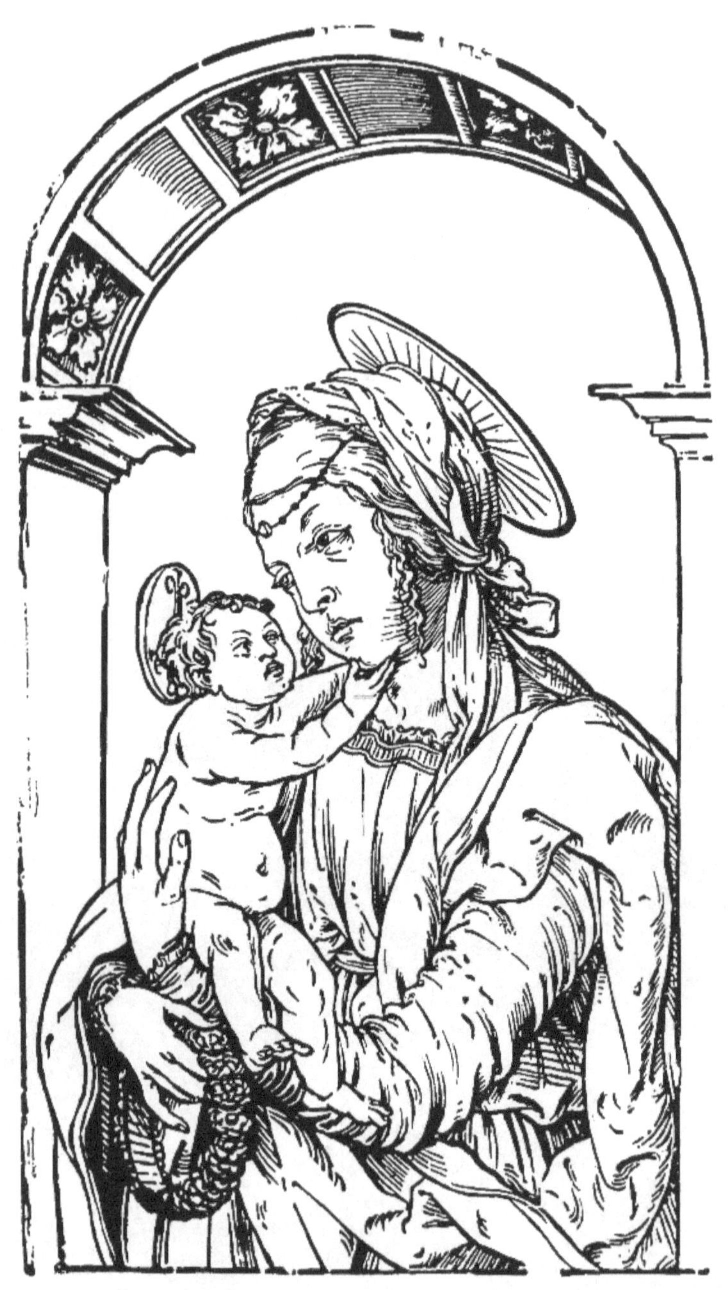

Hans Burgkmair d. Ä. (7677)

Peltro William Tomkins

Kupferstecher, geb. zu London 1760, gest. daselbst 22. April 1840. Le Blanc IV. 45.

Titel und 24 Bl. The Birth and Triumph of Cupid. London 1795. Fol. Le Blanc 14. (6651 Sd.)

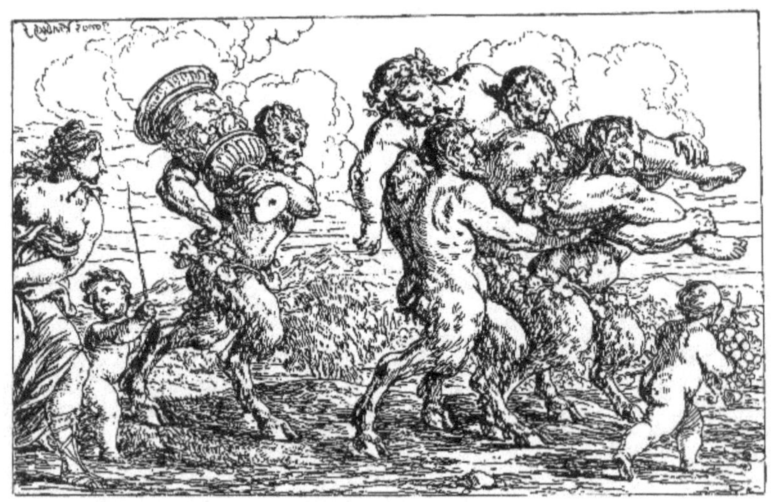

Jonas Umbach (6485)

Benjamin West

Maler, geb. in Springfield (Penna) 10. Oktober 1738, gest. in London 11. März 1820.

Die hl. Cäcilia. Gestochen von Francesco Bartolozzi. Mit der Adresse des A. Poggi, London 1784. Oval. 4⁰. Tuer 1936. (6593.)

d) JAGDEN.

DEUTSCHE SCHULE.

Hans Brosamer

siehe Seite 27.

Hirschjagd. Fries. qu. Fol. B. 21. (7051.)

Johann Elias Ridinger

Riedinger, Maler und Radierer, geb. zu Ulm 16. Februar 1698, gest. zu Augsburg 10. April 1767. Thienemann. Derselbe in Naumanns Archiv V. 140.

36 Bl. Vollkommene und gründliche Vorstellungen der vortreflichen Fürsten Lust oder: der Edlen Jagdbarkeit. 1729. gr. qu. Fol. Thienemann 13—48. (6631.)

Virgil Solis

siehe Seite 2.

Eberjagd. Fries. qu. Fol. B. 371. (7008.)
Hirsch- und Hasenjagd. Fries. qu. Fol. B. 376. (7076.)
Zwei Jäger jagen einen Hirsch, eine Hirschkuh, ein Reh und einen Hasen. Fries. qu. Fol. B. 378. (6423.)
Fuchsjagd. Fries. qu. Fol. B. 383. (7009.)

Johannes Stradanus

Jan van der Straet, Maler, geb. zu Brügge 1523, gest. zu Florenz 2. November 1605. Wurzbach, Niederländisches Künstlerlexikon II. 668.

3 Bl. Jagdszenen in reicher Umrahmung. Gestochen von Hieronymus Cock, 1570. gr. qu. Fol. (6284.)

e) TIERE.

Jacob Beytler

Goldschmied und Kupferstecher zu Ravensburg am Ende des 16. und zu Anfang des 17. Jahrhunderts. Andresen IV. 42. Meyers Künstlerlexikon III. 792.

8 Bl. aus dem Newen Thierbüchlein. Ovale, in den Ecken Waffentrophäen. H. 0·055, Br. 0·075. Fehlt Andresen. Meyers Künstlerlexikon III. 793, 13. (6739.)

Johann Adam Klein

Maler und Radierer, geb. zu Nürnberg 24. Nov. 1792, gest. zu München 21. Mai 1875. Jahn. Le Blanc II. 459.

Sammelband, enthaltend 34 Blätter Originalradierungen aus verschiedenen Folgen. Jahn 143, II, 144, II, 145, II, 146, II, 147, II, 148, II, 162, II, 163, III, 165, II, 172, II, 174, II, 175, II, 176 II, 187, III, 188, III, 189, III, 190, III, 191, III, 195, II, 214, II, 217, II, 218, II, 227, III, 236, III, 239, III, 240, III, 241, III, 242, III, 243, III, 244, III, 246, II, 247, II, 248, II, 249, I; dabei 2 Blätter Kopien nach Klein von Daniel Burgdorfer (Jahn Kop. 3, 4) und 2 Blätter von Joh. Christ. Erhard. qu. Fol. (B. Nr. 14996.)

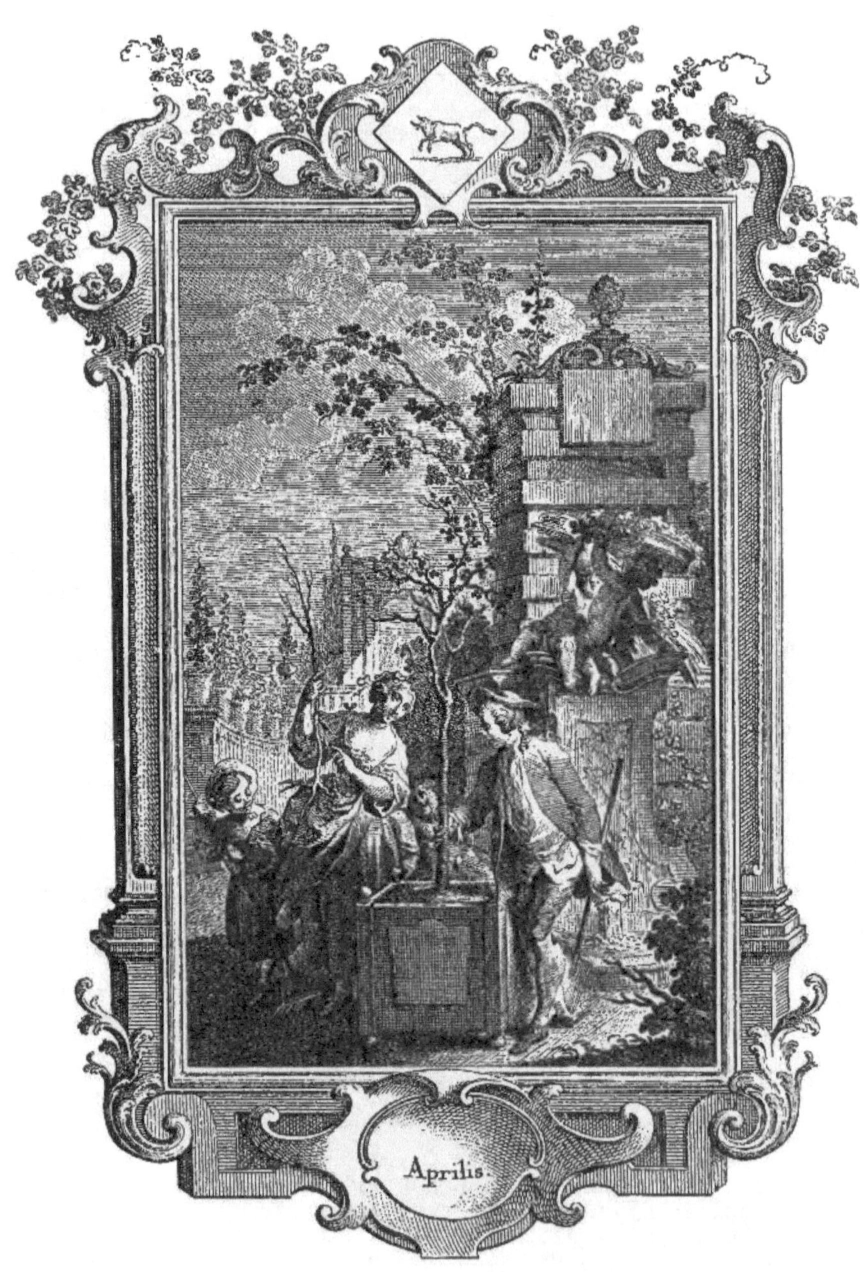

Johann Esaias Nilson (6285)

GEORGE MORLAND

Maler, geb. in London 26. Juni 1763, gest. in Clerkenwell bei London 29. Oktober 1804. Baily.

Der Pferdeknecht. Gestochen von John Raphael Smith. Mit der Adresse. London 1797. Schabkunstblatt. gr. qu. Fol. (6824.)

f) BLUMEN.

JAN VAN HUYSUM

Blumen- und Landschaftsmaler, geb. zu Amsterdam 15. April 1682, gest. daselbst 7. Februar 1749. Wurzbach, Niederländisches Künstlerlexikon I. 740.

2 Bl. Blumenstücke. Gestochen von Johann Peter Pichler. Schabkunstblätter. Vor der Schrift. gr. Fol. (6470.)

g) FESTONS.

JOHANN CONRAD REUTTIMANN

Zeichner und Kupferstecher zu Augsburg um 1677. Guilmard 406, 80.

6 Bl. Ein Neuwes Buch von underschidlichē Früchten für die Silber Arbeiter Dienstlich zu gebrauchen. Von Mir Johan Conradt Reuttiman inventiert vnd gemacht in Augspurg. Zu finden bey Jeremias Wolff Kunsthändlern. Früchtenfestons für getriebene Arbeit. Nummern 1—6. qu. Fol. (6356.)

h) RANDEINFASSUNGEN, ZIERTITEL, ZIERRAHMEN UND ZIERSCHILDER (KARTUSCHEN).

(Siehe auch Buchzeichen.)

1. DEUTSCHE SCHULE.

XVI. JAHRHUNDERT.

JOST AMMAN

Maler, Radierer und Zeichner für den Formschnitt, geb. zu Zürich im Juni 1539, gest. zu Nürnberg Mitte März 1591. Bartsch IX. 351. Passavant III. 463. Becker. Andresen I. 99. Wessely in Meyers Künstlerlexikon I. 639. Hampe in Thieme-Beckers Künstlerlexikon I. 410.

Titeleinfassung mit den nach dem Leichnam ihres Vaters schießenden

Söhnen. Unten das Symbol des Sigm. Feierabend. Holzschnitt. Fol. A. 116. Vgl. Heitz, Frankfurter und Mainzer Drucker- und Verlegerzeichen, Taf. IX. (7491.)

Albrecht Dürer

Maler, Kupferstecher, Radierer und Zeichner für den Formschnitt, geb. zu Nürnberg 21. Mai 1471, gest. daselbst 6. April 1528. Bartsch VII. I. Passavant III. 144. Thausing. Springer. Friedländer in Thieme-Beckers Künstlerlexikon X. 63.

Titeleinfassung mit der Taufe Christi. Angewendet zu: Venerandi patris Bartholomei Anglici / ordinis Minorum / opus etc. 1519. Holzschnitt. Fol. B. App. 30. P. 203^{d}. (7071.)

Titeleinfassung mit dem Laute spielenden Engel. Angewendet zu: Anzaygung etlicher Irriger mengel etc., 1526. Holzschnitt. Fol. P. 204. Probedruck vor dem eingedruckten Titel, alt koloriert, mit aufgesetzten Goldlichtern. (6246.)

Virgil Solis

siehe Seite 2.

Brustbild des Kurfürsten August von Sachsen in einer reichen Kartusche mit den allegorischen Figuren der Religion und der Gerechtigkeit. 1557. Fol. B. 430. (6287.)

Johann Wechtlin

Maler und Formschneider zu Straßburg, gest. daselbst 1530. Bartsch VII. 449. Passavant III. 327. Nagler, Monogr. IV. 219. Loedel.

Titeleinfassung mit Kindern und Trophäen. Helldunkelblatt von zwei Stöcken. Angewendet 1511. Ohne Zeichen. 4°. Fehlt Bartsch und Passavant. Nagler, Monogr. IV. 219, 12, und Seite 73. (6486.)

Peter Weinher d. Ä.

Kupferstecher, Radierer und Münzmeister zu München um 1580. Bartsch IX. 551. Passavant IV. 235. Andresen IV. 47.

Brustbild des Simon Eck in einem Zierrahmen mit der Gerechtigkeit und der Weisheit. Unten Ecks Wappen. Fol. A. 17. (6634.)

Unbekannt

Randeinfassung mit den Symbolen der Evangelisten und sechs Brustbildern von Kirchenlehrern. 1523. Holzschnitt. Fol. (6487.)

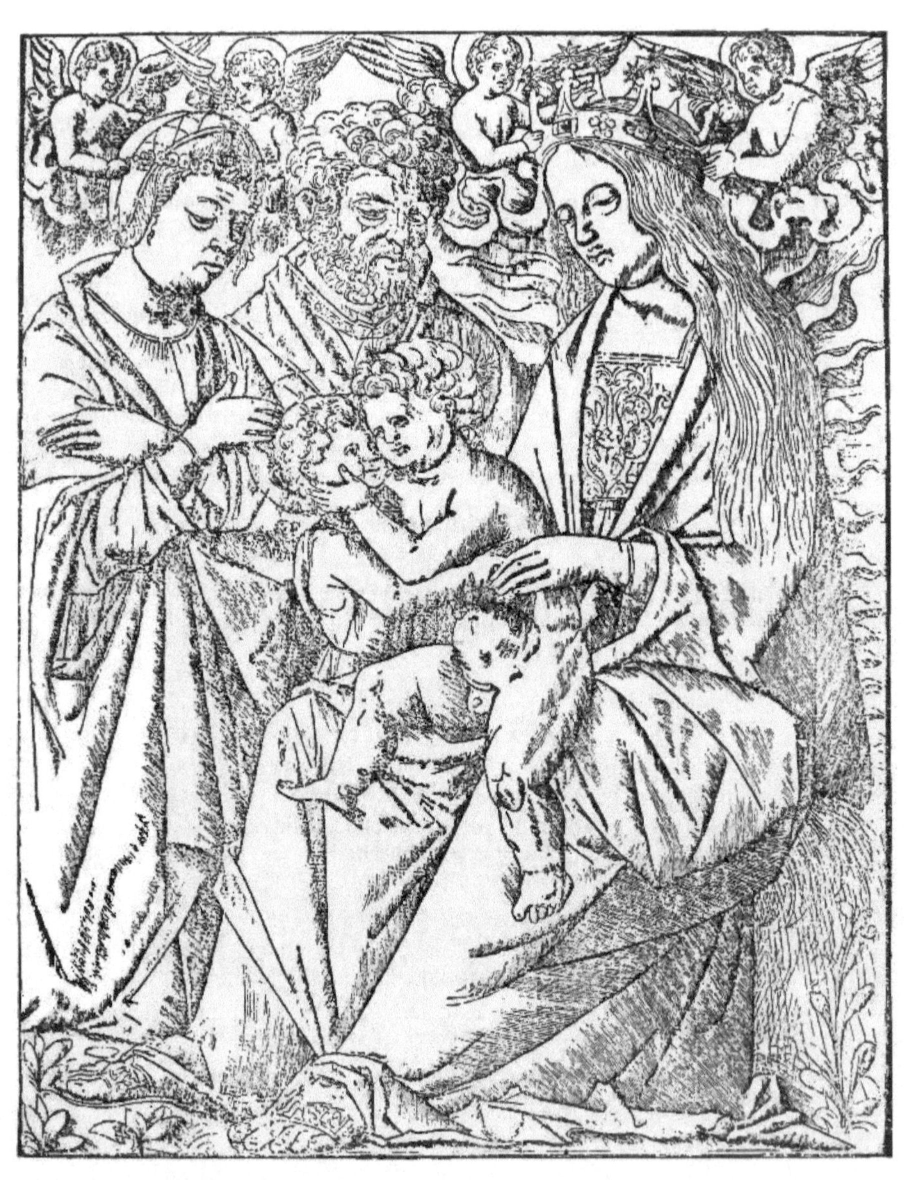

Italienisch, XV. Jahrhundert (7715)

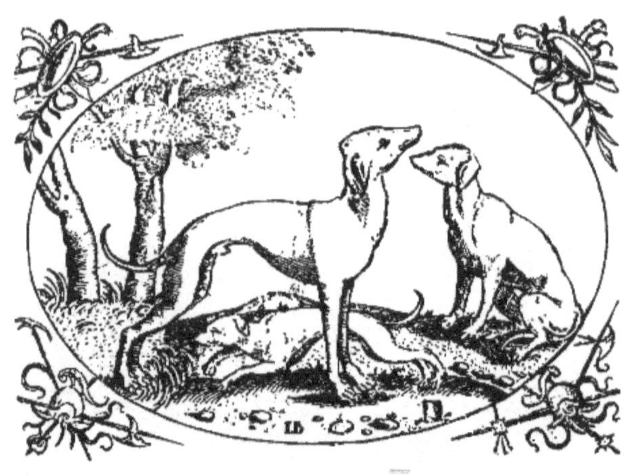

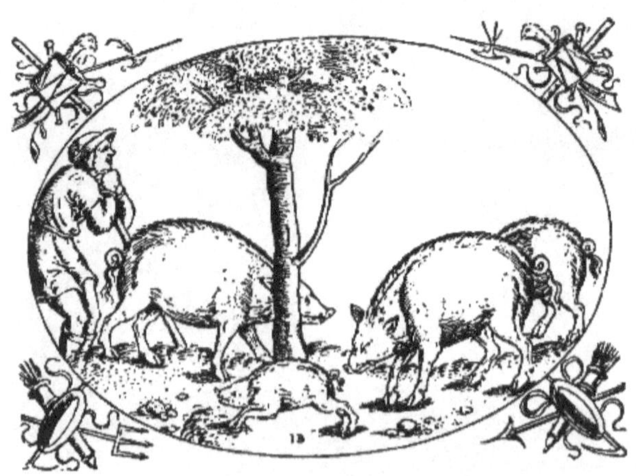

JACOB BEYTLER (6739)

Randeinfassung mit spielenden Kindern. 1531. Holzschnitt. 4⁰. (6766.)

Randeinfassung mit Wappen und Portraitmedaillons deutscher Kaiser und ungarischer Könige in Baumzweigen auf querschraffiertem Grunde. Angewendet zu: Werbewcz, Tripartitum opus juris etc. Wien, Blasius Eber, 1572. Holzschnitt, koloriert, mit aufgesetzten Goldlichtern. Fol. (6518.)

XVIII. JAHRHUNDERT.

ELIAS BAECK, GEN. HELDENMUTH

Maler und Kupferstecher, geb. 1679, lebte in Rom und Laibach, später in Augsburg, wo er 1747 starb. Engelmann in Meyers Künstlerlexikon II. 534. Nagler, Monogr. II. 1513, 1520.

3 Bl. Randeinfassungen mit galanten Szenen. Nr. 626, 627, 638. Albrecht Schmidt exc. Aug. V. qu. 8⁰. (6475.)

2. FRANZÖSISCHE SCHULE.

XVII. JAHRHUNDERT

NICOLAS MIGNARD, GEN. MIGNARD D'AVIGNON

Maler und Kupferstecher, geb. in Troyes 7. Februar 1606, gest. in Paris 20. März 1668. Robert-Dumesnil I. 99, XI. 203.

Brustbild Ludwigs XIV. in reicher figuraler Umrahmung. Gestochen von Nicolas de Poilly. gr. qu. Fol. (6347.)

XVIII. JAHRHUNDERT.

FRANÇOIS BOUCHER D. Ä.

siehe Seite 12.

Diplom der Freimauer von Bordeaux. 1765. Gestochen von Pierre-Philippe Choffard 1766. gr. Fol. Portalis-Béraldi 190, I. (6322.)

2 Bl. Ziertitel. Gestochen von Michel Aubert und Nicolas de Larmessin. gr. Fol. (6457.)

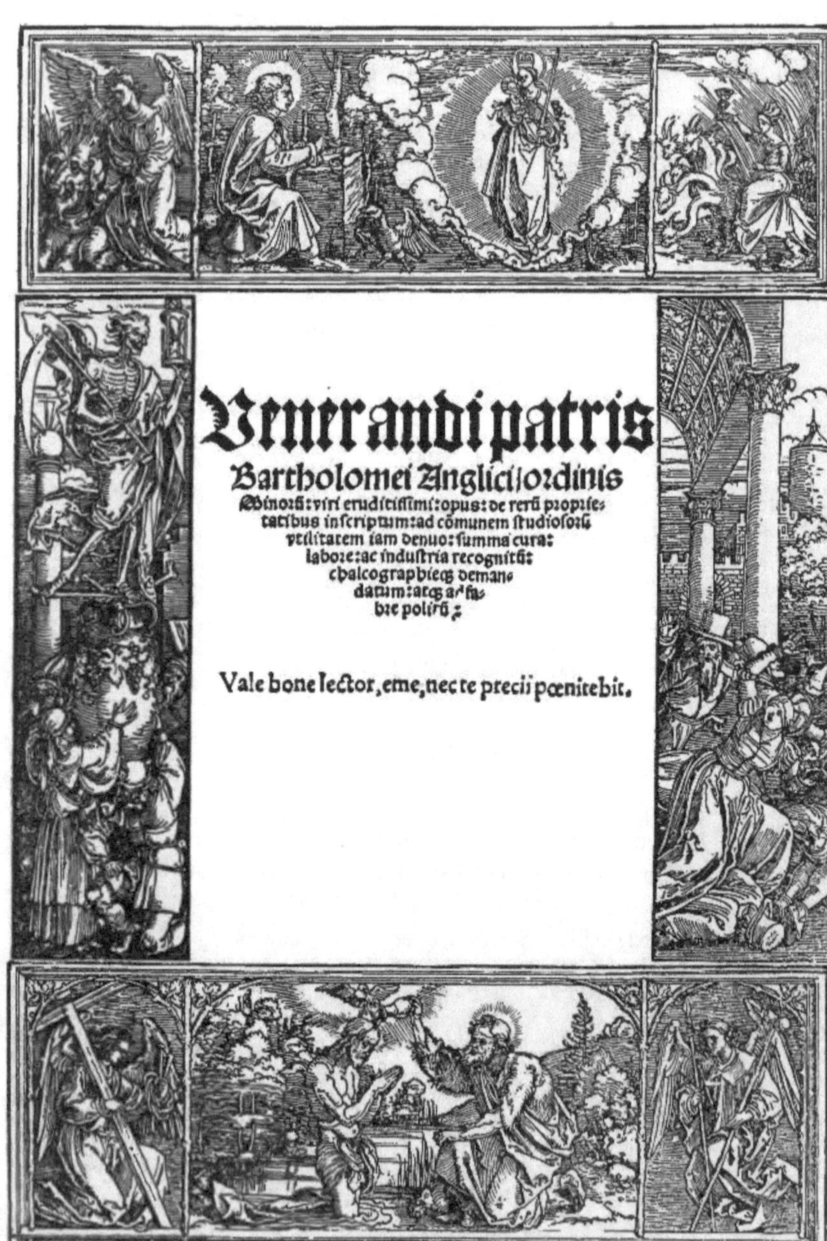
Venerandi patris
Bartholomei Anglici/ordinis
Minorũ: viri eruditissimi: opus: de rerũ proprie-
tatibus inscriptum: ad cõmunem studiosorũ
vtilitatem iam denuo: summa cura:
labore: ac industria recognitũ:
chalcographieq; deman-
datum: atq; ad fa-
bre politũ.

Vale bone lector, eme, nec te precii pœnitebit.

Albrecht Dürer (7071)

ALBRECHT DÜRER (6246)

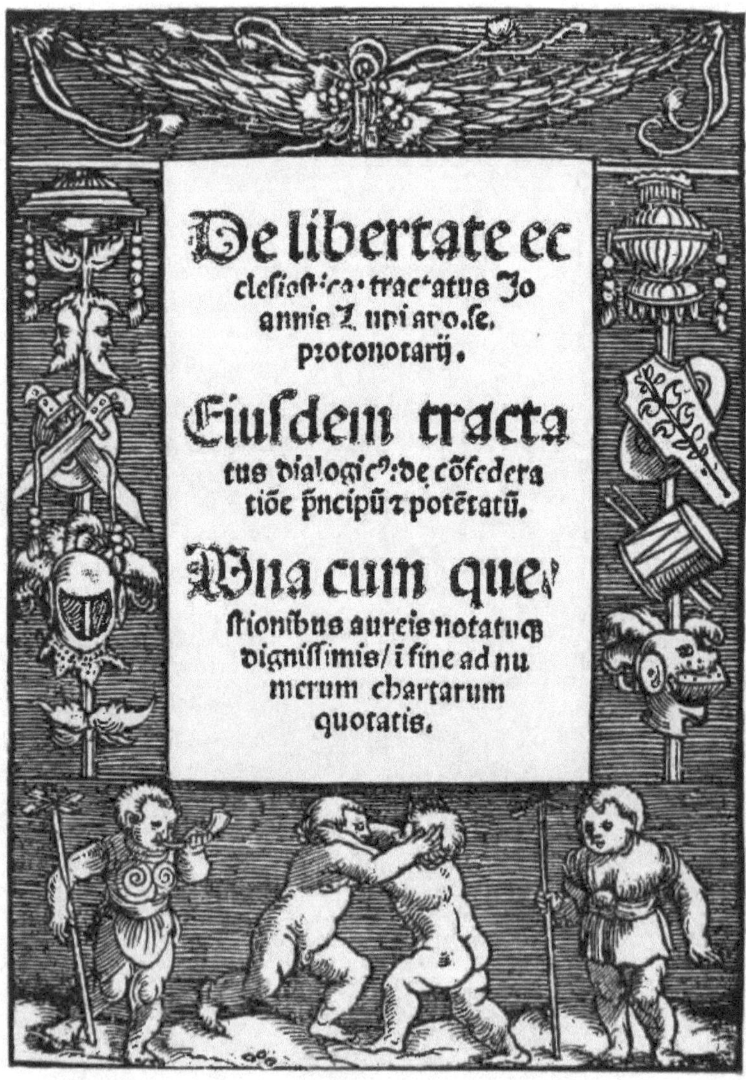
De libertate ec
clesiastica· tractatus Jo
annis Lupi apo.se.
protonotarij.
Eiusdem tracta
tus dialogic⁹: de cõfedera
tiõe p̄ncipũ ꝛ potẽtatũ.
Vna cum que-
stionibus aureis notatuq;
dignissimis/ ĩ fine ad nu
merum chartarum
quotatis.

Johann Wechtlin (6486)

3. NIEDERLÄNDISCHE SCHULE.

XVI. JAHRHUNDERT.

Abraham de Bruyn

Kupferstecher und Verleger, geb. zu Antwerpen 1540, gest. in Köln (?) 1587. Le Blanc I. 535. Nagler, Monogr. I. 410. Hymans in Thieme-Beckers Künstlerlexikon V. 153.

4 Bl. Die Evangelisten in reichen Randeinfassungen mit allegorischen Figuren. 1578. 8⁰. Nagler, Monogr. I. 410, 13. (6461.)

Johann Sadeler

Kupferstecher, geb. zu Brüssel um 1550, arbeitete 1580 bis 1587 in Köln, gest. zu Venedig 1600. Wurzbach, Niederländisches Künstlerlexikon II. 538.

Kalendarium perpetuum. Köln 1580. Mit den allegorischen Figuren der vier Jahreszeiten in reicher Randeinfassung. Fol. (8016.)

Unbekannt

Veterum aliquot ac recentium Medicorvm Philosophorvmq. Icones. Ex Bibliothecâ Johannis Sambvci. Antwerpen 1603. Ziertitel und 67 gestochene Portraits in reichen Kartuschen nebst 10 Bl. Typentext. Fol. (7086.)

XVII. JAHRHUNDERT.

Christoph van Sichem d. J.

Formschneider und Verleger zu Leyden und Amsterdam in der ersten Hälfte des 17. Jahrhunderts. Passavant III. 470. Nagler, Monogr. II. 803. Le Blanc III. 502. Wurzbach, Niederländisches Künstlerlexikon II. 620.

5 Bl. Gottvater und die vier Evangelisten, von Zierleisten umgeben. Holzschnitte. Fol. Le Blanc 18. (7289.)

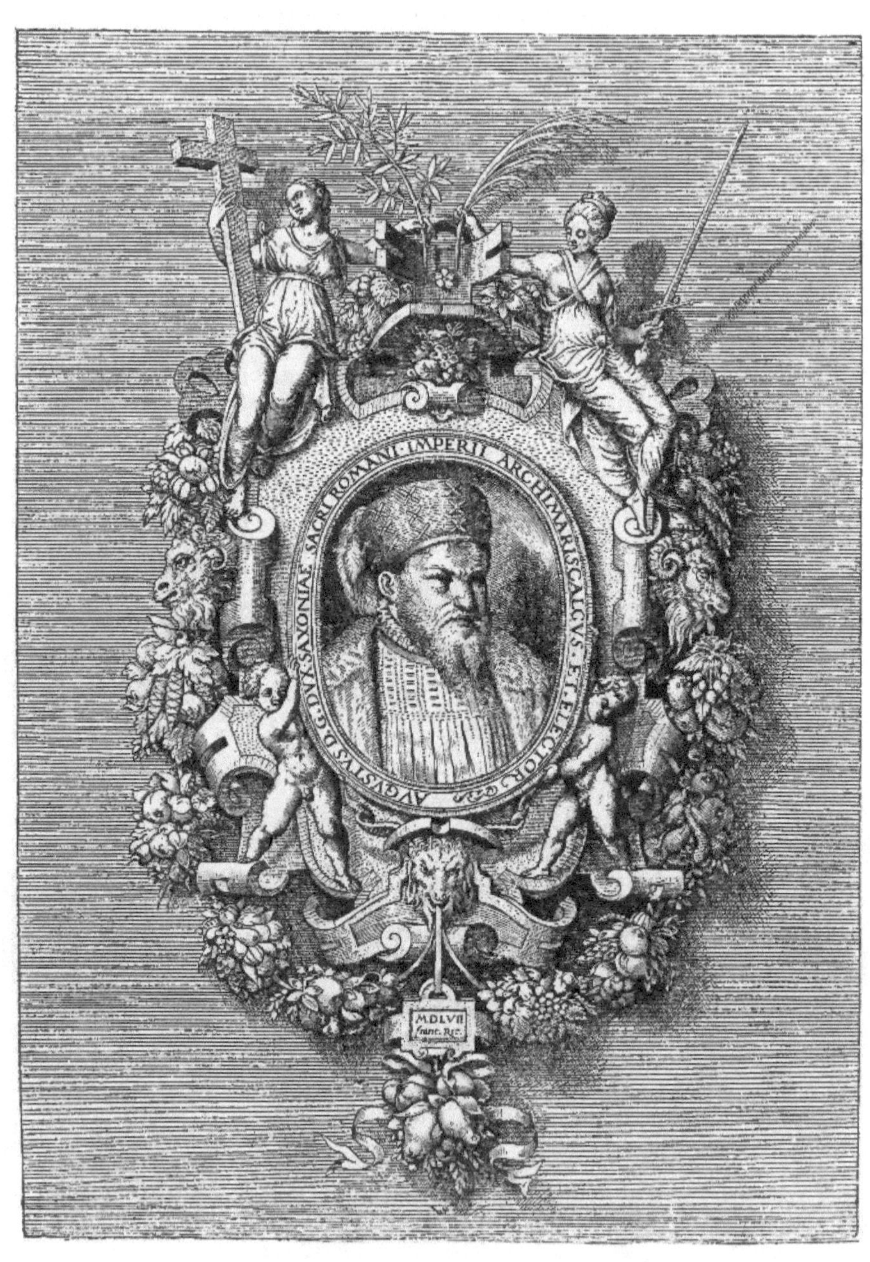

VIRGIL SOLIS (6287)

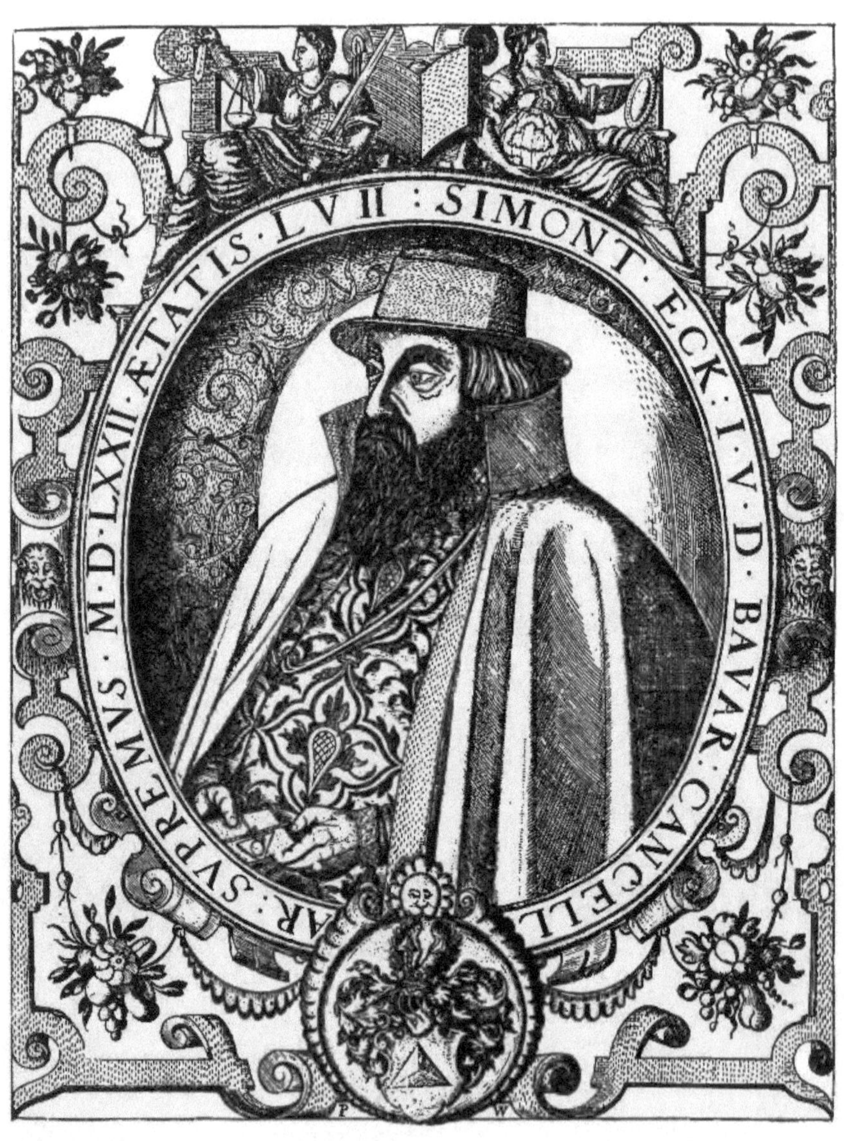

Peter Weinher d. Ä. (6634)

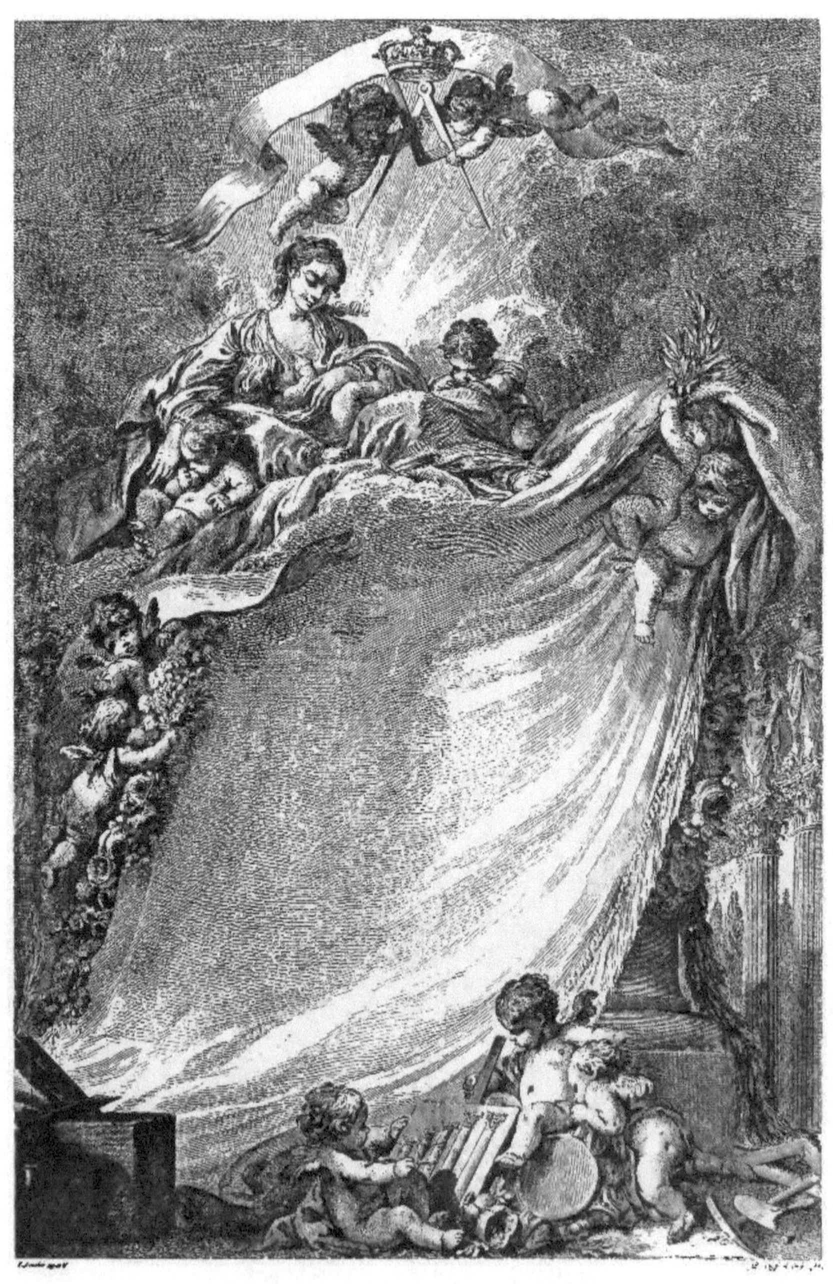

François Boucher d. Ä. (6322)

II. TEXTILE KUNST.

A. STICK- UND SPITZENMUSTER. WEBERBÜCHER.

Franziska Rieger

Riegersche Stickmuster. Modèles de broderie par Mademoiselle Françoise Rieger en noirs et enluminés. Mannheim 1808. qu. Fol. Titelblatt und 18 gestochene, zum Teil kolorierte Tafeln. (B. Nr. 16864.)

Jaspar Isacsz

Isac, Kupferstecher und Kunsthändler, gest. zu Paris 23. Mai 1654. Le Blanc II. 413.

Penelope am Webstuhl. Im Hintergrunde offene Landschaft mit Ruine. Kupferstich. Fol. (3736.)

Johann Michael Kirschbaum

Neues Bild- und Muster-Buch zur Beförderung der edlen Leinen- und Bild-Weberkunst in 74 Kupfertafeln mit Erklärungen erläutert von Johann Michael Kirschbaum, Webermitmeister zu Heilbronn. Heilbronn und Rothenburg ob der Tauber, Joh. Dan. Claß, 1793. qu. Fol. (B. Nr. 16950.)

B. KOSTÜME, AUFZÜGE UND FESTE.

1. DEUTSCHE SCHULE.

XV. JAHRHUNDERT.

ISRAHEL VAN MECKENEM

Goldschmied, Kupferstecher und Kupferstichhändler zu Bocholt, geb. um 1450, gest. 10. November 1503. Bartsch VI. 184. Passavant II. 190. Geisberg. Wurzbach, Niederländisches Künstlerlexikon III. 115.

Der Besuch bei der Spinnerin. Fol. B. 183. Geisberg 411. (7015.)

XVII. JAHRHUNDERT.

WENZEL HOLLAR

Zeichner und Radierer, geb. zu Prag 13. Juli 1607, gest. zu London 28. Mai 1677. Parthey. Derselbe in Naumanns Archiv XII. 189.

Muffe und verschiedene Putzsachen. 1647. qu. Fol. P. 1951. (6283.)

SIR GODFREY KNELLER

Kniller, Maler, geb. zu Lübeck 8. August 1646, gest. in Twickenham bei London 27. Oktober 1723. Ackermann.

Steffan Wolters Amator Artium. Halbfigur. Gestochen von J. Verkolje. 1684. Schabkunstblatt. Fol. J. C. Smith 4. Wessely 25. (6820.)

Sir John Vanbrugh, Architekt. Halbfigur. Gestochen von John Simon. Mit der Adr. des J. Smith. Schabkunstblatt. Fol. J. C. Smith 154, II. (6827.)

John Churchill Duke of Marlborough. Halbfigur. Gestochen von John Faber jun. 1735. Schabkunstblatt. Fol. J. C. Smith, p. 377. (6828.)

John Sheffield Earl of Mulgrave. Brustbild, oval. Gestochen von John Smith. Schabkunstblatt. Fol. J. C. Smith 186, IV. Wessely 190, IV. (6830.)

SIR PETER LELY

Pieter van der Faes, Maler, geb. zu Soest 14. Oktober 1618, gest. zu London 1680. Wurzbach, Niederländisches Künstlerlexikon, II. 24.

James Duke of Monmouth. Kniestück. Gestochen von Abraham Blooteling. Fol. Wessely 28. (6489.)

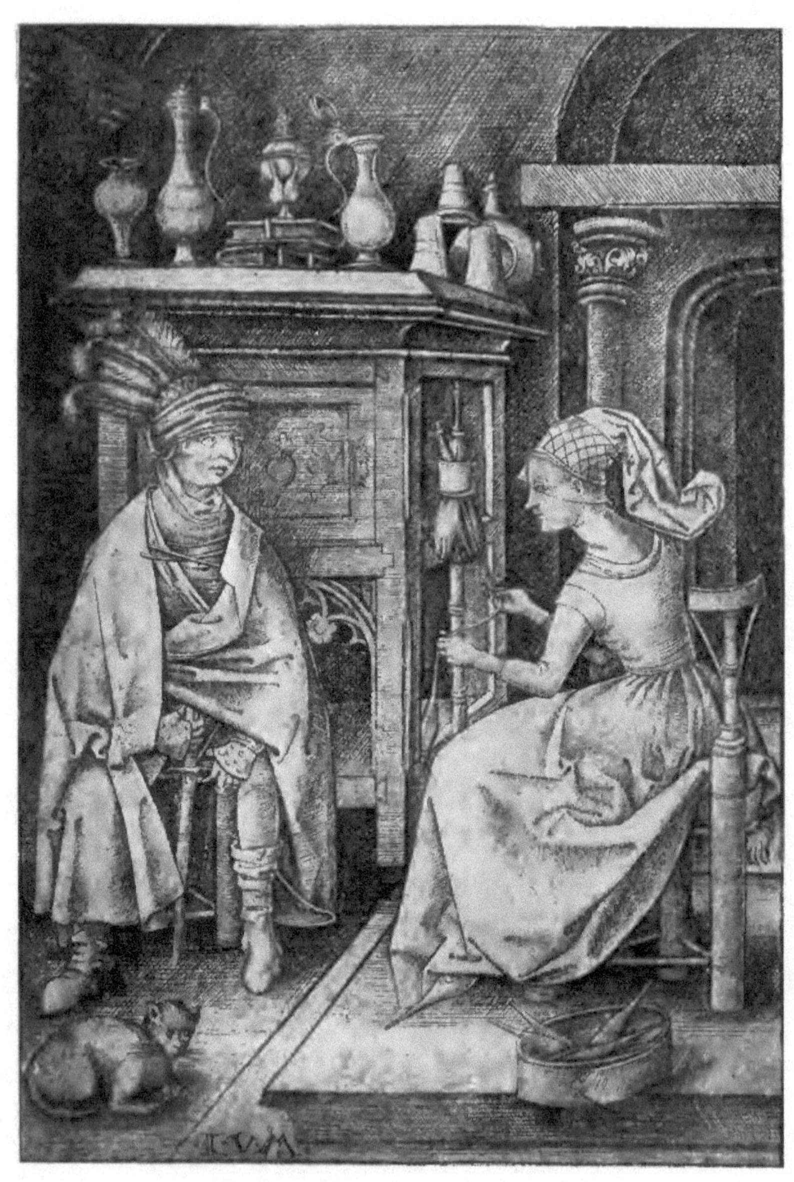

Israhel van Meckenem (7015)

6

Caspar Netscher

siehe Seite 112.

Unbekannt

Abbildung des Feuerwerks zu Wien anläßlich der Vermählung Kaiser Leopolds I. 1666. Im Vordergrunde Herkules im Kampfe mit den Kentauren. Radiert. gr. Fol. (6509.)

XVIII. JAHRHUNDERT.

Anton Hickel

Maler, geb. in Böhmisch-Leipa 1745, gest. in Hamburg 1798.

Marie Therese Louise von Savoyen-Carignan, Prinzessin von Lamballe, an einem Schreibtisch sitzend. 1789. Gestochen von Simon Malgo. Schabkunstblatt. Mit der Adresse von Colnaghi & Co. London. gr. Fol. J. C. Smith 1. (6453.)

Maria Anna Angelika Kauffmann

Malerin und Radiererin, geb. in Chur 30. Oktober 1741, gest. in Rom 5. November 1807. Le Blanc II. 442.

Christian VII., König von Dänemark. 1768. Brustbild, oval. Gestochen von Richard Houston. Mit der Adresse des Robert Sayer, London. Schabkunstblatt. Fol. J. C. Smith 33. III. (6821.)

Joseph Kreutzinger

Maler und Kupferstecher, geb. in Wien 10. Jänner 1757, gest. daselbst 14. Juli 1829.

Kaiserin Maria Theresia, zweite Gemahlin des Kaisers Franz I. Brustbild in Zierrahmen. Gestochen von Jacob Adam, Wien 1792. Fol. (7144.)

Johann Baptist R. v. Lampi d. Ä.

geb. zu Romeno (Tirol) 31. Dezember 1751, gest. zu Wien 11. Februar 1830.

Madame Ricardi Circassienne. Brustbild. Gestochen von Ward. Schabkunstblatt. Fol. (6832.)

Johann Heinrich Ramberg

siehe Seite 34.

The Exhibition of the Royal Academy, 1787. Gestochen von P. A. Martini. gr. qu. Fol. Hoffmeister 241. (6320.)

Portraits of their Majesty's and the Royal Family viewing the Exhibition of the Royal Academy 1788. Gestochen von P. (A.) Martini. gr. qu. Fol. Hoffmeister 242. (6319.)

David Richter

Maler, geb. in Schweden 1661, gest. in Wien 1735.

Prinz Eugen von Savoyen. Brustbild, oval. Gestochen von John Smith. Mit der Adresse des J. Smith. Schabkunstblatt. Fol. J. C. Smith 85, II. Wessely 87, II. (6823.)

Alexander Roslin

Maler, geb. in Malmoe 15. Juli 1718, gest. in Paris 5. Juli 1793.

Anastasia Landgräfin von Hessen-Homburg, geb. Fürstin Troubetskoy, am Fenster sitzend. Gestochen von Jean Daullé, 1761. gr. Fol. Portalis-Béraldi 36. (6346.)

Carl Schütz

Kupferstecher und Architekt, geb. zu Laibach 2. November 1745, gest. zu Wien 14. März 1800. Bodenstein, Hundert Jahre Kunstgeschichte Wiens 221. Schwarz, Die Wiener Ansichten von Schütz, Ziegler und Janscha (Wiener Straßenbilder im Zeitalter des Rokoko).

Ansicht des Inneren Burghofes zu Wien mit dem Aufzug des Kaiserpaares in sechsspänniger Galakarosse. Gestochen von Sebastian Mansfeld. Koloriert. gr. qu. Fol. Schwarz 50. (7687.)

John Zoffany

Johann Zauffely, Maler, geb. in Regensburg 1733, gest. in Strand-on-the-Green bei Kew nächst London 11. November 1810.

Georg III., König von Großbritannien, 1771. Fast ganze Figur, sitzend. Gestochen von Richard Houston, 1772. Mit der Adresse des Robert Sayer. Schabkunstblatt. gr. Fol. J. C. Smith 43, unbeschriebener Zustand. (6836.)

Garrick und Mrs. Pritchard in »Macbeth«, II. Akt, Szene III. Ganze Figuren. Gestochen von Valentine Green. Mit der Adresse des J. Boydell, London, 1776. Schabkunstblatt. gr. qu. Fol. J. C. Smith 47, I. (6825.)

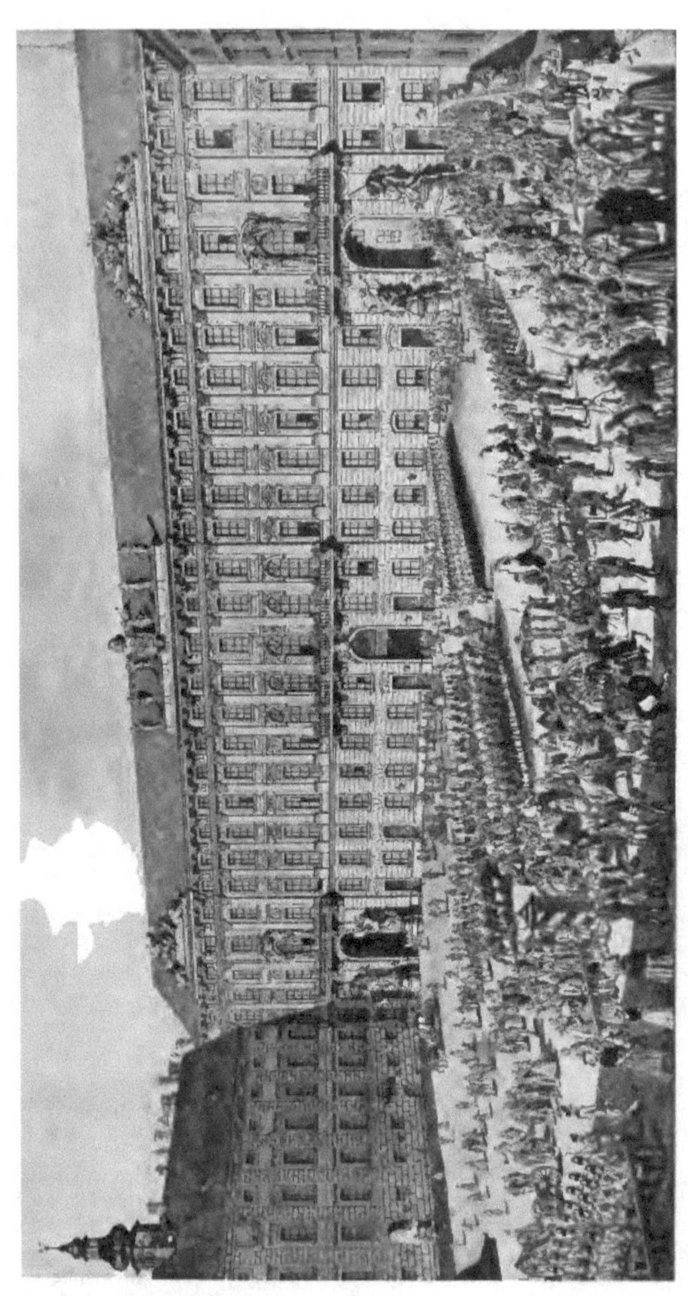

Carl Schütz (7687)

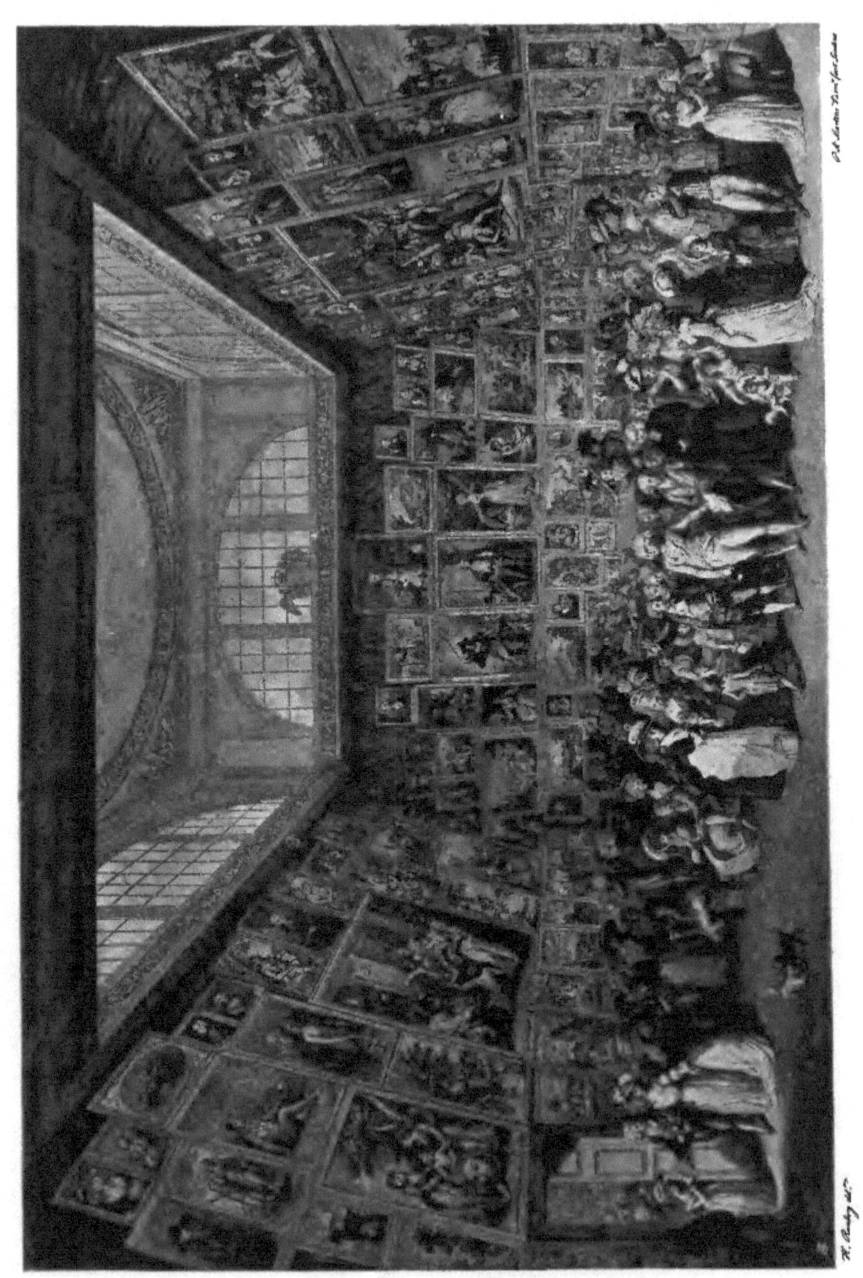

Johann Heinrich Ramberg (6320)

Unbekannt

13 Bl. Festlichkeiten in Dresden anläßlich der Vermählung des Kurfürsten Friedrich August mit der Erzherzogin Maria Josepha 1719. Festtafeln, Feuerwerke, Szenen aus dem sächsischen Bergwerksleben. Gestochen von Johann August Corvinus. Imp. qu. Fol. (7686.)

XIX. Jahrhundert (1. Hälfte).

Alexander von Bensa

Maler zu Wien am Anfange des 19. Jahrhunderts.

5 Bl. aus der Folge der »Wiener Kaufrufe und Typen« von Alexander von Bensa. A. Berka & Comp. und A. Paterno, Wien, 1836 ff.: Die Börse, die Fiaker, Jünglings Kaffeehaus an der Donau, Kirchfest in der Brigittenau, Limonadehütte auf dem Graben. Kolorierte Lithographien. gr. qu. Fol. (7709.)

Andreas Geiger

Kupferstecher, geb. zu Wien 27. Juli 1765, gest. daselbst 31. Oktober 1856. Bodenstein, Hundert Jahre Kunstgeschichte Wiens 70.

277 Bl. Modebilder aus der ersten Hälfte des 19. Jahrhunderts. Zumeist aus der Wiener Theaterzeitung. Fol. Koloriert. (8025.)

Bernhard von Guérard

Porträtmaler in Wien um 1820—1831, gest. zu Neapel 11. November 1836. Vgl. Ed. Leisching, Die Bildnisminiatur in Österreich 153.

Erzherzogin Maria Clementine. Brustbild, oval. Gestochen von Blasius Höfel. Mit der Adresse von Artaria & Comp., Wien. Fol. Wünsch 85. (6943.)

Karl Hummel

Porträtmaler in Wien am Anfang des 19. Jahrhunderts. Vgl. Ed. Leisching, Die Bildnisminiatur in Österreich 183.

Kaiser Franz I. Ganze stehende Figur, im Hintergrunde die Schlacht bei Leipzig. Gestochen von Blasius Höfel, 1816. Mit der Adresse von Artaria & Comp., Wien. gr. Fol. Wünsch 56, II. (6940.)

Vincenz Georg Kininger

Kupferstecher, geb. zu Regensburg 1767, gest. zu Wien 1851. Le Blanc II. 455.

50 Bl. Österreichische Volkstrachten. Wien, T. Mollo & Comp. gr. Fol. Koloriert. (7707.)

Johann Baptist R. v. Lampi d. J.

Maler, geb. in Trient 5. März 1775, gest. in Wien 1837.

Chargen des bürgerlichen Artillerie-Bombardier-Corps der k. k. Haupt- und Residenzstadt Wien. Ganze stehende Figuren neben einem Obelisk mit den Porträtmedaillons Kaiser Franz I., des Erzherzogs Carl, Philipps Pfalzgrafen bei Rhein und des Grafen Starhemberg. Auf dem Sockel die Inschrift: Franciscus dem I. Kaiser von Oesterreich, dem besten Fürsten, weihen wir im Geiste unserer Kriegsvorfahren mit diesem Denkmahle Gut und Leben. 1808. Gestochen von Johann Böhm. Gedruckt von Anton Hütter. Koloriert. gr. qu. Fol. (7002.)

Georg Emanuel Opitz

Maler und Kupferstecher, geb. zu Prag 1775, gest. in Leipzig 12. Juli 1841.

Der Neubrunnen in Karlsbad. Prag, F. Zimmer & Sohn. Radiert. Koloriert. gr. qu. Fol. (7681.)

8 Bl. aus der Folge »Figuren und Szenen aus dem Wiener Volksleben aus den Jahren 1805—1812«. Gestochen von Benedikt Pieringer und Kilian Ponheimer. gr. Fol. Koloriert. (7708.)

Philipp Friedrich Reinhold

Maler, geb. in Gera 1799, gest. zu Wien 22. April 1840.

Jahresfeier der Völkerschlacht bei Leipzig im Wiener Prater am 18. Oktober 1814. Das Festmal der Grenadiere beim Lusthause. Mit der Adresse von Artaria & Comp., Wien. Radierung. gr. qu. Fol. Koloriert. (7003.)

Philipp von Stubenrauch

Maler und Kupferstecher, geb. zu Wien 16. Juli 1784, gest. daselbst 5. Oktober 1848. Bodenstein, Hundert Jahre Kunstgeschichte Wiens 244.

248 Blätter Wiener Moden, gestochen von Franz Stöber, 1820—1844. Aus der »Wiener Zeitschrift«. Kolorierte Abzüge. Fol. (7931.)

Christoph Suhr

Maler und Zeichner, geb. in Hamburg 1771, gest. daselbst 1842.

36 Bl. Hamburgische Trachten. 1822. Ganze Figuren. Koloriert. Fol. Mit Titel und Register in Typendruck. (6953.)

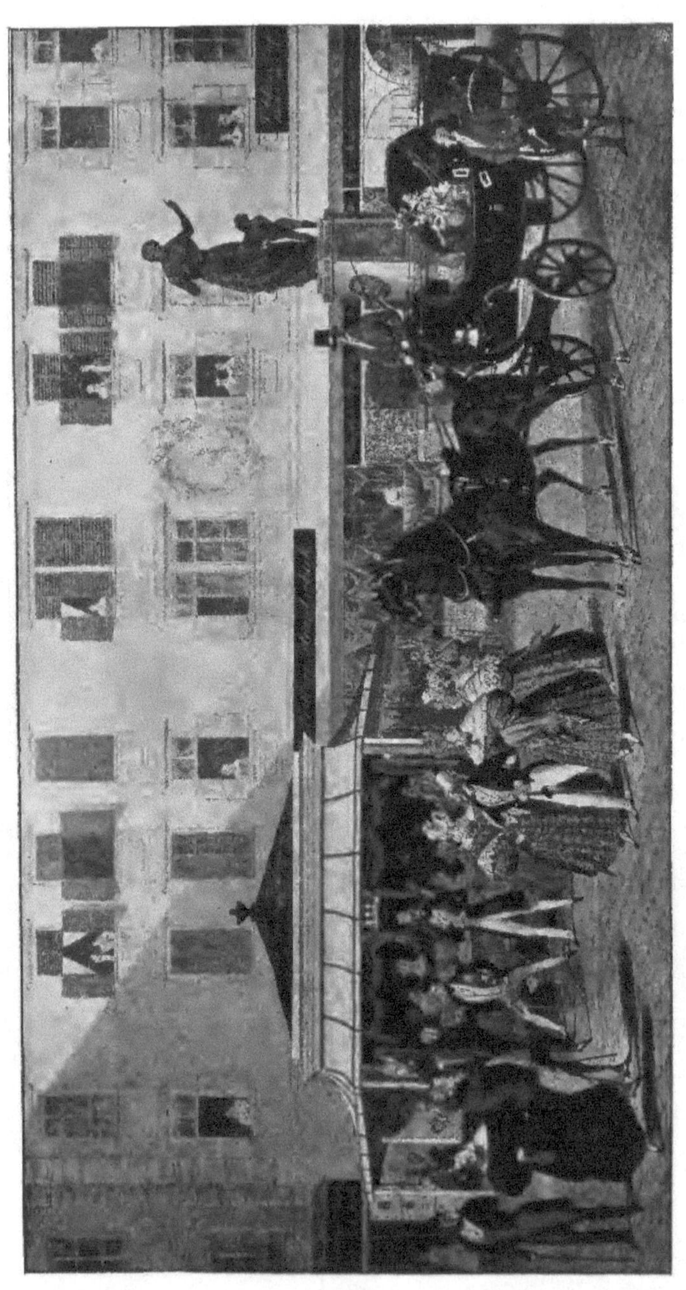

Alexander von Bensa (7709)

David Weiss

Kupferstecher, geb. zu Strigno (Tirol) 1775, gest. zu Wien 1846.

Erzherzogin Maria Elisabeth, Gemahlin des Erzherzogs Rainer Joseph, Vizekönigs des lombardisch-venezianischen Königreichs. Brustbild, oval. Mit der Adresse von Artaria & Comp., Wien. Fol. (6942.)

Unbekannt

23 Bl. Dekorationen und Illuminationen von Gebäuden in Wien anläßlich des Einzuges Kaiser Franz I. nach der Schlacht bei Leipzig, 1813. Gestochen von Neunlist, Mansfeld, Weinrauch u. A. Fol. und qu. Fol. (6937.)

2. FRANZÖSISCHE SCHULE.

XVII. JAHRHUNDERT.

Nicolas Arnoult

Kupferstecher und Verleger zu Paris um 1680 bis 1700. Le Blanc I. 57. Kolloff in Meyers Künstlerlexikon II. 287.

4 Bl. Die vier Zeitalter. Allegorische Kostümfiguren. Koloriert. Fol. Le Blanc 1—4. (8029.)

2 Bl. Luft und Wasser aus der Folge der Elemente. Allegorische Kostümfiguren. Mit der Adresse des Deshayes, Paris 1690. Le Blanc 5—8. Koloriert. Fol. (8030.)

Abraham Bosse

Kupferstecher, geb. in Tours 1602, gest. zu Paris 14. Februar 1676. Duplessis. Valabregue.

Der Abschied des verlorenen Sohnes. Nummer 1 der Folge. qu. Fol. Duplessis 34. (6330.)

La Virilité. Aus der Folge der Lebensalter. Mit der Adresse des Le Blond. qu. Fol. Duplessis 1080. (6633).

Der Aderlaß. qu. Fol. Duplessis 1391. (6594.)

Lahde, G. L. Kjøbenhavns Klaededragter eller Det daglige Liv i Hovedstaden, i characteristiske Figurer, tegnede efter Naturen. (Mit 37 Tafeln.) Kopenhagen, C. Steen (1807). 4⁰. (B. Nr. 6812.)

Nicolas Mignard, gen. Mignard d'Avignon

siehe Seite 66.

Henri de Lorraine, Comte d'Harcourt, genannt »Le Cadet à la Perle«. Fast Kniestück. Gestochen von Antoine Masson. gr. Fol. Robert-Dumesnil 34, III. (6934.)

Claude Vignon

Maler und Kupferstecher, geb. in Tours 19. Mai 1593, gest. zu Paris 10. Mai 1670. Robert-Dumesnil VII. 148. XI. 316. Le Blanc IV. 123.

Isabella von Castilien. In ganzer Figur. Mariette excud. Fol. (6458.)

XVIII. JAHRHUNDERT.

Pierre-Michel Alix

Kupferstecher, geb. zu Paris 1762, gest. daselbst 27. Dezember 1817. Kolloff in Meyers Künstlerlexikon I. 316. Portalis-Béraldi I. 47. Vgl. auch Katalog der Spezial-Ausstellung von farbigen Kupferstichen im Österr. Museum 1892, 502—512.

Brustbild des Schauspielers Baptiste Ainé als »Robert, Chef de Brigands«. Oval. Unten eine Szene: Robert Chef de Brigands nach Schillers »Die Räuber«. Farbendruck von mehreren in Tuschmanier ausgeführten Platten. Fol. Portalis-Béraldi 3. (6805.)

Brustbild des Schauspielers Michu. Oval. Unten in Runden zwei Szenen: Blaise et Babet und Paul et Virginie. Farbendruck von mehreren in Tuschmanier ausgeführten Platten. Fol. Portalis-Béraldi 26. (6804.)

Pierre-Antoine Baudouin

Maler, geb. zu Paris 17. Februar 1723, gest. daselbst 15. Dezember 1769. Bocher.

Le Danger du Tête-à-Tête. Gestochen von J. B. Simonet. Mit der Adresse von Basan & Poignant. Fol. Bocher 18, III. (6901.)

Louis-Marie Bonnet

Zeichner, Kupferstecher und Kunstverleger, Erfinder des Farbendrucks mit in Pastellmanier ausgeführten Kupferplatten, geb. zu Paris 1743, gest. daselbst 12. Oktober 1793. Catalogue d'Estampes dans le Nouveau Genre de Gravure etc., par le S. Bonnet; Le Blanc, Manuel etc. I. 457. Portalis-Béraldi I. 213.

Brustbild der Gräfin Dubarry in Zierrahmen. 1769. Farbendruck von mehreren in Pastellmanier ausgeführten Platten. 8°. Portalis-Béraldi 1. (6802.)

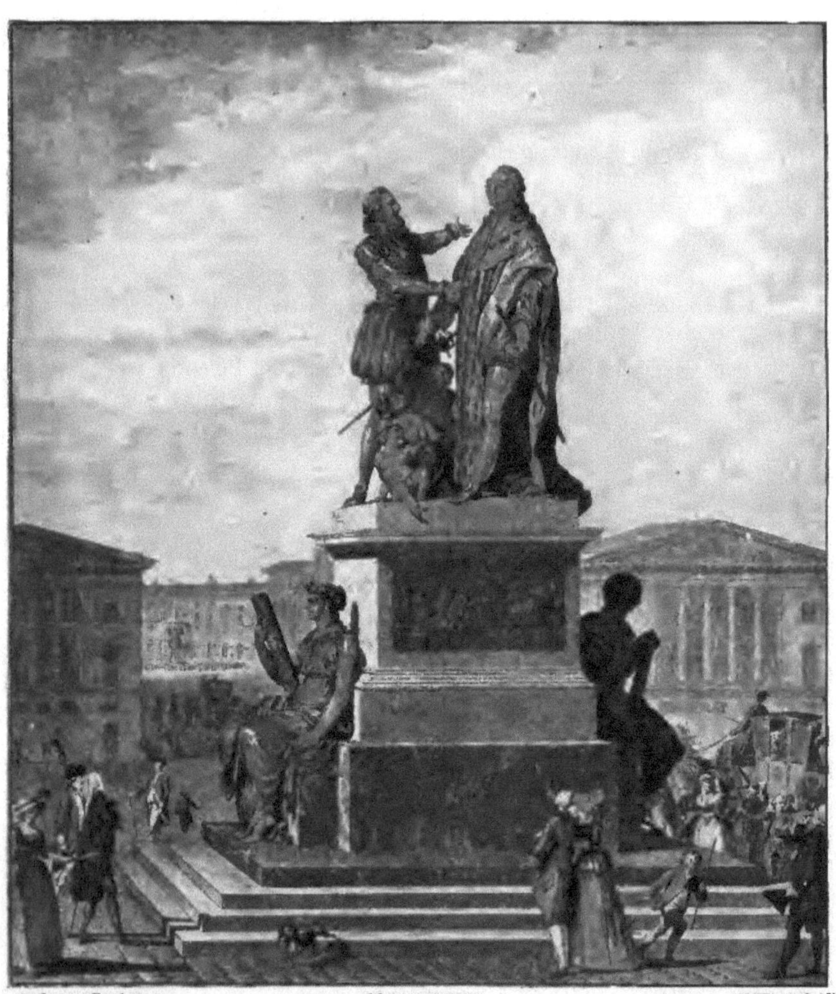

FRANÇOIS JANINET (6623)

François Boucher d. Ä.

siehe Seite 12.

Les Amusements de l'Hiver. Dame in einem Schlitten, von einem Kavalier gefahren. Gestochen von Jean Daullé. gr. qu. Fol. Portalis-Béraldi 10. (6454.)

Les Présents du Berger. Pastorale. Gestochen von Louis-Simon Lempereur. gr. qu. Fol. Portalis-Béraldi 1. (6321.)

Joseph Boze

Maler, geb. zu Martigues um 1744, gest. zu Paris 17. Jänner 1826.

2 Bl. Brustbilder des Königs Ludwig XVI. und der Königin Marie Antoinette. Oval. In Umrahmung, mit dem Wappen in der Mitte unten. Gestochen von J. Curtis, London 1793. gr. Fol. (Auf dem Bildnis der Marie Antoinette erscheint auch die Signatur des Malers [Kupferstichkoloristen ?] Dufroe.) (6935.)

Louis-Philibert Debucourt

Maler und Kupferstecher, geb. zu Paris 13. Februar 1755, gest. daselbst 22. September 1832. Le Blanc, II, 101. Goncourt, L'Art du XVIIIe Siècle II. 233. Portalis-Béraldi I. 684. Fenaille. Vergleiche auch Katalog der Spezial-Ausstellung von farbigen Kupferstichen im Österr. Museum 1892, 431—449.

Le Menuet de la Mariée. 1786. Mit den Adressen des Debucourt und des Druckers Chapuy, der Dedikation an den Grafen Cossé und dessen Wappen. Farbendruck von mehreren in Tuschmanier ausgeführten Platten. gr. Fol. Portalis-Béraldi 8. Fenaille 8, V. Vgl. auch Model und Springer, Der französische Farbenstich des 18. Jahrhunderts, Taf. 22. (6620.)

Promenade de la Gallerie du Palais Royal. 1787. Farbendruck von mehreren in Tuschmanier ausgeführten Platten. Neuere Ausgabe ohne Schrift. gr. qu. Fol. Portalis-Béraldi 11. Fenaille 11. (6567.)

L'Escalade ou Les Adieux du Matin. 1787. Farbendruck von mehreren in Tuschmanier ausgeführten Platten. gr. Fol. Portalis-Béraldi 4. Fenaille 13, III. Vgl. auch Model und Springer, Taf. 27. (6702.)

2 Bl. Le Compliment ou la Matinée du Jour de l'An. 1787. Les Bouquets ou la Fête de la Grand-Maman. 1788. Farbendrucke von mehreren in Tuschmanier ausgeführten Platten. gr. Fol. Portalis-Béraldi 2. Fenaille 15, IV. 16, III. Vgl. auch Model und Springer, Taf. 24, 25. (6803.)

La Noce au Château. 1789. Mit den Adressen des Debucourt und des Druckers Chapuy, der Dedikation an den Chevalier de Bargeton und dessen Wappen. Farbendruck von mehreren in Tuschmanier ausgeführten Platten. gr. Fol. Portalis-Béraldi 8. Fenaille 21, IV. Vgl. auch Model und Springer, Taf. 23. (6621.)

Almanach national. 1791. Dédié aux Amis de la Constitution. Mit dem Porträt Ludwigs XVI., dem erklärenden Texte und der Adresse des Debucourt, doch ohne das Kalendarium. Farbendruck von mehreren in

Tuschmanier ausgeführten Platten. gr. Fol. Portalis-Béraldi 25. Fenaille 26, III. Vgl. auch Model und Springer, Taf. 29. (6639.)

La Rose mal défendue. 1791. Mit der Adresse des Depeuille, Paris. gr. Fol. Portalis-Béraldi 21, III. Fenaille 27, IV. (6610.)

La Promenade publique. 1792. Farbendruck von mehreren in Tuschmanier ausgeführten Platten. Neuere Ausgabe, ohne Schrift. gr. qu. Fol. Portalis-Béraldi 12. Fenaille 33. (6459.)

JEAN-FLORENTIN DEFRAINE

Defraisne, Defrêne, Defresne, Zeichner und Kupferstecher, geb. zu Paris 1754, lebte noch 1804.

Fünf reich geputzte Damenhüte aus dem Jahre 1790. Gestochen von A. Duhamel. Koloriert. qu. Fol. (6703.)

FRANÇOIS JANINET

Zeichner und Kupferstecher, geb. zu Paris 1752, gest. daselbst 1813. Le Blanc, II. 418. Portalis-Béraldi II. 462. Vgl. auch Katalog der Spezial-Ausstellung von farbigen Kupferstichen im Österr. Museum 1892, 399—430, 591—595.

Projet d'un Monument à ériger pour le Roi, nach Moreau le Jeune, siehe Seite 101.

Die drei Grazien nach Ant. Pellegrini, siehe Seite 52.

ETIENNE JEAURAT

Maler, geb. in Vermenton 9. Februar 1699, gest. in Versailles 14. Dezember 1789.

Le Joli Dormir. Gestochen von Elisabeth Claire Tournay. Mit der Adresse des J. Tardieu. gr. Fol. (6323.)

NICOLAS LANCRET

Maler, geb. zu Paris 22. Jänner 1690, gest. daselbst 14. September 1743. Bocher.

L'Adolescence. Gesellschaft von Herren und Damen in einem Gartenpavillon. Gestochen von N. de Larmessin le Jeune. gr. qu. Fol. Bocher 1, A. (6325.)

Les Amours du Bocage. Pastorale. Gestochen von N. de Larmessin le Jeune. gr. qu. Fol. Bocher 8, A. (6326.)

Le Jeu de Cache-Cache Mitoulas. Gestochen von N. de Larmessin le Jeune. gr. qu. Fol. Bocher. 41, III. (6324.)

Le Jeu des Quatre-Coins. Gestochen von N. de Larmessin le Jeune. gr. qu. Fol. Bocher 44, III. (6327.)

Le Repas italien. Gesellschaft von Herren und Damen im Freien. Gestochen von J. P. Le Bas. gr. qu. Fol. Bocher 70, II. (6818.)

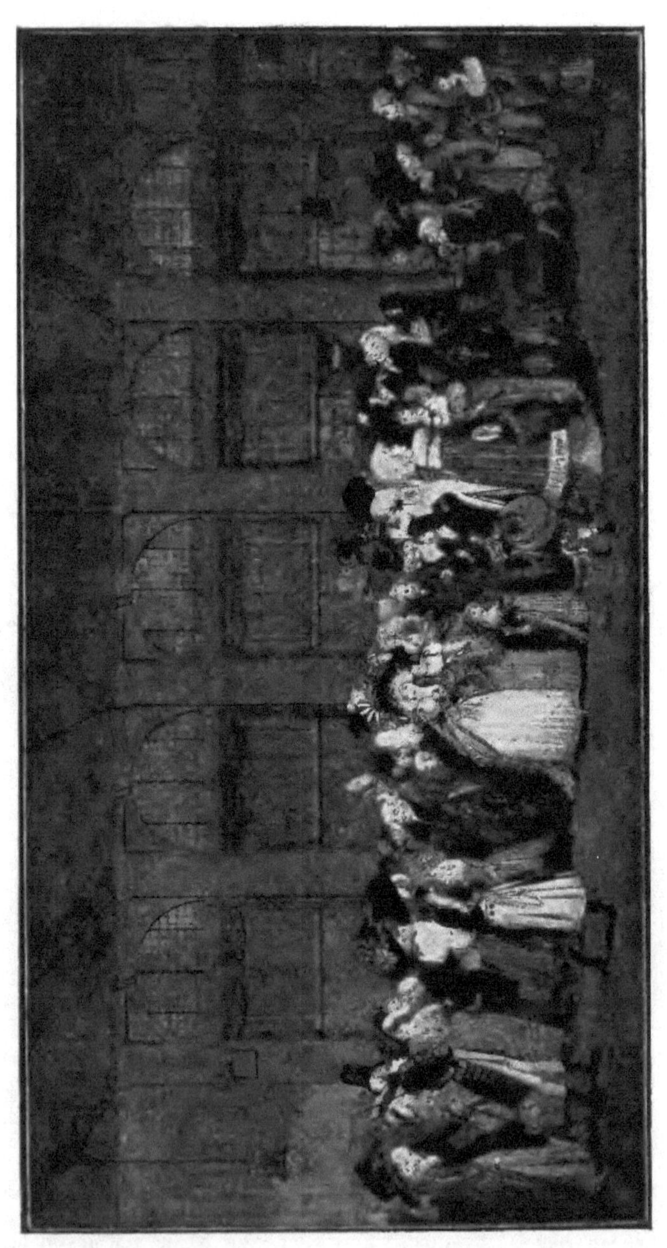

Louis-Philibert Debucourt (6567)

7*

Jean-Michel Moreau le Jeune

Zeichner und Kupferstecher, geb. zu Paris 26. März 1741, gest. daselbst 30. November 1814. Bocher.

Projet d'un Monument à ériger pour le Roi. Nach De Varenne gezeichnet von Moreau, gestochen von François Janinet, 1790. Farbendruck von mehreren in Tuschmanier ausgeführten Platten. gr. Fol. Bocher 269, II. Portalis-Béraldi 49. (6623.)

Nicolas Langlois

Kupferstecher zu Paris in der zweiten Hälfte des 17. und am Anfange des 18. Jahrhunderts. Antoine Trouvain, Kupferstecher, geb. zu Montdidier um 1650, gest. zu Paris 18. März 1708.

Almanach für das Jahr 1702. Vor dem Typentext. In der oberen Blatthälfte: Reception faite par Philippe V Roy d'Espagne à la Princesse de Savoye son Épouse, à Figuières en Catalogne le 2 nov. 1701. A Paris, chez N. Langlois et chez A. Trouvain. In der unteren Blatthälfte Darstellungen verschiedener Festlichkeiten. Die erste gestochene Schriftzeile oben und die gestochene Adresse unten weggeschnitten. gr. Fol. (6288.)

Nicolas Lavreince

Lafrensen, Maler, geb. zu Stockholm Oktober 1737, gest. daselbst 6. Dezember 1808.

Le Billet doux. Gestochen von Nicolas de Launay. gr. Fol. Portalis-Béraldi 23. Bocher 10, IV. (6645.)

Hyacinthe Rigaud

Maler, geb. zu Perpignan 20. Juli 1659, gest. zu Paris 27. Dezember 1743.

Brustbild Jean de La Fontaines in Zierrahmen. Gestochen von Etienne Ficquet. 8⁰. Faucheux 61, VII. (6491.)

Jules Hardouin Mansart, Bautendirektor, in einem Lehnstuhle sitzend. Kniestück. Gestochen von Gérard Edelinck. gr. Fol. Robert-Dumesnil 268. (6501.)

Alexander Roslin

siehe Seite 84.

Jean-Louis Tocqué

Maler, geb. in Paris 19. November 1696, gest. daselbst 10. Februar 1772.

Fürst Wenzel Anton Kaunitz, beim Tische stehend. Kniestück. Gestochen von Jakob Mathias Schmutzer, 1764. gr. Fol. (6508.)

Charles-André Vanloo

Maler und Bildhauer, geb. zu Nizza 15. Februar 1705, gest. in Paris 15. Juli 1765. Baudicour II. 103.

Conversation Espagnole. Gestochen von Jacques-Firmin Beauvarlet. gr. Fol. Portalis-Béraldi 20. (6808.)

Marie-Louise-Elisabeth Vigée-Lebrun

Malerin, geb. zu Paris 16. April 1755, gest. daselbst 30. März 1842.

Porträt der Königin Marie Antoinette. Gestochen von Charles François Adrian Macret, 1789. Oval. Fol. Didot 1417, II. (6806.)

Antoine Watteau

siehe Seite 13.

3 Bl. Figures de Modes. Vateau inv. et fecit. Radiert. 8⁰. Goncourt 3, 5, 8. Robert-Dumesnil 1, 3, 6. (6352.)

L'Amour au Théâtre italien. Personen der italienischen Komödie. Gestochen von Charles Nicolas Cochin d. Ä. gr. qu. Fol. Goncourt 69. Portalis-Béraldi 14. (6556.)

L'Accord parfait. Gesellschaft im Freien. Gestochen von B. Baron. gr. Fol. Goncourt 97. (6329.)

Le Bosquet de Bacchus. Gesellschaft im Park. Gestochen von Charles Nicolas Cochin d. J. gr. qu. Fol. Goncourt 113. (6275.)

L'Ile enchantée. Gesellschaft im Freien. Gestochen von J. P. Le Bas. gr. qu. Fol. Goncourt 139. Portalis-Béraldi 22. (6274.)

Les deux Cousines. Gesellschaftsszene. Gestochen von B. Baron. gr. qu. Fol. Goncourt 124. (6328.)

Le Plaisir pastoral. Gestochen von Nicolas Henri Tardieu. gr. qu. Fol. Goncourt 154, II. Portalis-Béraldi 2. (6351.)

La Proposition embarassante. Gestochen von Nicolas Henri Tardieu. gr. qu. Fol. Goncourt 158. Portalis-Béraldi 4. (6350.)

Le Printemps. Aus der Folge der Jahreszeiten. Gestochen von Etienne Brillon (Brion). gr. qu. Fol. Goncourt 180. (6349.)

Pierre-Alexandre Wille

Maler und Radierer, geb. zu Paris 19. Juli 1748, gest. daselbst um 1822. Baudicour II. 298.

Petit Waux-hall. Promenade von modisch gekleideten Figuren. 1780. Radiert. gr. qu. Fol. Baudicour 6. (6456.)

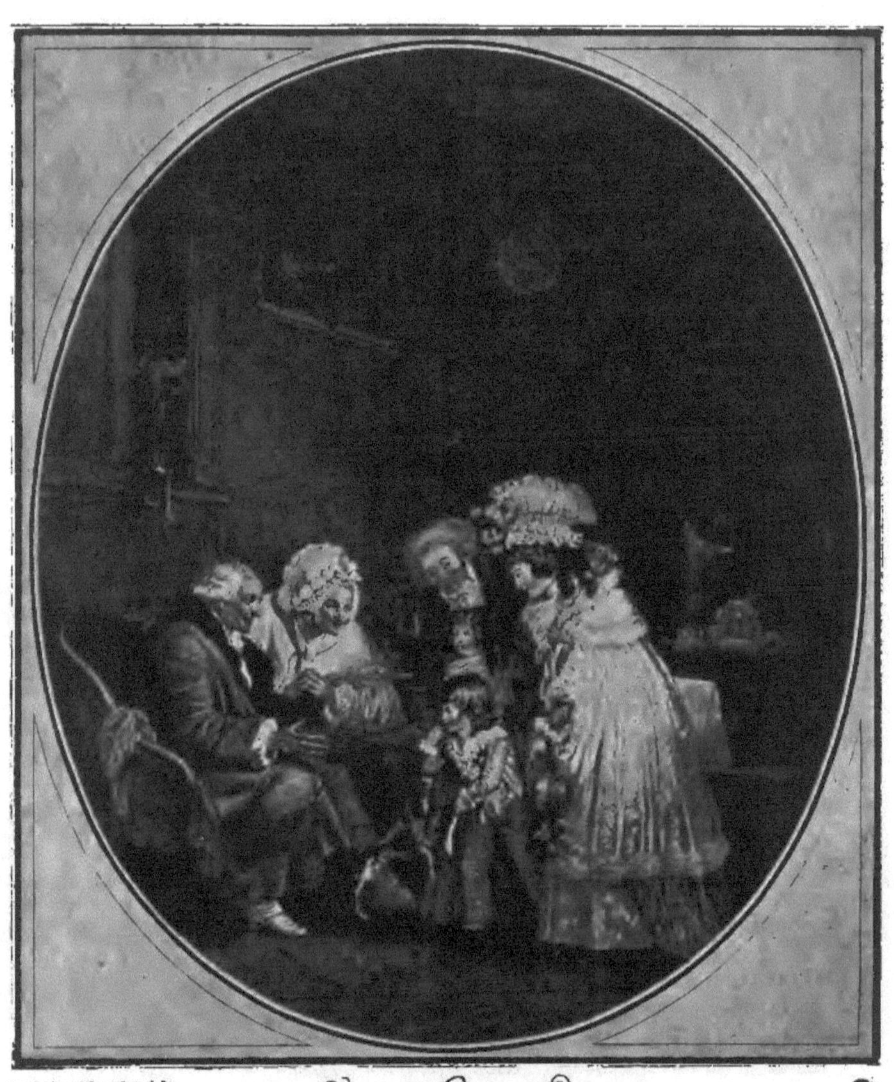

LOUIS-PHILIBERT DEBUCOURT (6803)

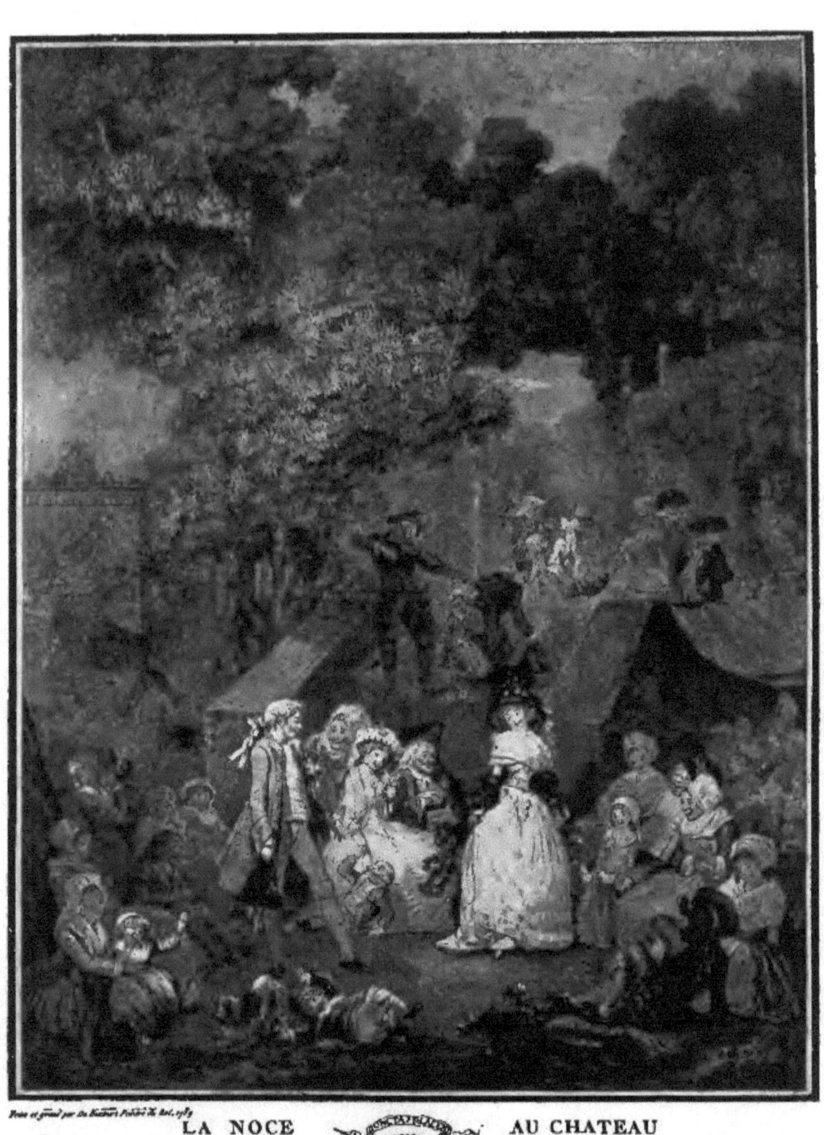

LOUIS-PHILIBERT DEBUCOURT (6621)

Unbekannt

3 Bl. Frauenköpfe mit reichen Frisuren. London, Delegal. Ein Blatt gegenseitige französische Kopie. Fol. (6613.)

Frauenkopf mit reicher Frisur. Coëffure à l'Espoir. Se trouve à Paris chez Depain, Coëffeur de Dames et Auteur de cette Coëffure. Radiert. Fol. (6807.)

XIX. Jahrhundert (1. Hälfte).

Jean-François Bosio

Maler, geb. in Monaco 17. Juni 1764, gest. in Paris 6. Juli 1827.

Maria Louise, Erzherzogin von Österreich, Kaiserin der Franzosen. Ganze stehende Figur (im Park von St. Cloud). Gestochen von Louis Rados, 1810. Unten in der Mitte das kaiserliche Wappen. Mit den Adressen von Bance in Paris und von Frèr. Ubicini in Mailand. gr. Fol. Le Blanc 12. (6939.)

Jean-Baptiste Isabey

Maler und Lithograph, geb. in Nancy 11. April 1767, gest. zu Paris 18. April 1855. Hediard. Mme. de Basily-Callimaki.

Der Kongreß zu Wien. Sitzung der Bevollmächtigten der acht an dem Pariser Traktat beteiligten Mächte. Gestochen von Jean Godefroy 1819. Mit der Adresse von Isabey, Paris. Imp. qu. Fol. (Ohne Erklärungsblatt.) (6938.)

Katharina Pawlowna, Großfürstin von Rußland. Halbfigur, oval. Gestochen von Blasius Höfel. Fol. Vor der Schrift. Fehlt Wünsch. (7113.)

Joseph Mécou

Kupferstecher, geb. zu Grénoble 1773, gest. 1838. Le Blanc II. 638.

Marie Gräfin Esterházy, geborene Prinzessin Metternich. Brustbild. Fol. Le Blanc 8. (6941.)

S. Nicolaus Schenker

Kupferstecher, geb. zu Genf um 1760, arbeitete zu Paris, gest. nach 1822.

3 Bl. L'Elégance. Le Don de plaire. La Précieuse. Brustbilder junger Mädchen. Mit der Adresse von Bance & Aumont, Paris. 4°. Abdrücke von je einer bemalten Kupferplatte, mit Retuschen auf den Abdrücken. (6609.)

Antoine-Charles-Horace Vernet

Maler und Lithograph, geb. in Bordeaux 14. August 1758, gest. zu Paris 27. November 1836.

Merveilleuse. Dame im Ballkleide. Nr. 4 einer Folge. Koloriert. Fol. (6895.)

La Brodeuse. Kostümfigur. Gestochen von S. Nicolaus Schenker. gr. Fol. Koloriert. (6902.)

Unbekannt

Promenade de Longchamp 1802. Mit der Adresse des Martinet, Paris. Radiert. gr. qu. Fol. Koloriert. (6936.)

20 Bl. Pariser Damenmodebilder aus der Zeit von 1807—1814. Kupferstiche. Fol. Koloriert. (Dabei ein Damenmodebild aus derselben Zeit in Aquarell.) (7680.)

3. NIEDERLÄNDISCHE SCHULE.

XVI. JAHRHUNDERT.

Heinrich Goltzius

Maler, Kupferstecher und Formschneider, geb. zu Mulbracht, Februar 1558, gest. zu Haarlem 29. Dezember 1616. Bartsch III. 1. Passavant III. 122. Weigel, Suppl. 92. Wurzbach, Niederländisches Künstlerlexikon I. 597.

Das Gastmahl des Tarquinius. Aus der Geschichte der Lucretia. Phil. Galle excud. qu. Fol. B. 104. (6493.)

Crispin de Passe d. Ä.

siehe Seite 16.

Philipp III., König von Spanien, und seine Gemahlin Margaretha von Österreich. Ganze Figuren in reicher Tracht. 1602. Zweifelhaft. gr. Fol. Franken 818. (6500.)

The Lady's Magazine or Entertaining Companion for the Fair Sex, Appropriated solely to their Use and Amusement. 37 Tafeln aus den Jahren 1800—1805. London 1800—1805. 8°. (B. Nr. 16.811.)

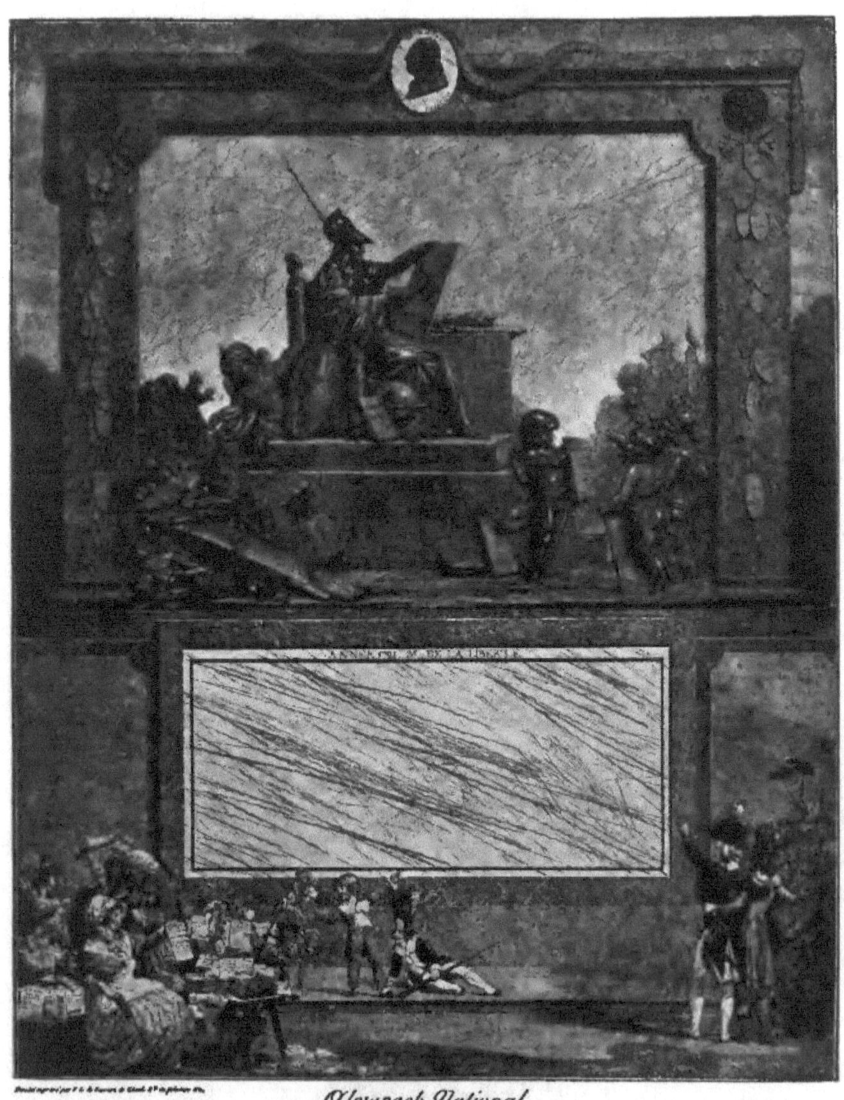

Almanach National.
Dedié aux Amis de la Constitution.

LOUIS-PHILIBERT DEBUCOURT (6639)

XVII. JAHRHUNDERT.

Hendrik van Avercamp

Maler, geb. in Kampen (Amsterdam?) 25. Jänner 1585, gest. daselbst nach 1663. Wurzbach, Niederländisches Künstlerlexikon I. 35. Moes in Thieme-Beckers Künstlerlexikon II. 276.

Friedrich V., Kurfürst von der Pfalz, und seine Gemahlin Elisabeth mit Gefolge am Rande einer mit Schlittschuhläufern belebten Eisbahn stehend. 1621. Gestochen von Cornelis Ploos van Amstel. Farbendruck von einer in Tuschmanier ausgeführten Platte. qu. Fol. Alten, Ploos van Amstel 8. (6800.)

Jacob van Campen

Maler, Architekt und Radierer(?), geb. zu Haarlem 1595, gest. zu Randenbroek 13. September 1657. Wurzbach, Niederländisches Künstlerlexikon I. 237.

Portrait des Laurenz Cofter mit der Beischrift: Primus Artis Typographicae Inventor circa Annum 1440. Gestochen von Jan van de Velde. Unten vier lateinische Verse. 4°. (3973.)

Anton van Dyck

Maler und Radierer, geb. zu Antwerpen 22. März 1599, gest. zu Blackfriars bei London 9. Dezember 1641. Szwykowski in Naumanns Archiv IV. 97, V. 33. Weber; mit Nachträgen von Wolff in Naumanns Archiv X. 289. Wibiral. Guiffrey. Cust. Wurzbach, Niederländisches Künstlerlexikon I. 448. Haberditzl in Thieme-Beckers Künstlerlexikon X. 263.

Brustbild des Malers Jan Josephzon van Goyen. 1638. Gestochen von Cornelis Ploos van Amstel. Farbendruck von zwei in Kreidemanier ausgeführten Platten. Fol. Alten, Ploos van Amstel 9. (6801.)

Adam Frans van der Meulen

Maler, geb. in Brüssel 1632, gest. zu Paris 15. Oktober 1690. Wurzbach, Niederländisches Künstlerlexikon II. 152.

Der Zug Ludwig' XIV. und seiner Garden über den Pont-Neuf nach dem Louvre. Gestochen von J. van Huchtenburgh. gr. qu. Fol. B. 48. Aus drei Teilen bestehend. (6318.)

Caspar Netscher

Maler, geb. zu Heidelberg 1639, gest. im Haag 15. Jänner 1684. Wurzbach, Niederländisches Künstlerlexikon II. 226.

Johann Friedrich Markgraf von Brandenburg-Ansbach mit seiner Gemahlin auf einer Gartenterrasse sitzend. 1682. Gestochen von Samuel Blesendorf. gr. qu. Fol. Le Blanc 1. (6455.)

Peter Schenk

Schenck, Kupferstecher und Verleger zu Amsterdam, geb. zu Elberfeld 1661, gest. zu Amsterdam 1715. Wurzbach, Niederländisches Künstlerlexikon II. 574.

Franz Ludwig von Bourbon. Ganze Figur. Schabkunstblatt. Fol. (6822.)

Jan Verkolje d. Ä.

Maler und Kupferstecher, geb. zu Amsterdam 9. Februar 1650, gest. zu Delft 8. Mai 1693. J. C. Smith, p. 1422. J. E. Wessely in Naumanns Archiv XIV. 81. Wurzbach, Niederländisches Künstlerlexikon II. 771.

Cornelius Gravesande, Anatom zu Delft. Kniestück. Gestochen von Abraham Blooteling. Schabkunstblatt. Fol. Wessely 18, I. (6834.)

XVIII. JAHRHUNDERT.

Jan Palthe

Maler und Radierer, geb. zu Deventer 1719, gest. zu Leiden 1769.

Brustbild des holländischen Philologen Tiberius Hemsterhuys. Gestochen von William Pether. Schabkunstblatt. Fol. J. C. Smith 21, I. (6833.)

Cornelis Troost

Maler und Kupferstecher, geb. zu Amsterdam 8. Oktober 1697, gest. daselbst 7. März 1750. Wurzbach, Niederländisches Künstlerlexikon II. 720.

Les Noces de Clorus et Rosette. Tafelnde Gesellschaft im Freien. In der Mitte des Vordergrundes ein tanzendes Paar, links auf einem Gerüste die Musikanten. Gestochen von Pierre Tanjé. Mit der Dedikation des Verlegers P. Fouquet jun. an Jan Jac. de Bruyn, dessen Wappen und Fouquets Adresse, Amsterdam. gr. qu. Fol. Le Blanc 94. (6946.)

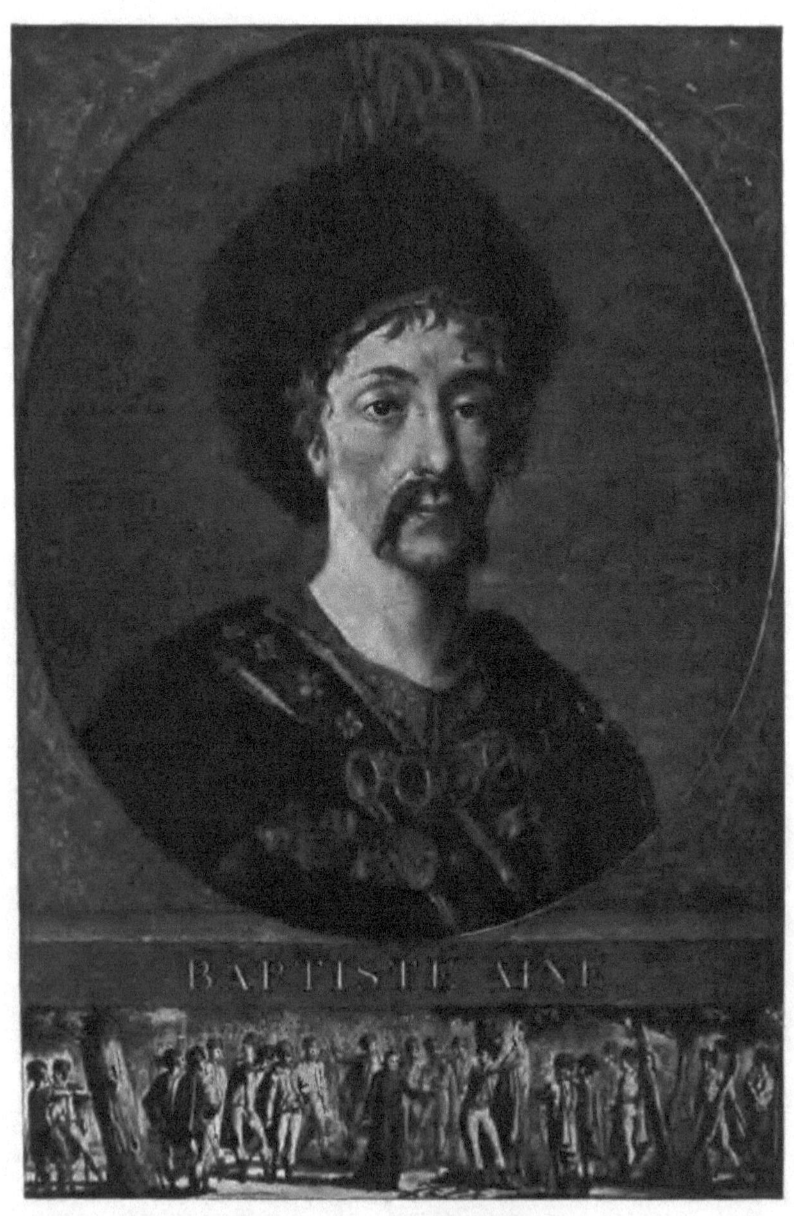

Pierre-Michel Alix (6805)

8

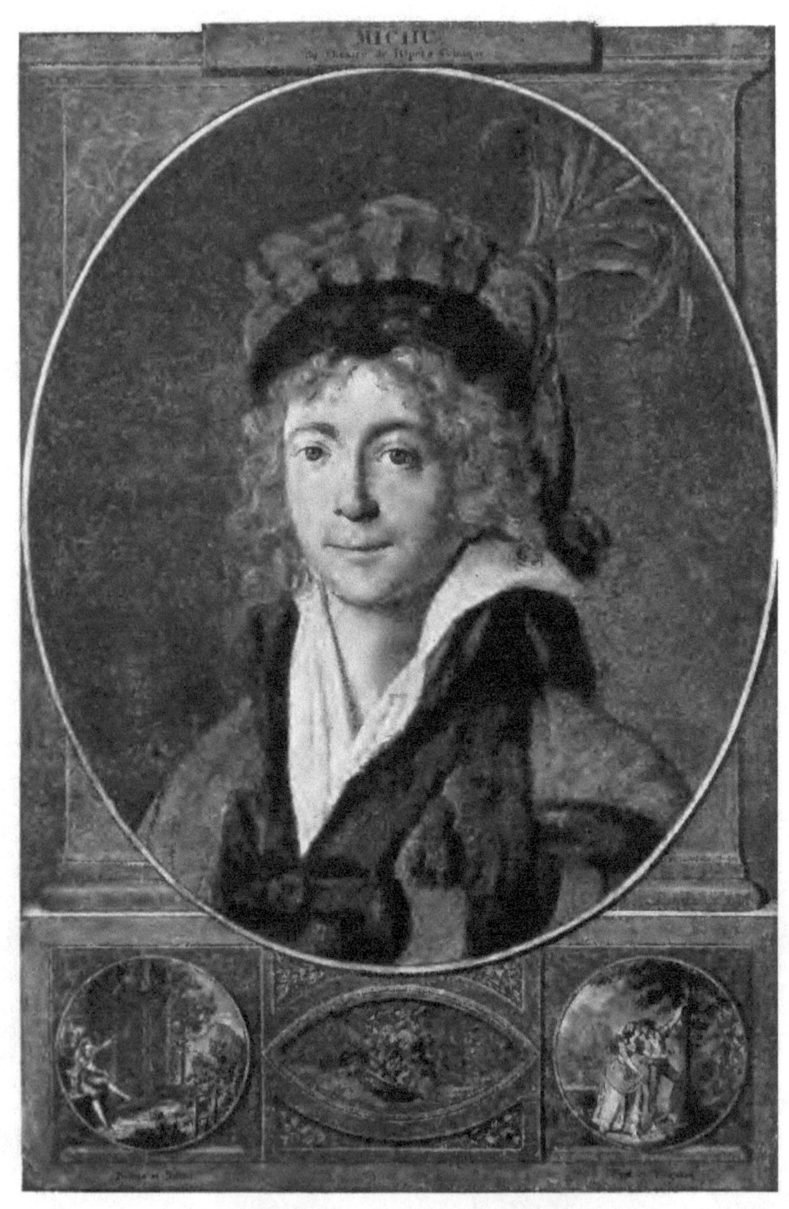

PIERRE-MICHEL ALIX (6804)

8*

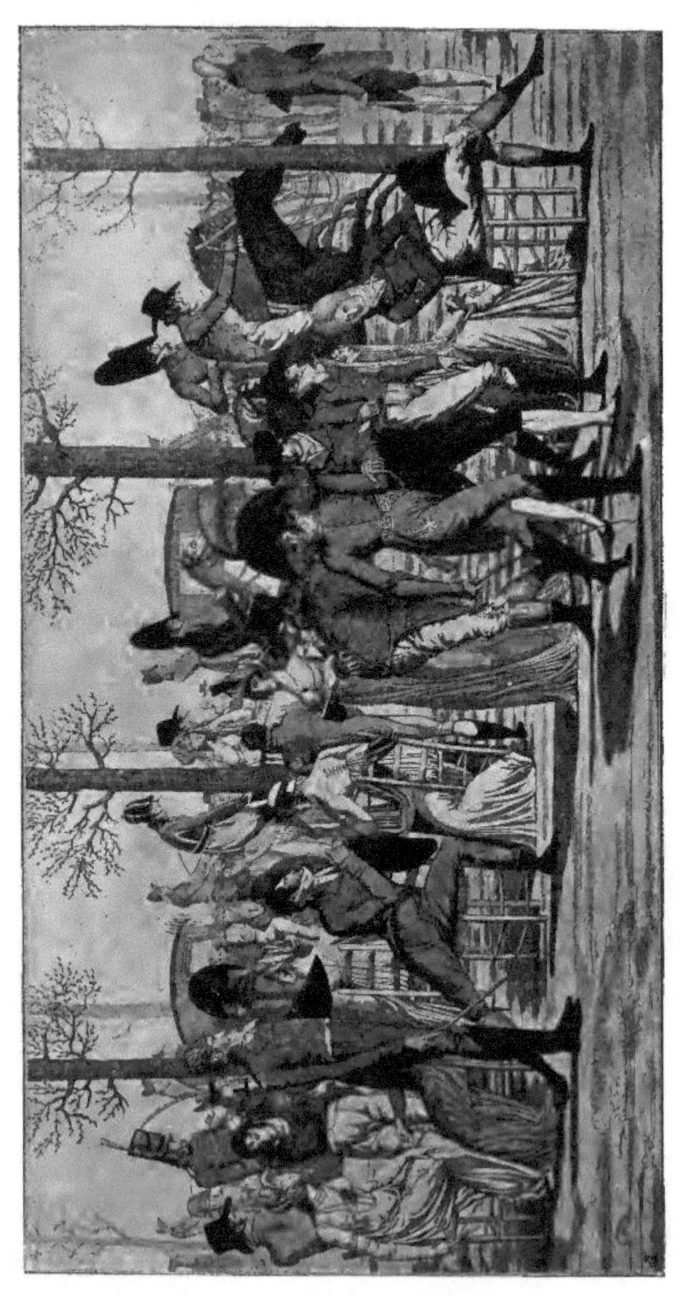

Promenade de Longchamp 1802 (6936)

4. ITALIENISCHE SCHULE.

XVIII. JAHRHUNDERT.

JACOPO AMIGONI

Amiconi, Maler und Kupferstecher, geb. zu Venedig 1675, gest. zu Madrid 1752. Bartsch XXI. 309. Schmidt und Wessely in Meyers Künstlerlexikon I. 631. Voss im Jahrbuch der preußischen Staatssammlungen XXXIX. 145.

Die Tänzerin Auretti. Ganze Figur, in reicher Umrahmung. Gestochen von Gérard-Jean-Bapt. Scotin. Mit der Adresse des J. Spilsbury, London. gr. Fol. (6948.)

5. ENGLISCHE SCHULE.

XVIII.–XIX. JAHRHUNDERT.

RICHARD COSWAY

Maler, geb. in Okeford (?) 1742, gest. in London 4. Juli 1821. Williamson. Daniell. Brockwell in Thieme-Beckers Künstlerlexikon VII. 546.

Maria Cosway, die Gattin des Künstlers. Ganze Figur, in einem Garten sitzend. Nach Bartolozzis Stich. In zwei Farben von einer bemalten Platte gedruckt. Mit der Dedikation des J. Fatou an den Marquis de St. Blancard, Paris. Fol. Vgl. Daniell 34. (6947.)

ARTHUR WILLIAM DEVIS

Maler, geb. in London 10. August 1763, gest. 1822.

Miß O'Neil in der Rolle der Belvidera. Ganze Figur. Gestochen von H. Meyer. Schabkunstblatt. Mit der Dedikation an die Prinzessin Charlotte und der Adresse von Boydell & Co., London 1816. gr. Fol. Fehlt J. C. Smith. (6817.)

VALENTINE GREEN

Kupferstecher, geb. zu Hales-Owen bei Birmingham 3. Oktober 1739, gest. zu London 6. Juli 1813. Le Blanc II. 313. J. C. Smith, 532.

Marie de Levis, Vicomtesse de Sarsfield. In Maskenkostüm. Oval. Unten französische Verse. Schabkunstblatt. gr. Fol. J. C. Smith 119. (6811.)

Charles Howard Hodges

Maler und Kupferstecher, geb. zu London 1764, gest. zu Amsterdam 24. Juli 1837. Le Blanc II. 363. J. C. Smith 625.

Rutger Jan Schimmelpenninck, Rathspensionär der Batavischen Republik, 1805. Gestochen 1806. Ganze Figur. Schabkunstblatt.. gr. Fol. Fehlt J. C. Smith. Le Blanc 24. (6835.)

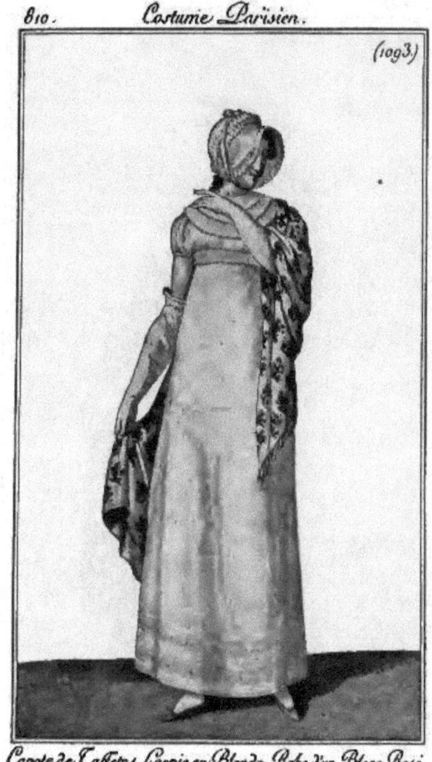

Französisch (7680)

John Jackson

Maler, geb. in Lastingham 31. Mai 1778, gest. in London 1. Juni 1831.

Lady Georgiana Agar Ellis. Fast Kniestück. Gestochen von Samuel William Reynolds. Mit der Dedikation an George Agar Ellis und der Adresse von Colnaghi Son & Co. London 1826. Schabkunstblatt. Fol. Fehlt J. C. Smith. Le Blanc 42. (6829.)

Gottfried Kneller

siehe Seite 80.

Sir Peter Lely

siehe Seite 80.

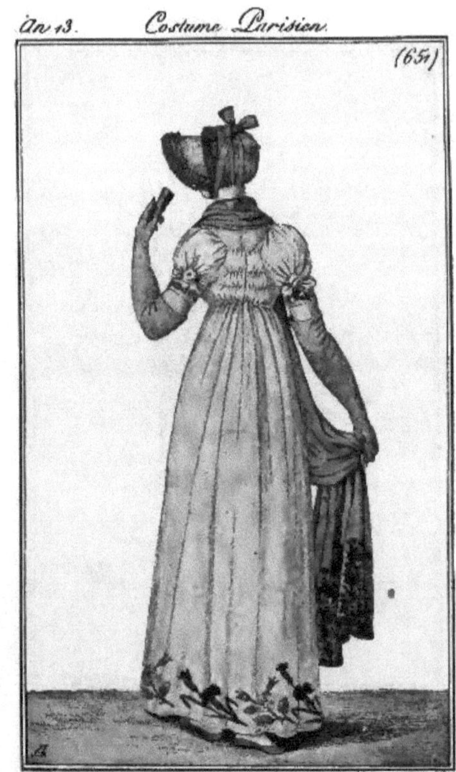

Französisch (7680)

Matthew William Peters

Maler, geb. auf der Insel Wight 1740 (?), gest. in Brasted Place (Kent) 20. März 1814.

Szene aus Shakespeares »Lustigen Weibern von Windsor«. Boydells Shakespeare-Gallerie, 1789. Gestochen von Peter Simon d. J. gr. Fol. (6345.)

Szene aus Shakespeares »Lustigen Weibern von Windsor«. Boydells

Shakespeare-Gallerie, 1793. Gestochen von Peter Simon d. J. Mit der Adresse von John & Josiah Boydell. Farbendruck von einer bemalten Platte. gr. Fol. (6838.)

Sir Joshua Reynolds

siehe Seite 52.

Elizabeth Lady Melbourne mit ihrem Söhnchen. Ganze sitzende Figur. Gestochen von Thomas Watson. Mit den Adressen von W. Shropshire und T. Watson, London 1775. Schabkunstblatt. gr. Fol. J. C. Smith 25. (6944.)

James Tingle

Maler in London um 1810.

Konzert in dem königlichen Musiksaal zu Brighton in Gegenwart des königlichen Hofes. Um 1810. Figuren von Agar. gr. qu. Fol. (7679.)

Joha Toer

Maler in London um 1778.

Miß Salethea Dawkens. Halbfigur. Gestochen von P. Stee. Schabkunstblatt. gr. Fol. J. C. Smith 1347. (6816.)

Richard Westall

Maler, geb. in Hertford 1765, gest. in London 4. Dezember 1836.

2 Bl. Frühling und Herbst. Halbfiguren junger Mädchen. Gestochen von Fr. Bartolozzi, 1790. Aus der Folge der Jahreszeiten. Farbendrucke von bemalten Platten. Fol. Tuer 162, 164. (6585.)

Francis Wheatley

Maler, geb. in London 1747, gest. daselbst 28. Juni 1801.

2 Bl. Sommer und Winter. Halbfiguren junger Mädchen. Gestochen von Fr. Bartolozzi, 1789. Aus der Folge der Jahreszeiten. Farbendrucke von bemalten Platten. Fol. Tuer 167, 169. (6586.)

Miß Younge und Messrs. Dodd, Love und Waldron als Viola, Junker Andreas, Junker Tobias und Fabio in Shakespeares »Was ihr wollt«. Ganze Figuren. Gestochen von J. R. Smith. Mit der Adresse des R. Sayer, London 1774. Schabkunstblatt. gr. qu. Fol. J. C. Smith 178, II. (6819.)

III. MOBILIEN.

A. WELTLICHE MOBILIEN.

a) TISCHLERARBEITEN.

1. DEUTSCHE SCHULE.

XVI. JAHRHUNDERT.

Georg Has

siehe Seite 220.

Michael Zimmermann

Maler und Formschneider zu Wien um 1556. Nagler, Monogr. IV. 2230.

Handtuchrolle, Truhe und Wiege. Monogrammiert. Holzschnitt in Umrißlinien. Fol. Vgl. Nagler, Monogr. IV. 2230. Singer, Sammlung Lanna 7198. (7768.)

9 Bl. Vorlagen für Schreiner. Holzschnitte in Umrißlinien:

Halle mit zwei Säulen und acht Pfeilern, wovon die zwei in der Mitte des Hintergrundes ohne Intarsia sind. Fol. Singer 7047. (7765/1.)

Drei Felder einer Wandvertäfelung mit Intarsien und Medaillons. qu. Fol. Singer 7049. (7765/2.)

Türumrahmung mit Pfeilern. Fol. Singer 7050. (7765/3.)

Reicher Wandschrank mit Nische für ein Waschbecken. Fol. Singer 7051. (7765/4.)

Wandverkleidung mit Nische für ein Waschbecken. Der Wasserbehälter in Form einer Eichel. Fol. Singer 7052. (7765/5.)

Wandverkleidung mit Säulen und Nische für ein Waschbecken. Der Wasserbehälter in Form einer Eichel. Fol. Singer 7053. (7765/6.)

Truhe mit Intarsien und zwei Rauten in Vierecken auf der Vorderseite. qu. Fol. Singer 7054. (7765/7.)

Himmelbett, das Kopfende links, rechts zwei Säulen. qu. Fol. Singer 7055. (7765/8.)

Bett, vom Fußende gesehen. Fol. Singer 7056. (7765/9.)

MONOGRAMMISTEN

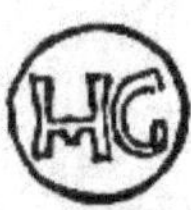

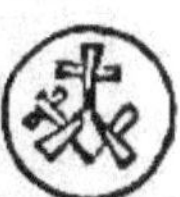

Kunsttischler um 1550. Nagler, Monogr. III. 973. Vgl. Otto v. Falke im Jahrbuch der preußischen Staatssammlungen XXXVII. 145, und Singer, Sammlung Lanna 5649—5653.

5 Bl. Vorlagen für Schreiner. Holzschnitte in Umrißlinien:

Wandverkleidung mit Nische für ein Waschbecken. Oben links das Monogramm, rechts das Zeichen. Fol. Singer 5649. (7766/1.)

Große Wandverkleidung mit Nische für ein Waschbecken; der Wasserbehälter hat einen Cherubskopf am Spund. Links im Rand das Zeichen, rechts das Monogramm. Fol. Singer 5650. (7766/2.)

Großer Wandschrank mit Nische für ein Waschbecken. Zwei Genien oben. Das Monogramm links oben unter dem Giebel, rechts das Zeichen, darunter die Jahreszahl 1551. Fol. Singer 5651. (7766/3.)

Grundriß zu einer Wandverkleidung mit Nische für ein Waschbecken. qu. 8°. Singer 5652. (7766/4.)

Bett. Das Kopfende rechts, oben in der Mitte ein Rund mit dem Zeichen des Formschneiders. Das Monogramm fehlt. Fol. Singer 5653. (7766/5.)

Thurgauer Kunsttischler in der ersten Hälfte des 16. Jahrhunderts. Nagler, Monogr. III. 1488. Vgl. Otto v. Falke im Jahrbuch der preußischen Staatssammlungen XXXVII, 138, und Singer, Sammlung Lanna 5662—5666.

4 Bl. Vorlagen für Schreiner. Holzschnitte in Umrißlinien:

Schrank mit Säule links und rechts. Das Monogramm in der Mitte gegen unten. Zu unterst der Grundriß. Fol. Singer 5662. (7767/1.)

Zwei Unterteile von Schränken. Das Monogramm zwischen beiden in der Mitte. Fol. Singer 5663. (7767/2.)

Treppengeländer. Unten der Grundriß. Das Monogramm weggeschnitten (?). Fol. Singer 5664. (7767/3.)

Wandschrank mit Nische für ein Waschbecken. Unten in der Mitte das Monogramm. Fol. Singer 5665. (7767/4.)

Von dem Kunsttischler H S haben sich auch einige von ihm aus-

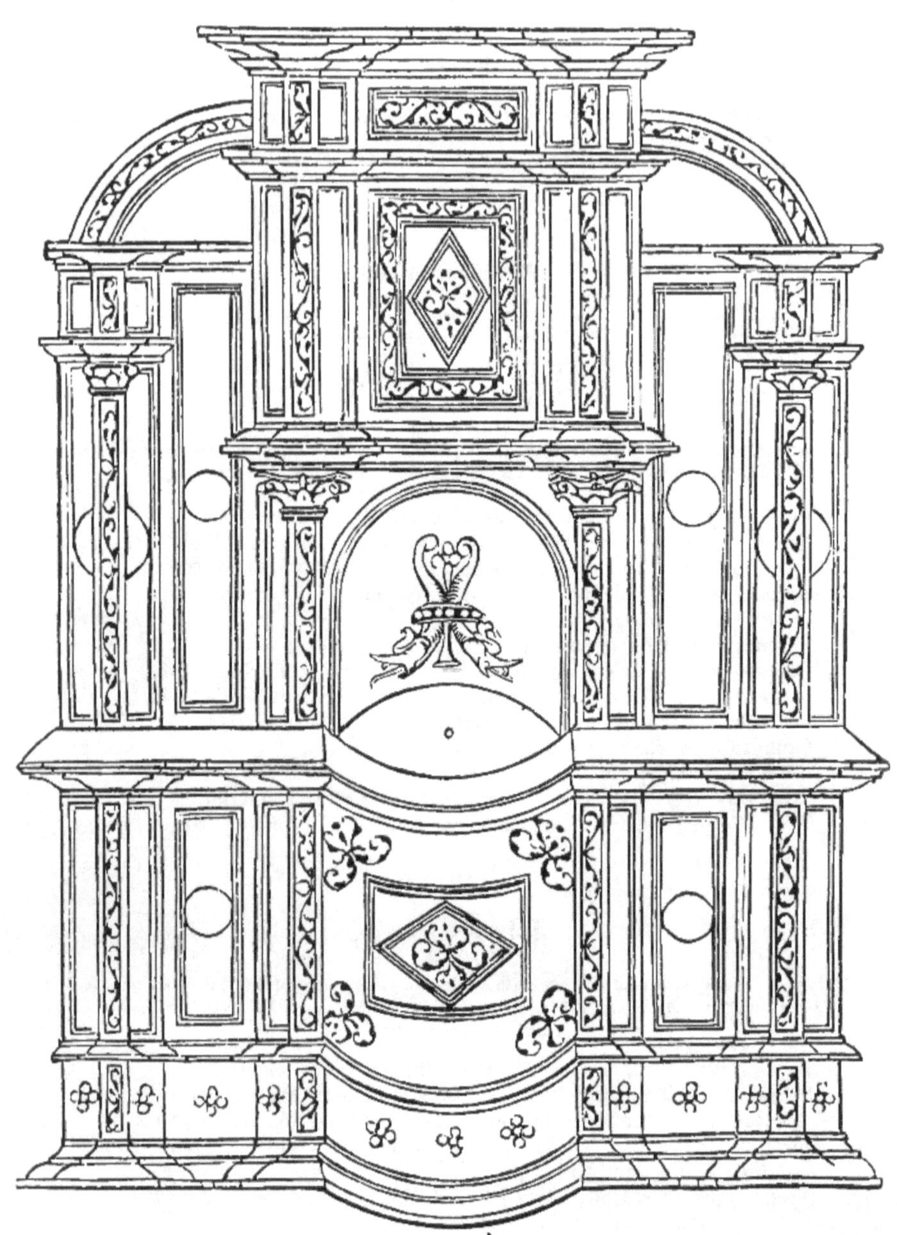

MICHAEL ZIMMERMANN (7765/4)

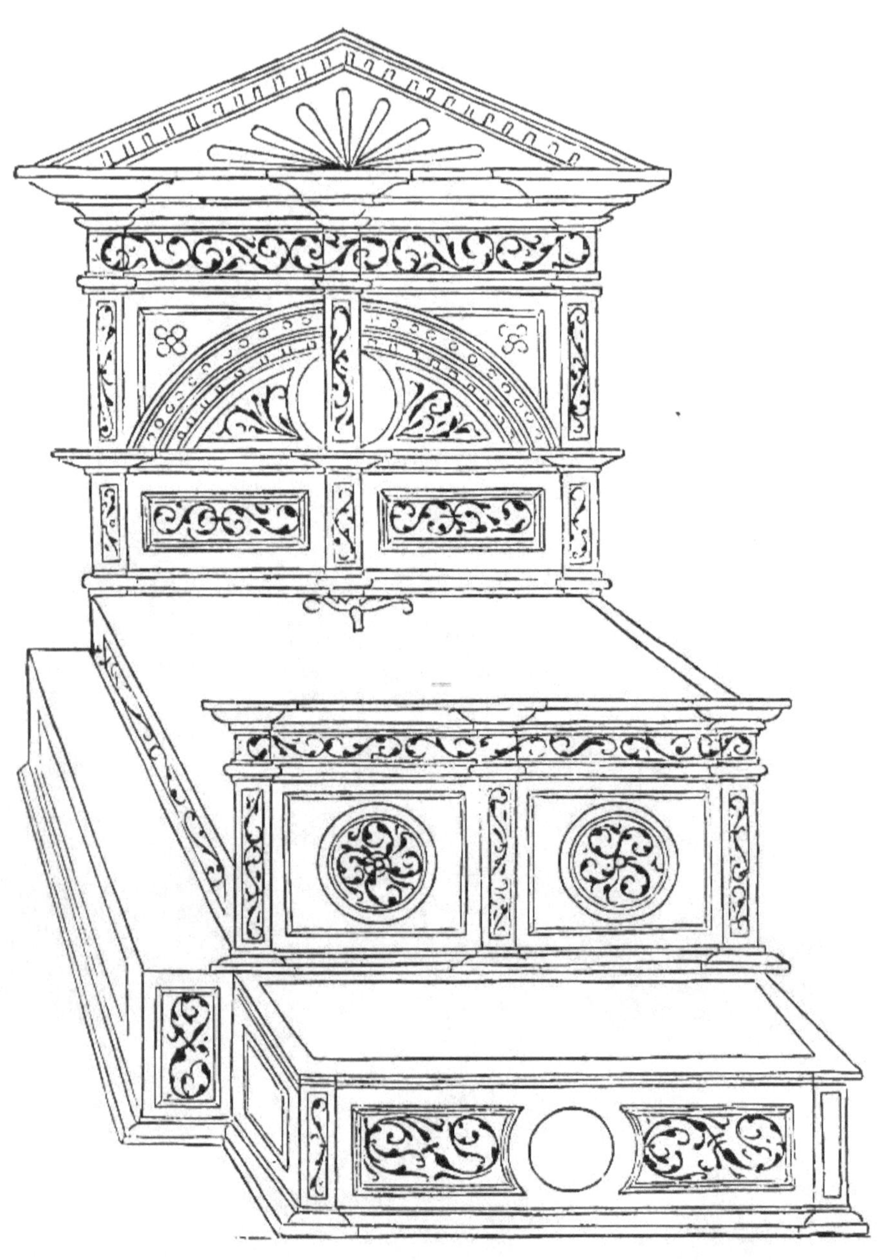

MICHAEL ZIMMERMANN (7765/9)

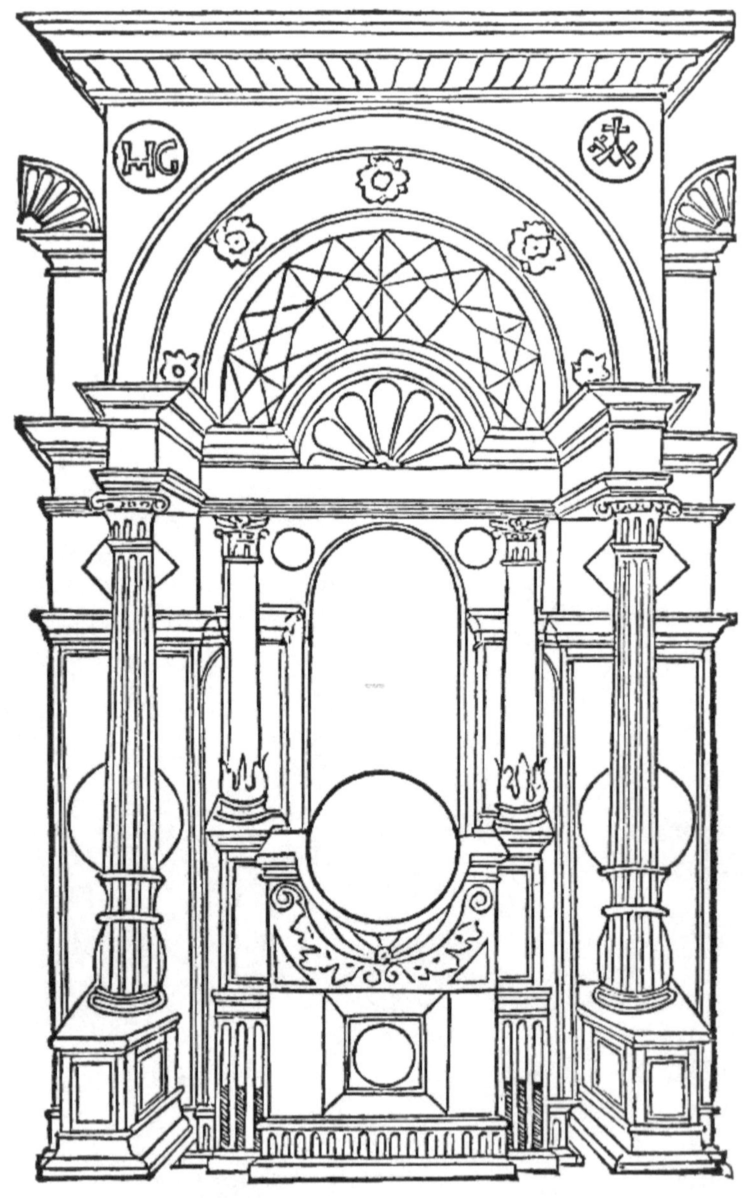

Monogrammist H G (7766/1)

9

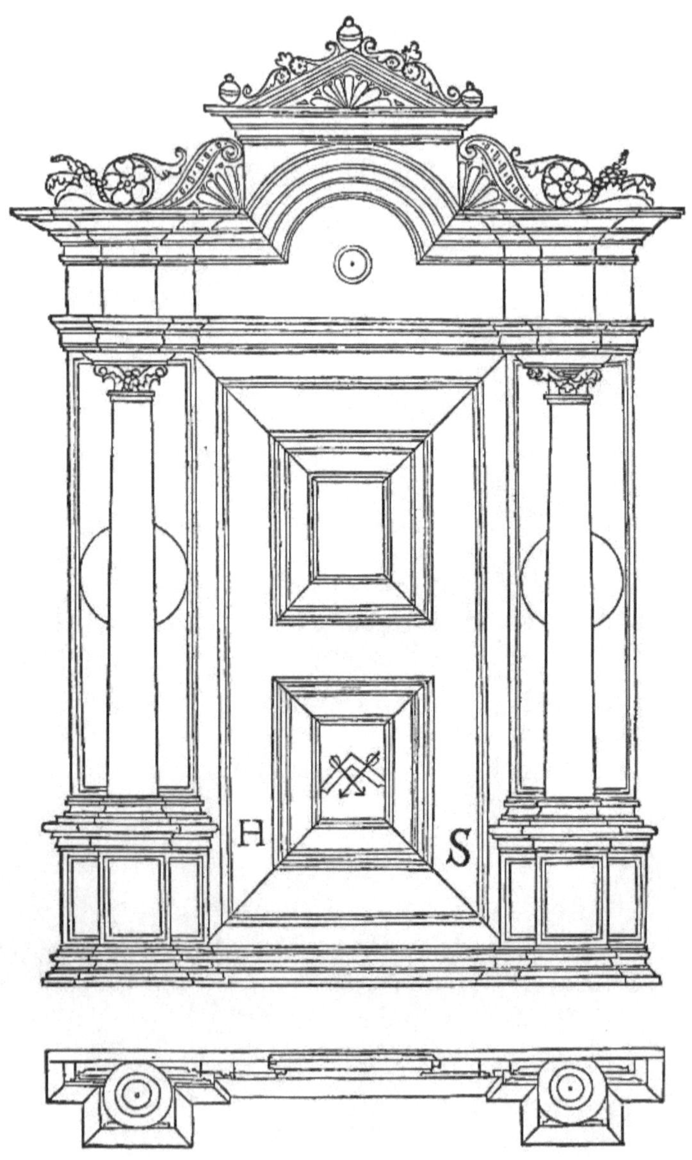

Monogrammist H S (7767/1)

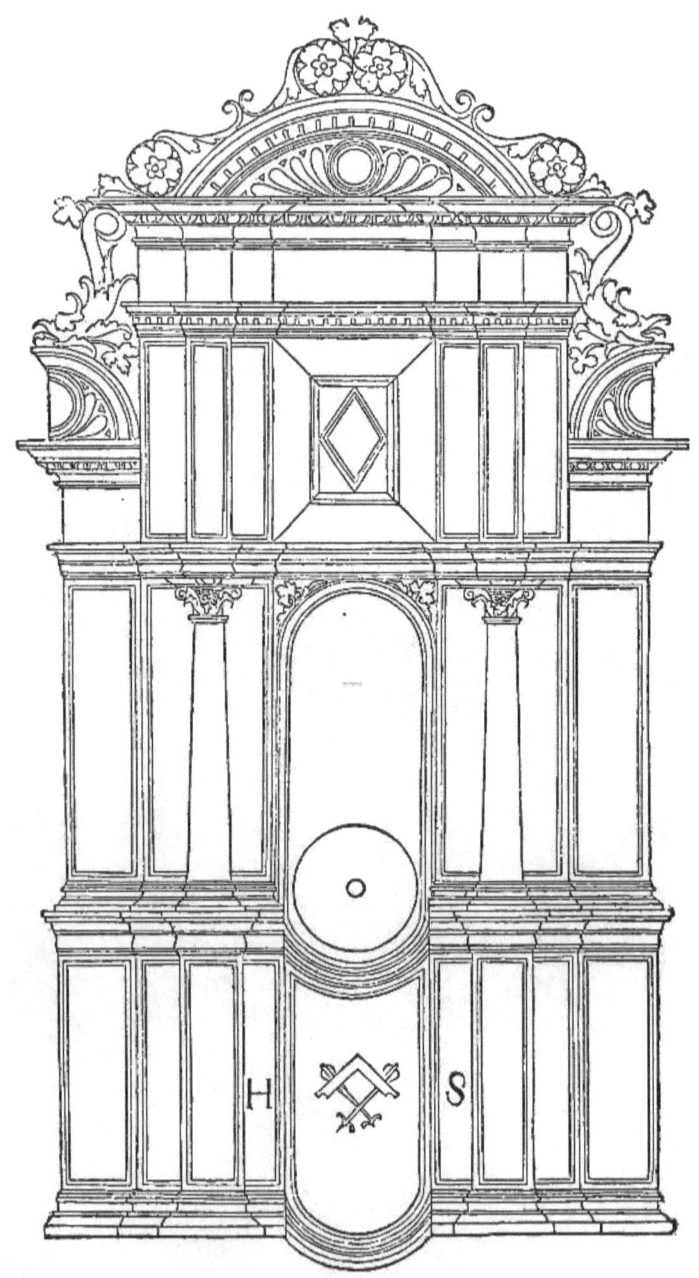

Monogrammist H S (7767/4)

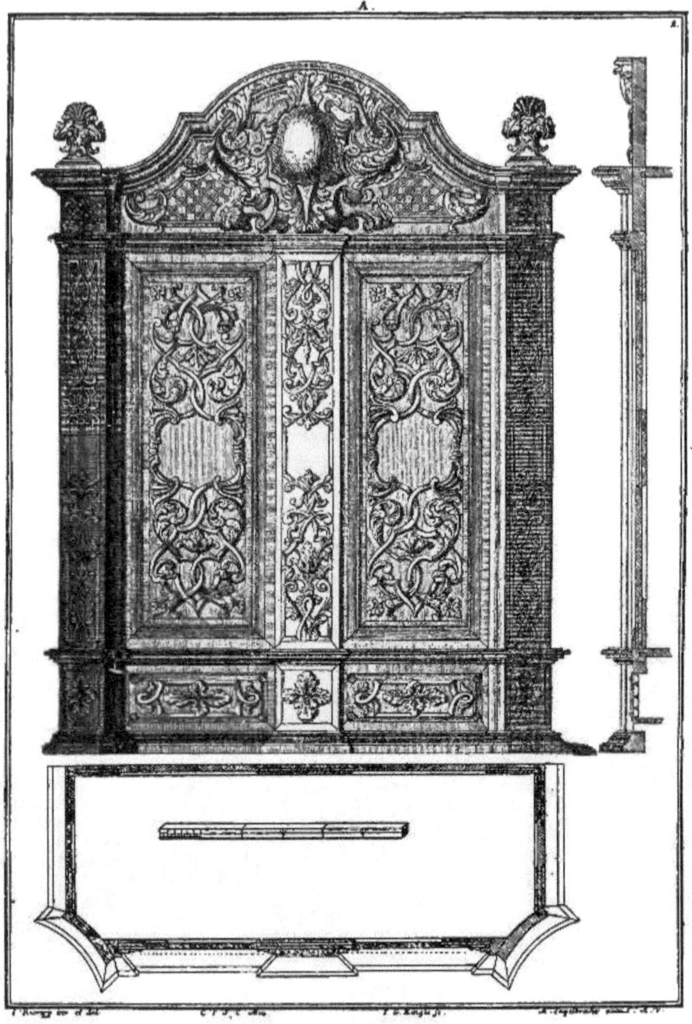

JOHANNES RUMPP (6482)

geführte und bezeichnete Kunsttischlerarbeiten erhalten: Das Chorgestühl der Klosterkirche von Steingaden aus dem Jahre 1534, ein Schrank von 1565 im Schweizerischen Landesmuseum in Zürich und ein Zimmergetäfel im ehemaligen Nonnenkloster Tänikon aus dem Jahre 1569. Die von Falke l. c. aufgestellte Liste der in Holzschnitten erhaltenen Entwürfe des Meisters wird durch die vier oben beschriebenen erweitert.

XVIII. JAHRHUNDERT.

Carl August Grossmann

Zeichner, Kupferstecher und Verleger, geb. zu Königsbruck 1741, gest. zu Augsburg um 1798. Guilmard 457, 117.

3 Bl. Verschiedene Möbel. Verlags-Nr. 30. Fol. (7723 Sd.)

Franz Xaver Habermann

Zeichner und Bildhauer, geb. zu Glatz 1721, gest. zu Augsburg 1796. Guilmard 439, 76.

4 Bl. Reichverzierte Rahmen. Joh. Georg Hertel exc. Verlags-Nr. 29. Fol. (7723 Sd.)

Johannes Rumpp

Kunsttischler zu Augsburg um die Mitte des 18. Jahrhunderts.

6 Bl. Folge von Schränken und Truhen. Auf dem ersten Blatte: Tischler- oder Schreiner-Risse, inventirt u. gezeichnet von Johannes Rumpp, Burger und Silber-Kistler in Augspurg. Martin Engelbrecht excud. Verlags-Nr. 15, Bl. Nr. 81—86. Fol. (6481.)

4 Bl. Schränke. Aus zwei Folgen: Unterschiedliche neue sehr nützliche Tischler- oder Schreiner-Risse. Gestochen von Johann Georg Ringle und Johann Jakob Kresman. Martin Engelbrecht excud. Fol. (6482.)

6 Bl. Neu inventierte Auffsäz, Blindflügel und untergehäng. Nr. 141—146 einer Folge von Möbelentwürfen. Verlags-Nr. 29. M. Engelbrecht excud. Fol. und qu. Fol. (6961.)

2. FRANZÖSISCHE SCHULE.

XVI. JAHRHUNDERT.

Jacques Androuet Du Cerceau d. Ä.

Architekt, Zeichner und Radierer, geb. zu Paris um 1515, arbeitete in Orleans und Paris, gest. um 1585. Geymüller. Hans Vollmer in Thieme-Beckers Künstlerlexikon X. 30.

48 Bl. Möbel: Kästen, Betten, Tische, Kamine u. A. Radiert. Fol. und qu. Fol. (8075 Sd.)

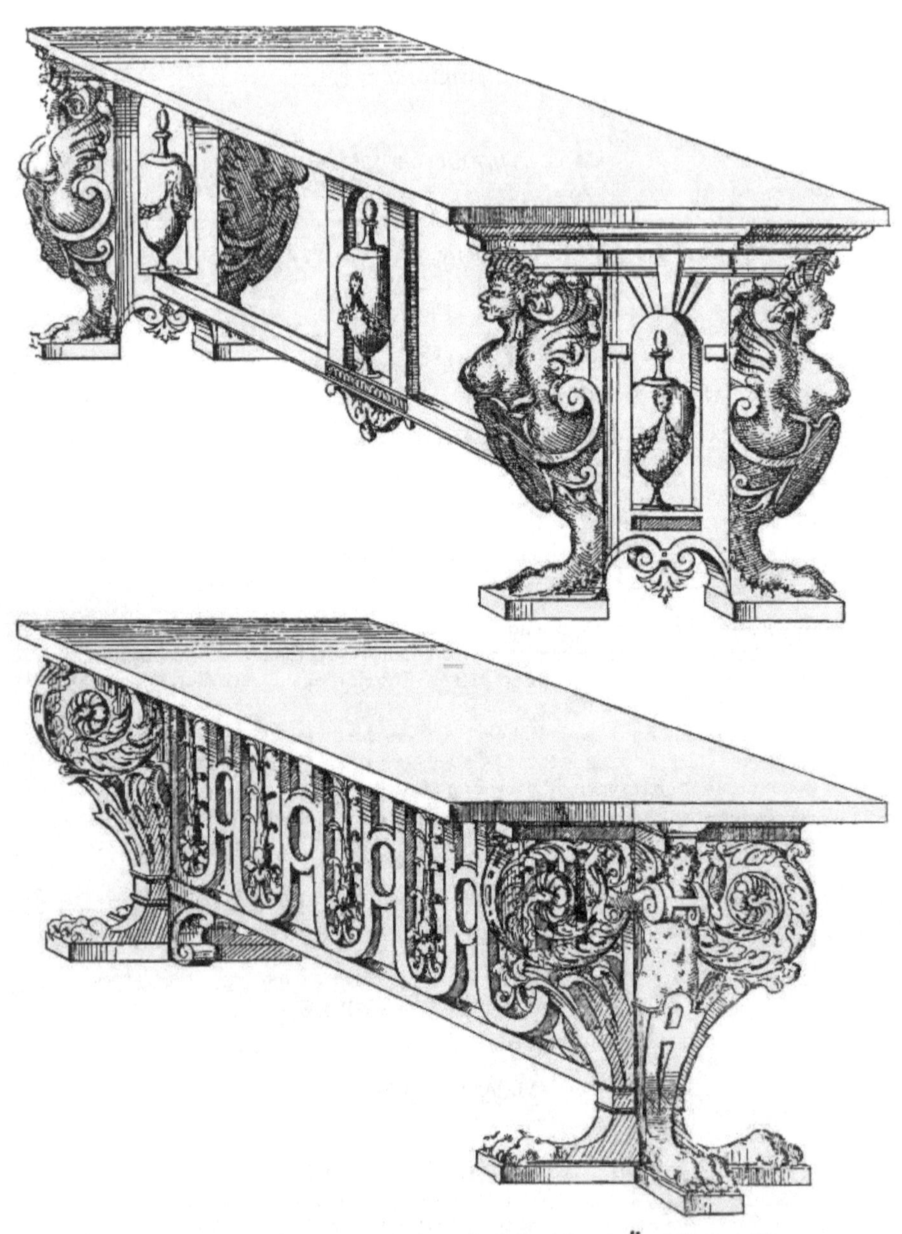

Jacques Androuet du Cerceau d. Ä. (8075 Sd.)

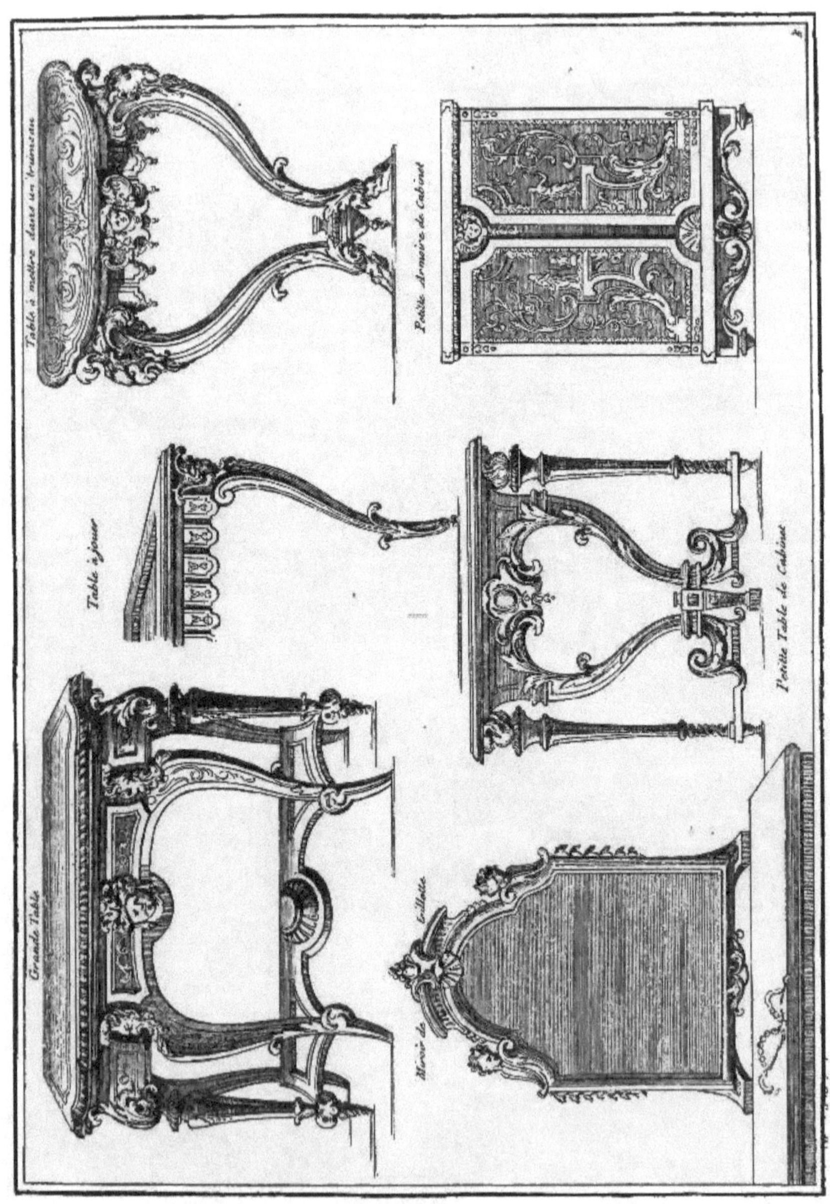

ANDRÉ-CHARLES BOULLE (6474)

XVII. JAHRHUNDERT.

André-Charles Boulle

Französischer Hof-Ebenist, geb. zu Paris 11. November 1642, gest. daselbst 28. Februar 1732. Stein in Thieme-Beckers Künstlerlexikon IV. 448.

Sechs verschiedene Möbel, Tische, Spiegelrahmen, Kabinett, auf einem Blatte. Nr. 5 der Folge. Mariette excud. qu. Fol. (6474.)

Daniel Marot

Architekt, Zeichner und Kupferstecher, geb. zu Paris um 1655, gest. im Haag nach 1718.

6 Bl. Livre d'Appartement. Nr. 1 Interieur eines Schlafzimmers, Nr. 2—5 Himmelbetten, Nr. 6 Stühle und Fensterdraperien. Fol. und qu. Fol. (6337.)

Unbekannt

Reich verzierter Rahmen aus auf Glasspiegel gesetzten Perlen. In der Mitte Andromeda und Perseus. Unten in zwei Zeilen: (Ce) Cabinet est construiet de perles rapportees par deux mirors derriere. La tableau d Andromedo. Radiert. Fol. (6999.)

XIX. JAHRHUNDERT (1. Hälfte).

Unbekannt

25 Bl. Meubles et Objets de Goût. Betten, Schränke, Tische, Stühle, Sofas u. dgl. Paris, An X. Fol. und qu. Fol. Koloriert. (7509, 7968.)

b) WAGNERARBEITEN.

DEUTSCHE SCHULE.

XVII. JAHRHUNDERT.

Conrad Meyer

Maler, Zeichner und Radierer, geb. zu Zürich 1618, gest. daselbst 1689.

Ein Triumph Wagen wunderbar zu sehen, dess gleich nie zuvor auch künfftig keine Hand nit leicht wird machen einen so kunstreich. »Joan: Fridericus Buoll in Keiserstuel invenit et manufecit.« C. Meyer sc. 1679 (Zürich). qu. Fol. (7706.)

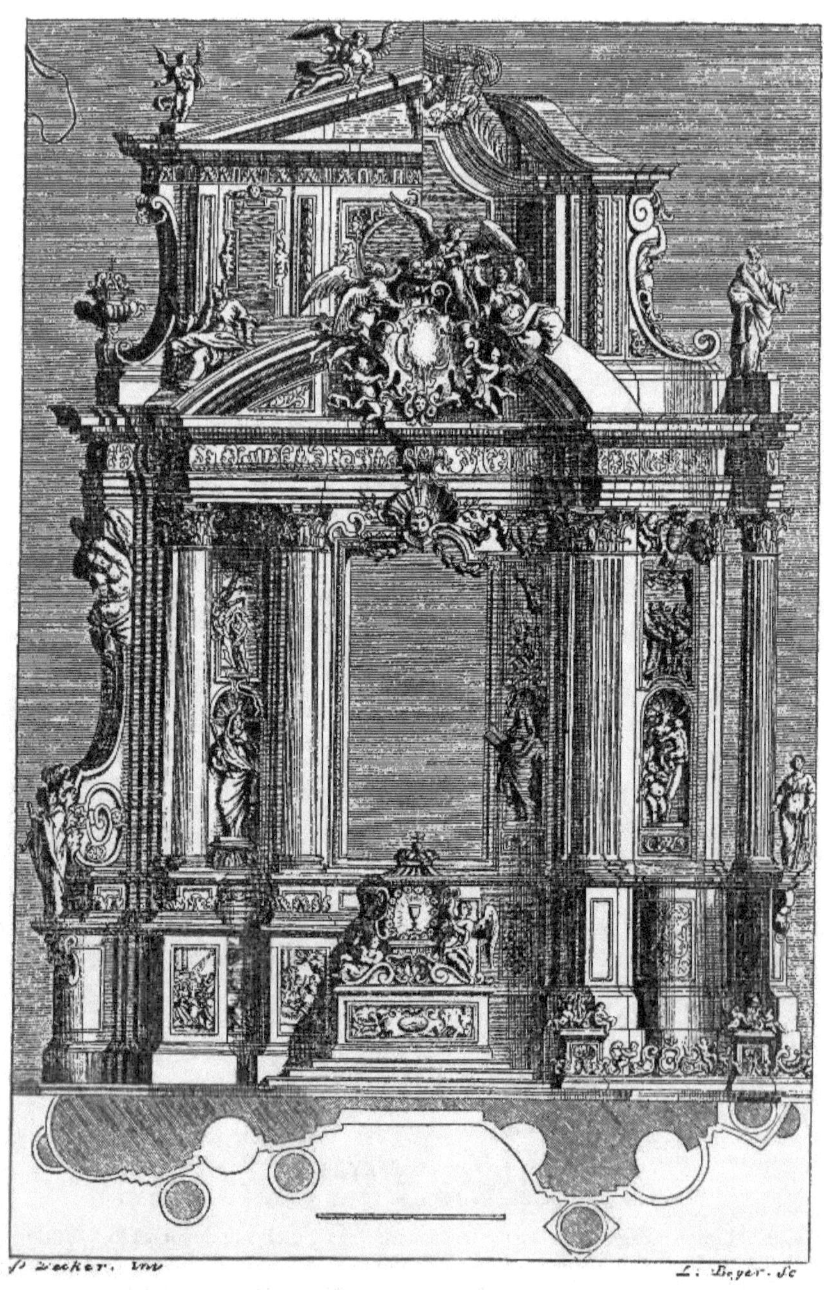

PAUL DECKER D. Ä. (6964)

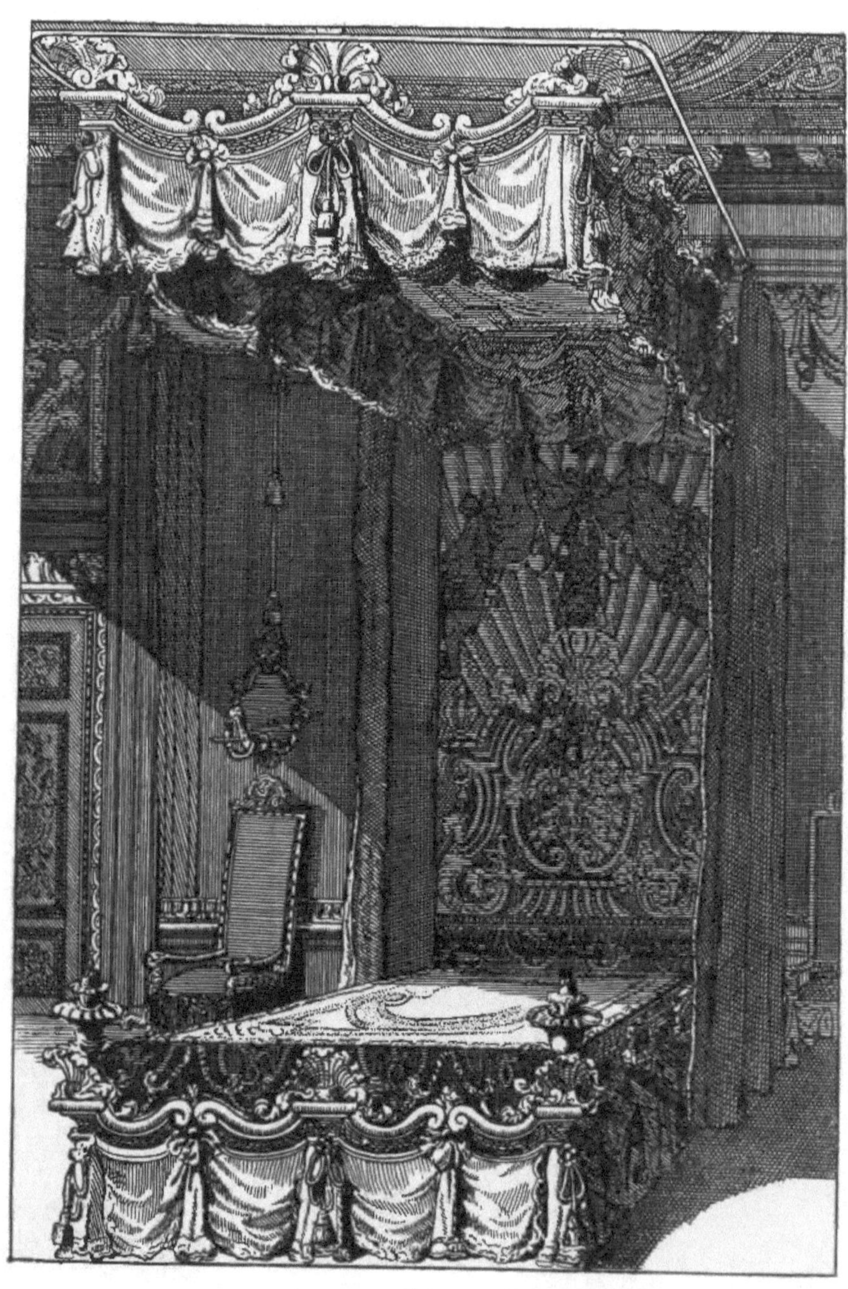

Daniel Marot (6337)

XVIII. JAHRHUNDERT.

D. Bode

Kupferstecher zu Augsburg um 1740.

4 Bl. Entwürfe für Wagen. Joh. Georg Hertel exc. Verlags-Nr. 306. Fol. (7723 Sd.)

Franz Xaver Habermann

siehe Seite 136.

4 Bl. Entwürfe für Wagen. Joh. Georg Hertel exc. Verlags-Nr. 295. Fol. (7723 Sd.)

Johann Jakob Schübler

Architekt und Zeichner zu Nürnberg, gest. 1741. Guilmard 427, 32.

4 Bl. Entwürfe für Wagen. Erben des Jeremias Wolff exc. Fol. (7723 Sd.)

Johann Martin Will

Kupferstecher und Verleger zu Augsburg 1761—1805.

4 Bl. Entwürfe für Wagen. Aus der Folge: La Carosse à la nouvelle Mode de Paris. Fol. (7723 Sd.)

B. KIRCHLICHE MOBILIEN.

a) ALTÄRE.

DEUTSCHE SCHULE.

XVII. JAHRHUNDERT.

Paul Decker d. Ä.

Architekt und Kupferstecher, geb. zu Nürnberg 27. Dezember 1677, gest. zu Baireuth 18. November 1713. Hampe in Thieme-Beckers Künstlerlexikon VIII. 524.

5 Bl. Altäre. Gestochen von L. Beger. Joh. Christ. Weigel excud. Fol. (6964.)

XVIII. JAHRHUNDERT.

Franz Xaver Habermann

siehe Seite 136.

10 Bl. Entwürfe zu Altären. Aus zwei Folgen. Joh. Georg Hertel exc. Verlags-Nr. 160 und 300. Fol. (7723 Sd.)

b) GRABDENKMÄLER (EPITAPHIEN).

1. DEUTSCHE SCHULE.

XVIII. JAHRHUNDERT.

Johann Jakob Haid

Zeichner und Kupferstecher zu Augsburg um 1740.

20 Bl. Grabdenkmäler, Urnen, Gedenktafeln u. dgl. J. J. Haid & Filius exc. qu. Fol. (7723 Sd.)

2. FRANZÖSISCHE SCHULE.

XVIII. JAHRHUNDERT.

Jean-Charles Delafosse

Architekt, geb. zu Paris 1734, gest. daselbst 11. Oktober 1789. Guilmard 217, 18.

4 Bl. Grabdenkmäler: Aus der Folge: Tombeau Antique. Joh. Georg Hertel exc. Verlags-Nr. 375. Fol. (7723 Sd.)

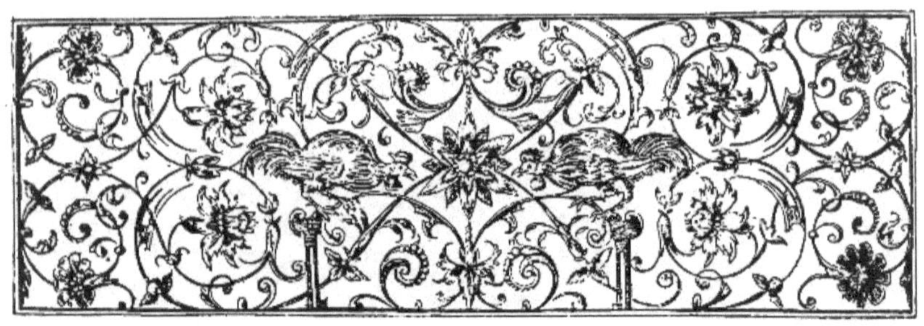

IV. SCHMIED- UND SCHLOSSERARBEITEN.

DEUTSCHE SCHULE.

XVII. JAHRHUNDERT.

UNBEKANNT

36 Bl. Reiß und Gesichter-Buch zu nutz allen Liebhabern des Schlosser-Handwercks dienlich zu gebrauchen. Schloßbleche und Türbeschläge. qu. Fol. (6652.)

XVIII. JAHRHUNDERT.

JOSEPH BAUMANN

Kupferstecher zu Augsburg um 1750. Guilmard 438, 72. Jessen, Katalog der Ornamentstichsammlung des Kunstgewerbemuseums zu Berlin 772.

4 Bl. Grabkreuze. Nr. 37—40 einer Folge von Schmiedearbeiten. M. Engelbrecht excud. Fol. und qu. Fol. (6965.)

JOHANN SAMUEL BIRCKENFELD

Kunstschlosser zu Augsburg um die Mitte des 18. Jahrhunderts.

20 Bl. Neu inventiert Lauberbuch, bestehend in 6 Theil denen anfängern der Zeichnung zum Nuzen oder vielmehr denjenigen welche keine gelegenheit haben sich informieren zu lassen. Durch Joh. Samuel Birckenfeld Schloßer Meister gezeichnet. Mart. Engelbrecht excud. Erster Teil: Nr. 1—8; Zweiter Teil: Nr. 9—16; Dritter Teil: Nr. 17—20. Fol. und qu. Fol. Vgl. Jessen, Katalog der Ornamentstichsammlung des Kunstgewerbemuseums zu Berlin 771. (6962.)

10*

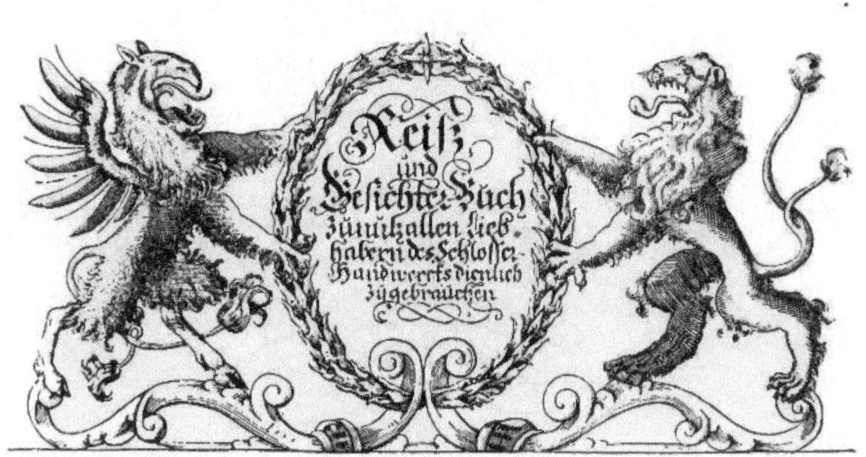

DEUTSCH, XVII. JAHRHUNDERT (6652)

DEUTSCH, XVII. JAHRHUNDERT (6652)

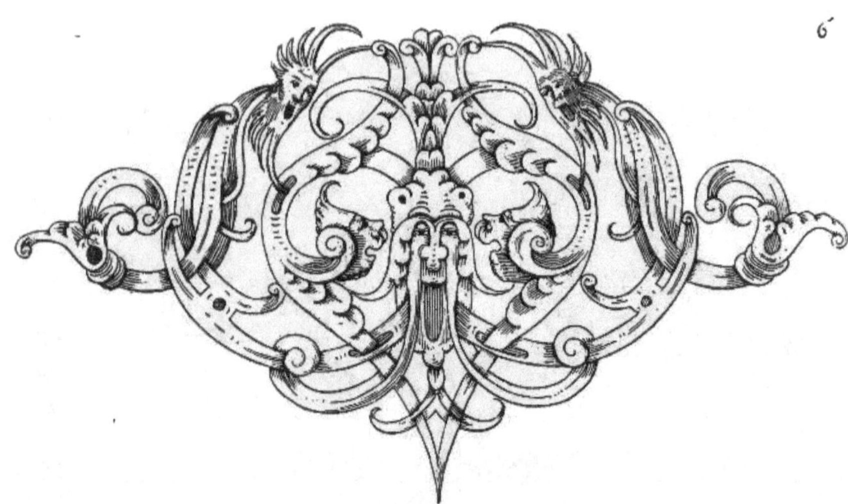

DEUTSCH, XVII. JAHRHUNDERT (6652)

DEUTSCH, XVII. JAHRHUNDERT (6652)

Emanuel Eichel

Kupferstecher und Zeichner zu Augsburg, geb. 1717, gest. 1782. Guilmard 447, 81.

2 Bl. Torgitter, Toraufsätze u. dgl. Joh. Georg Hertel exc. Fol. und qu. Fol. (8165.)

Carl August Grossmann

siehe Seite 136.

10 Bl. Neueste Schlosserarbeit, 1776. Torgitter, Stiegengeländer, Zierlichten, Hausschilder u. dgl. Aus 2 Folgen. Fol. (7723 Sd.)

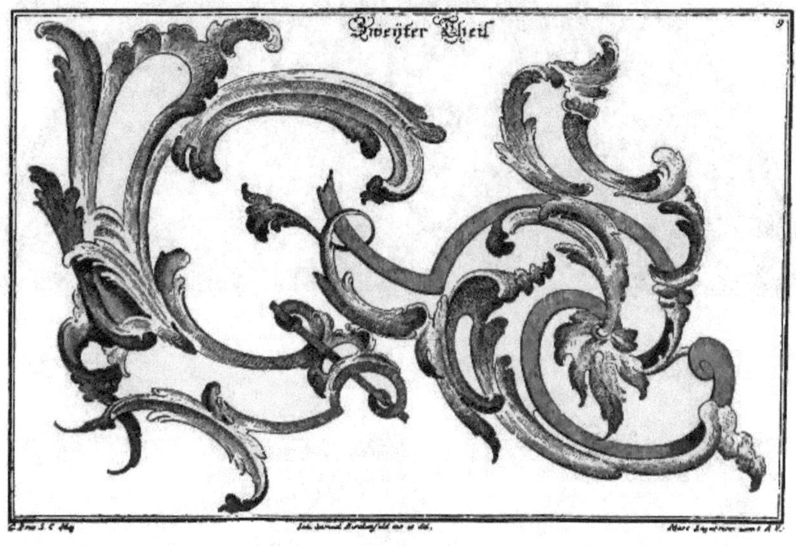

Johann Samuel Birckenfeld (6962 Sd.)

Franz Leopold Schmittner

Schlosser, später Kupferstecher, geb. zu Wien 1703, gest. daselbst 25. März 1761. Ilg in Mitteilungen des Österr. Museums 1887, 489.

Titel und 6 Bl. Neu inventiertes Schlosser Reiss-Buch. Gitter, Beschläge, Schlüssel, Hausschilde, Grabkreuz. Nr. 1—6, 8 einer Folge. Fol. Ilg 25. (7190.)

Ornamental Iron Work or Designs in the Present Taste, for Fan-Lights. Stair-case-railing, Window-guard-irons, Lamp-irons, Palisades, & Gates. With a Scheme for adjusting Designs with facility and accuracy to any Slope. Engraved on 21 plates. London, I. & J. Taylor, o. J. (um 1810). 4°. (B. Nr. 13219.)

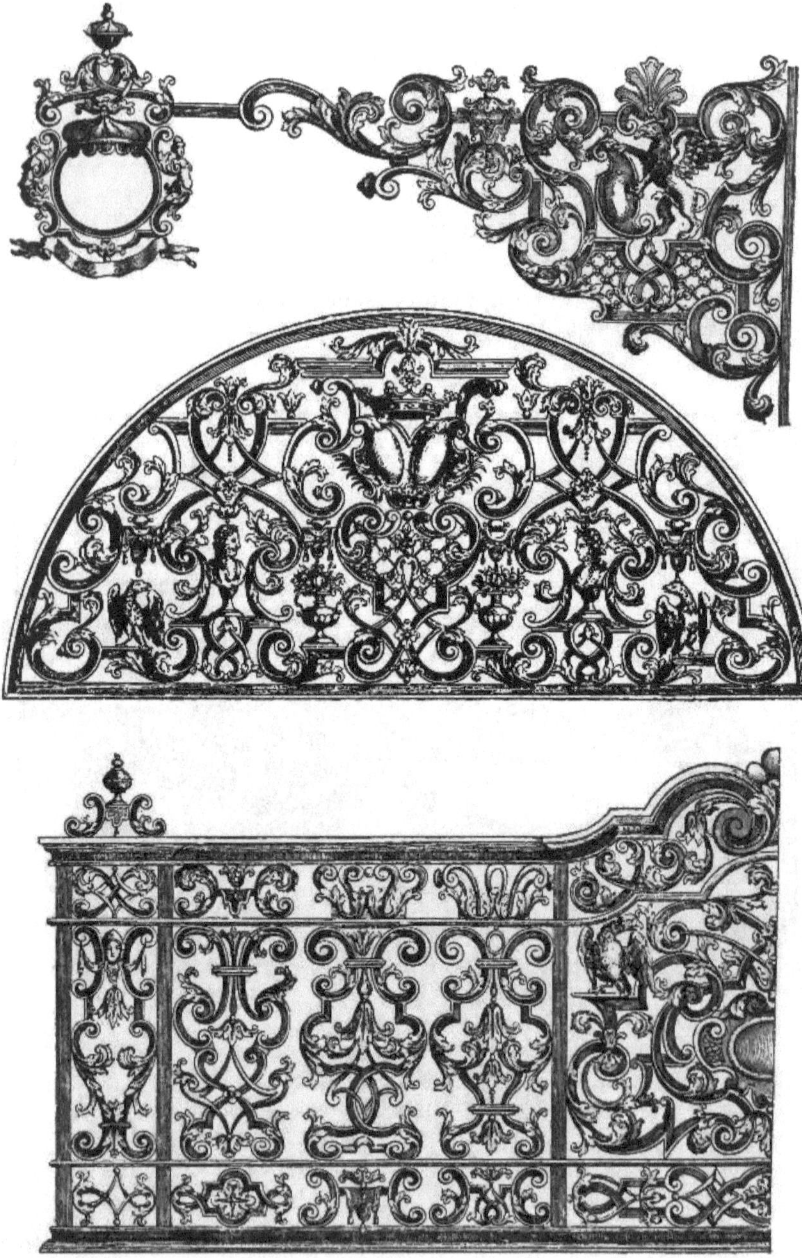

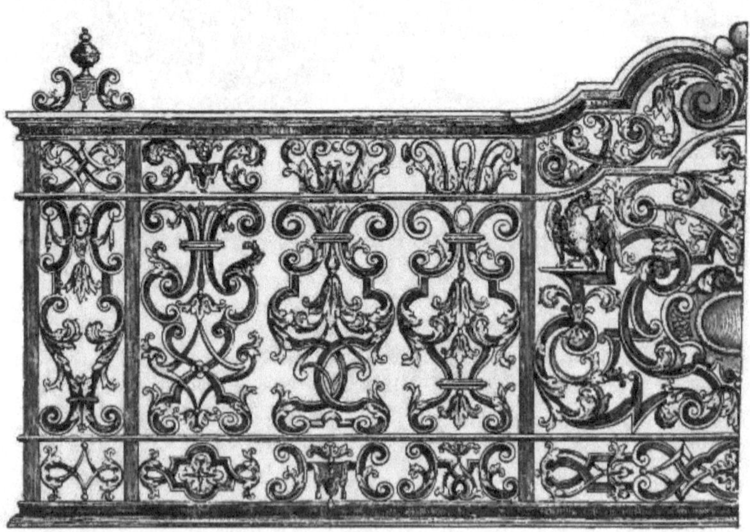

FRANZ LEOPOLD SCHMITTNER (7190)

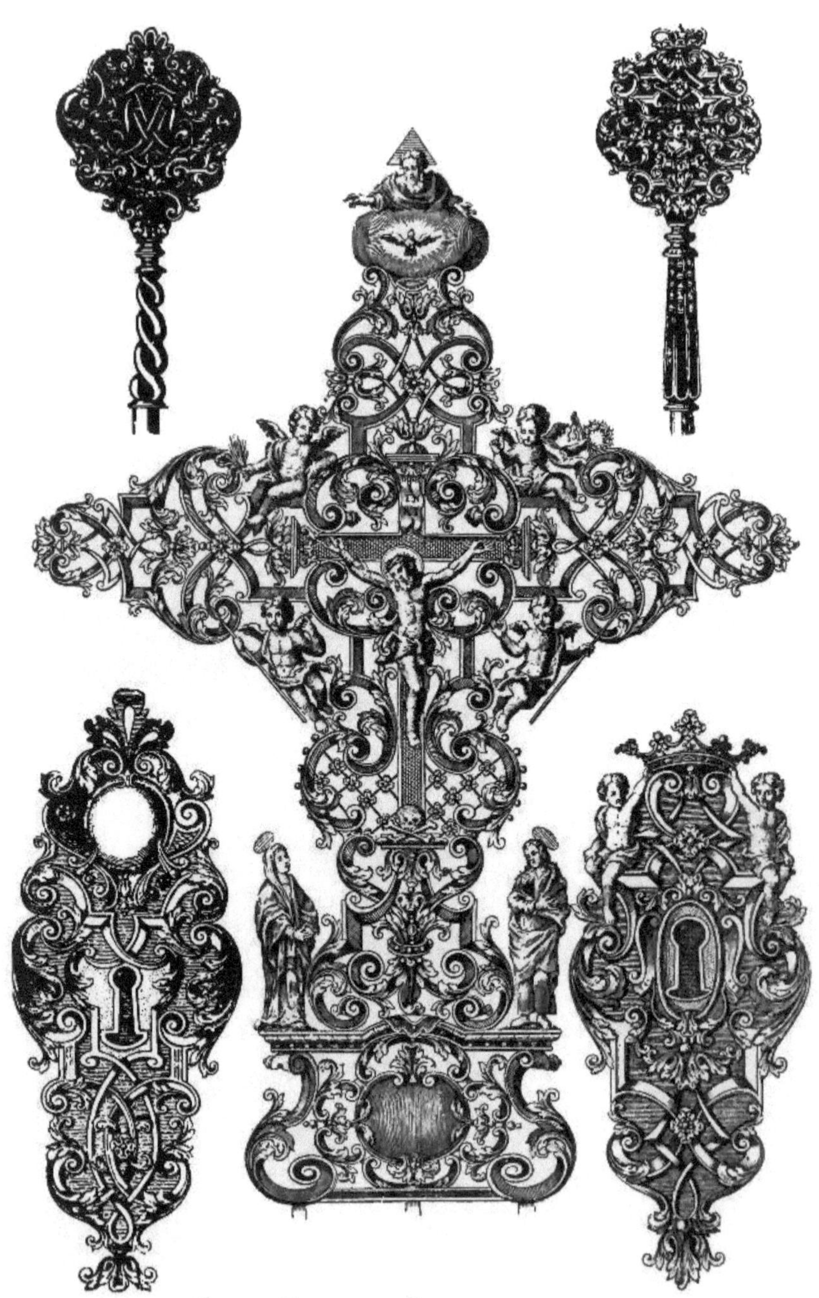

Franz Leopold Schmittner (7190)

V. WEHR UND WAFFEN. REITBÜCHER.

A. WAFFEN.

FRANZÖSISCHE SCHULE.

XVII. JAHRHUNDERT.

Hugues Brisville

Schlosser zu Paris um 1663.

8 Bl. Folge von Gewehrschlössern und anderen Gewehrbestandteilen. Nr. 1—8. Auf einem Gewehrschlosse (Bl. 4): Thuraine. qu. Fol. (6498.)

Unbekannt

Titel einer Folge von Gewehrschlössern. In der Mitte eine Schreibstube, herum Gewehrschlösser und Gewehrverzierungen mit den Namen von Mayer, de Neuf, Masson, Nanty, Druart und Choderlot zu Paris. qu. 4°. (6499.)

XVIII. JAHRHUNDERT.

Perrier

Kupferstecher und Verleger zu Straßburg um 1740.

Ansichten und Details von Gewehren. Bezeichnet: A. Strasbourg che Perrier, Md. d'Estempes. gr. qu. Fol. (6296.)

B. REITBÜCHER.

DEUTSCHE SCHULE.

XVIII. JAHRHUNDERT.

Johann Elias Ridinger

siehe Seite 58.

18 Bl. Neue Reit-Schul vorstellend einen vollkommenen Reuter in allen Lectionen. 1734. gr. Fol. Thienemann 628—645. (6632.)

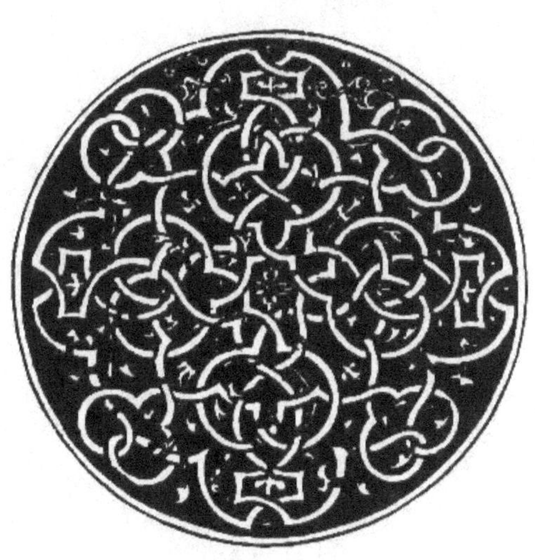

Balthasar Bosch (Sylvius, 7264)

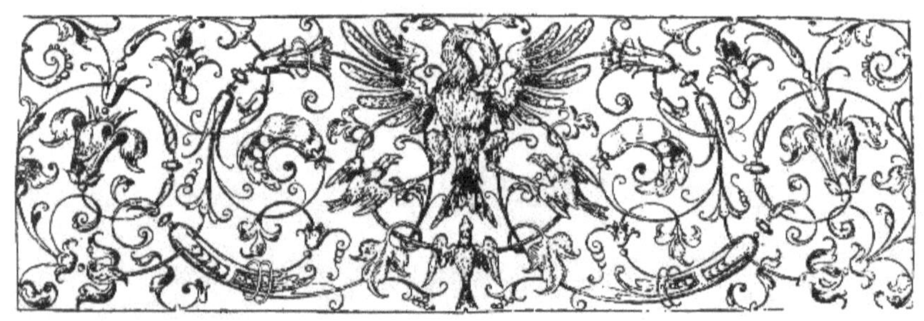

VI. UHREN.

1. DEUTSCHE SCHULE.

XVIII. JAHRHUNDERT.

CARL AUGUST GROSSMANN
siehe Seite 136.

Zwei reichverzierte Standuhren. Verlags-Nr. 30. Fol. (7723 Sd.)

JOHANN ESAIAS NILSON
siehe Seite 34.

Reichverzierte Standuhr mit den allegorischen Figuren der vier Tageszeiten. Fol. (7723 Sd.)

JOHANN JACOB SCHÜBLER
siehe Seite 145.

6 Bl. Unterschiedliche neu-inventirte Verkleidungen zu modernen Geographischen und Astronomischen Perpendicul-Uhren. Augsburg, Jeremias Wolff. Fol. (8164.)

2. FRANZÖSISCHE SCHULE.

XVII. JAHRHUNDERT.

Daniel Marot

siehe Seite 40.

6 Bl. Second Livre d'Orlogeries. Folge von Stand- und Taschenuhren, Spieldosen u. dgl. Fol. (6478.)

XVIII. JAHRHUNDERT.

Jean-François Forty

Zeichner, Kupferstecher, Gießer und Ziseleur zu Paris um 1775—1790. Guilmard 240, 65.

4 Bl. aus: Oeuvres de Sculptures en Bronze. Chereau exc. Heft F. Wanduhr, Nr. 5 der Folge, gestochen von Colinet, Heft G. Barometer, letztere deutsche Kopien. Fol. (6957.)

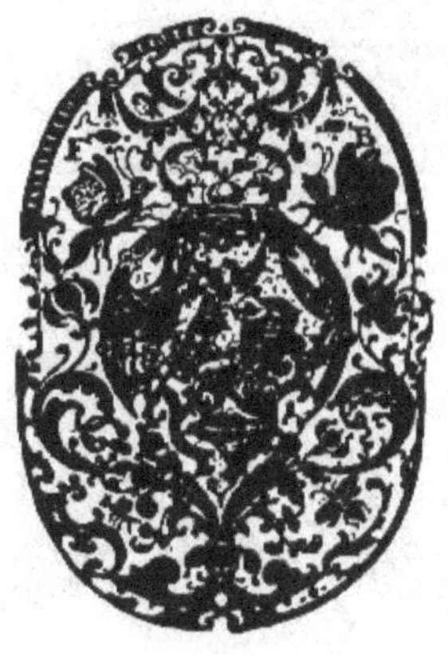

Floris Balthasar (6892)

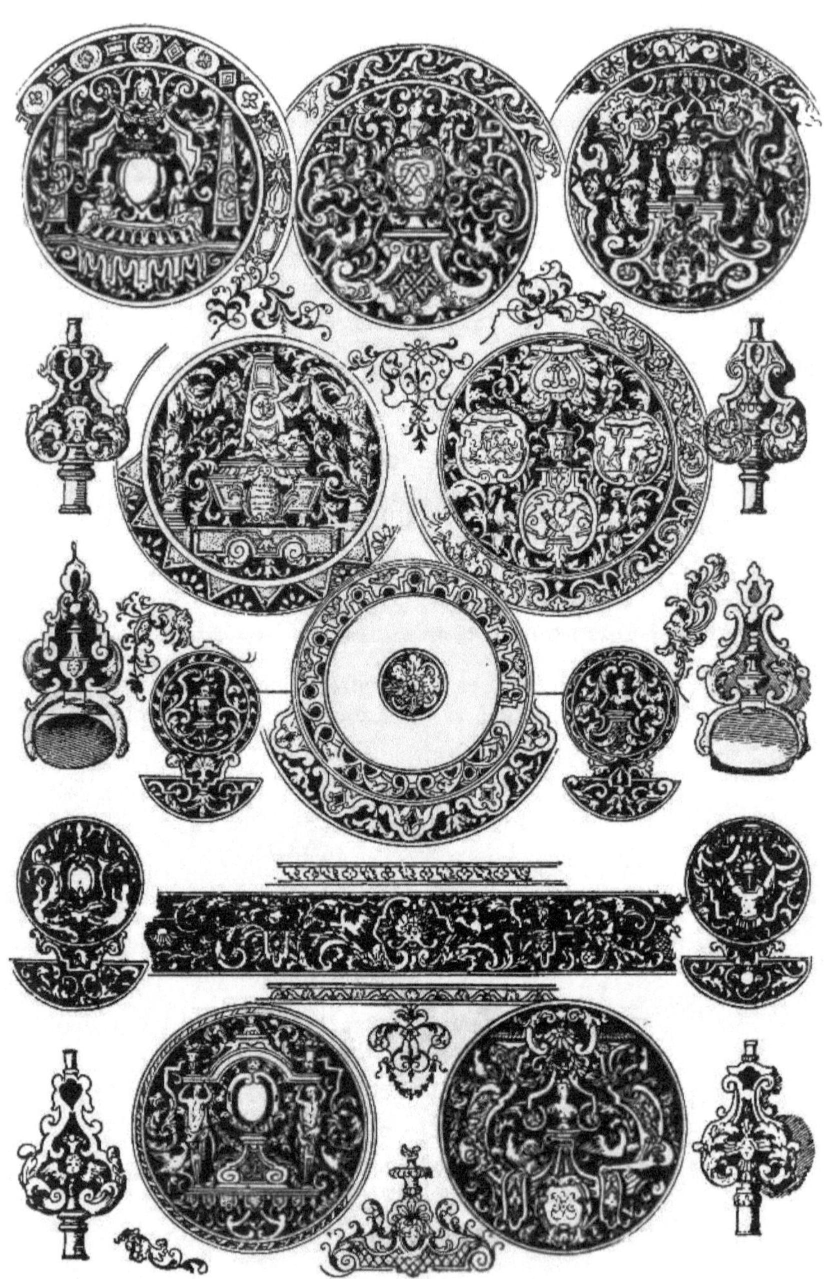

Daniel Marot (6478)

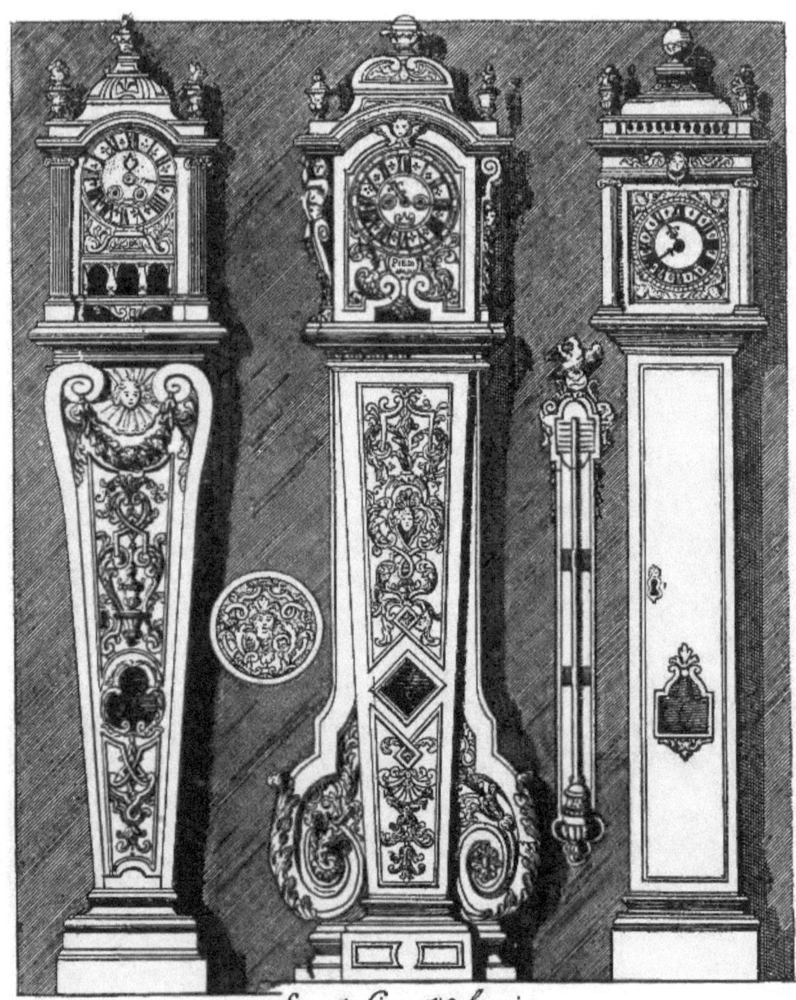

DANIEL MAROT (6478)

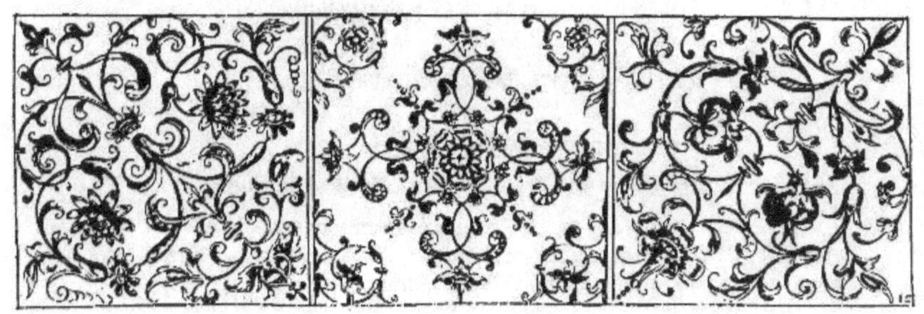

VII. GOLDSCHMIED- UND JUWELIERARBEITEN.

1. DEUTSCHE SCHULE.

XVI. JAHRHUNDERT.

Virgil Solis

siehe Seite 2.

Schmuckgehänge. Zwei Hälften. Die rechts mit einer hängenden Perle. Bezeichnet. Fehlt Bartsch und Passavant. H. 0·084, Br. 0·058. (7764 c.)

Drei Broschen übereinander, in der oberen und unteren je eine Büste, in der mittleren eine Landschaft. Bezeichnet. Fehlt Bartsch und Passavant. H. 0·076, Br. 0·060. (6469.)

Zierbeschläge mit zwei Waffentrophäen, in der Mitte ein Maskaron. Bezeichnet. Fehlt Bartsch und Passavant. H. 0·031, Br. 0·086. (6358.)

Mathias Zündt

Bildschnitzer, Goldschmied und Kupferstecher zu Nürnberg, in der zweiten Hälfte des 16. Jahrhunderts. Andresen I. 1. Nagler, Monogr. IV. 2280. Vgl. Ritter, Der »Meister der Kraterographie« in den Mitteilungen des Österr. Museums 1894, 72.

Zwei Broschen aus Rollwerk; in der Mitte der linksseitigen eine Satyrmaske, in der Mitte der rechtsseitigen ein Löwenkopf mit einer Schlange im Rachen. qu. 8⁰. A. 66. (6590.)

XVII. JAHRHUNDERT.

Johannes Hanias

Goldschmied und Kupferstecher zu Nürnberg um 1650.

6 Bl. Numerierte Folge von Goldschmiedornamenten, Weiß in Schwarz. Anhänger, Nadelbüchsen, Zierflächen, Blumenwerk u. dgl. Auf dem ersten Blatte: Johannes Hanias fecit. Anno 1650. 4⁰. (7091.)

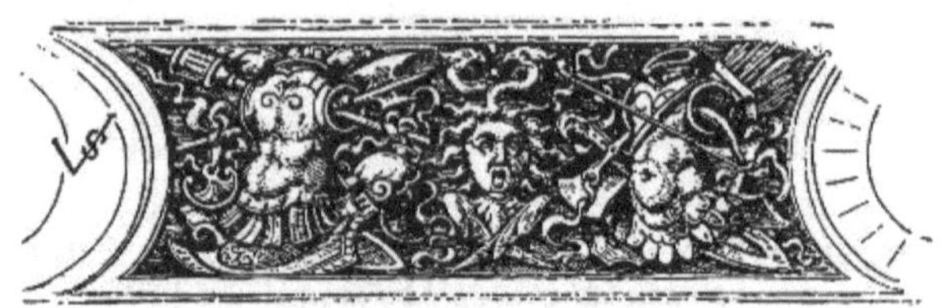

Virgil Solis (6358)

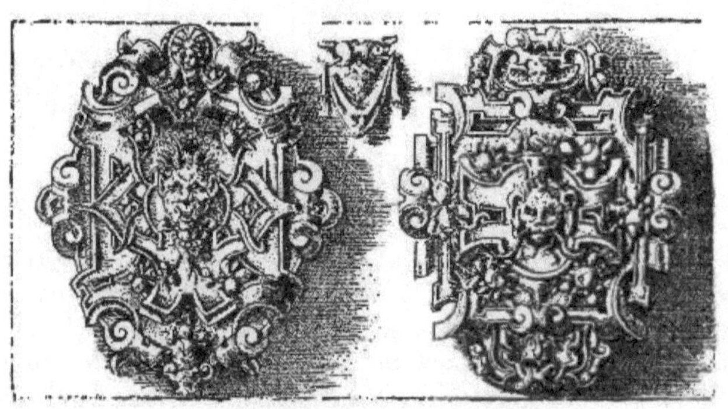

Mathias Zündt (6590)

XVIII. JAHRHUNDERT.

Abraham Drentwett d. Ä.

Goldschmied, Wachsbossierer und Ornamentzeichner zu Augsburg, geb. um 1647, gest. 1727.
Thieme-Beckers Künstlerlexikon IX. 550.

12 Bl. Ein neues Lauber- und Goldschmieds-Buch von allerhand raren Inventionen, sehr nutzlich zu gebrauchen. Zwei Theile. Num. 1—12. Ornamentfriese, Gefäße, Leuchter, Tische u. dgl. Joseph Friedrich Leopold

11*

excudit. Wandleuchter, Spiegel, Becken u. A. Auf Nr. 6: Albrecht Biller inv. et del. Fol. u. qu. Fol. (6336.)

8 Bl. Neue Inventiones von unterschidlich nüzlicher Silber-Arbeit, allen Goldschmiden und dergleichē Liebhabern zu dienst u. nuzen gezeichnet, von Abraham Drentwet in Augspurg. Inß Kupffer gebracht durch Joh. August Corvinum, und daselbst verlegt von Jeremias Wolff. Ornamente,

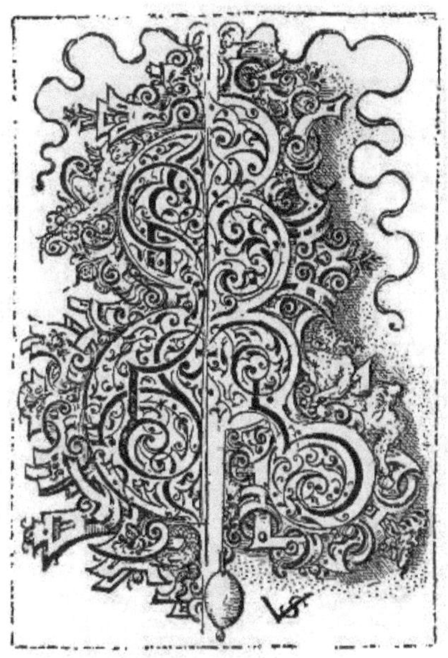

VIRGIL SOLIS (7764/c)

Wandleuchter, Spiegel, Tische, Stühle, Gefäße u. dgl. Fol. und qu. Fol. (6963.)

2. FRANZÖSISCHE SCHULE.

XVI. JAHRHUNDERT.

RENÉ BOYVIN

siehe Seite 12.

Drei Anhänger aus dem Livre de Bijouterie (Robert-Dumesnil 161—170). Paules de la Houue exc. qu. 8⁰. Duplessis pl. 17. (8166.)

Abraham Badollet

Kupferstecher um 1700.

5 Bl. Ornamente für Goldschmiede und Graveure. Dosen, Flakons, Uhrdeckel u. dgl. qu. Fol. (6409.)

XVII. UND XVIII. JAHRHUNDERT.

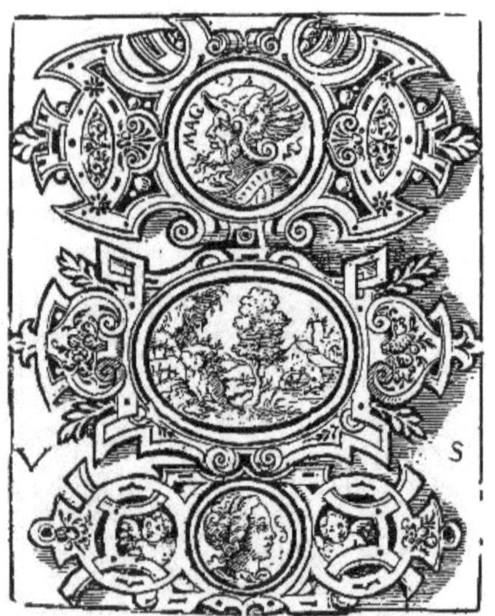

Virgil Solis (6469)

Jacques Caillard

Goldschmied zu Paris um 1627.

Agraffe aus Blumenwerk. Bl. 2 einer Folge von Goldschmiedornamenten. Fol. (8168.)

Étienne-Joseph Daudet

Goldschmied und Kupferstecher, arbeitete in Lyon um 1684—1690.

Dosendeckel, Kreuz, Friese, Zierflächen u. dgl. Weiß in Schwarz. Aus dem Nouveau Livre d'Ornements 1689. qu. Fol. (6595.)

Simon Gribelin d. J.

Goldschmied, Kupferstecher und Verleger, geb. zu Paris 1662, gest. in London um 1733.

Reichverzierte Dosendeckel und Breloques. Nummer 8 einer Folge. Fol. (6596.)

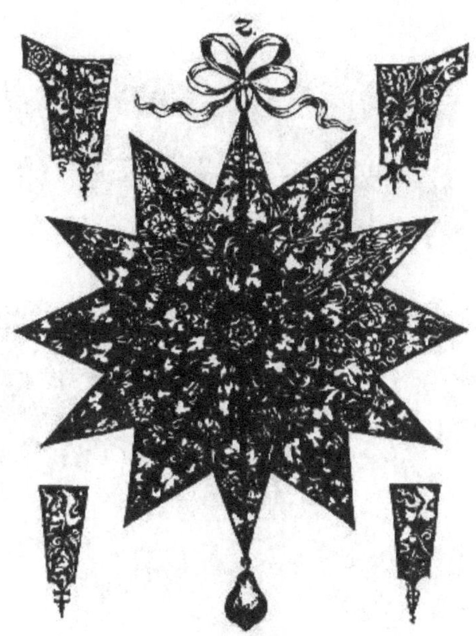

Johannes Hanias (7091)

3. NIEDERLÄNDISCHE SCHULE.

XVI. JAHRHUNDERT.

Johann Theodor de Bry

Kupferstecher, geb. zu Lüttich 1561, gest. zu Frankfurt a. M. 1623. Nagler, Monogr. III. 1618. Wurzbach, Niederländisches Künstlerlexikon I. 219.

Zwei Messerhefte mit Judith und David. Unten das Zeichen. 8°. Nagler, Monogr. I. 1756. (6891.)

XVIII. JAHRHUNDERT.

L. VAN DER CRUYCEN

Goldschmied zu Brüssel um 1770.

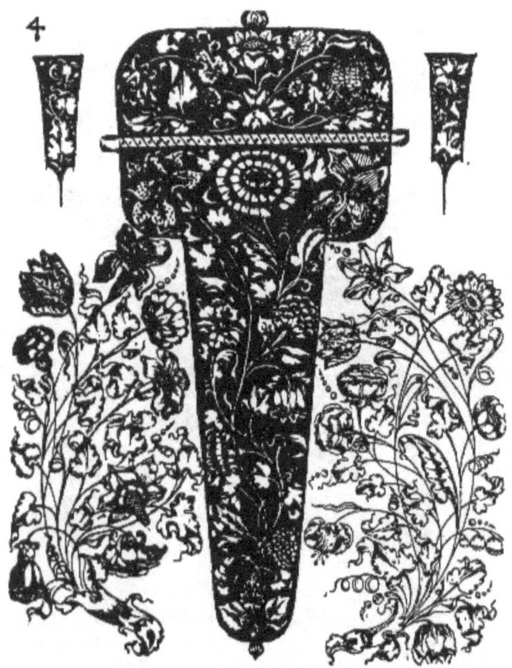

JOHANNES HANIAS (7091)

3 Bl. einer Folge von Goldschmiedearbeiten: Nouveau Livre de Desseins etc. Kamm, Agraffen, Anhänger, Stockgriffe. (2 Bl. Nachstiche.) qu. Fol. (8167.)

Winter, A. de, 24 Bl. Verscheyde Nieuwe en Seer Aardige Geinventeerde Compartemente en Sinrycke Emblemataas of Sinnebeelde seer Dienstigh voor Silversmeede, Wapensnyders en Alle Andere Liefhebbers van Konst en Weetenschap. Zwei Teile. Die Titel auch in französischer Sprache. Amsterdam. C. Danckerts exc. Sinnbilder in Kartuschen. Auf 12 Bogen je 2 Blätter. Num. 1—24. qu. Fol. (6959.)

4. ITALIENISCHE SCHULE.

XVI. JAHRHUNDERT.

Unbekannt

Messerheft mit Trophäen von Musikinstrumenten und Waffen. Nielle. Höhe 0·070, Breite 0·014. (6900.)

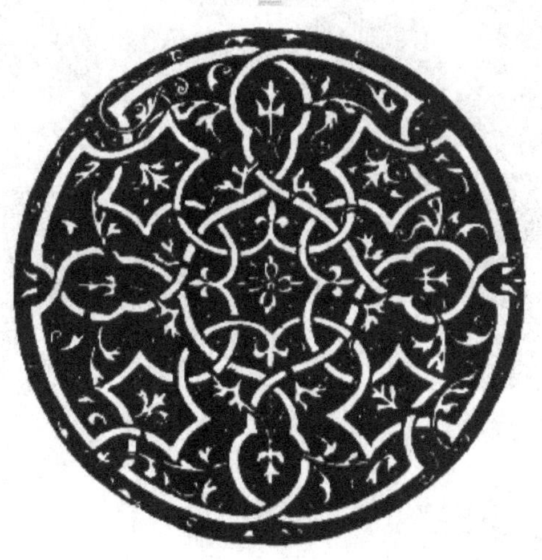

Balthasar Bosch (Sylvius, 7264)

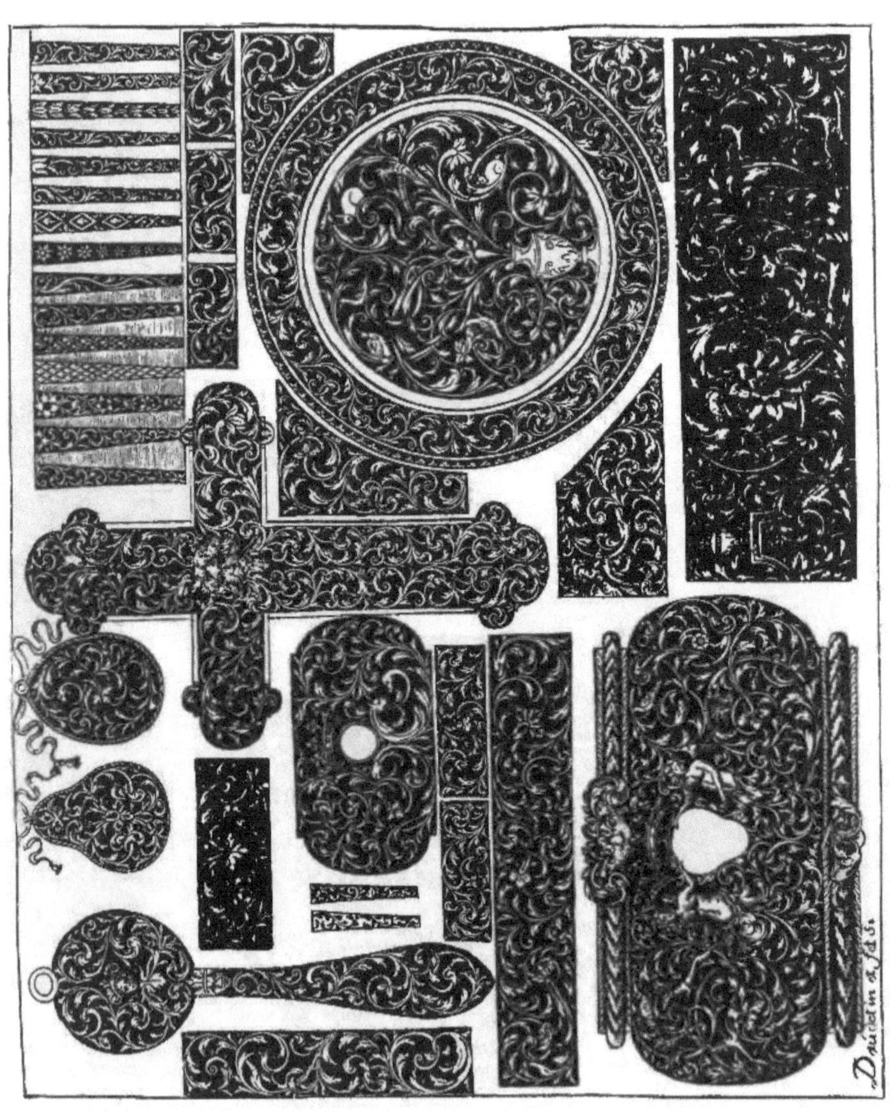

ÉTIENNE-JOSEPH DAUDET (6595)

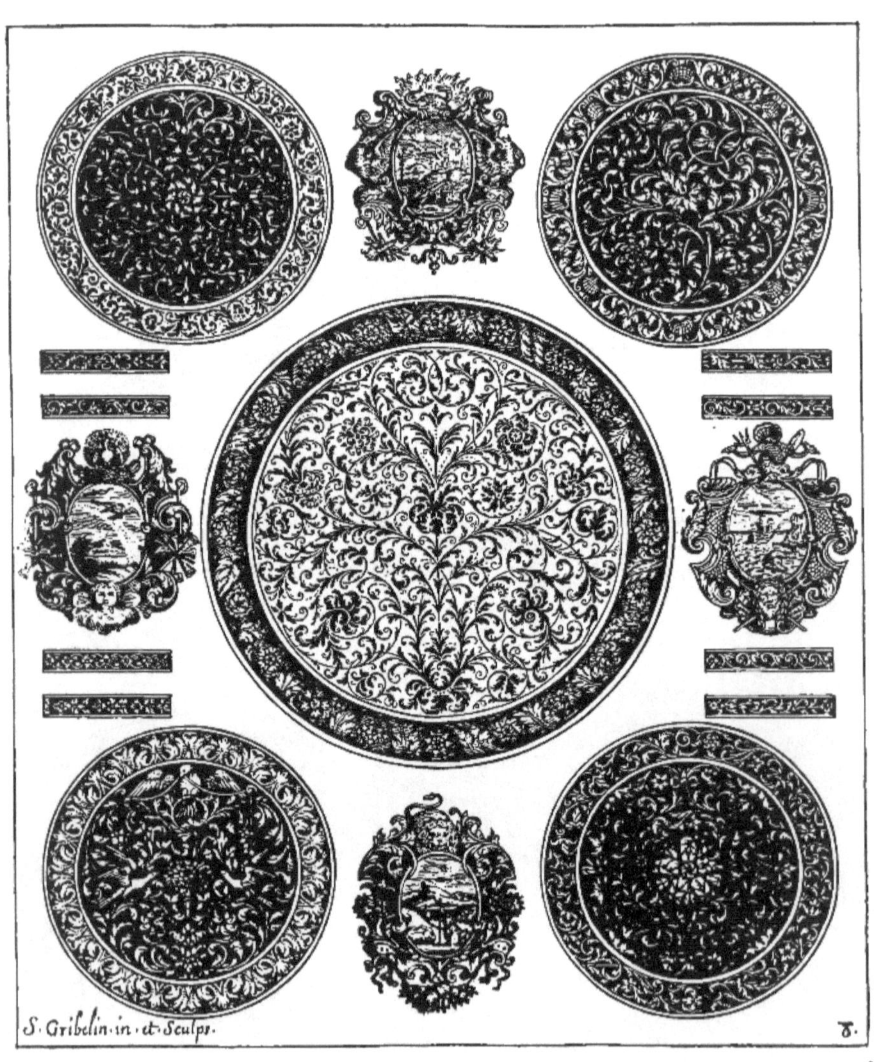

SIMON GRIBELIN D. J. (6596)

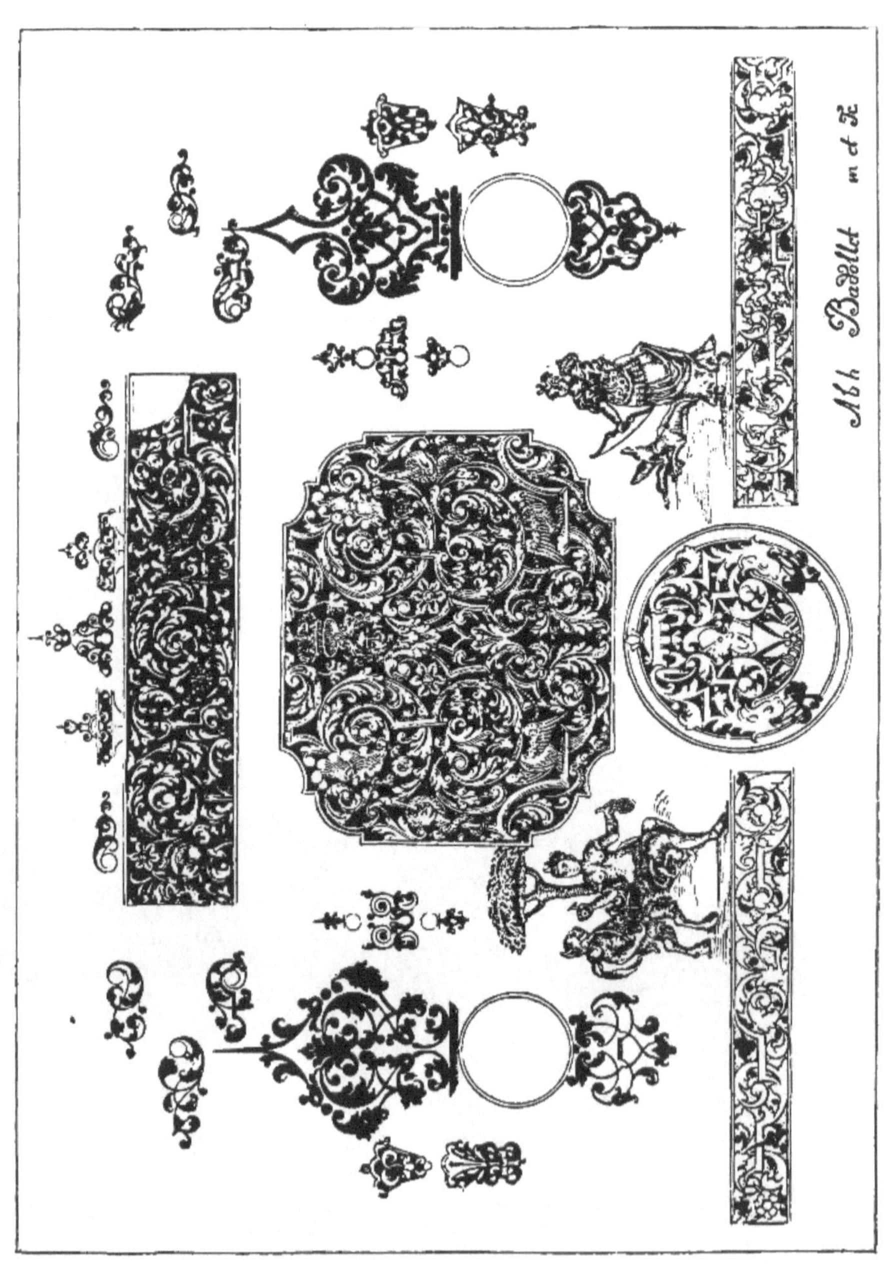

ABRAHAM BADOLLET (6409)

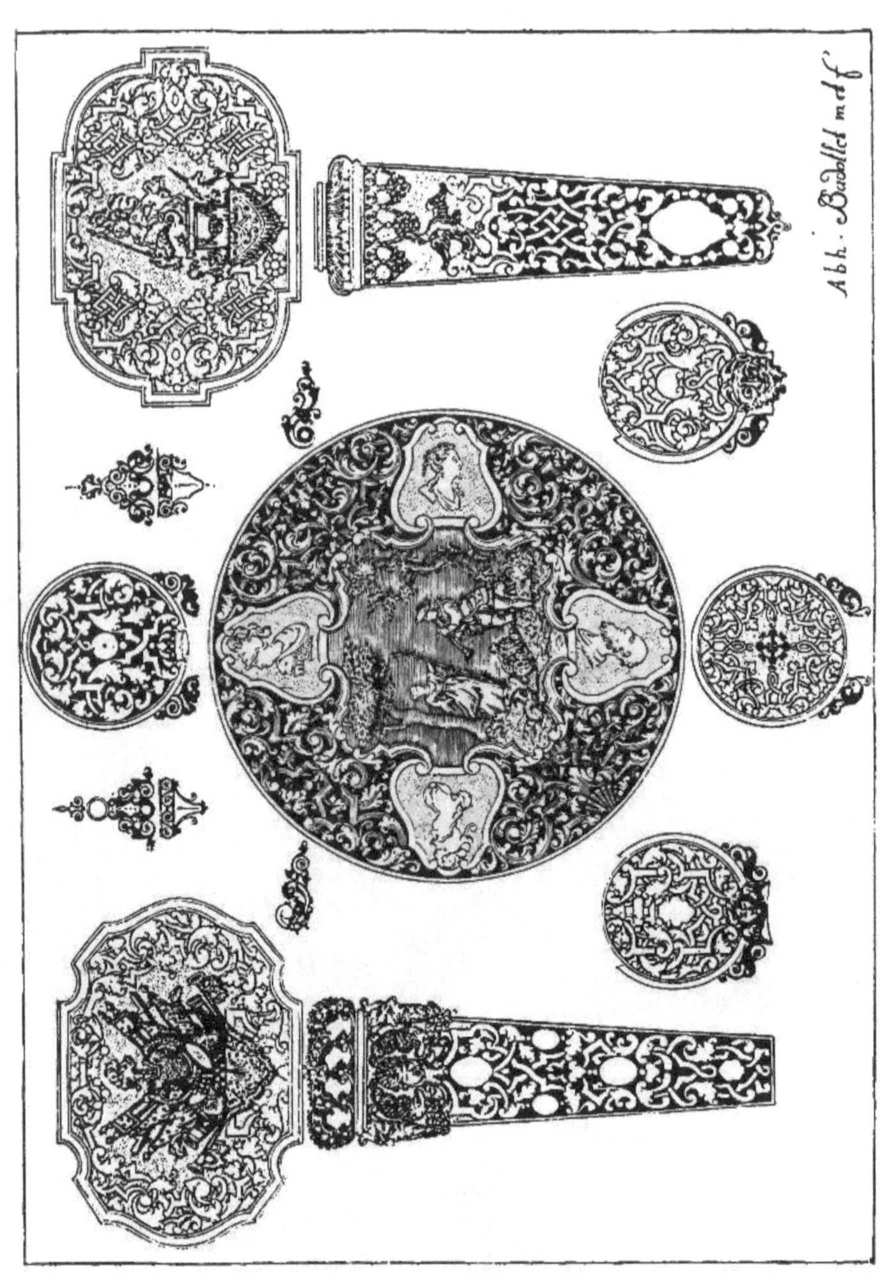

Abraham Badollet (6409)

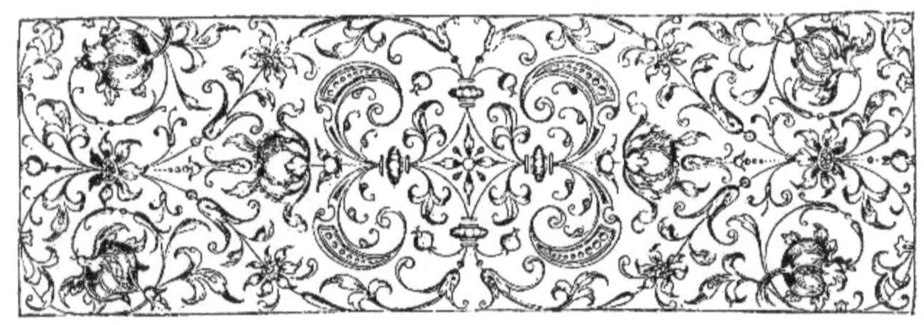

VIII. GEFÄSSE UND GERÄTE.

A. WELTLICHE GEFÄSSE UND GERÄTE.

a) GEFÄSSE.

(Siehe auch Punzenarbeiten.)

1. DEUTSCHE SCHULE.

XVI. JAHRHUNDERT.

PETER FLÖTNER

Flettner, Bildschnitzer, Goldschmied, Plakettenkünstler, Kunsttischler und Formschneider zu Nürnberg, geb. im Thurgau(?) um 1485, gest. zu Nürnberg 23. Oktober 1546. Bartsch IX. 162. Passavant III. 253. Nagler, Monogr. IV. 2935. Lichtwark, Der Ornamentstich der deutschen Frührenaissance 144. Reimers. Röttinger. Hampe in Thieme-Beckers Künstlerlexikon XII. 108.

Kanne, der Henkel links. Der Rand des Ausgusses ist mit Flechtband besetzt. Um den Körper legt sich links und rechts eine Muschel. Unten links ein Täfelchen mit den Initialen des Meisters, rechts die Werkzeuge. Holzschnitt. H. 0·103, Br. 0·070. Reimers 76, ohne B. V. oben. Röttinger 62. (6359.)

HANS SIBMACHER

siehe Seite 30.

Reiche Becherverzierung. In der Mitte eine männliche Figur mit einem Krug in der Linken. Oben links die Nummer 13. Unbezeichnet. Aus

12

der Folge: Fysirvngen zvm Verzeichnen für die Goldtschmidt, Nürnberg 1590. Fehlt Andresen und Schorn, Entwürfe für Goldschmiede von Johann Sibmacher. Vgl. Reynard, pl. 7, 54. Radiert. H. 0·133, Br. oben 0·092, unten 0·064. (6439.)

Virgil Solis

siehe Seite 2.

Doppelbecher. Fol. B. 524. Bergau 2. (7092.)
Gießkanne. Auf dem Körper des Gefäßes links ein Maskaron, rechts ein Adler. Fol. B. 528. Bergau 48. (7093.)
Gießkanne. Auf dem Fuß ein Maskaron zwischen zwei Adlern. Fol. B. 529. Bergau 45. (7094.)
Gießkanne. Auf dem Körper des Gefäßes eine Schildkröte zwischen zwei Eidechsen. Fol. B. 530. Bergau 46. (7095.)
Pokal mit Deckel. Auf dem Fuße zwei Satyrn. Fehlt Bartsch und Passavant. H. 0·240, Br. 0·123. Bergau 26. (7096.)
Drei Pokale, eine Schale, ein Gefäßfuß, ferner die Hälfte eines Leuchters und eines Pokales auf einem Blatte. Der Hintergrund querschraffiert. Bezeichnet. Fehlt Bartsch, Passavant und Bergau. H. 0·128, Br. 0·086. (6424.)

Mathias Zündt (Meister vom Jahre 1551)

siehe Seite 162.

Doppelschale, am Fuße mit Muscheln verziert. Fol. Bergau 2. (6927.)
Doppelschale, mit Muscheln verziert. qu. Fol. Bergau 6. (6925.)

XVIII. Jahrhundert.

Johann Erhard Heiglen

Goldschmied zu Augsburg um 1720. Vgl. Jessen. Katalog der Ornamentstichsammlung des Kunstgewerbemuseums zu Berlin 641.

5 Bl. Reich verzierte Geschirre in Grund- und Aufrissen, mit ornamentalen Details. Johann Erhard Heiglen inv. et fecit. Joh. Jacob Baumgartner excud. (1721). qu. Fol. (6540.)

Gottlieb Friedrich Riedel

Maler und Kupferstecher, geb. zu Dresden 1724, gest. zu Augsburg 1784. Guilmard 460, 125.

4 Bl. Vasen. Joh. Gradmann exc. Verlags-Nr. 4. qu. Fol. (7723 Sd.)

Georg Friedrich Schmidt

Zeichner, Kupferstecher und Radierer, geb. in Schönerlinde bei Berlin 24. Jänner 1712, arbeitete zu Paris, St. Petersburg und Berlin; gest. zu Berlin 25. Jänner 1775. Jacobi. Wessely.

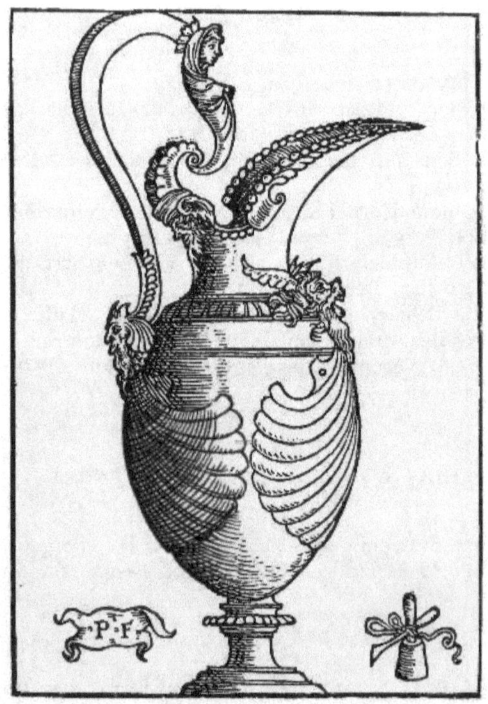

Peter Flötner (6359)

Henkelkanne, an der Leibung Festons, am Fuße drei Kinderköpfe. 1774. Radiert. Fol. Jacobi 180. (6700.)

Unbekannt

4 Bl. Entwürfe zu reich verzierten Becken und Schalen. Über den Stichrand beschnitten. qu. Fol. (6541.)

12*

2. FRANZÖSISCHE SCHULE.

XVII. JAHRHUNDERT.

Jean Marot

Architekt, Zeichner und Kupferstecher, geb. zu Paris 1619 (?), gest. daselbst 15. Dezember 1679.

Titel und 15 Bl. Divers Vases. Fol. (8075 Sd.)

XVIII. JAHRHUNDERT.

Gille-Paul Cauvet

Architekt, Bildhauer und Zeichner, geb. zu Aix 1731, gest. zu Paris 1788.

4 Bl. Vasen. Joh. Georg Hertel exc. Verlags-Nr. 377. Fol. (7723 Sd.)

Jean-Charles Delafosse

siehe Seite 146.

6 Bl. Vasen. Joh. Georg Hertel exc. Verlags-Nr. 274. Fol. (7723 Sd.)

Jacques-François Saly

Bildhauer und Radierer, geb. zu Valenciennes 20. Juni 1717, gest. zu Paris 4. Mai 1776.

Titel und 30 Bl. Folge der Vasen. Rom 1746. Radiert. Fol. (6483.)

b) GERÄTE.

1. FRANZÖSISCHE SCHULE.

XVII. JAHRHUNDERT.

Alexis Loir

Goldschmied und Kupferstecher, geb. zu Paris 1640, gest. daselbst 14. April 1713.

6 Bl. Nouveaux Dessins de Guéridons. Folge der Leuchterentwürfe. Paris, N. Langlois fils. Fol. (6476.)

Britannia Metal. A Sample Book of Tea- and Coffee-Plate, Salt-Boxes, Spoons, Knives, Forks, Bowls, Cups, Baskets, Mugs, Pots, Candlesticks, Consoles etc. etc. 222 Blätter Kupfertafeln mit Fig. Nr. 1–157, 374–440, 442–496, 503–517, 525–693, 900–915, 917–929. London, 1790. qu. Fol. (B. Nr. 15459.)

6 Bl. Dessins de Brasiers. Entwürfe für Kohlenbecken. Paris, P. Mariette. qu. Fol. (6477.)

XVIII. JAHRHUNDERT.

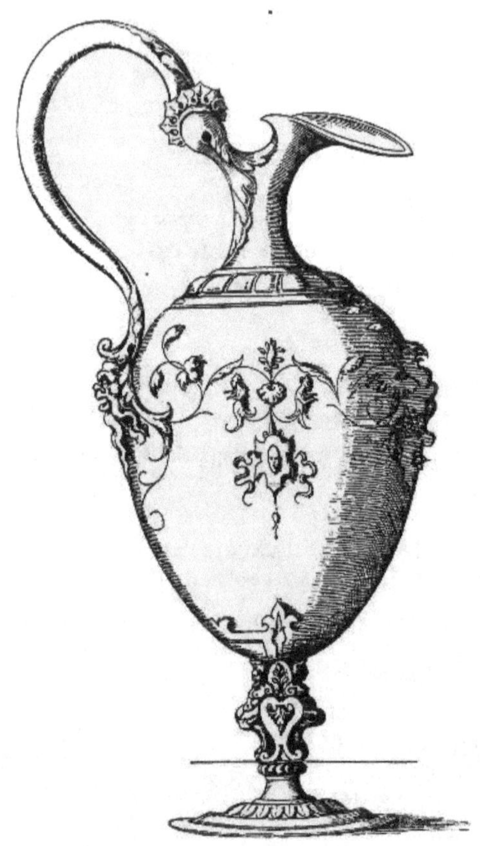

VIRGIL SOLIS (7093)

JEAN-FRANÇOIS FORTY

siehe Seite 158.

17 Bl. aus Oeuvres de Sculptures en Bronze. Heft A. 6 Bl., Armleuchter, Nr. 1—6 der Folge. Heft C. 5 Bl., Feuerböcke, Nr. 2—6 der Folge. Heft E. 3 Bl., Wandleuchter, ohne Nr. Heft H. 3 Bl., Kronleuchter, Nr. 1, 3, 5 der Folge. Gestochen von Colinet und A. Foin. Fol. und qu. Fol. (6956.)

2. NIEDERLÄNDISCHE SCHULE.

XVII. JAHRHUNDERT.

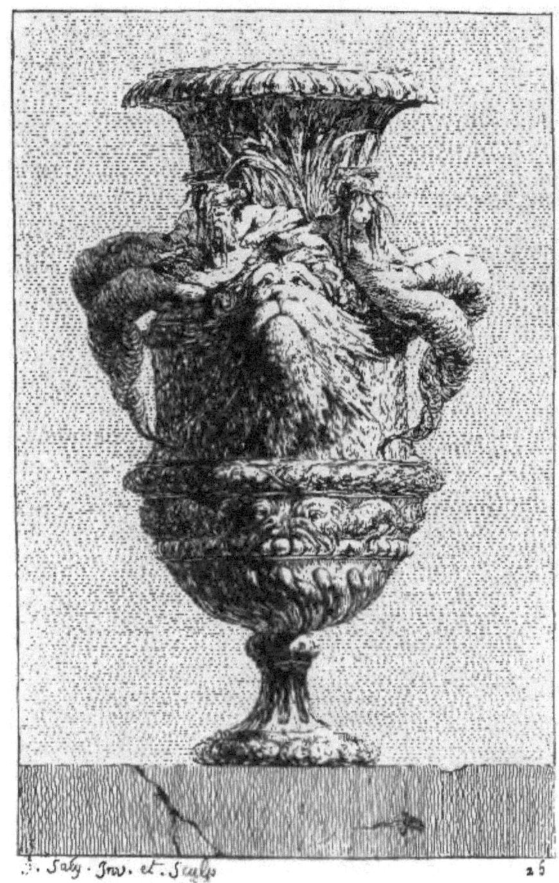

JACQUES-FRANÇOIS SALY (6483 Sd.)

ADRIAN DE WINTER

Zeichner und Kupferstecher zu Amsterdam 1675—1700.

9 Bl. Nieuwe Hang-blakers en Kerckroonen Seer Dienstigh voor Silversmidts, Dryvers en Beelthouwers. Amsterdam, Cornelis Danckerts. Kron- und Wandleuchter. Nr. 1—9. Je drei Blätter auf einem Bogen. qu. Fol. (6960.)

3. ENGLISCHE SCHULE.

XVIII. JAHRHUNDERT.

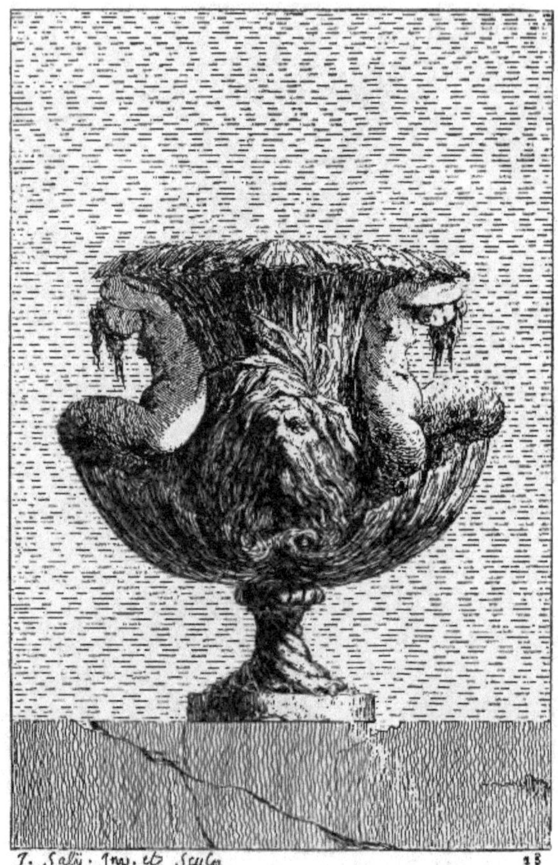

JACQUES-FRANÇOIS SALY (6483 Sd.)

G. WILSON

Kupferstecher zu London um 1797.

The Lady's Adviser, Physician & Moralist. Sechs Medaillons. Entwurf für einen Fächer. Mit der Adresse von Ashton & Co., London 1797. gr. qu. Fol. (6945.)

B. KIRCHENGEFÄSSE UND KIRCHENGERÄTE.

1. DEUTSCHE SCHULE.

XVII. JAHRHUNDERT.

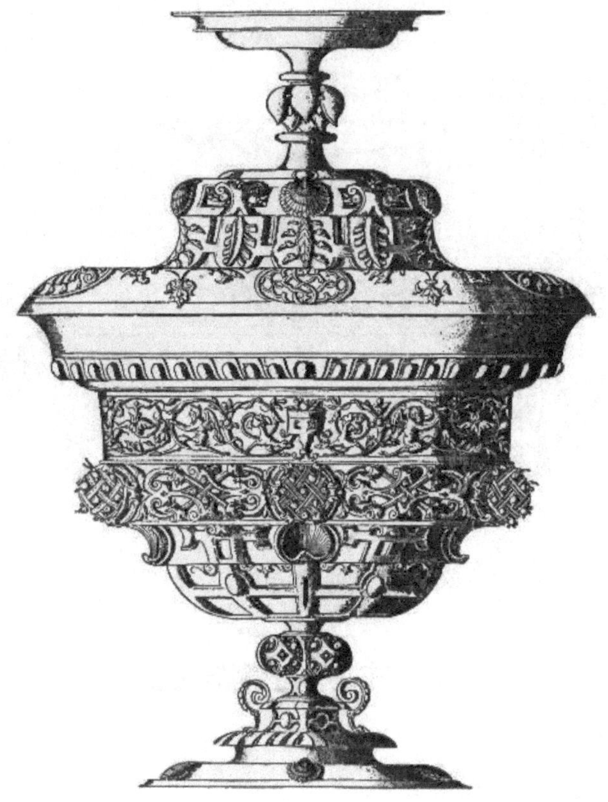

MATHIAS ZÜNDT (MEISTER VOM JAHRE 1551) (6927)

WENZEL HOLLAR

siehe Seite 80.

Die Heiligtümer zu Aachen. Aus Noppius Aacher-Chronik, Köln 1632. qu. Fol. P. 230, vor Hollars Namen und vor den Nummern. (7889.)

2. FRANZÖSISCHE SCHULE.

XVI. JAHRHUNDERT.

Jacques Androuet Du Cerceau

siehe Seite 136.

5 Bl. Kelch, Kandelaber, Leuchter und Becken. Aus der Folge »Orfèvrerie d'Eglise«. Radiert. Fol. und qu. Fol. Vgl. Ritter in Mitteilungen des Österr. Museums 1894, 178. (7073, 7074.)

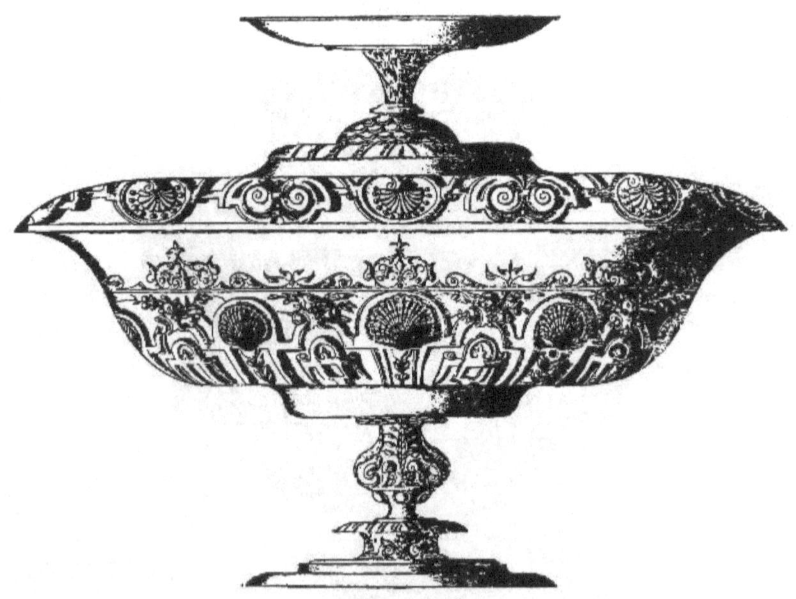

Mathias Zündt (Meister vom Jahre 1551) (6925)

3. ITALIENISCHE SCHULE.

XVI. JAHRHUNDERT.

Antonio Gentile

Goldschmied und Radierer aus Faenza, arbeitete in Rom in der zweiten Hälfte des 16. Jahrhunderts.

Das silberne Kreuz auf dem Hochaltar der St.-Peters-Kirche zu Rom, geschenkt von Kardinal Alexander Farnese 1582. Höhe 1'690, Breite 0'580. (Aus fünf Teilen bestehend.) (7413.)

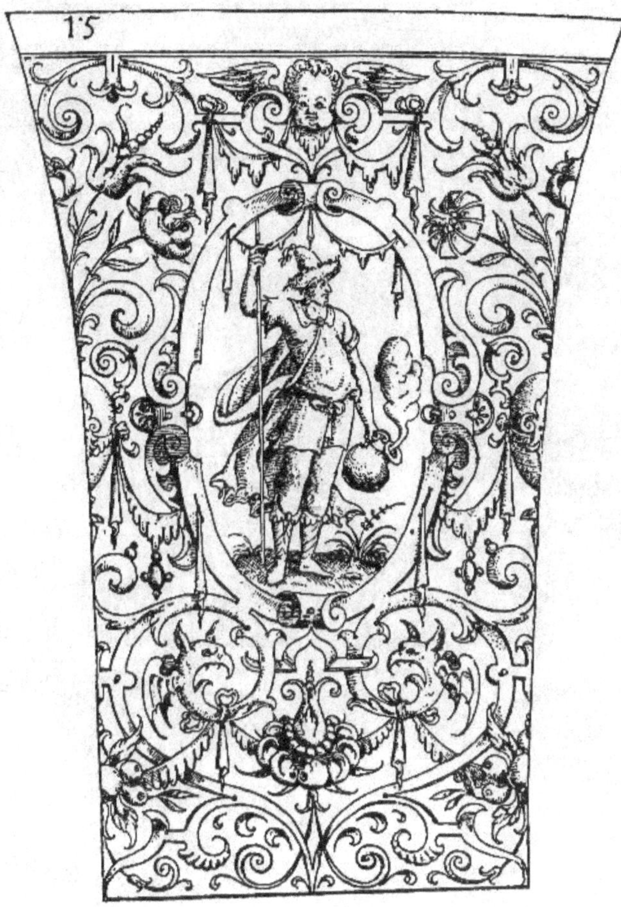

HANS SIBMACHER (6439)

GIACOMO LAURENTIANI

Bildhauer, Zeichner und Radierer zu Rom in der ersten Hälfte des 17. Jahrhunderts.

3 Bl. Zwei Kelche und eine Ampel. Aus der Folge: Opere per Argentieri ed Altri, 1632. Radiert. Fol. (7229, 7230.)

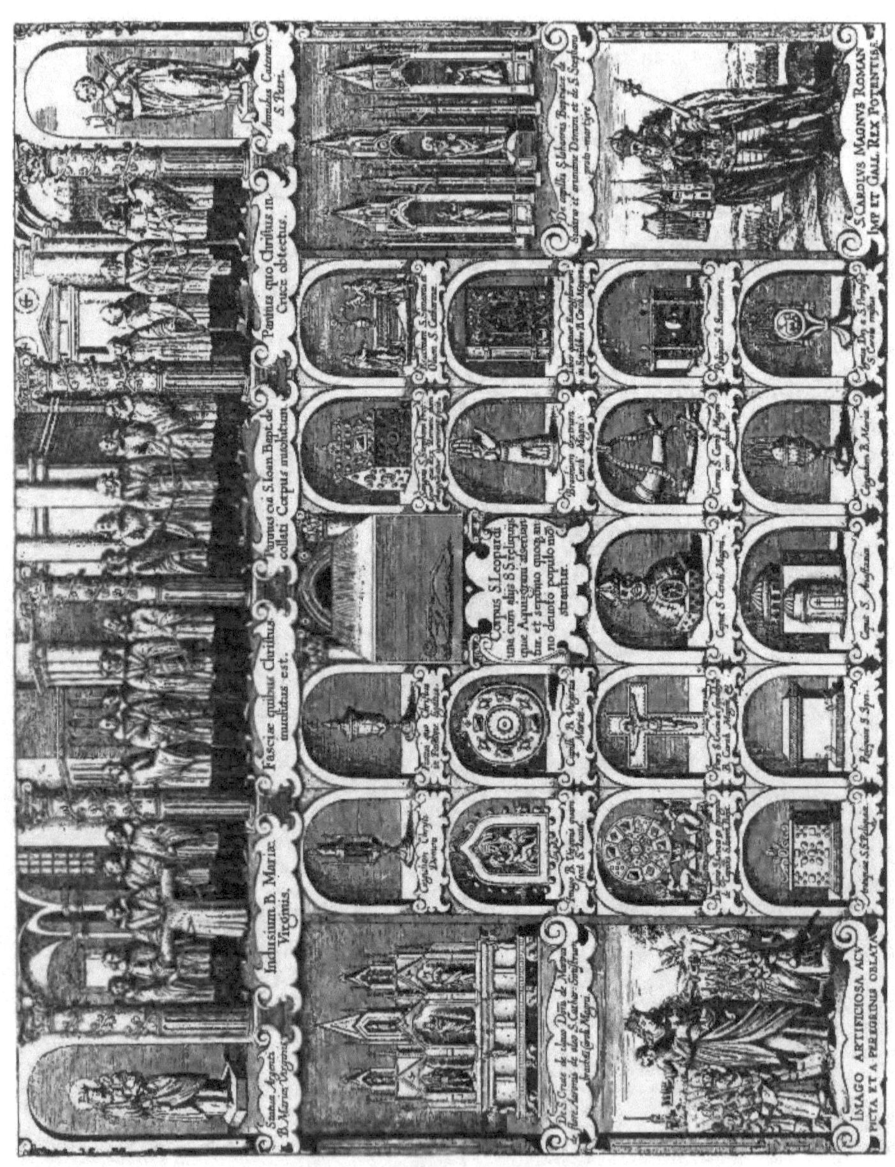

Wenzel Hollar (7889)

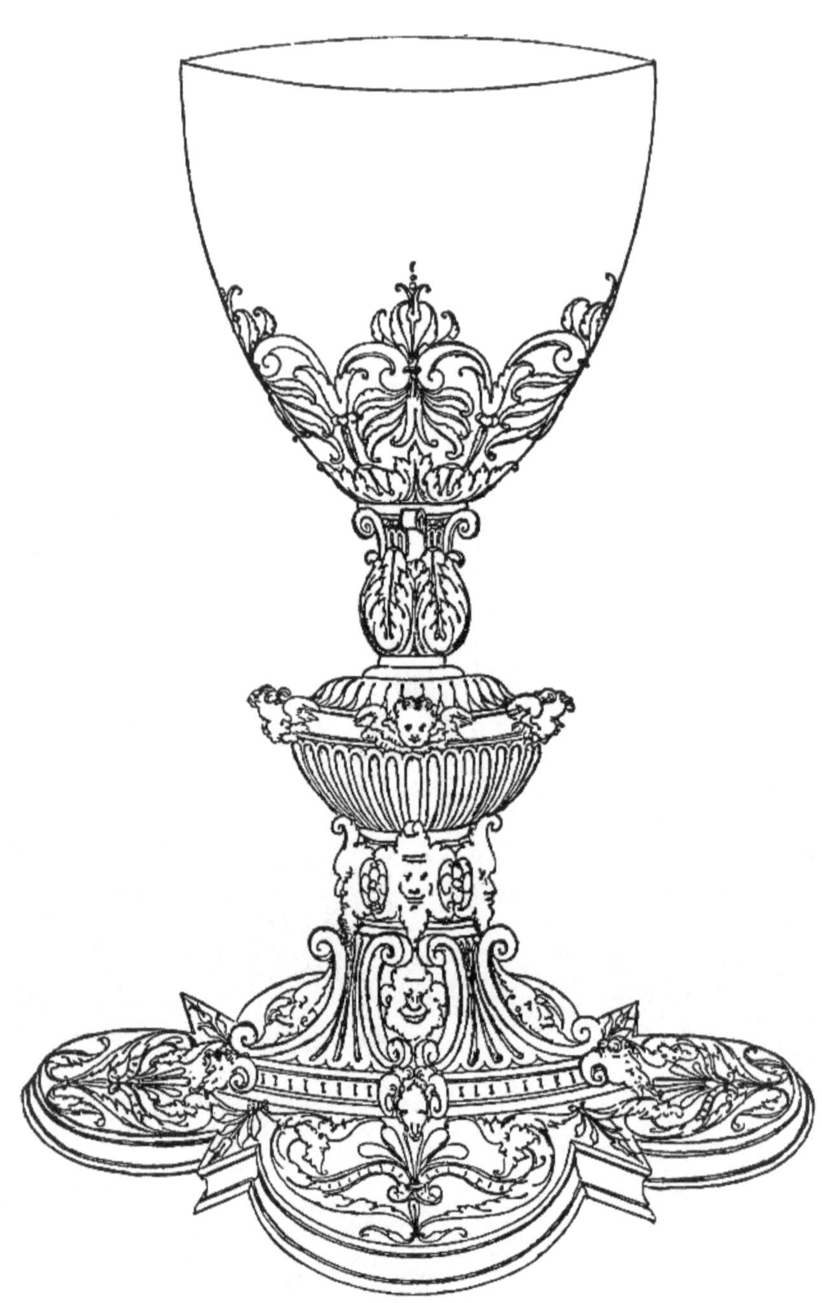

Jacques Androuet du Cerceau (7073)

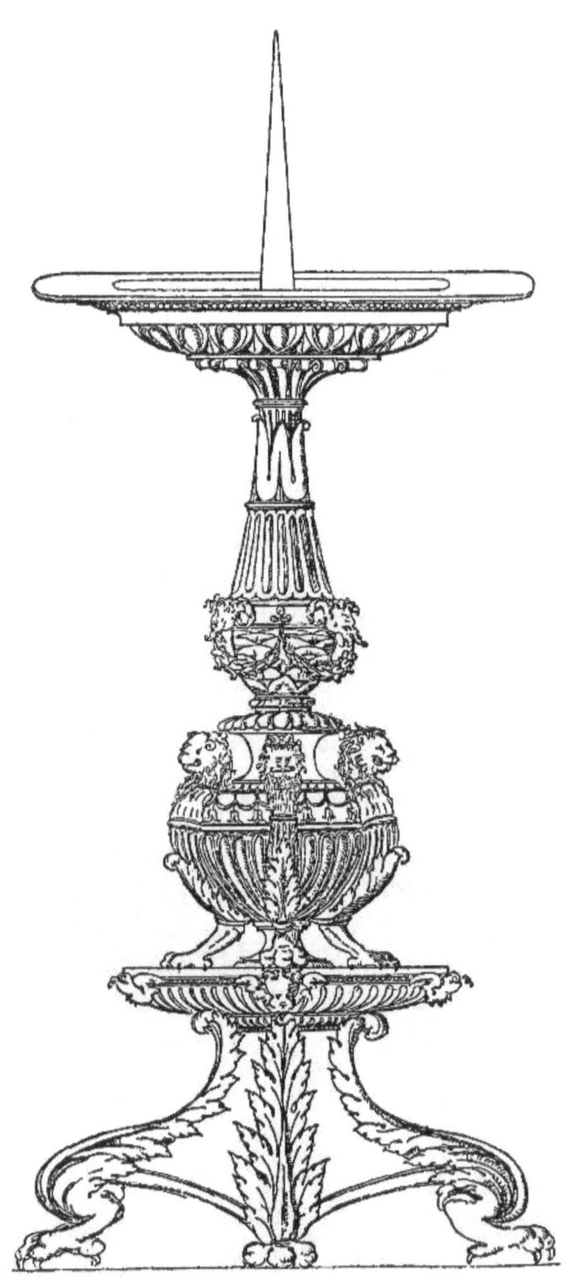

Jacques Androuet du Cerceau (7074)

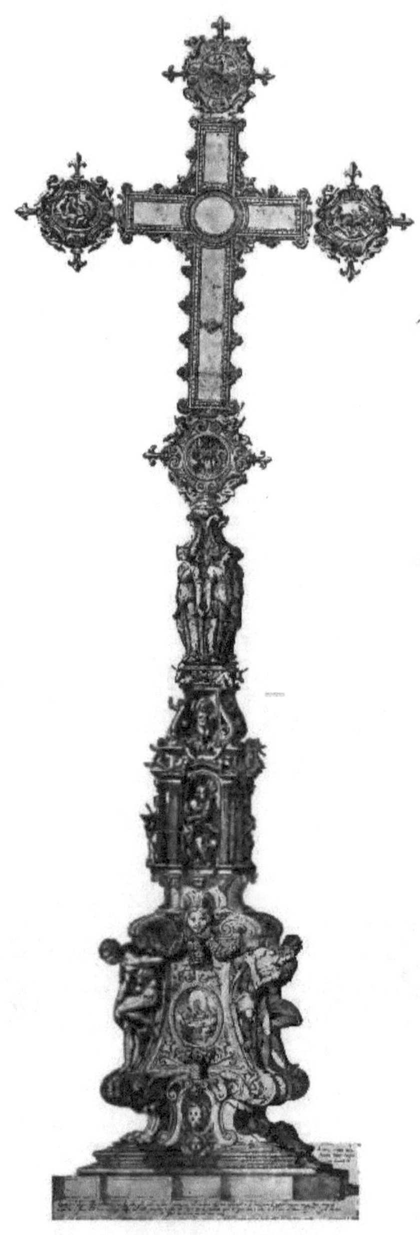

Antonio Gentile (7413)

13

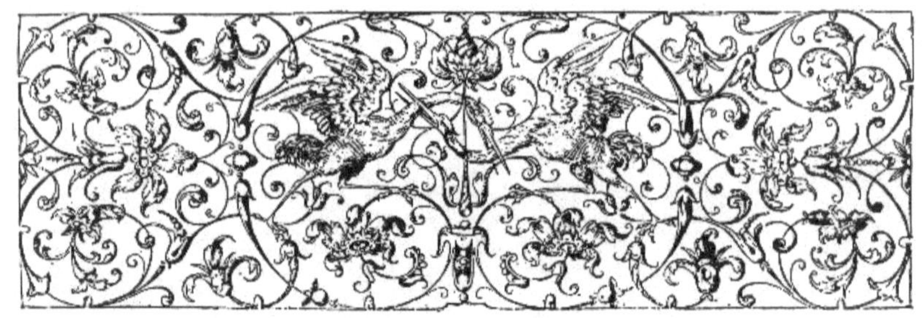

IX. HERALDIK.

A. WAPPEN.

1. DEUTSCHE SCHULE.

XVI. JAHRHUNDERT.

GEORG BRENTEL

Maler, Kupferstecher und Formschneider zu Lauingen um 1569—1620, gest. in Nördlingen 1638. Andresen IV. 216. Hampe in Thieme-Beckers Künstlerlexikon IV. 585. Vgl. Ritters Katalog der Ornamentstichsammlung des Österr. Museums 1889, 210.

Wappen des Burckhart Schilling 1575. Radiert. Unbezeichnet. Fehlt Andresen. H. 0'98, Br. 0'077. (In Georg Brentels Stammbuch mit eingeklebten, gemalten und gestochenen Wappen, unter diesen Georg Brentels eigenes aus dem Jahre 1569 und Eintragungen von 1569 bis 1843.) 4°. Aus der Sammlung Warnecke. (B. Nr. 15664.)

HANS HELLWIG

Kupferstecher um 1582.

Das Wappen des Blasius Hellwig. Die Figur der Justitia umgeben von sechs Sternen. Bezeichnet: Hanns Hellwig faciebat Im · 1 · 5 · 8 · 2. H. 0'132, Br. 0'088. (6550.)

13*

Virgil Solis

siehe Seite 2.

Das Wappen mit dem flammenden Baume. 8⁰. B. 556. (6551.)

XVII. JAHRHUNDERT.

Unbekannt

Randeinfassung mit Wappen und einem thronenden Kaiser in der Mitte oben. Angewendet zu: Ordentliche Gerichts-Tåg deß Kayserlichen Landgerichts, Hertzogthumbs zu Francken, 1680. Gedruckt zu Würzburg, bey Elias Michael Zinck. Zu Seiten des Textes die Wappen der Gerichtsbeisitzer. Holzschnitt, auf Pergament gedruckt, altkoloriert. Fol. (6694.)

2. FRANZÖSISCHE SCHULE.

XVI. JAHRHUNDERT.

Unbekannt

Stammbaum der bürgerlichen Verwandtschaft bis ins 10. Geschlecht. Holzschnitt aus Institutiones imperiales, Lyon 1513. qu. Fol. (3126.)

B. BUCHZEICHEN.

Symbole deutscher, französischer, holländischer und italienischer Buchdrucker und Verleger aus dem XV.—XVIII. Jahrhundert. (Literatur: Roth-Scholtz, Insignia Bibliopolarum et Typographorum. — Silvestre, Marques typographiques. — Brunet, Manuel du Libraire 5ᵉ Édit. Dibdin, Bibliographical Decameron II. Heitz, Buchdrucker- und Verlegerzeichen. Kristeller, Italienische Buchdrucker- und Verlegerzeichen bis 1525. Haebler, Spanische und Portugiesische Bücherzeichen.

Amberg

Symbol des Michael Forster, 1599. Die Stärke in Zierrahmen. Holzschnitt. 8⁰. (6767.)

Antwerpen

Symbol des Christoph Plantin. Die Hand mit dem Zirkel in reicher Kartusche. Von Tobias Stimmer. Holzschnitt. 8⁰. Fehlt Andresen. Silvestre 865. (7520.)

2 Bl. Symbole des Christoph Plantin, 1565. Holzschnitte. 8⁰. (6769.)
Dasselbe Symbol in Zierrahmen. Holzschnitt. 8⁰. (6768.)
Symbol der Officina Plantiniana (Balth. Moretus), 1648. Von Christoph Jegher. Vgl. Nagler, Monogr. III, 2126. Holzschnitt. 4⁰. (6770.)

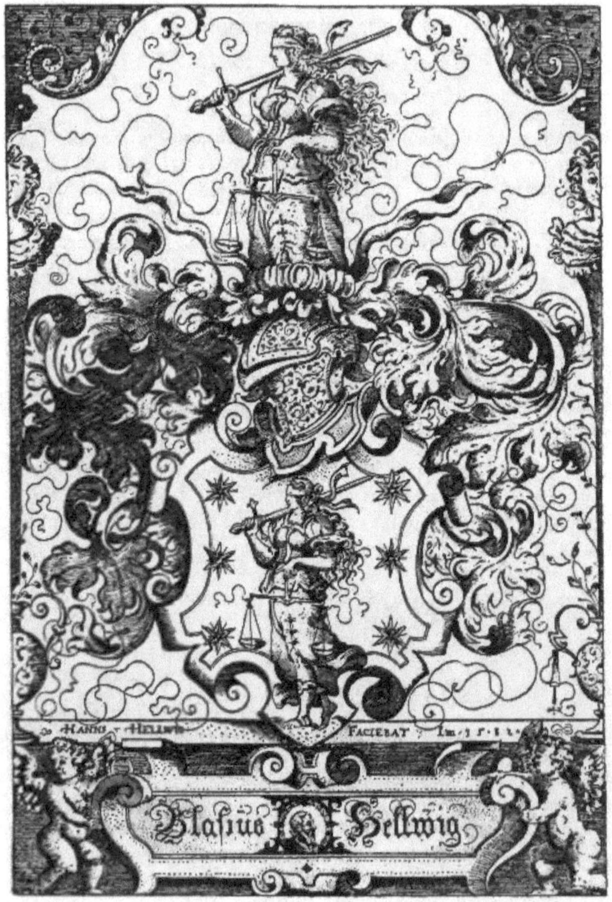

HANS HELLWIG (6550)

Symbol von Heinrich und Cornelius Verduss, 1708. Ein Löwe mit dem Hauszeichen in einer Kartusche. Kupferstich. qu. 4⁰. (6451.)
Schlußvignette mit dem Symbol von Heinrich und Cornelius Verduss, 1708. Holzschnitt. qu. 8⁰. (6452.)

Augsburg

Symbol des Martin Veith zu Augsburg, 1738. Merkur in den Lüften über der Stadt Augsburg. Unten in einer Kartusche das Hauszeichen. Kupferstich. qu. 8⁰. (6771.)

Basel

Symbol des Johann Walder, 1535. Holzschnitt. 8⁰. Heitz 162. (7066.)

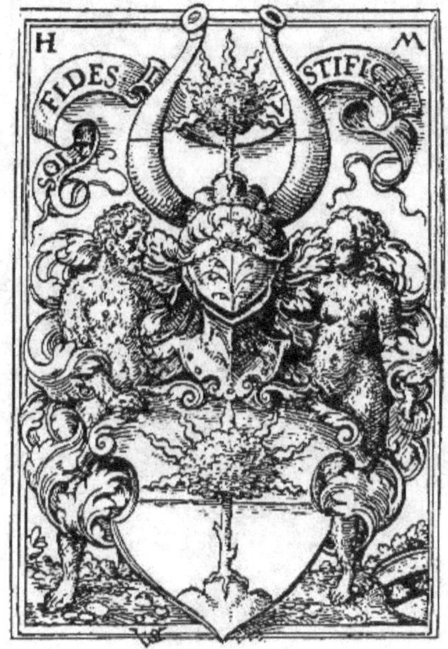

Virgil Solis (6551)

2 Bl. Symbole des Andreas Cratander, o. J. und 1531. Fortuna auf der Kugel, in architektonischer Umrahmung. Holzschnitte. 8⁰. Heitz 98, 100. (6772.)

Symbol des Seb. Henricpeter, 1615. Der feurige Berg und die Hand mit dem Hammer in einem Zierrahmen. Holzschnitt. 8⁰. Heitz 83. (6773.)

Dasselbe, kleiner. Holzschnitt. 8⁰. Heitz 82. (7521.)

Bologna

Symbol der Erben des Jacob Giunta, 1573. Holzschnitt. 8⁰. (7522.)

Symbol des Giovanni Rossi zu Bologna, 1564. Merkur auf der Kugel, in Zierrahmen. Holzschnitt. Fol. (6774.)

2 Bl. Symbole des Giorgio Marescotti aus den Jahren 1576 und 1580. Das Schiff, in Zierrahmen, unten in der Mitte das Hauszeichen. Holzschnitte. 8⁰. (6740.)

2 Bl. Symbole des Bartolommeo Sermatelli und der Typographia Sermatelliana aus den Jahren 1589 und 1630. Die Schildkröte mit dem Segel, in Zierrahmen. Holzschnitte. 8⁰. (6741.)

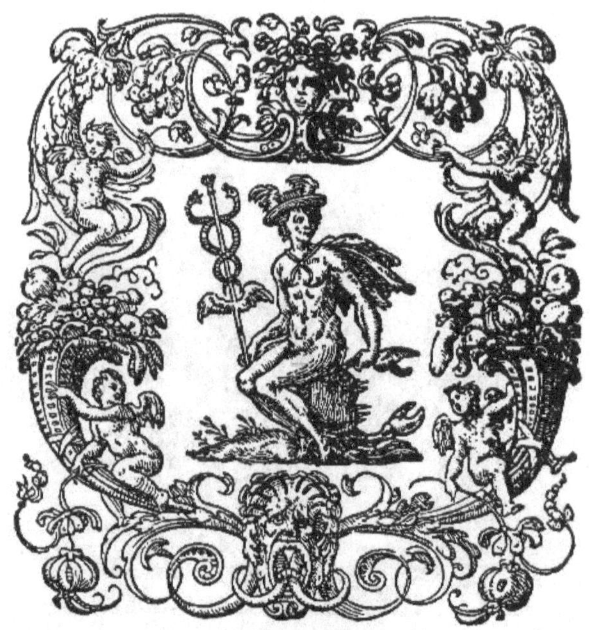

LYON, GABRIEL COTIER (6780)

FRANKFURT A. M.

Symbol der Erben des Peter Brubach. Holzschnitt. 8⁰. Heitz 20. (7523).

Symbol des Sigmund Feierabend. Fama in reicher Umrahmung. Von Tobias Stimmer. Holzschnitt. 4⁰. A. 136. Heitz 58. (7527.)

Symbol des Sigmund Feierabend. Von Jost Amman. Holzschnitt. 8⁰. Andresen 148. Heitz 46. (7524.)

Symbol des Sigmund Feierabend. Von Jost Amman. Holzschnitt. 4⁰. A. 151. Heitz 76. (7525.)

Großes Symbol von Sigm. Feierabend, H. Tack und P. Fischer, 1587. Von Jost Amman. Holzschnitt. Fol. A. 166. Heitz 77. (6775.)

Symbol des Sigmund Feierabend auf einem Druck für Johann Gottfried Schönwetter und Johann Beyer, 1640. Holzschnitt. 8⁰. Heitz 88. (7526.)
Symbol des Matthäus Kempffer, 1630. Der Altar mit dem flammenden Herzen, in reicher Kartusche (1613 Joh. Bringer). Holzschnitt. Fol. Koloriert. Fehlt Heitz. (6776.)

Giessen

Symbol des Jos. Dietrich Hampel zu Giessen, 1657. Eine weibliche Figur, in der Linken ein flammendes Herz, in der Rechten einen Anker haltend; in Zierrahmen mit dem Hauszeichen. Holzschnitt. 8⁰. (6777.)

Köln

Symbol des Arnold Birckmann. Das Huhn bei der Birke, in einem Zierrahmen. Holzschnitt. 8⁰. Heitz 62. (7529.)
5 Bl. Symbole der Gymnich'schen Offizin, 1540, 1576, 1588, 1600. Holzschnitte. 8⁰. Heitz 98, 108, 110, 113, 114. (7530.)

Leipzig

Symbol der Ernst Vögelinschen Offizin, 1563. Holzschnitt. 8⁰. (7531.)

Löwen

Symbol des Jean Bogard, 1572. In Zierrahmen. Holzschnitt. 8⁰. Silvestre 960. (6778.)
Symbol des Pierre Zangre zu Löwen, 1579. Der Brunnen mit dem Pelikan, in Zierrahmen, unten das Hauszeichen. Holzschnitt. 8⁰. Vgl. Silvestre 500. (6779.)

Lyon

Symbol des Nicolaus de Benedictis. Holzschnitt. 8⁰. Silvestre 945. (7532.)
Symbol der Erben des Jakob Giunta, 1549. Holzschnitt. 8⁰. Silvestre 449. (7533.)
Symbol des Jean Pillehotte, in reicher Kartusche. Holzschnitt. 8⁰. Vgl. Silvestre 1123. (7534.)
Symbol des Thomas Soubron. Die Hand mit dem Zirkel in reicher Umrahmung. Holzschnitt. 4⁰. Silvestre 1149. (7535.)
Symbol des Antoine Vincent, 1561. Holzschnitt. 4⁰. Silvestre 278. (6781.)

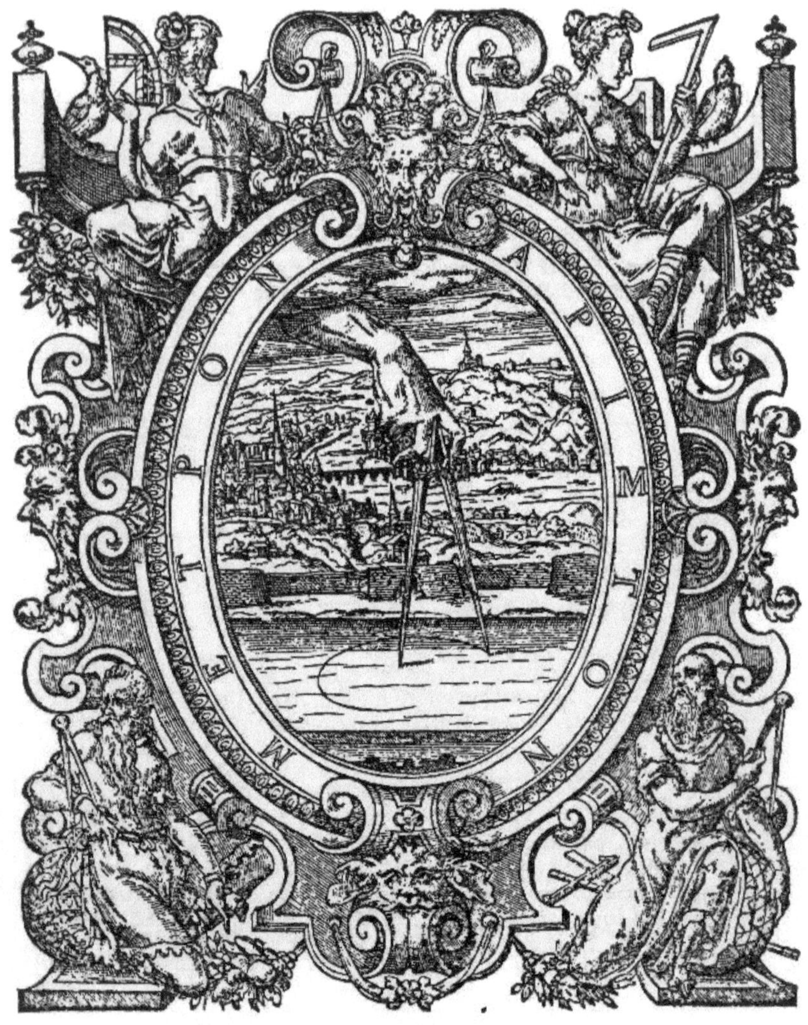

LYON, THOMAS SOUBRON (7535)

Symbol des Gabriel Cotier, 1562. Merkur in reichem Zierrahmen. Holzschnitt. 8°. Silvestre 1091. (6780.)

Symbol von Horace Boissat & Georges Remée zu Lyon. Ein Segelschiff mit den Wappen von Frankreich und Lyon. In Zierrahmen, unten das Hauszeichen. Holzschnitt. qu. Fol. Vgl. Nagler, Monogr. I. 2030. (6782.)

Mainz

Symbol des Johann Schöffer. Der Schild mit den Hirten, dem Hauszeichen und den Initialen I. S. Holzschnitt. 8⁰. Dibdin II, 12. Heitz 11. (6783.)
Kleines Symbol des Ivo Schoeffer, 1544. Holzschnitt. 8⁰. Heitz 14. (7528.)

München

Symbol des Johannes Jaecklin, 1677. Die Quadriga, in Zierrahmen, unten das Hauszeichen. Holzschnitt. Fol. (6784.)

Padua

Symbol des Paolo Frambotto, 1642. Holzschnitt. 8⁰. (7536.)

Paris

Symbol des Jehan Petit. Holzschnitt. 8⁰. Vgl. Silvestre 1009. (7537.)

Rom

Symbol des Bartolommeo Bonfadino, 1587. Der Igel, in Zierrahmen. Holzschnitt. 4⁰. (6785.)

Strassburg

Symbol des Wolfgang Köpfel, 1525. Holzschnitt. 8⁰. Heitz XVI. 2. (6786.)
Das mittlere Symbol des Crato Mylius, 1539. Holzschnitt. 8⁰. Vgl. Heitz XXVIII. 11. (7538.)

Sulzbach

Symbol der Druckerei der Gesellschaft Jesu (Christ. Holst), 1725. Holzschnitt. 8⁰. (6787.)

Turin

Symbol des Giovanni Battista Bevilacqua, 1591. Der Elefant mit der Schlange am rechten Hinterfuße, in reicher Umrahmung. Holzschnitt. Fol. (6742.)

3 Bl. Symbole des Giovanni Dom. Tarini aus den Jahren 1601, 1615 und 1627. Ein liegender Löwe, in der rechten Pranke das Schild mit dem Hauszeichen. In Zierrahmen. Holzschnitte. qu. 8⁰, 4⁰ und Fol. (6743.)

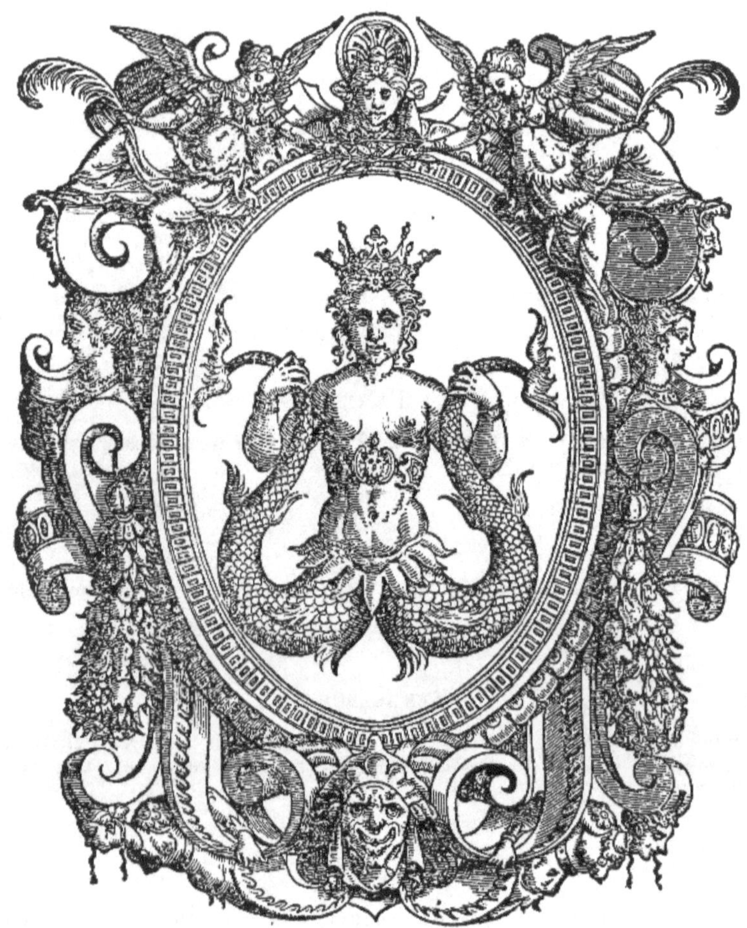

VENEDIG, JOHANNES VARISIUS (6754)

Symbol des Bartolommeo Zappata, 1666. Der Phönix, in Zierrahmen. Unten das Hauszeichen. Holzschnitt. qu. 4⁰. (6744.)

Kleineres Symbol des Pietro Gius. Zappata, 1721. Holzschnitt. qu. 8⁰. (6745.)

Venedig

Symbol des Aldus Manutius. Der von einem Delphin umwundene Anker. Holzschnitt. 8°. Kristeller 174. (6788.)

Dasselbe in einem Zierrahmen. Holzschnitt. 8°. (7540.)

Symbol des Melchior Sessa. Die Katze mit der Maus. Holzschnitt. 8°. Kristeller 295. (7542.)

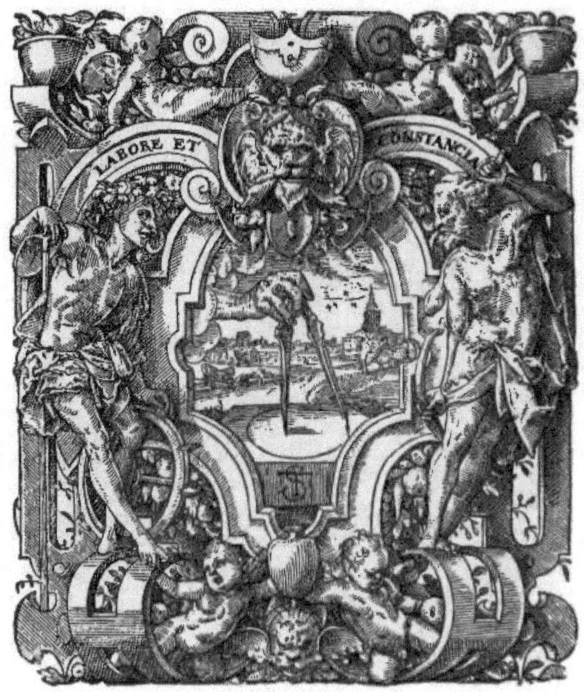

Antwerpen, Christoph Plantin (7520)

3 Bl. Symbole der Sessa, o. J. und 1605. Die Katze mit der Maus, in Zierrahmen. Vgl. Dibdin II. 233, 234. Holzschnitte. 8°. und qu. Fol. (6756.)

Symbol des Luc. Antonio Giunta. Die Lilie und L. A. in Rotdruck. Holzschnitt. 8°. Kristeller 221. (6789.)

Symbol der Familie Giunta, 1550. Die Lilie und L. A., in Zierrahmen. Holzschnitt. 8°. (6790.)

5 Bl. Symbole der Giunta. Holzschnitte. 4° und 8°. (7539.)

2 Bl. Symbole des Franciscus Baronus, o. J. und 1526. Holzschnitte. 8⁰ und Fol. (7337.)

Unbekanntes Symbol, 1551. Die Hoffnung in einer Landschaft zwischen Geldtruhen, dabei Krone und Tiara. Holzschnitt. 8⁰. (6002.)

Symbol des Gualt. Scotto (Schott), 1552. Merkur und Minerva auf einem Würfel und auf einem Buche, in Zierrahmen. Holzschnitt. 8⁰. (6791.)

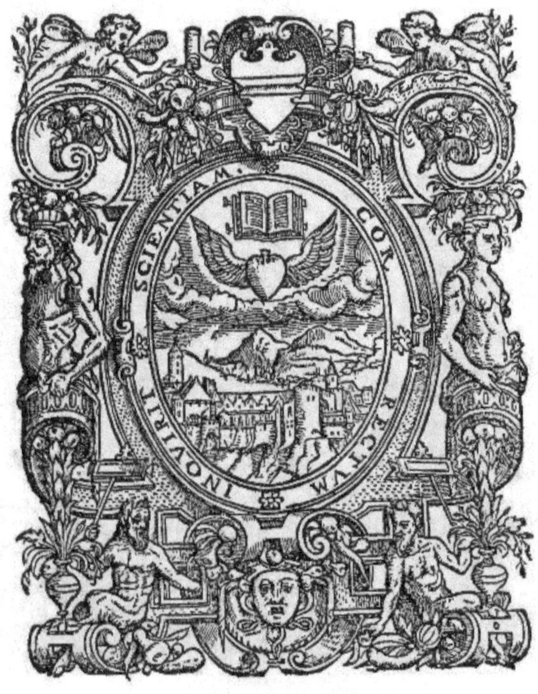

LÖWEN, JEAN BOGARD (6778)

Symbol des Girolamo Scotto (Schott), 1573. Pax auf dem Himmelsglobus. Vgl. Dibdin II, 246. Holzschnitt. 8⁰. (6746.)

Symbol der Erben des Girolamo Scotto (Schott), 1614. Die drei Grazien unter Palmen, in Zierrahmen. Holzschnitt. 4⁰. (6747.)

4 Bl. Symbole des Francesco de' Franceschi di Siena, aus den Jahren 1562, 1591, 1593 und 1599. Die allegorische Figur des Friedens, in Zierrahmen. Holzschnitte. 8⁰ und 4⁰. (6758.)

Symbol von Giovanni Antonio und Jacopo de' Franceschi, 1609. Pax in reicher Umrahmung. Holzschnitt. qu. Fol. (6759.)

2 Bl. Symbole des Nicolo Bevilacqua, o. J. und 1568: Fortuna, an einen Felsen gekettet; auf dem Felsen ein Himmelsglobus. In Zierrahmen. Holzschnitte. 8⁰. (6750.)

Symbol von Nicolo Bevilacqua & Soc., 1570. Ein Brunnen mit einer weiblichen Figur als Bekrönung. Holzschnitt. 8⁰. (6751.)

2 Bl. Symbole von Nicolo Bevilacqua & Soc. aus den Jahren 1572 und 1574.

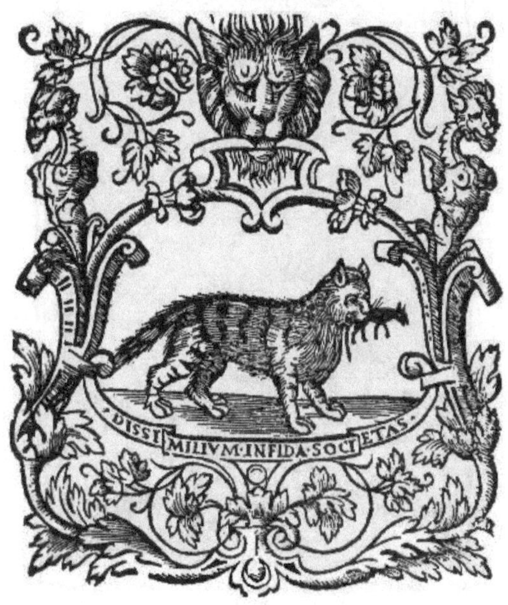

VENEDIG, FAMILIE SESSA (6756)

In einer Nische Pax und Fortuna, darüber in Kartuschen das Zepter des Vincent und der Salamander des Pesnot. Holzschnitte. 8⁰ und Fol. (6752.)

3 Bl. Symbole des Giovanni Battista Somasco (Somasch), o. J., 1571 und 1591. Der Kentaur Chiron, in Zierrahmen. Bei zwei Symbolen unten in der Umrahmung das Hauszeichen. Holzschnitte. 8⁰ und qu. 4⁰. (6749.)

Dasselbe, ohne Umrahmung. Holzschnitt. qu. 4⁰. (6748.)

Symbol des Domenico Nicolini, 1579. Victoria in einer Kartusche. Holzschnitt. 8⁰. (7541.)

2 Bl. Symbole des Johannes Varisius. Das gekrönte Meerweib in einer Kartusche. Holzschnitte. 8^0. (7543.)

Dasselbe, 1589. Holzschnitt. Fol. (6754.)

Symbol des Georg Varisius, 1607. Das gekrönte Meerweib. Holzschnitt. 8^0. (6755.)

2 Bl. Symbole des Roberto Meietto aus den Jahren 1594 und 1624. Die zwei Hühner, in Zierrahmen. Holzschnitte. 8^0 und 4^0. (6763.)

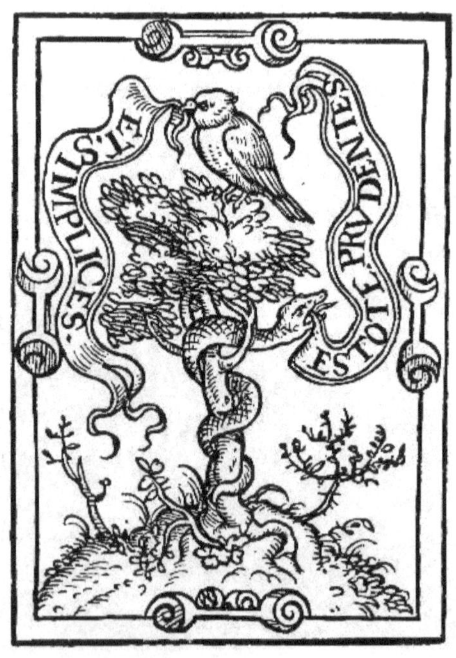

WIEN, BLASIUS EBER (6795)

Dasselbe, 1600. Holzschnitt. qu. 4^0. (6765.)

Dasselbe, auf einem Druck aus Pavia, 1604. Holzschnitt. 4^0. (6764.)

Symbol von Domenico & Giovanni Battista Guerra, 1566. Der Adler, sein Gefieder erneuernd. Holzschnitt. 8^0. (6792.)

2 Bl. Symbole des Giovanni Gueriglio aus den Jahren 1598 und 1626. Der Salvator, in Zierrahmen. Holzschnitte. 8^0. (6760.)

Dasselbe, aus den Jahren 1630 und 1640. Holzschnitte. 8^0 und 4^0 (6761.)

Dasselbe, gestochen von J. Piccini. qu. Fol. (6762.)

2 Bl. Symbole von Guerra, Frat. & Soc., aus den Jahren 1571 und 1575. Fünf flammende Berggipfel und der Fels in der Brandung, in reicher Umrahmung. Holzschnitte. Fol. (6753.)

Symbol des Damiano Zenaro. Der gekrönte Salamander im Feuer, in einer reichen Kartusche. Holzschnitt. 4⁰. (7544.)

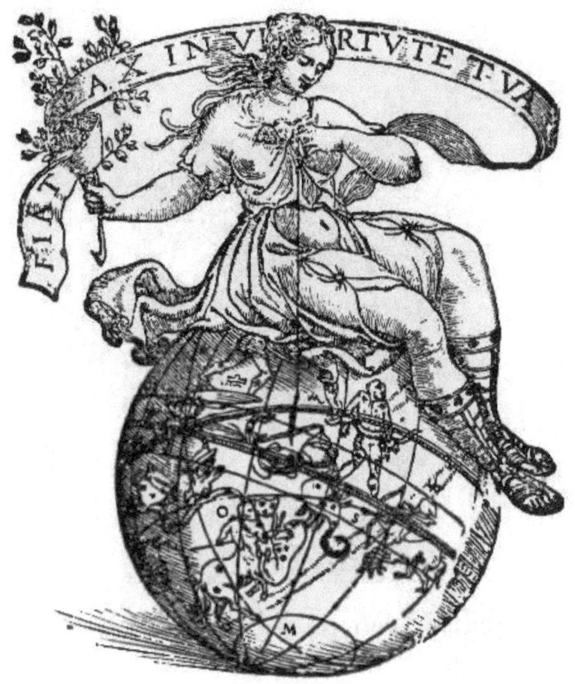

Venedig, Girolamo Scotto (Schott) (6746)

7 Bl. Dasselbe Symbol aus den Jahren 1570, 1580, 1588, 1593, 1602, 1607 und 1616. Holzschnitte. 8⁰, qu. 4⁰ und qu. Fol. (6757.)

Symbol des Giacomo Sarzina, 1619, in Zierrahmen. Holzschnitt. 8⁰. (6793.)

Symbol des Giovanni Francesco Valvasense, 1697. Die Handmühle, in einer Kartusche. Holzschnitt. Fol. (6794.)

Wien

Symbol des Blasius Eber, 1572. Der Baum mit der Schlange, auf der Baumkrone eine Taube. Vgl. Mayer, Wiens Buchdruckergeschichte I. 112. Holzschnitt. Fol. (6795.)

Zürich

Symbol des Christoph Froschauer. Holzschnitt. 8⁰. Heitz 15. (7545.)

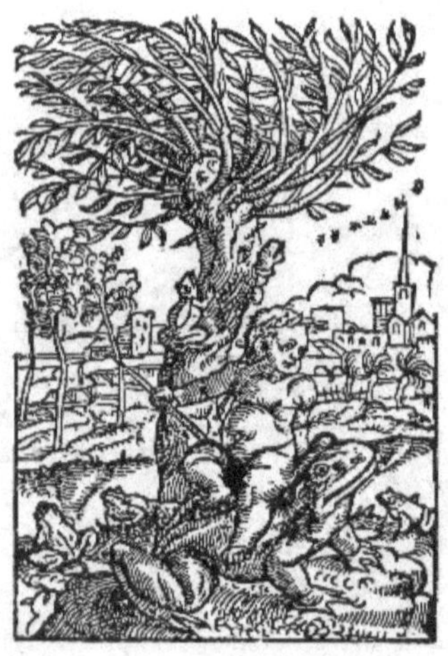

Zürich, Christoph Froschauer (7545)

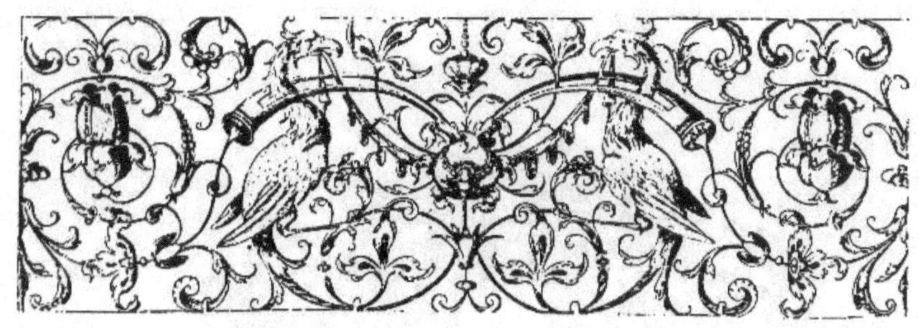

X. ARCHITEKTUR.

A. ARCHITEKTONISCHE DETAILS.

1. DEUTSCHE SCHULE.

XVIII. JAHRHUNDERT.

KARL AUGUST GROSSMANN

siehe Seite 136.

4 Bl. Termen. Joh. Georg Hertel exc. Verlags-Nr. 121. Fol. (7723 Sd.)

CHRISTOPH MELCHIOR ROTH

Kupferstecher zu Nürnberg, wo er 1798 starb.

6 Bl. Folge von Fensterumrahmungen mit reichem Muschelwerk. Auf dem ersten Blatte: Verschiedene Fenster, nach der neuesten Façon, inv. del. et sculpsit, Christoph Melchior Roht, verlegts Johann Jacob Wolrab, in Nürnberg. Fol. (6480.)

2. FRANZÖSISCHE SCHULE.

XVII. JAHRHUNDERT.

JEAN MAROT

siehe Seite 180.

11 Bl. Ornemens ou Placarts pour l'Enrichissement des Chambres et Alcoves. Nouvellement inventes et graves. Paris, G. Mariette. Folge von Türumrahmungen. Fol. (8075 Sd.)

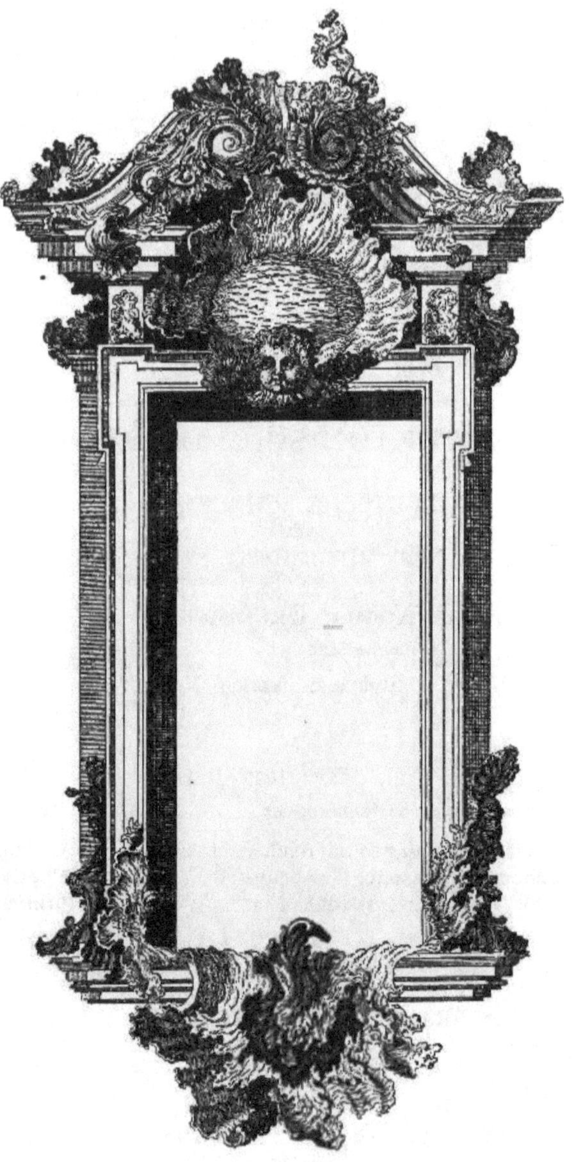

CHRISTOPH MELCHIOR ROTH (6480)

14*

XVIII. JAHRHUNDERT.

JULES-FRANÇOIS BOUCHER

Architekt und Kupferstecher, geb. zu Paris 1736, gest. daselbst 1781. Guilmard 230, 38.

6 Bl. Wanddekorationen. Joh. Georg Hertel exc. Verlags-Nr. 316. Fol. (7723 Sd.)

GILLES-MARIE OPPENORT

Architekt, Zeichner und Kupferstecher, geb. zu Paris 27. Juli 1672, gest. daselbst 13. März 1742. Guilmard 141, 2.

4 Bl. Desseins de Couronemens . . . convenables pour Dessus de Portes etc. Folge der Türaufsätze. Paris, Mariette. qu. Fol. (6473.)

B. AUSSENANSICHTEN.

DEUTSCHE SCHULE.

XVIII. JAHRHUNDERT.

FRANZ ANTON DANREITER

Zeichner und Architekt, Hofgärtner in Salzburg, gest. daselbst 17. Februar 1760.

4 Bl. Ansichten des Schlosses Hohen-Salzburg. Gestochen von J. A. Corvinus. J. A. Pfeffel exc. gr. qu. Fol. (7240.)

JOHANN ADAM DELSENBACH

Maler, Zeichner und Kupferstecher, geb. zu Nürnberg, 9. Dezember 1687, gest. daselbst 16. Mai 1765. Hampe in Thieme-Beckers Künstlerlexikon IX. 38.

12 Bl. Unterschiedliche Prospecten, Gebäude und anderer Curiosen Sachen, Erste Collection. Ansichten der Fürstlich Liechtenstein'schen Besitzungen zu Eisgrub, Troppau, Hetzendorf, Planian und Blumenau, zum Schlusse 2 Bl. mit holländischen Schiffen. qu. Fol. (6695.)

Blondel Jacques-François. Cours d'Architecture, ou Traité de la Décoration, Distribution et Construction des Bâtiments; contenant les Leçons données en 1750, et les Années suivantes. Teile I—VI und Tafeln. Paris, Desaint, 1771—77. 8⁰. (B. Nr. 10866.)

Valvasor, Johann Weichart. Topographia Archiducatus Carinthiae Modernae das ist Controfee aller Stätt, Märckht, Klöster, undt Schlösser, wie sie anietzo stehen in dem Ertz-Hertzogthumb Khärndten. 223 Kupfertafeln. Wagensperg, 1681. qu. Fol. (B. Nr. 16816.)

Matthäus Daniel Pöppelmann

Architekt, geb. zu Dresden 1662, gest. daselbst 17. Jänner 1736.

Vorstellung und Beschreibung des Zwinger-Gartens Gebäuden oder der königl. Orangerie zu Dresden .. in 24 Kupferstichen. Anno 1729. 6 Bl. Typentext, von C. A. Wortmann gest. Titel, 21 von J. G. Schmidt gest.

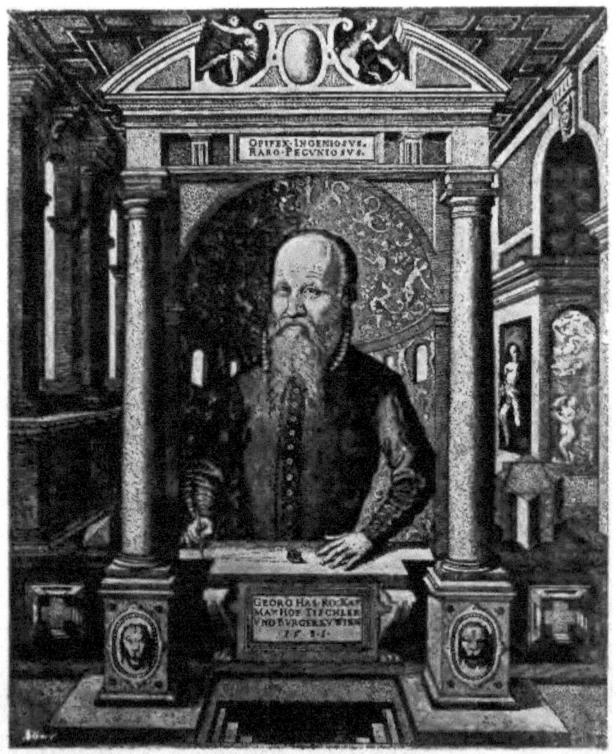

Nikolaus Andrea, Porträt des Georg Has (B. Nr. 7065)

Ansichten des Zwingers, Thore, Pavillons, Brunnen, 2 Bl. Ansichten des sogen. Holländischen (Japan.) Palais und des großen Fasses auf der Feste Königstein, letztere von Lor. Zucchi gestochen. gr. Fol. (7143.)

Carl Schütz

siehe Seite 84.

70 Bl. Ansichten aus Wien und Niederösterreich, zumeist gestochen von

C. Schütz, L. Janscha und J. Ziegler. In der Mehrzahl über den Stichrand beschnitten. gr. Fol. (7629/1—70.)

1. Die Residenzstadt Wien, von der Josephstadt anzusehen. Gezeichnet und gestochen von C. Schütz, 1785. Schwarz 43.
2. Die kaiserliche Burg von der Bastei.
3. Ansicht der Hofburg. Gezeichnet von C. Schütz, gestochen von S. Mansfeld. Schwarz 50.
4. Der Michaelsplatz. Gezeichnet und gestochen von C. Schütz, 1783. Schwarz 34.
5. Die Hofbibliothek. Gezeichnet und gestochen von C. Schütz, 1780. Schwarz 9.
6. Der Stock-im-Eisen-Platz. Gezeichnet und gestochen von C. Schütz, 1779. Schwarz 4.
7. Der Hohemarkt. Gezeichnet und gestochen von C. Schütz. Schwarz 53.
8. Der Graben. Gezeichnet und gestochen von C. Schütz, 1781. Schwarz 18.
9. Der Kohlmarkt. Gezeichnet und gestochen von C. Schütz, 1786. Schwarz 44.
10. Der Kohlmarkt.
11. Die Kirche von St. Peter. Gezeichnet und gestochen von C. Schütz. Schwarz 1.
12. Am Hof. Gezeichnet und gestochen von C. Schütz. Schwarz 7.
13. Schottenkirche und Platz. Gezeichnet und gestochen von C. Schütz, 1790. Schwarz 48.
14. Der Neumarkt. Von C. Schütz, 1798. Schwarz 57.
15. Universitätsgebäude und Platz. Gezeichnet und gestochen von C. Schütz, 1790. Schwarz 49.
16. Ein Teil der Leopoldstadt. Gezeichnet und gestochen von J. Ziegler, 1780. Schwarz 12.
17. Schanzel. Gezeichnet und gestochen von J. Ziegler, 1779. Schwarz 6.
18. Ansicht vom Prater gegen die Stadt. Gezeichnet und gestochen von J. Ziegler, 1781. Schwarz 17.
19. Das Dianabad.
20. Der Augarten. Von J. Ziegler. Schwarz 27.
21. Seufzer-Allee im Augarten. Gezeichnet und gestochen von J. Ziegler. Schwarz 32.
22. Ein Teil des Augartens. Von J. Ziegler. Schwarz 24.
23. Feuerwerksplatz im Prater. Von J. Ziegler. Schwarz 23.
24. Die Kaffeehäuser im Prater. Gezeichnet von L. Janscha, gestochen von J. Ziegler. Schwarz 54.
25. Das Lusthaus im Prater. Schwarz 25.
26. Die Brigitten-Au. Gezeichnet von L. Janscha, gestochen von J. Ziegler.
27. Die Donau mit dem Bade am Tabor.
28. Salesianerinnen am Rennweg. Gezeichnet und gestochen von J. Ziegler. Schwarz 33.
29. Belvedere. Gezeichnet und gestochen von C. Schütz, 1785. Schwarz 40.
30. Belvedere. Gezeichnet und gestochen von C. Schütz, 1785. Schwarz 42.
31. Schwarzenberg-Palast.

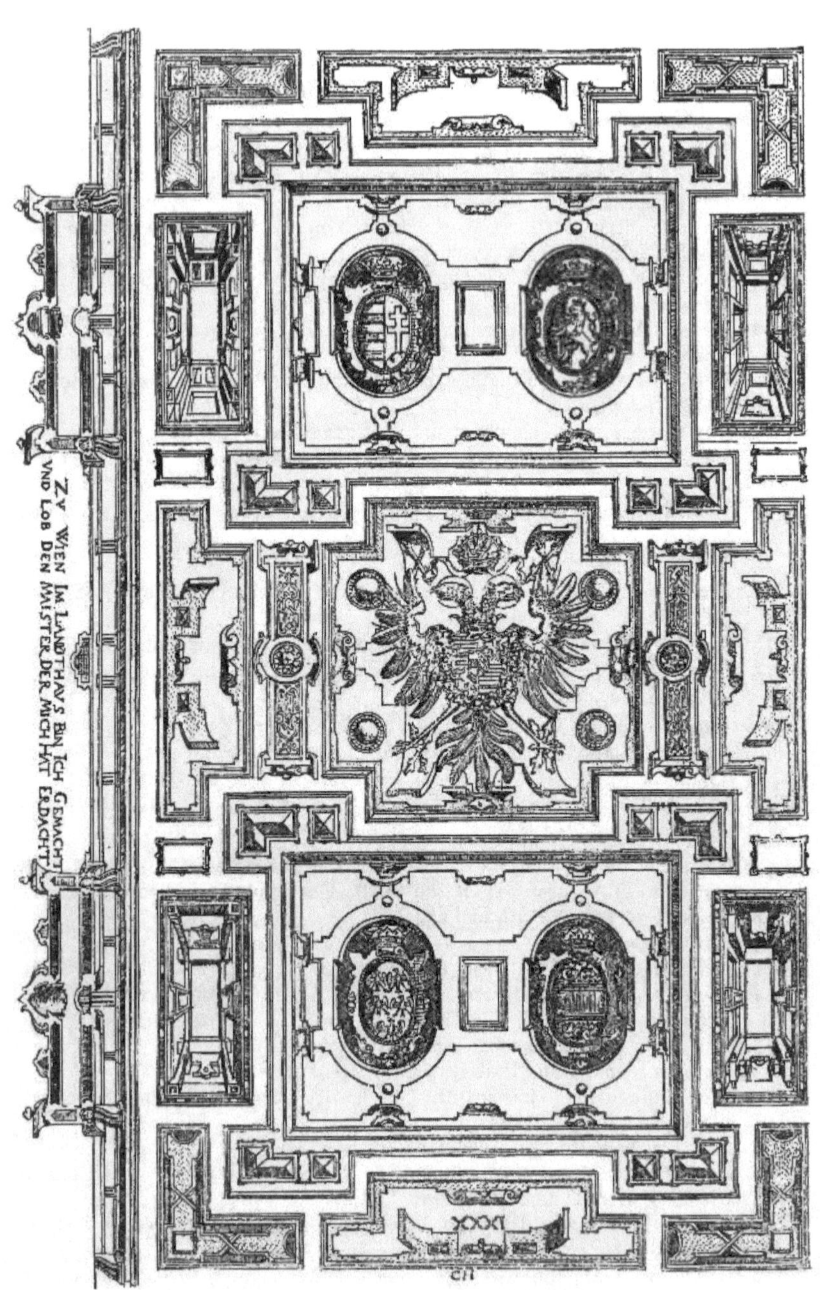

Georg Has (B. Nr. 7065)

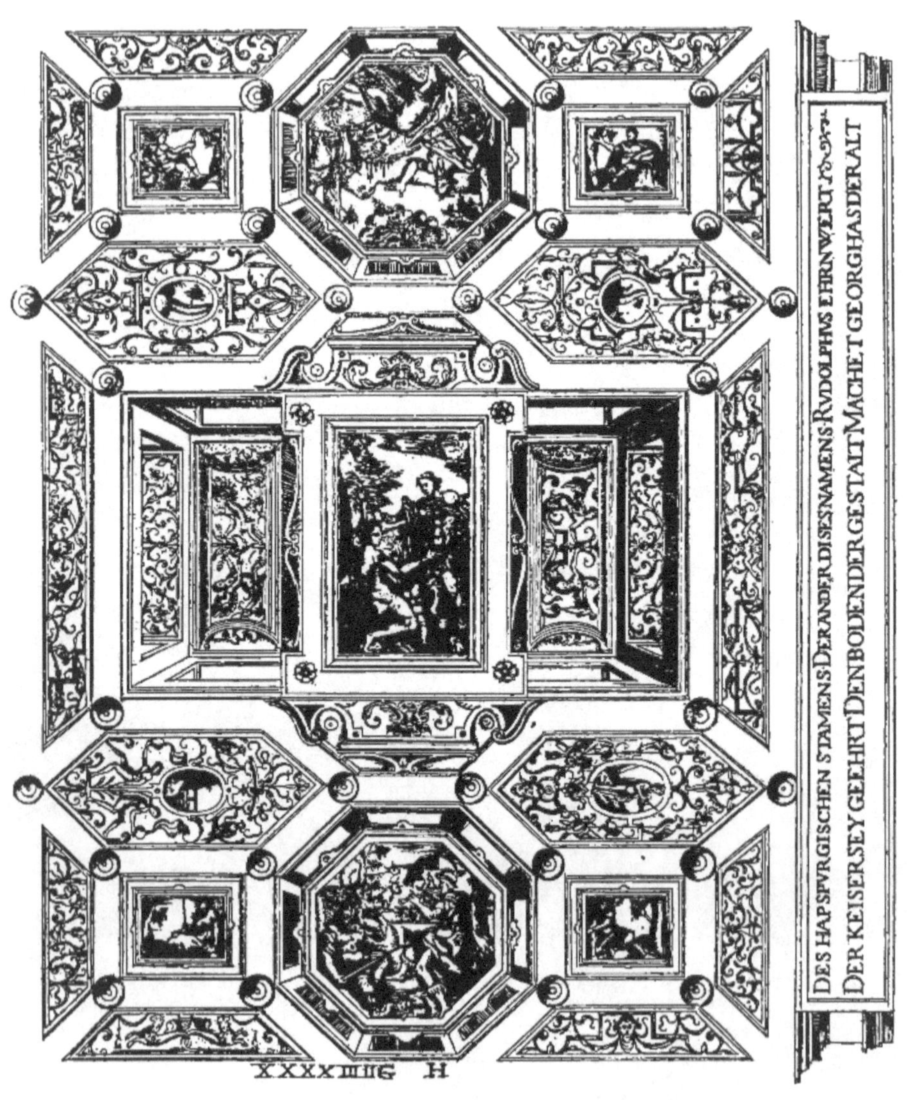

Georg Has (B. Nr. 7065)

32. Ansicht gegen die Karlskirche. Gezeichnet und gestochen von J. Ziegler. Schwarz 5.
33. Die Karlskirche.
34. Wieden. Gezeichnet und gestochen von J. Ziegler, 1780. Schwarz 16.
35. Kaunitz-Palast. Gezeichnet von L. Janscha, gestochen von J. Ziegler. Schwarz 56.
36. Gebäude der ungarischen Nobel-Garde. Gezeichnet und gestochen von J. Ziegler, 1780. Schwarz 11.
37. Die Pfarrkirche in der Josefstadt. Gezeichnet und gestochen von C. Schütz, 1780. Schwarz 13.
38. Ansicht gegen die Alserstraße. Gezeichnet und gestochen von J. Ziegler. Schwarz 2.
39. Der Liechtenstein-Palast.
40. Josephinum in der Währingerstraße. Gezeichnet und gestochen von C. Schütz. Schwarz 46.
41. Schönbrunn. Gezeichnet und gestochen von C. Schütz, 1781. Schwarz 19.
42. Das Schloß Schönbrunn. Gezeichnet und gestochen von C. Schütz, 1783. Schwarz 26.
43. Das Schloß Schönbrunn gegen den Garten. Gezeichnet und gestochen von C. Schütz, 1782. Schwarz 20.
44. Obelisk im Garten von Schönbrunn. Gezeichnet von L. Janscha, gestochen von J. Ziegler.
45. Die Gloriette. Gezeichnet von L. Janscha, gestochen von J. Ziegler.
46. St. Veit. Gezeichnet von L. Janscha, gestochen von J. Ziegler.
47. Der Garten in Neu-Waldegg. Gezeichnet von L. Janscha, gestochen von J. Ziegler.
48. Garten und Schloß Neu-Waldegg. Gezeichnet von L. Janscha, gestochen von J. Ziegler.
49. Der Garten in Neu-Waldegg. Gezeichnet von L. Janscha, gestochen von J. Ziegler.
50. Der Reisenberg im Cobenzl-Garten. Gezeichnet von L. Janscha, gestochen von J. Ziegler.
51. Ansicht vom Reisenberg gegen die Stadt. Gezeichnet von L. Janscha, gestochen von J. Ziegler.
52. Nußdorf. Gezeichnet und gestochen von Jos. und Peter Schaffer.
53. Kahlen- und Leopoldsberg. Gezeichnet von L. Janscha, gestochen von Ziegler.
54. Klosterneuburg. Gezeichnet von L. Janscha, gestochen von Ziegler.
55. Schloß Greifenstein. Gezeichnet und radiert von J. A. Klein, 1812.
56. Schloß Hetzendorf. Gezeichnet von L. Janscha, gestochen von J. Ziegler.
57. Kalksburg. Gezeichnet von L. Janscha, gestochen von J. Ziegler.
58. Die Brühl hinter Mödling. Gezeichnet und gestochen von L. Janscha.
59. Schloß Laxenburg. Gezeichnet von L. Janscha, gestochen von J. Ziegler.
60. Ritterschloß im Garten zu Laxenburg. Gezeichnet von L. Janscha, gestochen von C. Postl.
61. Kanal im Garten zu Laxenburg. Gezeichnet von L. Janscha, gestochen von J. Ziegler.
62. Das Haus der Laune zu Laxenburg. Gezeichnet von L. Janscha, gestochen von J. Ziegler.

63. Das chinesische Lusthaus. Gezeichnet von L. Janscha, gestochen von J. Ziegler.
64. Die Einsiedelei. Gezeichnet von L. Janscha, gestochen von J. Ziegler.
65. Das Caroussel im Schloßpark zu Laxenburg. Gezeichnet von L. Janscha, gestochen von J. Ziegler.
66. Vöslau. Gezeichnet von L. Janscha, gestochen von J. Ziegler.
67. Der Haidbacher Graben. Gezeichnet von L. Janscha, gestochen von J. Ziegler.
68. Eingang in den Haidbacher Graben. Gezeichnet von L. Janscha, gestochen von J. Ziegler.
69. Krems. Gezeichnet von L. Janscha, gestochen von J. Ziegler.
70. Groß- und Klein-Pöchlarn. Gezeichnet von F. Runk, gestochen von J. Ziegler.

C. INNENANSICHTEN.

NIEDERLÄNDISCHE SCHULE.

XVII. JAHRHUNDERT.

Pieter Jansz Saenredam

Maler und Radierer, geb. zu Assendelft 9. Juni 1597, gest. zu Haarlem 16. August 1665. Wurzbach, Niederländisches Künstlerlexikon II. 547.

2 Bl. Das Innere einer Buchdruckerei (Laurenz Costers Buchdruckerei zu Haarlem). Mit lateinischer und holländischer Über- und Unterschrift, betreffend die Erfindung der Buchdruckerei in Haarlem c. 1440. Gestochen von Jan van de Velde. 4°. (3974.)

D. PLAFONDS.

1. DEUTSCHE SCHULE.

XVI. JAHRHUNDERT.

Georg Has

Hoftischler Rudolfs II. zu Wien um 1571–1583. Andresen III. 276.

50 Bl. Perspectifischer | stuck oder Boden . . . mit sonderm fleis gestelt | vnnd in Kupffer Geetzt | durch Georgen Hasen | Hoff Tischler vnnd

Monogrammist H S (7767/5)

Burger inn Wien. Gedruckt zu Wienn in Osterreich durch Steffan Kreutzer. Im MDLXXXIII. Jahr. Titel und 3 Bl. Text in Typendruck, 1 Bl. mit dem radierten Wappen von Niederösterreich, 1 Bl. mit dem von Nikolaus Andrea 1581 gestochenen Portrait des Georg Has, 47 Bl. Deckenentwürfe und ein Schlußblatt mit den allegorischen Figuren der Stärke und der Gerechtigkeit, oben das kaiserliche Wappen. Auf Taf. XXXI der Entwurf der Saaldecke im heutigen Bibliothekssaale des Wiener Landhauses. Die Decke wurde in den Jahren 1571—1572 von Georg Has für den Verordneten-Ratssaal der niederösterr. Stände aus verschiedenfarbigen Hölzern ausgeführt. Vgl. Fr. Ritter in den Mitteilungen des Österr. Museums 1896, 69. Fol. Andresen 1. (B. Nr. 7065.)

Michael Zimmermann

siehe Seite 123.

Deckenverzierung. Vier Kassetten. Holzschnitt in Umrisslinien. Fol. Singer, Sammlung Lanna 7048. (7765/10.)

MONOGRAMMIST

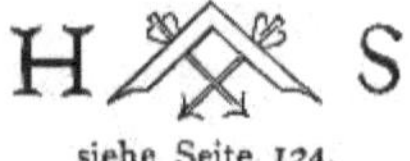

siehe Seite 124.

Deckenverzierung in Umrißlinien. Zwölf achteckige Kassetten. In der fünften von oben das Monogramm. Holzschnitt. Fol. Vgl. Nagler, Monogr. III. 1488. Singer, Sammlung Lanna 5666. (7767/5.)

2. ENGLISCHE SCHULE.

XVIII. JAHRHUNDERT.

George Richardson

Architekt und Kupferstecher zu London um 1776.

48 Bl. A Book of Ceilings, composed in the Style of the Antique Grotesque. London 1776. Plafonddekorationen. Fol. und qu. Fol. (6954.)

E. KAMINE.

1. DEUTSCHE SCHULE.

XVIII. JAHRHUNDERT.

FRANZ XAVER HABERMANN

siehe Seite 136.

3 Bl. aus der Folge: Italiänische Camine. Joh. Georg Hertel exc. Verlags-Nr. 58. Fol. (7723 Sd.)

2. FRANZÖSISCHE SCHULE.

XVII. JAHRHUNDERT.

JEAN MAROT

siehe Seite 180.

Titel und 13 Bl. Diverses Inventions nouvelles pour des Cheminées avec leurs Ornemans. Fol. (8075 Sd.)

D. A. PIERRETZ

Maler, Architekt und Kupferstecher zu Paris um 1647.

Titel, Dedikation und 12 Bl. Divers Desseins de Cheminées à la Royalle. Paris, P. Mariette fils. Fol. (8075 Sd.)

UNBEKANNT

6 Bl. Kamine. Radiert. Fol. (8075 Sd.)

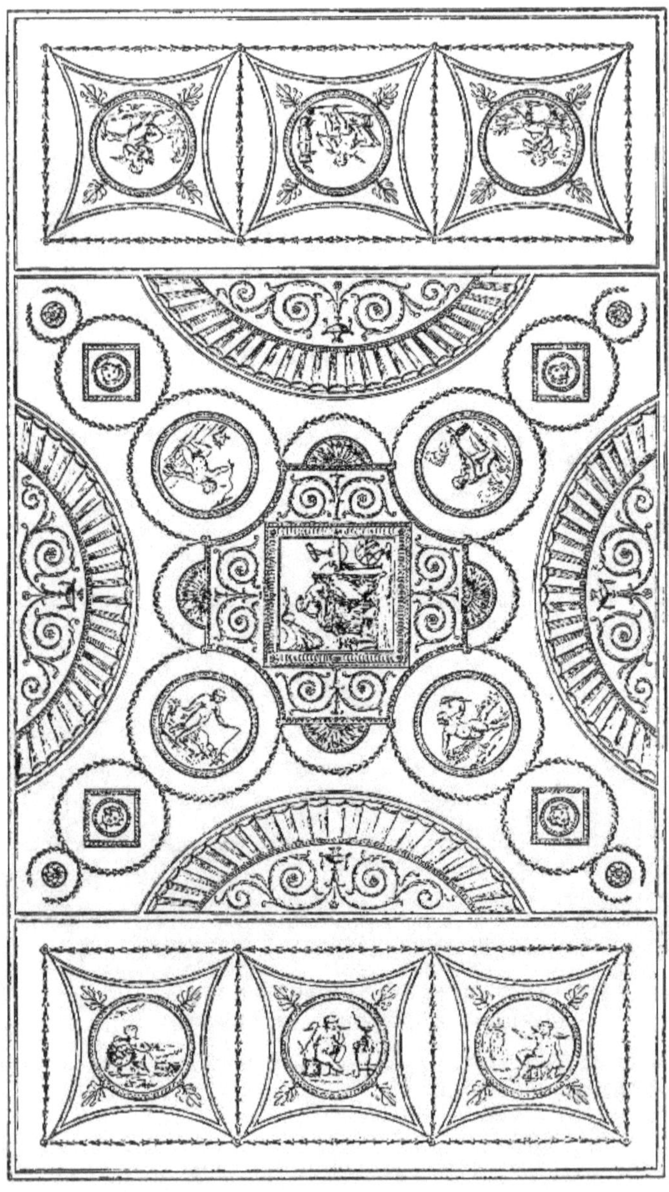

GEORGE RICHARDSON (6954 Sd.)

F. GÄRTEN.

1. DEUTSCHE SCHULE.

XVIII. JAHRHUNDERT.

Franz Anton Danreiter

siehe Seite 212.

9 Bl. Ansichten des Mirabell-Gartens zu Salzburg. Gestochen von J. A. Corvinus. gr. qu. Fol. (7239.)

2. NIEDERLÄNDISCHE SCHULE.

Simon Schynvoet

Baumeister, Zeichner und Kupferstecher, geb. im Haag 1652, gest. zu Amsterdam 24. August 1727.

Voorbeelden der Lusthof-Cieraaden zynde Piramiden, Eerzuylen en andere Bywerken. Amsterdam, H. de Witt. Auf Bl. 28 die Jahreszahl 1704. (30 Bl.) — S. Schynvoets Voorbeelden der Lusthof-Ciraaden, zynde Vaasen, Pedestallen, Orangiebakken, Blompotten en andere Bywerken etc. Amsterdam, H. de Witt. (24 Bl.) Ziervasen, Sockel, Obelisken, Blumenvasen. Fol. (6958.)

Nette. Adeliche Land- und Lusthäusser, nach Modernen Gout, entworffen, und theils ins Werk gestellt durch Nette, Seiner Hochfürstl. Durchl. zu Würtemberg Major und Ober-Ingenieur. 16 Bl. Carl Remshardt sc. Jer. Wolff exc. — Prospekt und Teile des fürstl. Hauses und Gartens Ludwigsburg. 15 Bl. Nette del. Jer. Wolff exc. — Abbildungen und Grundrisse des fürstl. Lobkowitzschen Schlosses Raudnitz. 12 Bl. J. A. Corvinus u. H. J. Ostertag sc. Jer. Wolff exc. Augsburg, o. J. gr. qu. Fol. (B. Nr. 14512.)

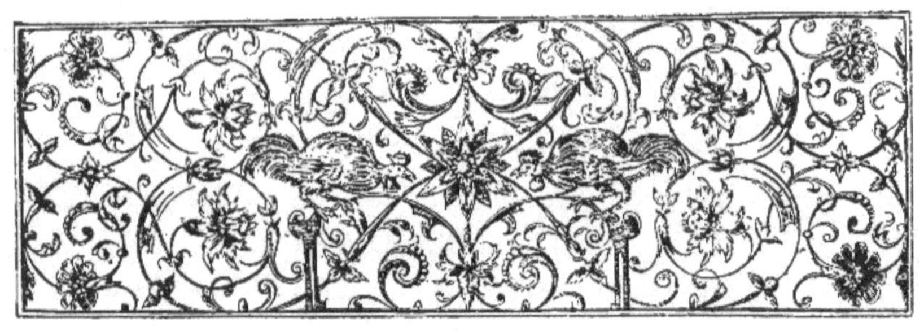

XI. SCHRIFT UND DRUCK.

A. SCHREIBKUNST.

FRANZÖSISCHE SCHULE.

XVIII. JAHRHUNDERT.

BERNARD

Kalligraph zu Paris um 1780.

Brustbild der Königin Marie-Antoinette. Frisur, Kostüm und Umrahmung aus Schreibzügen gebildet. Bernard scripsit 1780. Petit sculpsit 1787. Mit den Adressen von Chereau & Joubert und von Jaufret zu Paris. gr. Fol. Vgl. Portalis-Béraldi III. 299. (6815.)

B. DRUCK.

JOHANNES GUTENBERG

Ein Blatt aus der 42zeiligen lateinischen Bibel (um 1455). Pergamentdruck. Fol. Vgl. Paul Gottschalk, Die Buchkunst Gutenbergs und Schöffers, Taf. I. (2966.)

15*

C. SPIELKARTEN.

XVI. JAHRHUNDERT.

8 Bl. Italienische Nachbildungen der Spielkarten des Jehan Genevoy (Lyon 1591—1597), bezeichnet: »Fabrichate in Torrin.« Holzschnitte. 8⁰. Vgl. D'Allemagne, Les Cartes à jouer I. 98. (7982.)

XVII. JAHRHUNDERT.

Angelo Salvadori

Kupferstecher und Verleger zu Venedig.

6 Bl. Italienische Spiele: Der Liebesgarten. Il Giuoco del Barone. Die Eselslast. Das Krebsspiel. Das Gänsespiel. Das Eulenspiel. Fol. (6952.)

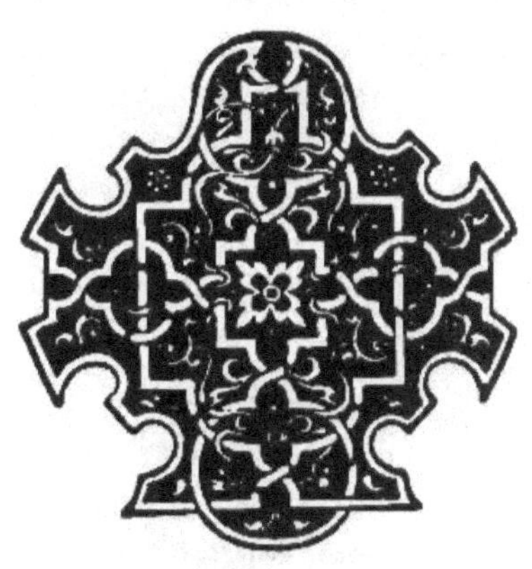

I R (2491)

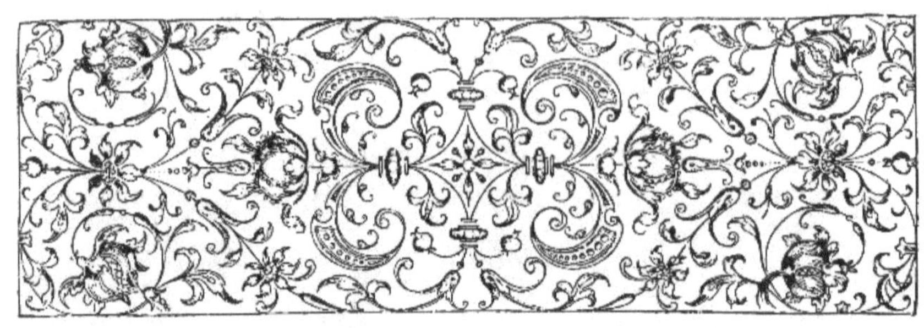

XII. ZEICHENBÜCHER UND ZEICHENVORLAGEN.

1. FRANZÖSISCHE SCHULE.

XVII. JAHRHUNDERT.

Claude Gellée

gen. Claude Le Lorrain, Maler und Radierer, geb. auf dem Schlosse Chamagne bei Charme 1600, gest. zu Rom 23. November 1682. Robert-Dumesnil I. 3.

100 Bl. aus dem Liber veritatis. Numeriert 1—100. Gestochen von Richard Earlom. qu. Fol. Wessely 149—248. (4023.)

2. NIEDERLÄNDISCHE SCHULE.

XVI. JAHRHUNDERT.

Heinrich Goltzius

siehe Seite 108.

4 Bl. Landschaften. Holzschnitte, auf graublauem Papier gedruckt. qu. 4°. B. 242—45. (2350.)

3. ITALIENISCHE SCHULE.

XVIII. JAHRHUNDERT.

Marco Ricci

Landschaftsmaler und Radierer, geb. zu Belluno 1679, gest. zu Venedig 1729. Bartsch XXI. 312. Le Blanc III. 327.

Landschaft mit dem Angler. Farbenholzschnitt von J. B. Jackson. gr. qu. Fol. (2358.)

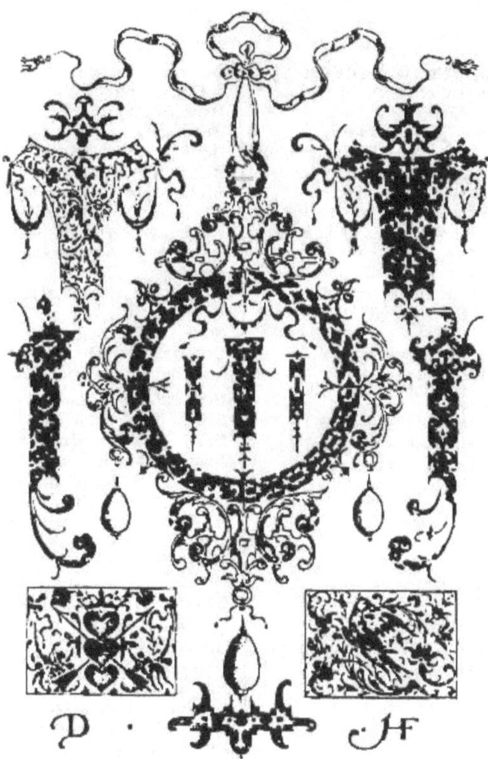

Daniel Hailler (D. 295)

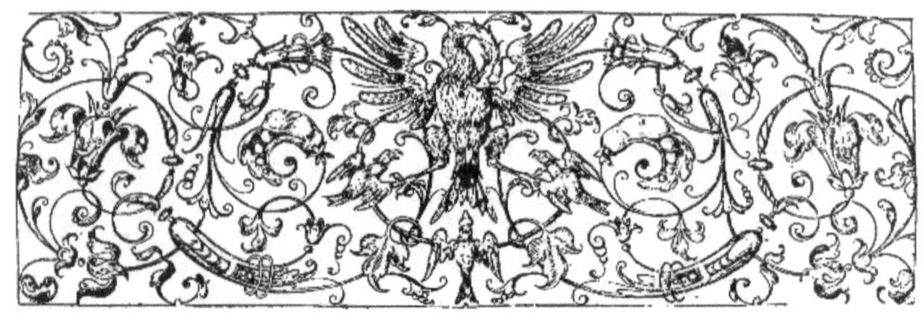

KÜNSTLERVERZEICHNIS.

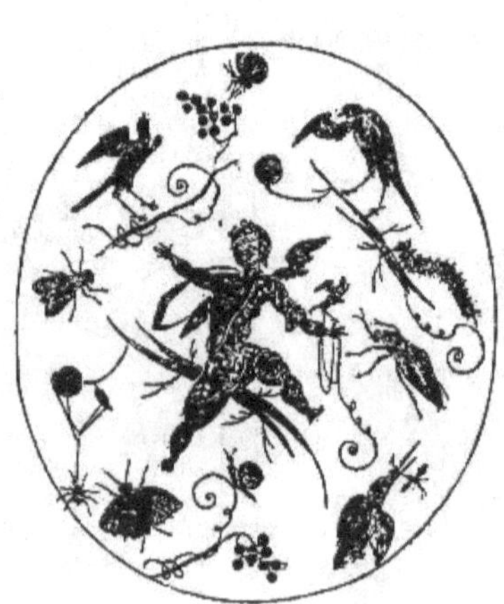

MATHIAS BEITLER (2722)

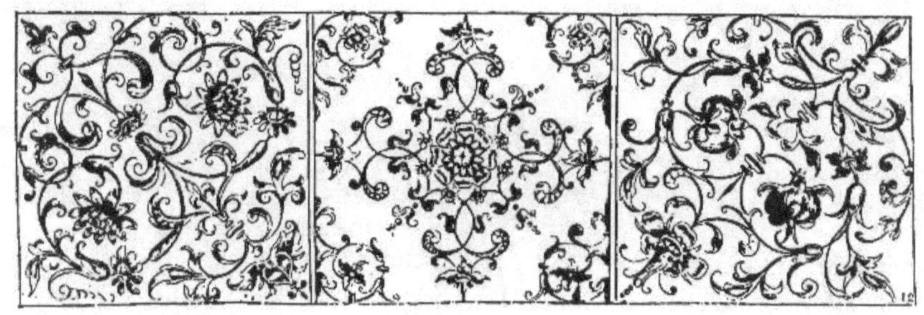

SACHREGISTER.

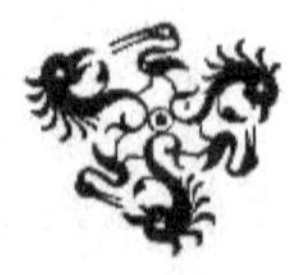

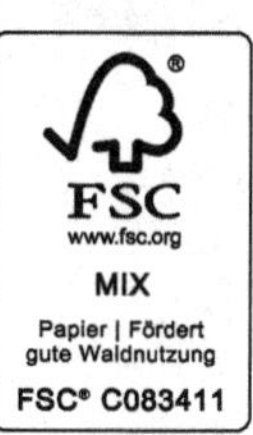

Zeitfracht Medien GmbH
Ferdinand-Jühlke-Straße 7
99095 Erfurt, Deutschland
produktsicherheit@kolibri360.de